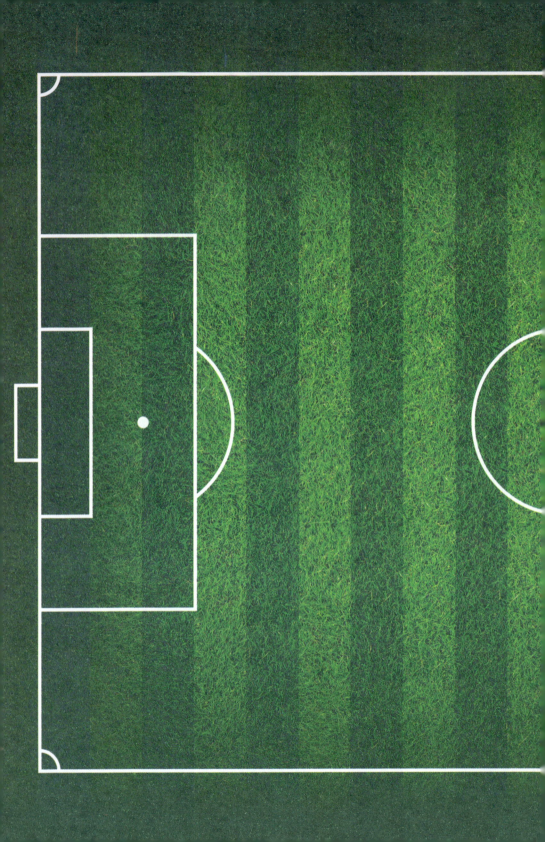

LYCIO VELLOZO RIBAS

O LIVRO DE OURO DAS
COPAS

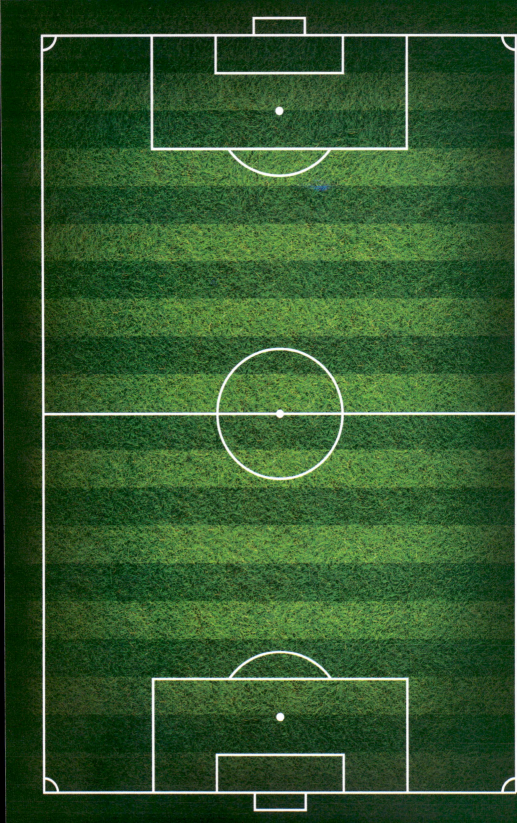

Apresentação

Certa vez, em um evento em Curitiba, Pelé foi questionado sobre quem era melhor: Messi ou Maradona. A resposta do Rei: "O Messi só jogou no Barcelona. Assim é mais fácil jogar. O Maradona pegou mais pedreiras". Messi foi eleito o melhor jogador do mundo em cinco temporadas diferentes, marcou mais gols e conquistou mais títulos. Mas Maradona tem algo que Messi não tem e talvez nunca tenha: uma Copa do Mundo para chamar de sua. Entre as grandes pedreiras a que Pelé se referia, a Copa é sem dúvida a maior delas.

Essa comparação de jogadores de épocas diferentes, ou de times de épocas diferentes, alimenta o imaginário popular cada vez em que se fala de Copa do Mundo. Afinal, quem era melhor: Messi ou Maradona? Ou Pelé? Ou Zidane? Da mesma forma, qual seleção brasileira deveria ser mais reverenciada, a de 1982 (que jogou bonito, mas não venceu) ou a de 1994 (que não jogou bonito, mas venceu)? A propósito, é verdade que em 1982 o Brasil perdeu por causa da sua forma ofensiva de jogar? E é verdade que, em 1958, o Brasil venceu porque houve uma pequena rebelião entre os jogadores, que pediam as inclusões de Pelé e de Garrincha?

O Livro de Ouro das Copas passeia por essas e muitas outras questões ocorridas desde 1930, quando um país sediou a primeira Copa do Mundo: o Uruguai. Sobre épocas em que os jogadores não usavam camisas numeradas, nem havia transmissão por TV, e as imagens das partidas – registradas em películas de cinema preto e branco – são raríssimas. E cobre desse passado até hoje, quando se pode saber qual jogador ficou mais tempo com a posse de bola, conferir com auxílio da tecnologia acerca de um impedimento polêmico e captar os detalhes de cada partida: tudo em cores e em alta definição.

Apenas uma coisa não mudou nesses quase 90 anos de história: a Copa do Mundo nunca foi simplesmente uma disputa acerca de números ou resultados. Nem *mais uma* busca por título internacional. Ela é a conquista, o topo da montanha, o esporte que, isolado, consegue unir o mundo inteiro.

É paixão, história, um tipo de linguagem universal, algo que transcende o mundo dos esportes, e o momento em que cada um de nós assume um hino, uma bandeira e vive novamente um turbilhão de emoções.

Lycio Vellozo Ribas

COPYRIGHT © FARO EDITORIAL, 2022
Todos os direitos reservados.
Nenhuma parte deste livro pode ser reproduzida sob quaisquer meios existentes sem autorização por escrito do editor.

Diretor editorial **Pedro Almeida**
Coordenação editorial **Carla Sacrato**
Revisão **Cristiane Negrão**
Capa **Osmane Garcia Filho**
Imagem de capa **A.RICARDO, EFKS | Shutterstock**

Dados Internacionais de Catalogação na Publicação (CIP)
(Câmara Brasileira do Livro, SP, Brasil)
Jéssica de Oliveira Molinari CRB-8/9852

Ribas, Lycio Vellozo
    O livro de ouro das copas / Lycio Vellozo Ribas. — São Paulo : Faro Editorial, 2022. 304 p. : il., color.

    ISBN 978-65-5957-146-8

    1. Copas do mundo (Futebol) – História I. Título

22-1070   CDD 796.334668

Índices para catálogo sistemático:
1. Copas do mundo (Futebol) – História

2ª edição brasileira: 2022
Direitos da edição em língua portuguesa, para o Brasil, adquiridos pela FARO EDITORIAL

Avenida Andrômeda, 885 — Sala 310
Alphaville — Barueri, SP — Brasil
CEP: 06473-000
www.faroeditorial.com.br

Sumário

Uruguai 1930	**6**
A Jules Rimet	15
Uniformes alternativos	16
Apelidos poderosos	17
Itália 1934	**18**
Reis de Copas: Meazza	27
Os baixinhos	28
Os grandões	29
França 1938	**30**
Jogos históricos: Brasil 6 x 5 Polônia	39
Esquadrões sem título	40
Os estrangeiros	41
Brasil 1950	**42**
Polêmicas das Copas	51
Quem foi jogador e treinador	52
Jogadores-treinadores	53
Suíça 1954	**54**
Esquadrões sem título	64
Jogos históricos: Áustria 7 x 5 Suíça	65
Marcas coletivas	66
Times de família	67
Suécia 1958	**68**
Capitães de finais	78
Jogos históricos: Brasil 5 x 2 França	79
Chile 1962	**80**
Plantão médico	90
Todos os Santos	91
Inglaterra 1966	**92**
Polêmicas das Copas	102
Mascotes das Copas	103
Comemorações marcantes	104
Os desprezados	105
México 1970	**106**
Reis de Copas: Pelé	116
Jogos históricos: Itália 4 x 3 Alemanha	117
Os bigodudos	118
A Taça Fifa	119
Alemanha 1974	**120**
Reis de Copas: Beckenbauer	130
Time de peculiares	131
Argentina 1978	**132**
Polêmicas das Copas	142
Os cabeludos	143
Espanha 1982	**144**
Jogos históricos: Hungria 10 x 1 El Salvador	155
Jogos históricos: Brasil 2 x 3 Itália	156
Em cima da hora	157
Os ausentes	158
Jogos históricos: Alemanha 3 x 3 França	159
México 1986	**160**
Reis de Copas: Maradona	171
Esquadrões sem título	172
Lendas das Américas	173
Itália 1990	**174**
Kung fu FC	185
Média de gols por Copa	186
Os ataques por Copa	187
Estados Unidos 1994	**188**
Jogos históricos: Romênia 3 x 2 Argentina	199
Esquadrões sem título	200
Foram mal nos pênaltis	201
Um time rimadinho	202
Comemorações marcantes	203
França 1998	**204**
Polêmicas das Copas	216
Reis de Copas: Zidane	217
Novas regras, Copa a Copa	218
Lendas da Europa	219
Japão e Coreia do Sul 2002	**220**
Estádios históricos	232
Os asiáticos	234
Marcas individuais	235
Alemanha 2006	**236**
Esquadrões sem título	248
Os galãs	249
África do Sul 2010	**250**
Todos os jogadores expulsos	262
Os africanos	264
Jogos históricos: Uruguai 1 x 1 Gana	265
Brasil 2014	**266**
Os carecas	278
Jogos históricos: Brasil 1 x 7 Alemanha	279
Goleiros famosos	280
Rússia 2018	**282**
Barba na cara	294
Jogos históricos: França 4 x 3 Argentina	295
Todas as decisões por pênaltis	296
Os velhinhos	298
Os novinhos	299
Qatar 2022	**300**

Uruguai 1930

Vinte e um de maio de 1904. Neste dia, dirigentes de Bélgica, Dinamarca, Espanha, França, Holanda, Suécia e Suíça fundaram a Fédération Internationale of Football Association (Federação Internacional das Associações de Futebol), que se tornou conhecida por sua sigla: Fifa. Alemanha, Áustria, Hungria e Itália se filiaram em seguida. Quando a Inglaterra, considerada a pátria-mãe do futebol, alinhou-se em 1905, falou-se pela primeira vez em fazer uma Copa do Mundo.

Mas o mundo não colaborou com a Copa. Em 1914, as nações europeias fizeram eclodir a Primeira Guerra Mundial, que só acabou em 1918. Assim, a ideia de um torneio internacional de futebol ficou no limbo e só saiu de lá nos anos 1920, quando Jules Rimet assumiu o comando da Fifa. Em 26 de maio de 1928, em um congresso em Amsterdã, a entidade aprovou, por 23 votos a 3, o primeiro embrião para a Copa. Em 8 de setembro de 1928, na Suíça, decidiu-se que o torneio seria realizado de quatro em quatro anos, nos anos pares entre as Olimpíadas, com início em 1930.

De cara, Espanha, Holanda, Hungria, Itália e Suécia se dispuseram a receber a Copa. Mas, num congresso em maio de 1929, a Fifa aprovou o Uruguai como país-sede. Um embaixador uruguaio, Enrique Buero, convenceu a entidade ao afirmar que o país comemorava o centenário da independência nacional (em 1928) e era o bicampeão olímpico de futebol (em 1924 e 1928). E prometeu a construção de um superestádio e o pagamento de despesas de viagem e alimentação para todas as seleções.

> **"Por que é que a gente não faz um torneio aberto de futebol entre países?"**
>
> Ideia que se tornou a pedra fundamental para a Copa

Cidades e estádios

No Uruguai, 1.500 operários arregaçaram as mangas na construção do estádio prometido à Fifa. O projeto, do arquiteto Juan Scasso, previa uma capacidade para 102 mil pessoas. O estádio foi batizado de Centenário, em homenagem aos 100 anos de independência do país. Mas as obras, iniciadas em dezembro de 1929, atrasaram. Por isso, a capacidade prevista inicialmente foi reduzida para 70 mil. E os críticos afirmavam que o estádio só ficaria pronto após o fim do Mundial. De fato, no dia da abertura — 13 de julho — ainda não estava totalmente pronto. Os primeiros jogos da Copa viriam a ser disputados em dois outros estádios: o Pocitos e o Parque Central. Apesar disso, a conclusão do Centenário aconteceu em tempo hábil para o Mundial.

**A BOLA
T-Model**

Os inscritos

Mas nada disso sensibilizou os europeus. Contrariada por não ser a sede, a Itália anunciou o boicote ao torneio. Os outros europeus filiados à entidade até 1930 seguiram os italianos e não se inscreveram ao fim do prazo, em 30 de abril de 1930. A desculpa era logística. Na época, não havia voo regular entre Europa e América do Sul. Uma viagem de navio (só de ida) levava duas semanas. Nem empresas (nas quais trabalhavam os jogadores amadores) nem os clubes (que tinham os jogadores profissionais) queriam correr risco de levar prejuízo.

Cidade	Estádio	Capacidade
Montevidéu	Centenário	70.000
Montevidéu	Parque Central	25.000
Montevidéu	Pocitos	8.000

Para que os europeus estivessem na Copa, Rimet se empenhou pessoalmente. Francês de nascimento, ele convenceu a França a participar. Também intercedeu na Romênia e contou com a boa vontade do rei Carol II, que adorava futebol e selecionou pessoalmente os jogadores. Se a Romênia iria, a rival Iugoslávia não queria ficar de fora, e também aceitou ir ao Uruguai. Por fim, Rodolphe Seeldrayers, vice-presidente da Fifa e presidente da federação belga, fez o país confirmar presença.

Estreantes
- Argentina
- Bélgica
- Bolívia
- Brasil
- Chile
- Estados Unidos
- França
- Iugoslávia
- México
- Paraguai
- Peru
- Romênia
- Uruguai

No dia 20 de junho de 1930, um navio italiano chamado Conte Verde zarpou de Gênova (Itália) com a delegação da Romênia a bordo. O navio recolheu os jogadores franceses e alguns dirigentes da Fifa na França. Depois apanhou a delegação belga em Barcelona. E ainda deu carona à seleção brasileira no dia 2 de julho, até desembarcar em Montevidéu no dia 5 de julho. A Iugoslávia, por sua vez, preferiu viajar num navio chamado Florida.

Sorteio e fórmula

Para evitar boicotes de última hora, a Fifa sorteou os grupos apenas em 7 de julho, quando todas as seleções já deveriam estar em solo uruguaio. Com 13 equipes, a entidade criou uma fórmula que previa três grupos com três equipes e um com quatro. Os primeiros colocados de cada grupo iriam às semifinais.

De imediato, duas seleções apareciam como favoritas: Uruguai e Argentina. Segundo as previsões da época, França, Bélgica, Romênia e Iugoslávia pertenciam ao segundo escalão de qualidade técnica da Europa, atrás de Áustria, Espanha e Itália. A tendência era que os dois rivais sul-americanos, que haviam decidido a Olimpíada de 1928 – com vitória uruguaia – iriam se enfrentar também no dia 30 de julho, na primeira final da história da Copa do Mundo.

Ausência
Por considerarem que o Uruguai ficava muito longe, quase nenhuma seleção europeia se interessou em participar da Copa do Mundo. Entre elas, as principais do continente, como Áustria, Espanha e Itália — que liderou um boicote ao Mundial. Além disso, a Inglaterra havia se desfiliado da Fifa em 1928.

7

A preparação do Brasil

Competições disputadas pelo Brasil até 1930	
Sul-Americano Extra 1916	
FU	Brasil 1 x 1 Chile
FU	Brasil 1 x 1 Argentina
FU	Brasil 1 x 2 Uruguai
	Brasil ficou em 3º lugar
Sul-Americano 1917	
FU	Brasil 2 x 4 Argentina
FU	Brasil 0 x 4 Uruguai
FU	Brasil 5 x 0 Chile
	Brasil ficou em 3º lugar
Sul-Americano 1919	
1F	Brasil 6 x 0 Chile
1F	Brasil 3 x 1 Argentina
1F	Brasil 2 x 2 Uruguai
F	Brasil 1 x 0 Uruguai
	Brasil sagrou-se campeão
Sul-Americano 1920	
FU	Brasil 1 x 0 Chile
FU	Brasil 0 x 6 Uruguai
FU	Brasil 0 x 2 Argentina
	Brasil ficou em 3º lugar
Sul-Americano 1921	
FU	Brasil 0 x 1 Argentina
FU	Brasil 3 x 0 Paraguai
FU	Brasil 1 x 2 Uruguai
	Brasil ficou em 2º lugar
Sul-Americano 1922	
1F	Brasil 1 x 1 Chile
1F	Brasil 1 x 1 Paraguai
1F	Brasil 0 x 0 Uruguai
1F	Brasil 2 x 0 Argentina
F	Brasil 3 x 0 Paraguai
	Brasil sagrou-se campeão
Sul-Americano 1923	
FU	Brasil 0 x 1 Paraguai
FU	Brasil 1 x 2 Argentina
FU	Brasil 1 x 2 Uruguai
	Brasil ficou em 4º lugar
Sul-Americano 1925	
1F	Brasil 5 x 2 Paraguai
1F	Brasil 1 x 4 Argentina
1F	Brasil 3 x 1 Paraguai
F	Brasil 2 x 2 Argentina
	Brasil ficou em 2º lugar

FU: Fase única (todos contra todos)
1F: Primeira fase
F: Final

Vinte anos se passaram entre o dia 18 de fevereiro de 1894 — quando um certo Charles William Miller chegava ao Brasil, vindo da Inglaterra, com duas bolas e regras de futebol — até a fundação da Federação Brasileira de Sports (FBS), no Rio de Janeiro, em 8 de junho de 1914. Foi sob o jugo da FBS que se realizou o que hoje é considerado o primeiro jogo oficial de uma seleção brasileira. O time venceu por 2 a 0 o Exeter City, da Inglaterra, em 21 de junho.

E passaram-se mais dois anos para que a primeira intriga entre dirigentes esportivos no Brasil tivesse fim. O surgimento da FBS, no Rio de Janeiro, conflitava com a Federação Brasileira de Futebol (FBF), criada em São Paulo e que estava associada à Federação Sul-Americana de Futebol. A paz foi selada somente em 21 de junho de 1916, com a extinção das duas associações e a fundação da Confederação Brasileira de Desportos (CBD).

Foi a CBD, presidida por Álvaro Zamith, quem colocou o Brasil no mapa-múndi do futebol, ao assinar a filiação à Confederação Sul-Americana de Futebol em 1916. Nesse mesmo ano, Arnaldo Guinle sucedeu Zamith e registrou a CBD na Fifa — a entidade, porém, só aceitou em 1923. Uma vez filiado à Confederação Sul-Americana, o Brasil pôde participar do primeiro Sul-Americano de Seleções (a atual Copa América), na Argentina. E aí já começava a politicagem. Os jogadores iriam viajar de carona em um navio fretado para levar uma comitiva brasileira ao Congresso do Centenário de Tucumán. Só que o chefe da comitiva, Ruy Barbosa, simplesmente negou a carona, apesar de haver espaço mais que suficiente no navio. "Para mim, futebolista é sinônimo de vagabundo", disse ele. A seleção teve que ir de trem e, desgastada, não venceu nenhum jogo no torneio.

A seleção novamente foi mal no Sul-Americano de 1917, disputado no Uruguai, e a edição de 1918 foi adiada por causa de um surto de gripe no Rio de Janeiro, que iria receber os jogos. Quando o Brasil foi sede pela primeira vez, em 1919, sagrou-se campeão, ao bater o Uruguai na final, com um gol de Friedenreich na segunda prorrogação, após um placar de 0 a 0 no tempo normal e na prorrogação. Em 1922, o Brasil voltou a conquistar o Sul-Americano. O torneio terminou com Uruguai, Brasil e Paraguai empatados em primeiro lugar, todos com cinco pontos. O Uruguai largou a disputa, em protesto contra as arbitragens — que eles chamaram de horrorosas. Brasil e Paraguai decidiram o título em um jogo-desempate, com vitória brasileira por 3 a 0.

O Brasil, porém, só ganhava quando jogava em casa. Perdeu

os títulos de 1920, 1921, 1923 e 1925. E, depois, ficou cinco anos sem disputar nenhuma partida contra seleções estrangeiras. Não participou dos Sul-Americanos de 1926, 1927 e 1929.

Pior que isso, a pretensa paz entre cariocas e paulistas não existia de fato. Na época em que o Brasil estava se mobilizando para a Copa do Mundo de 1930, os jornais do Rio — onde ficava a CBD — diziam que os cariocas deveriam ser maioria na seleção. Em São Paulo, havia a Associação Paulista de Esportes Atléticos (Apea) e uma imprensa pedindo mais paulistas na equipe.

As brigas se estendiam aos dirigentes. No dia 26 de maio, o presidente da Apea, Elpídio de Paiva Azevedo, enviou um ofício pedindo mais dirigentes paulistas na comitiva que iria ao Uruguai. A resposta da CBD foi um ofício chamando 15 jogadores — De Maria, Del Debbio, Filó, Grané (Corinthians), Amílcar, Heitor, Pepe, Serafini (Palestra Itália), Araken, Athié (Santos), Clodô, Friedenreich, Luizinho, Nestor (São Paulo da Floresta) e Petronilho de Brito (Sírio) — para se apresentarem no Rio até o dia 12 de junho. Lá, eles iriam se juntar a outros oito cariocas: Joel (América), Carvalho Leite e Nilo (Botafogo), Moderato (Flamengo), Preguinho (Fluminense), Fausto, Itália e Russinho (Vasco). Nem uma palavra sobre dirigentes. Houve uma grande divergência sobre as datas, mas o fato é que nenhum paulista se apresentou. E os cariocas os acusaram de antipatrióticos. No único contato telefônico entre os chefes das entidades, Elpídio Azevedo voltou a insistir na inclusão de um paulista na comissão técnica. Pacheco negou. Fim de papo.

Na lista final, havia apenas um paulista: Araken Patusca. Ele estava sem contrato com o Santos — portanto, desvinculado da Apea — e aceitou a convocação por conta própria. Vários nomes de peso ficaram de fora, como Friedenreich, que ainda jogava bem aos 38 anos, e Feitiço, considerado o melhor jogador brasileiro na época. Claro que ainda seria possível mudar a lista. No dia 27 de junho, a Fifa perguntou se a relação era aquela mesmo. Ainda dava para incluir paulistas. Ou até jogadores de outros estados, como Minas Gerais ou Rio Grande do Sul, já bem desenvolvidos no futebol. Mas os dirigentes não procuraram se entender a respeito. Restava esperar que os cariocas fizessem um papel digno na Copa.

Todos os convocados		
Goleiros	idade	clube
Joel	26	América-RJ
Velloso	22	Fluminense
Zaqueiros	idade	clube
Fernando	24	Fluminense
Brilhante	26	Vasco
Itália	23	Vasco
Zé Luiz	25	São Cristóvão
Oscarino	23	Ypiranga -RJ
Meio-campistas	idade	clube
Ivan Mariz	20	Fluminense
Fortes	28	Fluminense
Pamplona	26	Botafogo
Fausto	25	Vasco
Benevenuto	26	Flamengo
Hermógenes	21	América-RJ
Atacantes	idade	clube
Preguinho	25	Fluminense
Nilo	27	Botafogo
Benedicto	23	Botafogo
Carvalho Leite	18	Botafogo
Russinho	28	Vasco
Théophilo	23	São Cristóvão
Doca	27	São Cristóvão
Moderato	27	Flamengo
Poly	22	Americano
Manoelzinho	22	Goytacaz
Araken	23	Flamengo

Obs.: Idades computadas até 13/07/1930, data da abertura da Copa

PÍNDARO DE CARVALHO
técnico

Jogos da fase de grupos

Grupo A — Argentina, Chile, França, México

Grupo B — Bolívia, Brasil, Iugoslávia

13/7 França 4 x 1 México
Gols: Laurent (Fra, 19-1º), Langiller (Fra, 40-1º), Maschinot (Fra, 42-1º), Carreño (Mex, 23-2º), Maschinot (Fra, 41-2º)

15/7 Argentina 1 x 0 França
Gol: Monti (Arg, 36-2º)

16/7 Chile 3 x 0 México
Gols: Subiabre (Chi, 3-1º), Manuel Rosas (contra, p/Chi, 5-2º), Vidal (Chi, 20-2º)

19/7 Chile 1 x 0 França
Gol: Subiabre (Chi, 19-2º)

19/7 Argentina 6 x 3 México
Gols: Stábile (Arg, 8-1º), Zumelzu (Arg, 12-1º), Stábile (Arg, 17-1º), Manuel Rosas (Mex, 42-1º), Varallo (Arg, 8-2º), Zumelzu (Arg, 10-2º), Manuel Rosas (Mex, 20-2º), Gayon (Mex, 30-2º), Stábile (Arg, 35-2º)

22/7 Argentina 3 x 1 Chile
Gols: Stábile (Arg, 12-1º), Stábile (Arg, 14-1º), Subiabre (Chi, 15-1º), Mario Evaristo (Arg, 6-2º)

Classificação	PG	J	V	E	D	GP	GC	SG
Argentina	6	3	3	0	0	10	4	6
Chile	4	3	2	0	1	5	3	2
França	2	3	1	0	2	4	3	1
México	0	3	0	0	3	4	13	-9

14/7 Iugoslávia 2 x 1 Brasil
Gols: Tirnanic (Iug, 21-1º), Bek (Iug, 30-1º), Preguinho (Bra, 17-2º)

17/7 Iugoslávia 4 x 0 Bolívia
Gols: Bek (Iug, 15-2º), Marjanovic (Iug, 20-2º), Bek (Iug, 22-2º), Vujadinovic (Iug, 40-2º)

20/7 Brasil 4 x 0 Bolívia
Gols: Moderato (Bra, 37-1º), Preguinho (Bra, 6-2º), Moderato (Bra, 28-2º), Preguinho (Bra, 30-2º)

Classificação	PG	J	V	E	D	GP	GC	SG
Iugoslávia	4	2	2	0	0	6	1	5
Brasil	2	2	1	0	1	5	2	3
Bolívia	0	2	0	0	2	0	8	-8

O grupo A do Mundial teve vários registros que entraram para a história, como o primeiro gol em Mundiais (do francês Lucien Laurent, contra os mexicanos), a primeira goleada (França 4 x 1 México), o primeiro jogador que saiu machucado (o goleiro francês Thépot, na mesma partida), o primeiro gol contra (do mexicano Manuel Rosas, a favor do Chile), a primeira zebra (a França era favorita contra os chilenos), o primeiro pênalti perdido (o chileno Vidal cobrou e o goleiro francês Thépot defendeu) e a primeira briga generalizada (entre chilenos e argentinos). A Argentina venceu os três jogos e se classificou para as semifinais.

Inusitado
No jogo entre Argentina e México, fontes indicam que o árbitro Ulises Saucedo anotou cinco pênaltis. Porém, não havia marca penal no campo e, em quatro deles, o árbitro teria colocado a bola além dos 11 metros. Só um dos 5 chutes resultou em gol: o cobrado na distância certa, pelo mexicano Manuel Rosas. Nos outros, o México errou 2 e a Argentina errou 2.

Na prática, o jogo que decidiu o grupo foi o primeiro, entre Iugoslávia e Brasil. Na etapa inicial, os europeus aproveitaram duas falhas da defesa brasileira e fizeram dois gols — e ainda tiveram um gol de Vujadinovic anulado por impedimento. Na etapa final, o Brasil pressionou e descontou, com Preguinho, mas não evitou a derrota. Depois, os dois times golearam a Bolívia por 4 a 0. Os bolivianos, ao menos, conseguiram agradar o país-sede nas duas partidas. No primeiro jogo, os dirigentes tiveram a ideia de escrever "viva Uruguay" na formação do time na foto antes do jogo. Cada jogador portava uma letra na camisa. Porém, um dos que levava uma letra "U" não fez a foto — que registra "urugay" nos seis jogadores em pé e "viva" nos quatro agachados. Contra o Brasil, os bolivianos usaram as camisas azuis do Uruguai. Isso porque os dois times vestiam camisa branca na época. Os bolivianos perderam o sorteio, mas não tinham uniforme reserva.

Fase de grupos e semifinais

Grupo C

Peru — Romênia — Uruguai

14/7 Romênia 3 x 1 Peru
Gols: Desu (Rom, 1-1º), Souza (Peru, 29-2º), Barbu (Rom, 40-2º), Stanciu (Rom, 44-2º).

18/7 Uruguai 1 x 0 Peru
Gol: Castro (Uru, 15-2º)

21/7 Uruguai 4 x 0 Romênia
Gols: Dorado (Uru, 7-1º), Scarone (Uru, 24-1º), Anselmo (Uru, 30-1º), Cea (Uru, 35-1º)

Classificação	PG	J	V	E	D	GP	GC	SG
Uruguai	4	2	2	0	0	5	0	5
Romênia	2	2	1	0	1	3	5	-2
Peru	0	2	0	0	2	1	4	-3

O Uruguai foi criticado pela estreia considerada ruim e as críticas aumentaram quando o veterano Scarone entrou no time para o 2º jogo. Mas, com ele, o time da casa goleou a Romênia sem dó, com quatro gols ainda no primeiro tempo, e se classificou para as semifinais.

Grupo D

Bélgica — Estados Unidos — Paraguai

13/7 Estados Unidos 3 x 0 Bélgica
Gols: McGhee (EUA, 23-1º), McGhee (EUA, 38-1º), Patenaude (EUA, 23-2º)

17/7 Estados Unidos 3 x 0 Paraguai
Gols: Patenaude (EUA, 10-1º), Patenaude (EUA, 15-1º), Patenaude (EUA, 5-2º)

20/7 Paraguai 1 x 0 Bélgica
Gols: Vargas Peña (Par, 40-1º)

Classificação	PG	J	V	E	D	GP	GC	SG
Estados Unidos	4	2	2	0	0	6	0	6
Paraguai	2	2	1	0	1	1	3	-2
Bélgica	0	2	0	0	2	0	4	-4

Os Estados Unidos venceram o grupo com facilidade. O norte-americano Bert Patenaude marcou o primeiro *hat-trick* (três ou mais gols num jogo) em Copas, mas o recorde só foi reconhecido pela Fifa em 2010. O 2º gol contra o Paraguai até então era creditado a Florie.

SEMIFINAIS

26/7 Argentina 6 x 1 Estados Unidos
Gols: Monti (Arg, 20-1º), Scopelli (Arg, 16-2º), Stábile (Arg, 24-2º), Peucelle (Arg, 35-2º), Peucelle (Arg, 40-2º), Stábile (Arg, 42-2º), Brown (EUA, 44-2º)

27/7 Uruguai 6 x 1 Iugoslávia
Gols: Sekulic (Iug, 4-1º), Cea (Uru, 18-1º), Anselmo (Uru, 21-1º), Anselmo (Uru, 39-1º), Iriarte (Uru, 16-2º), Cea (Uru, 20-2º), Cea (Uru, 36-2º)

Os duelos das semifinais foram definidos em sorteio no dia 23 de julho. Para sorte dos organizadores, argentinos e uruguaios, os grandes favoritos, foram colocados em dois confrontos diferentes. No dia 26, a Argentina enfrentou os Estados Unidos. Os norte-americanos perderam dois jogadores por lesão: Tracey, que não voltou do intervalo de jogo, e o goleiro Douglas, aos 15 minutos do segundo tempo. Até então, os argentinos venciam por 1 a 0. Depois, fizeram mais cinco gols e venceram por 6 a 1. No dia seguinte, o Uruguai recebeu a Iugoslávia e tomou um susto: os europeus marcaram 1 a 0 logo aos 4 minutos e, em seguida, tiveram um gol anulado. Depois disso, o time da casa controlou o jogo e marcou seis gols, explorando jogadas pelas pontas.

> **Garfada**
> O Uruguai pode ter sobrado na semifinal, mas os iugoslavos reclamaram de três erros do árbitro brasileiro Gilberto de Almeida Rego: um gol mal anulado aos 9 minutos, um impedimento de Anselmo no 3º gol do Uruguai e uma bola que havia saído de campo antes do cruzamento para o gol de Iriarte.

DECISÃO DO TERCEIRO LUGAR

O regulamento da Copa não previa a disputa de terceiro lugar. A ideia foi sugerida, mas a Iugoslávia, ainda indignada com o árbitro Gilberto de Almeida Rego, não quis saber. A Fifa considera os Estados Unidos em terceiro lugar por causa do saldo de gols — mesmo que na época não fosse um critério de desempate.

A final da Copa

Uruguaios comemoram o 4º gol, marcado por Castro

URUGUAI	4
ARGENTINA	2

Gols: Dorado (Uru, 12-1º),
Peucelle (Arg, 20-1º),
Stábile (Arg, 37-1º),
Cea (Uru, 12-2º),
Iriarte (Uru, 23-2º),
Castro (Uru, 44-2º)
Data: 30/07/1930
Horário: 14 horas
Local: Estádio Centenário (Montevidéu)
Público: 68.346
Árbitro: Jan Langenus (BEL)

Como esperado, Uruguai e Argentina chegaram à final. A tensão entre os dois países era tanta que o árbitro belga Jan Langenus só apitou a final amparado por um seguro de vida. E havia tensão também antes de a bola rolar. A Argentina queria usar a sua bola, mais leve. E o Uruguai queria usar a sua, maior e mais pesada. Para evitar polêmicas, a comissão organizadora determinou que o primeiro tempo fosse jogado com a bola argentina e o segundo, com a dos donos da casa. O Uruguai começou melhor e abriu o placar aos 12 minutos, com Dorado, num "frango" do goleiro Botasso. A Argentina reagiu e virou, gols de Peucelle e Stábile — os uruguaios reclamaram de impedimento no segundo gol, mas Langenus validou. No fim da etapa, Gestido entrou forte no argentino Varallo e o deixou sem condições de jogar. No segundo tempo, com uma certa superioridade numérica e a sua bola, os uruguaios cresceram. Cea empatou e em seguida Leandro Andrade salvou um gol certo dos argentinos ao afastar de carrinho, quase em cima da risca. Aos 23 minutos, Iriarte colocou os anfitriões na frente, num chute de longe. A Argentina foi para cima. Acuou o Uruguai, mandou uma bola na trave e, quando o empate parecia iminente, Manco Castro fez o quarto gol. A festa de entrega de troféu para os donos da casa resumiu-se a um ato no vestiário uruguaio, em que o presidente da Fifa, Jules Rimet, passou a taça ao presidente da Associação Uruguaia de Futebol, Raúl Jude.

Uruguai
Técnico: Alberto Suppici

Argentina
Técnico: Francisco Olazar

Os melhores da Copa

Numeralha

Maior público: 79.867 (Uruguai x Iugoslávia)

Menor público: 300 (Romênia x Peru)

Gols pró: 69
Gols contra: 1
Média por jogo: 3,88

Melhor ataque: Argentina, 18 gols
Goleiro menos vazado: Thépot (França), 2 gols em 3 jogos (0,66 por jogo, mínimo de 2 jogos)

Maior goleada: Argentina 6 x 1 EUA e Uruguai 6 x 1 Iugoslávia

Primeiro jogador expulso na história: Galindo (Peru), contra a Romênia

ARTILHEIRO

STÁBILE
Nome: Guillermo Stábile
Seleção: Argentina
8 gols em 4 jogos
Posição: atacante
Idade: 24 anos
Nascimento: 17/01/1906, em Buenos Aires
Altura: Não disponível
Peso: Não disponível
Clube: Huracán

8 gols
Stábile (Argentina)
5 gols
Cea (Uruguai)
4 gols
Patenaude (Estados Unidos)
3 gols
Peucelle (Argentina),
Preguinho (Brasil), Subiabre (Chile),
Bek (Iugoslávia), Anselmo (Uruguai)

O CRAQUE

SCARONE
Uruguai | atacante

"Manco" Castro foi herói na final e Leandro Andrade era a "Maravilha Negra". Contudo, os analistas diziam que o astro da Copa foi o atacante Hector "El Mago" Scarone, veterano do ouro olímpico em 1924 e 1928. Nascido em 26/11/1898, ele era o jogador mais velho em campo na final — e um dos nove do Mundial a ter nascido antes de 1900. O mais velho da Copa era o goleiro belga Jean De Bie, nascido em 9/5/1892.

Colocações finais	PG	J	%	V	E	D	GP	GC	SG		
1º Uruguai	8	4	100	4	0	0	15	3	12	0	0
2º Argentina	8	5	80	4	0	1	18	9	9	0	0
3º Estados Unidos	4	3	67	2	0	1	7	6	1	0	0
4º Iugoslávia	4	3	67	2	0	1	7	7	0	0	0
5º Chile	4	3	67	2	0	1	5	3	2	0	0
6º Brasil	2	2	50	1	0	1	5	2	3	0	0
7º França	2	3	33	1	0	2	4	3	1	0	0
8º Romênia	2	2	50	1	0	1	3	5	-2	0	0
9º Paraguai	2	2	50	1	0	1	1	3	-2	0	0
10º Peru	0	2	0	0	0	2	1	4	-3	0	1
11º Bélgica	0	2	0	0	0	2	0	4	-4	0	0
12º Bolívia	0	2	0	0	0	2	0	8	-8	0	0
13º México	0	3	0	0	0	3	4	13	-9	0	0

Polêmica
O meia-atacante argentino Francisco Varallo admitiu, em 1995, que seu time sentiu medo na final de 1930. "No vestiário, no intervalo (quando a Argentina ganhava por 2 a 1), escutei coisas raras: 'Se ganhamos aqui, nos matam', disse um de meus companheiros. 'El Conejo' Scopelli não queria jogar, tinha medo. E outros também", relatou Varallo à revista *El Gráfico*.

Controvérsia
O número de pessoas na arquibancada na final da Copa é um mistério que talvez jamais seja solucionado. A Fifa diz, desde 2010, que havia 68.346 pessoas. Mas admite-se que 90 mil estiveram presentes, já que muitos entraram sem pagar, burlando o policiamento.

A Jules Rimet

O troféu que estaria em disputa a partir da Copa no Uruguai foi criado pelo escultor francês Abel Lafleur. Originalmente, tinha uma base quadrada, que apoiava uma figura alada representando Nice, a deusa grega da vitória (em grego, lê-se Nique). Era chamado de "Vitória das Asas de Ouro". Posteriormente, a taça levaria o nome de Jules Rimet, idealizador da Copa. O troféu tinha 30 cm e pesava 4 kg, sendo 1,8 kg de ouro maciço. Na época, custou US$ 14,5 mil (hoje, só o peso em ouro sairia por US$ 74 mil). Lafleur, funcionário do Museu de Rodez, levou sete meses na confecção da peça.

A posse da taça seria transitória. O campeão ficaria com ela por quatro anos e a devolveria antes do Mundial seguinte, até que um país conquistasse o título três vezes. Em troca, ganharia uma réplica.

Quando o Brasil sagrou-se tricampeão em 1970, ganhou o direito de ficar com a Jules Rimet para sempre. Ou pelo menos assim se pensava. Em 19 de dezembro de 1983, ladrões levaram o troféu da sede da CBF. A taça estava em uma vitrine com vidro à prova de balas, mas o fundo da vitrine era facilmente removível. Curiosamente, uma réplica dormia em um cofre. O argentino Carlos Hernandez, radicado no Rio de Janeiro, foi o receptador. Quebrou a taça em pedaços e derreteu o 1,8 kg de ouro. Ele e os comparsas acabaram presos, mas fugiram e praticamente não cumpriram a pena. Em 1984, a Fifa fez uma réplica da taça e deu-a de presente ao Brasil.

Em 2016, descobriu-se que a base original da taça, feita de lazulita (uma rocha azul), estava na sede da Fifa, perdida em meio a coisas sem importância. A base havia sido trocada depois que os alemães ganharam a Copa de 1954 — no lugar da quadrada, foi colocada uma maior, octogonal e 5 cm mais alta, com espaço para mais placas com os nomes dos vencedores.

Uniformes "alternativos"

Bolívia (1930)
Diante do Brasil, que também jogava de branco, os bolivianos tiveram que mudar de cor e usaram a camisa da seleção do Uruguai.

Áustria (1934)
Contra os alemães, também de branco, a Áustria pegou emprestada a camisa azul do Nápoli. Ganharam a simpatia da torcida local, mas perderam o jogo.

Itália (1938)
França, les bleus, de azul. Itália, azzurra, de azul? Nada disso. Os italianos mudaram de cor por opção própria e ficaram como homens de preto, a cor do fascismo.

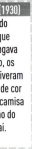

México (1950)
Na época, a camisa do México era vermelha escura. Não podia ser usada contra a Suíça (vermelha). Os mexicanos vestiram a camisa do Cruzeiro de Porto Alegre.

Inglaterra (1970)
Pela primeira vez em uma Copa, uma seleção usou camisas de três cores diferentes (além de três meias diferentes).

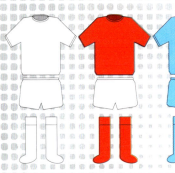

Argentina (1958)
Para o jogo com a Alemanha, os argentinos usaram a camisa amarela do IFK Malmö, da 6ª divisão sueca (e não a do Malmö FF, azul). Pareciam a seleção brasileira.

França (1978)
Franceses e húngaros entraram de camisa branca. A França perdeu o sorteio e pegou a camisa do Kimberley, da 3ª divisão argentina.

Iraque (1986)
As cores do Iraque são verde, vermelho, preto e branco. Assim, chamou atenção o uniforme todo amarelo visto diante do Paraguai (e o todo azul, nos outros dois jogos).

México (2014)
Por causa dos protocolos Fifa, o México teve que enfrentar a Croácia com uma camisa verde (até aí, tudo bem), um calção preto e um par de meias entre vermelho e laranja.

Espanha (2014)
A Fúria tinha um uniforme preto e um vermelho. A Fifa mandou usar branco — cor que os espanhóis acham que dá azar. Deu mesmo: Espanha 1 x 5 Holanda.

Apelidos poderosos

YASHIN — URSS, 1958, GK
TCHORNII PAUK ("Aranha-negra")

ZANETTI — Argentina, 1998, DF
EL TRATOR ("O Trator")

HIERRO — Espanha, 2002, DF
HOMBRE DE HIERRO ("Homem de Ferro")

DE LEÓN — Uruguai, 1990, DF
RICARDO CORAZÓN DE LEÓN ("Ricardo Coração de Leão")

LEANDRO ANDRADE — Uruguai, 1930, DF
MARAVILLA NEGRA ("Maravilha Negra")

ARDILES — Argentina, 1978, MC
LA PÍTON ("A cobra píton")

GERRARD — Inglaterra, 2006, MC
CAPTAIN FANTASTIC ("Capitão Fantástico")

ROONEY — Inglaterra, 2014, AT
SHREK

SCARONE — Uruguai, 1930, AT
EL MAGO ("O Mago")

EUSÉBIO — Portugal, 1966, AT
PANTERA-NEGRA

ROBBEN — Holanda, 2014, AT
GLAS MAN ("Homem de Vidro")

GK: Goleiro
DF: Defensor
MC: Meio-campista
AT: Atacante

Itália 1934

A segunda Copa do Mundo saiu do papel antes mesmo da primeira Copa ser realizada de fato. Em 1929, a Itália ficou contrariada porque acabou preterida como sede do primeiro Mundial, em 1930. Por um lado, boicotou o torneio, no Uruguai. Por outro, começou a mexer seus pauzinhos para receber a Copa seguinte.

Havia motivos para isso: em 1929, com o primeiro campeonato italiano de futebol, o *calcio* passava o ciclismo como esporte número um do país. Além disso, a Itália era governada pelo primeiro-ministro Benito Mussolini, que via no futebol um excelente instrumento de propaganda do totalitário regime fascista.

A única ameaça às pretensões da Itália era a Suécia, que em 1932 se interessou em sediar a Copa. Porém, no congresso da Fifa, em Estocolmo, os suecos desistiram, alegando falta de condições financeiras. E a Itália tornou-se país-sede em uma decisão oficializada no dia 8 de outubro de 1932, em Zurique (Suíça). Estavam abertas as portas para o ditador Benito Mussolini usar o esporte para divulgar o regime fascista. Tanto que o ditador "recomendou" à imprensa para que se publicassem somente notícias positivas para a equipe. Críticas não estavam exatamente proibidas, mas seriam respondidas com atos como depredar a redação.

Cidades e estádios

Claro que o planejamento de infraestrutura para a Copa não escapou do crivo de propaganda fascista. O novo estádio de Turim, por exemplo, teria o nome "Stadio Mussolini". O de Roma foi rebatizado como Nazionale PNF (Partido Nacional Fascista, em italiano). Florença também ganhou um estádio novinho, o Communale. Obras também foram feitas nos estádios de Nápoles (Giorgio Ascarelli), Bolonha (Littorialle), Gênova (Marassi) e Milão (San Siro). Este último foi o primeiro estádio exclusivo para futebol construído na Itália. Quem pagou a conta? O povo, claro. O Partido Fascista arrecadou um bom dinheiro através de uma loteria nacional e aumentou impostos sobre vários produtos.

Eliminatórias

Como o número de inscritos — 32, dentre os 45 países filiados à Fifa na época — era maior que o número de vagas para a Copa (16), a Fifa criou um sistema eliminatório, que perdura até hoje. Curiosamente, a própria Itália teve que disputar o clas-

> " **Que Deus o proteja se essa seleção fracassar**"
>
> Do ditador italiano Benito Mussolini ao técnico Vittorio Pozzo, pouco antes da Copa de 1934 começar

**A BOLA
Federale 02**

sificatório, num grupo contra Grécia e Turquia. Em tese, havia o risco de o país ficar fora da Copa da qual seria sede. Na prática, a Turquia desistiu e os italianos passaram fácil pela Grécia. Além da Turquia, outros dois países desistiram: Chile e Peru — com a desistência deste último, o Brasil foi para o Mundial sem precisar entrar em campo.

Sorteio e fórmula

O regulamento havia sido definido em 1931 e previa 16 times em 8 duelos, com os vencedores seguindo adiante até a final. A definição dos confrontos só saiu em 3 de maio de 1934, em Roma. Entre as equipes habilitadas, as oito consideradas mais fortes — Alemanha, Argentina, Áustria, Brasil, Holanda, Hungria, Itália e Tchecoslováquia — foram dispostas como cabeças de chave. A ideia era evitar que dois times teoricamente mais fortes duelassem já na primeira rodada enquanto outros menos cotados seguissem adiante. Espanha e Suíça protestaram contra essa fórmula, mas foram votos vencidos.

Cidade	Estádio	Capacidade
Bologna	Littoriale	39.000
Florença	Communale	41.300
Gênova	Marassi	25.000
Milão	San Siro	35.000
Nápoles	Giorgio Ascarelli	40.000
Roma	Nazionale PNF	47.300
Trieste	Littorio	15.000
Turm	Mussolini	27.000

Estreantes
- Alemanha
- Áustria
- Egito
- Espanha
- Holanda
- Hungria
- Itália
- Suécia
- Suíça
- Tchecoslováquia

Favoritos

Cinco dos seis remanescentes da Copa de 1930 — Argentina, Bélgica, Brasil, Estados Unidos e Romênia — praticamente não levaram jogadores que haviam disputado aquele mundial. A exceção era a França, que estava até mais forte que quatro anos antes. Mesmo assim, o time não aparecia como um dos mais cotados ao título — tanto que estava no grupo dos "fracos" no sorteio das chaves. O posto de favorito pertencia à Áustria, na época considerada a seleção mais forte do continente. Treinado por Hugo Meisl, o time apresentava um futebol envolvente, ofensivo e taticamente perfeito; tanto que era chamado de *Wunderteam* ("Time Maravilha", em alemão).

Para a propaganda fascista dar 100% certo, só faltava vencer a Copa. Sendo assim, a Áustria certamente era um problema. Mesmo porque, em um amistoso quatro meses antes do Mundial, a Itália levou 4 a 2 dos austríacos. O jogo, porém, foi apenas uma das três derrotas que a Azzurra sofreu em 26 jogos desde 1930, sob o comando do técnico Vittorio Pozzo. Ele sabia que tinha um time forte nas mãos e conseguiu blindar os jogadores da pressão, na medida do possível. Só não contava com um último aviso de Mussolini: "Que Deus o proteja se essa seleção fracassar".

Ausência
O Uruguai era o campeão mundial de 1930, mas ainda mostrava mágoa pela ausência das principais potências europeias na Copa que sediou. Em 1933, o país confirmou que não iria participar do Mundial de 1934, em represália ao boicote em massa dos europeus. Foi a única vez que um campeão não defendeu o título.

A preparação do Brasil

Competições disputadas pelo Brasil de 1930 a 1934
Nenhuma

Num período de um mês após a Copa de 1930, a seleção brasileira fez três amistosos contra equipes que haviam participado do Mundial. E venceu todos. Primeiro de tudo, fez 3 a 2 na França, em 1º de agosto, usando... cariocas e paulistas. Dez dias depois, apenas com cariocas na equipe — a CBD havia suspendido os paulistas —, o time goleou a Iugoslávia por 4 a 1. No dia 17 de agosto, a vítima foi os Estados Unidos, derrotados por 4 a 3. Após essas duas vitórias sobre os semifinalistas da Copa, ficou a impressão de que não faltava talento à equipe. Faltava, sim, organização. Era preciso acabar com briguinhas e bairrismo entre os dirigentes. E era preciso colocar a seleção para jogar.

Essa segunda parte não foi seguida à risca. A seleção só voltou a entrar em campo quase um ano depois, no dia 2 de julho de 1931. Nesse dia, com sete jogadores do futebol paulista e quatro do carioca, o time goleou o Ferencváros, uma equipe da Hungria, por 6 a 1, em São Paulo. Em 6 de setembro daquele ano, o Brasil disputou a Copa Rio Branco, um torneio criado pelo governo do Uruguai para aproximar os dois países. O favoritismo era uruguaio, já que a equipe tinha sete dos 11 titulares de 1930. Mas a seleção brasileira não era só carioca; estava reforçada com jogadores do futebol paulista, como o goleador Feitiço, e venceu por 2 a 0, no Rio de Janeiro. O time era treinado por Luiz Vinhaes.

Derrotados e com o orgulho ferido, os uruguaios marcaram uma revanche para dali a um ano, em 4 de dezembro de 1932. Só que o futebol do Brasil parou pela metade entre um jogo e outro; foi quando estourou a Revolução Constitucionalista de 1932. O estado de São Paulo, que tentava combater o governo provisório de Getúlio Vargas, levou a pior e anunciou rendição em 2 de outubro de 1932. Nesse período, o Campeonato Paulista foi paralisado. Após os combates, os clubes do estado viviam traumas de guerra e não quiseram ceder jogadores. Sem paulistas, diante do Uruguai em Montevidéu, com arbitragem de um uruguaio (Aníbal Tejada), a chance de triunfo era pequena, mas o Brasil ganhou por 2 a 1 graças a dois gols de um atacante de 19 anos, Leônidas da Silva. Os uruguaios não se conformaram e desafiaram a seleção brasileira para mais jogos nos dias seguintes, desta vez contra os dois principais clubes do país. No dia 8 de dezembro, o Brasil derrotou o Peñarol por 1 a 0. No dia 12, bateu o Nacional por 2 a 1.

A esperança de ter uma seleção competitiva para o Mundial de 1934 ficou acesa após essa época. Mas aquelas duas coisas necessárias — acabar com as briguinhas e colocar a seleção para jogar — nunca ocorreram de fato. A partir de 1933, houve novamente uma rixa política. Não entre paulistas e cariocas, mas entre profissionais e amadores. No caso, clubes que tinham jogadores profissionais e clubes que ainda tinham apenas amadores. Oficialmente, o marco inicial desta disputa foi em 12 de março de 1933, com o primeiro jogo na era do futebol profissional brasileiro: São Paulo da Floresta 5 x 1 Santos, pelo Campeonato Paulista. Coube a Friedenreich, então com 40 anos, do São Paulo, marcar o primeiro gol da nova era. Meses depois, a Liga Carioca de Futebol (LCF) e a Associação Paulista de Esportes Atléticos (Apea) se uniram e criaram a Federação Brasileira de Futebol (FBF) — e também o torneio Rio-São Paulo. À FBF estavam filiados os times profissionais e, por tabela, os melhores jogadores. Contudo, a tarefa de formar a seleção para a Copa de 1934 estava a cargo da CBD, ainda amadora. E a CBD não reconhecia a existência da FBF.

Na época, o único clube fiel à CBD era o Botafogo. Um dos dirigentes do Alvinegro, Carlito Rocha, ficou encarregado de montar a seleção. O cartola teve uma ideia teoricamente simples, a de contratar jogadores dos clubes profissionais apenas para a Copa do Mundo. E pagava bem: mais que os clubes, inclusive. Mesmo assim, os clubes não gostaram nem um pouco. Em São Paulo, apenas o São Paulo da Floresta cedeu jogadores — quatro ao todo, entre eles Waldemar de Britto, artilheiro do Rio-São Paulo de 1933. No Rio de Janeiro, só o Vasco não recusou a liberação. Essas recusas não se resumiam aos clubes brasileiros. O Nacional do Uruguai, onde jogava o zagueiro Domingos da Guia, pediu o dobro do que era oferecido pela CBD e a entidade não quis pagar. Com isso, ele foi descartado. Curiosamente, o Nacional liberou o ponta Patesko de graça.

Assim, no dia 12 de maio, a delegação brasileira embarcou para a Itália com 17 jogadores, basicamente de Botafogo, São Paulo da Floresta e Vasco. As exceções eram Patesko, do Nacional, e Luiz Luz, do Grêmio. O técnico Luiz Vinhaes tentou manter os jogadores em forma a bordo do navio Conte Biancamano, mas mesmo assim muitos deles engordaram. Com apenas 17 jogadores, muitos deles acima do peso, sem ter disputado nenhuma competição oficial — não houve nenhum Sul-Americano nesse período — e sem ter feito nenhuma partida desde 12 de dezembro de 1932, a seleção brasileira chegava à Itália para seu primeiro jogo fora do continente sul-americano.

Todos os convocados		
Goleiros	**idade**	**clube**
Roberto G. Pedrosa	20	Botafogo
Germano	23	Botafogo
Zaqueiros	**idade**	**clube**
Sylvio Hoffman	26	São Paulo da Floresta
Luiz Luz	25	Grêmio
Octacílio	24	Botafogo
Meio-campistas	**idade**	**clube**
Tinoco	29	Vasco
Martim	23	Botafogo
Canalli	24	Botafogo
Ariel	24	Botafogo
Waldir	22	Botafogo
Atacantes	**idade**	**clube**
Luizinho	23	São Paulo da Floresta
Waldemar de Brito	21	São Paulo da Floresta
Armandinho	22	São Paulo da Floresta
Leônidas	20	Vasco
Patesko	23	Nacional (URU)
Carvalho Leite	21	Botafogo
Átila	23	Vasco

Obs.: Idades computadas até 27/05/1934, data da abertura da Copa

LUIZ VINHAES
técnico

Jogos da primeira fase

27/5 Itália 7 x 1 Estados Unidos
Gols: Schiavio (Ita, 18-1º), Orsi (Ita, 20-1º), Schiavio (Ita, 29-1º), Donelli (EUA, 12-2º), Ferrari (Ita, 18-2º), Schiavio (Ita, 19-2º), Orsi (Ita, 24-2º), Meazza (Ita, 45-2º)

27/5 Brasil 1 x 3 Espanha
Gols: Iraragorri (Esp, 18-1º), Iraragorri (Esp, 25-1º), Langara (Esp, 29-1º), Leônidas (Bra, 10-2º)

27/5 Áustria 3 x 2 França
Gols: Nicolas (Fra, 18-1º), Sindelar (Aus, 34-1º)
Os gols da prorrogação: Schall (Aus, 3-1º), Bican (Aus, 4-2º), Verriest (Fra, 15-2º)

27/5 Hungria 4 x 2 Egito
Gols: Teleki (Hun, 7-1º), Toldi (Hun, 18-1º), Fawzi (Egi, 26-1º), Fawzi (Egi, 42-1º), Vincze (Hun, 12-2º), Toldi (Hun, 42-2º).

27/5 Alemanha 5 x 2 Bélgica
Gols: Kobierski (Ale, 18-1º), Voorhoof (Bel, 24-1º), Voorhoof (Bel, 35-1º), Siffling (Ale, 11-2º), Conen (Ale, 28-2º), Conen (Ale, 32-2º), Conen (Ale, 43-2º)

27/5 Argentina 2 x 3 Suécia
Gols: Belis (Sue, 16-1º), Jonasson (Sue, 33-1º), Galateo (Arg, 4-2º), Jonasson (Sue, 22-2º), Kroon (Arg, 35-2º)

27/5 Tchecoslováquia 2 x 1 Romênia
Gols: Dobai (Rom, 37-1º), Puc (Tch, 16-2º), Nejedly (Tch, 28-2º)

27/5 Holanda 2 x 3 Suíça
Gols: Kielholz (Sui, 10-1º), Smit (Hol, 23-1º), Kielholz (Sui, 36-1º), Abegglen (Sui, 12-2º), Vente (Hol, 35-2º)

O último classificado para o Mundial foi o time dos Estados Unidos. Os norte-americanos haviam abdicado de disputar as Eliminatórias, mas mudaram de ideia em fevereiro de 1934. Teoricamente, a reinscrição não deveria ser aceita, mas a Fifa deu um jeitinho. Decidiu que no dia 24 de maio, três dias antes da abertura oficial da Copa, os Estados Unidos enfrentariam o México em Roma, num jogo pré-Copa. E os norte-americanos levaram a melhor: venceram por 4 a 2 e obtiveram a vaga para a Copa. Para depois tomar a maior goleada da competição, diante da Itália (7 a 1), na primeira fase. Esse jogo, em Roma, teve a presença do ditador Benito Mussolini, o que, diz-se, fez os jogadores italianos correrem em dobro.

Ao mesmo tempo, ocorreram os outros sete jogos das oitavas de final. O Brasil caiu diante da Espanha, ao levar dois gols de "El Chato" Iraragorri e um de Langara. Nesse jogo, o goleiro Zamora defendeu um pênalti do brasileiro Waldemar de Brito aos 17 minutos do segundo tempo. A Áustria precisou recorrer a uma prorrogação — a primeira na história das Copas — para eliminar a França. A Alemanha goleou a Bélgica (5 a 2) com três gols do atacante Edmund Conen, então com 19 anos. A Hungria passou aperto contra a seleção do Egito, que teve um gol anulado, de Moukhtar, quando o placar era de 3 a 2 a favor dos europeus. Argentina e Romênia, remanescentes da Copa de 1930, estavam com times bastante renovados e perderam respectivamente para Suécia e Tchecoslováquia. Por fim, a grande surpresa dos confrontos foi a Suíça, que contrariou os prognósticos e eliminou a Holanda.

Polêmica
Após a derrota do Brasil, uma foto que saiu nos jornais do país mostrou que a história contra a Espanha poderia ser outra. Na imagem, o zagueiro Quincoces aparece ajoelhado, na linha de gol, evitando com o braço o que seria o gol de empate brasileiro, aos 20 minutos do primeiro tempo. Na hora, ninguém pediu pênalti, mas no dia seguinte a polêmica estava criada, graças à foto.

Os mata-matas

QUARTAS DE FINAL

31/5 Alemanha 2 x 1 Suécia
Gols: Hohmann (Ale, 15-2º), Hohmann (Ale, 18-2º), Dunker (Sue, 37-2º)

31/5 Tchecoslováquia 3 x 2 Suíça
Gols: Kielholz (Sui, 18-1º), Svoboda (Tch, 24-1º), Svoboda (Tch, 4-2º), Jäggi (Sui, 33-2º), Nejedly (Tch, 37-2º)

31/5 Áustria 2 x 1 Hungria
Gols: Horvath (Aus, 8-1º), Zischek (Aus, 6-2º), Sarosi (pênalti) (Hun, 15-2º)

31/5 Itália 1 x 1 Espanha
Gols: Regueiro (Esp, 30-1º), Ferrari (Ita, 44-1º)

Jogo-desempate
1/6 Itália 1 x 0 Espanha
Gol: Meazza (Ita, 11-1º)

SEMIFINAIS

3/6 Tchecoslováquia 3 x 1 Alemanha
Gols: Nejedly (Tch, 19-1º), Noack (Ale, 17-2º), Nejedly (Tch, 26-2º), Nejedly (Tch, 35-2º)

3/6 Itália 1 x 0 Áustria
Gol: Guaita (Ita, 19-1º)

DECISÃO DO TERCEIRO LUGAR

7/6 Alemanha 3 x 2 Áustria
Gols: Lehner (Ale, 25s-1º), Conen (Ale, 27-1º), Horvath (Aus, 28-1º), Lehner (Ale, 42-1º), Sesta (Aus, 9-2º)

Alemanha e Tchecoslováquia passaram por seus adversários usando as mesmas armas: toques curtos e paciência. A Áustria fez outro jogo duro, desta vez contra a Hungria. Em meio a muitas faltas de ambos os lados, os austríacos abriram 2 a 0. Os húngaros reagiram, com um gol de pênalti de Sarosi, mas três minutos depois a reação foi sepultada com a expulsão do ponta-direita Markos (a única do Mundial). Mas nada foi tão duro quanto o confronto entre Itália e Espanha. Os italianos contaram com a vista grossa do árbitro belga Louis Baert, que "não viu" a falta de Schiavio no goleiro Zamora no lance do gol de Ferrari. O jogo foi para a prorrogação e cada time acertou uma bola na trave. O empate forçou um jogo extra — o primeiro da história dos Mundiais — no dia seguinte. A Espanha tinha sete desfalques, incluindo Zamora. A Itália, com "apenas" quatro mudanças, levou a melhor e venceu com um gol de Meazza.

> **Garfada**
> No segundo jogo entre Itália e Espanha, o árbitro suíço Rene Mercer ajudou os donos da casa. Primeiro, anulou um gol de Campanal, após impedimento de Regueiro (que não estava no lance). E anulou outro, de Regueiro, ao voltar atrás em uma vantagem e dado falta para a Espanha depois que a bola já estava na rede.

> **Mistério**
> Na véspera da final, entre Itália e Tchecoslováquia, o trio de arbitragem escalado para a partida — Ivan Eklind (Suécia), Louis Baert (Bélgica) e Mihaly Iváncsics (Hungria) — e o alto escalão da Fifa teriam jantado com o ditador Benito Mussolini. Fato ou ficção, não se sabe.

Não bastasse estar sem o meia-atacante Hohmann (machucado) e o médio Gramlich (teve que voltar ao país por causa de problemas trabalhistas), a Alemanha ainda sofreu com uma jornada ruim do goleiro Kress. Ele falhou em dois gols ao soltar bolas nos pés de Nejedly — o meia-atacante marcou os três gols que classificaram os tchecos para a final. Já a Itália foi ajudada novamente pela arbitragem — Guaita fez o gol após trombar com o goleiro Platzer e mandar a bola para dentro — e pela chuva. Com o campo pesado, a Áustria não conseguia tocar a bola. A Itália distribuiu chutões para todos os lados e também se garantiu na decisão da Copa.

Sindelar, machucado, não pôde defender a Áustria. Para piorar, Lehner abriu o placar para os alemães logo aos 25 segundos de jogo — na época, o gol mais rápido da história das Copas. Os alemães viraram o primeiro tempo com 3 a 1 no placar e souberam administrar, mesmo tendo levado outro gol. Foi o último jogo do Wunderteam.

A final da Copa

Itália no ataque contra a Tchecoslováquia

ITÁLIA	2
TCHECOSLOVÁQUIA	1

Gols: Puc (Tch, 31-2º),
Orsi (Ita, 36-2º)
Na prorrogação: Schiavo (Ita, 5-1º)
Data: 10/06/1934
Horário: 17h30
Local: Estádio Nazionale PNF (Roma)
Público: 55.000
Árbitro: Ivan Eklind (SUE)

Com Mussolini presente no estádio Nazionale PNF no dia da final da Copa, todas as atenções se voltaram para ele. O trio de arbitragem fez a ele a saudação fascista como se isso fosse normal. E os jogadores italianos se sentiram pressionados. Correram a todo vapor no primeiro tempo e exigiram boas defesas do goleiro Planicka em chutes de Meazza e Ferrari. Schiavio ainda chegou a perder um gol sem goleiro. Por outro lado, os tchecos mandaram uma bola na trave. Na etapa final, a Tchecoslováquia reclamou de um pênalti de Monzeglio em Puc, não marcado pelo árbitro. E aos 31 minutos Puc abriu o placar, num chute cruzado, após passe de Cambal. Enquanto o estádio inteiro se assombrava, Sobotka ainda mandou uma bola na trave, em vez de passar a bola para Svoboda, que estava livre. O assombro geral, contudo, durou apenas cinco minutos, já que Orsi empatou o jogo após girar em cima de Kostalek e finalizar. Os tchecos reclamaram que Ferrari, autor do passe para Orsi, havia dominado a bola com o braço. Mas Eklind, após consultar o auxiliar, confirmou o gol. O empate forçou a prorrogação, após 10 minutos de descanso. E os italianos se mostraram mais inteiros fisicamente — mesmo tendo, até ali, jogado 120 minutos a mais que os tchecos. Logo aos 5 minutos, Schiavio chutou, a bola prensou em Krcil e enganou Planicka. O lance deu o título à Itália. Por via das dúvidas, diante de Mussolini, o discurso dos vencedores foi todo favorável ao fascismo.

Itália
Técnico: Vittorio Pozzo

Combi
Monzeglio — Allemandi
Ferraris IV — Monti — Bertolini
Guaita — Meazza — Schiavio — Ferrari — Orsi

Puc — Nejedly — Sobotka — Svoboda — Junek
Krcil — Cambal — Kostalek
Ctyroky — Zenisek
Planicka

Tchecoslováquia
Técnico: Karel Petru

Os melhores da Copa

Numeralha

Maior público: 55.000 (Itália x Tchecoslováquia)

Menor público: 7.000 (Alemanha x Áustria)

Gols pró: 70
Gols contra: 0
Média por jogo: 4,11

Melhor ataque:
Itália, 12 gols
Goleiro menos vazado:
Combi (Itália), 3 gols em 5 jogos (0,6 por jogo, mínimo de 2 jogos)

Maior goleada:
Itália 7 x 1 Estados Unidos

Primeiro a disputar duas finais de Copa: Luisito Monti (1930 pela Argentina e 1934 pela Itália)

ARTILHEIRO
NEJEDLY
Nome: Oldrich Nejedly
Seleção: Tchecoslováquia
Posição: atacante
5 gols em 4 jogos
Idade: 24 anos
Nascimento:
25/12/1909, em Zebrach
Altura: 1,74 m
Peso: 74 kg
Clube: Sparta Praga

5 gols
Nejedly (Tchecoslováquia)
4 gols
Conen (Alemanha) e Schiavio (Itália)
3 gols
Orsi (Itália) e Kielholz (Suíça)

O CRAQUE

MEAZZA
Itália | meia-atacante

Giuseppe Meazza, 23 anos na final da Copa, não marcou gol na decisão, mas foi considerado o grande craque do Mundial. Nascido em 23 de agosto de 1910, ele iniciou a carreira com 17 anos, na Ambrosina (atual Inter de Milão) e chegou à seleção com 20 anos. Pela Azzurra, marcou 33 gols em 53 jogos e era o artilheiro máximo da história da equipe até os anos 1970, quando foi ultrapassado por Luigi Riva.

	Colocações finais	PG	J	%	V	E	D	GP	GC	SG		
1º	Itália	9	5	90	4	1	0	12	3	9	0	0
2º	Tchecoslováquia	6	4	75	3	0	1	9	6	3	0	0
3º	Alemanha	6	4	75	3	0	1	11	8	3	0	0
4º	Áustria	4	4	50	2	0	2	7	7	0	0	0
5º	Espanha	3	3	50	1	1	1	4	3	1	0	0
6º	Hungria	2	2	50	1	0	1	5	4	1	0	1
7º	Suíça	2	2	50	1	0	1	5	5	0	0	0
8º	Suécia	2	2	50	1	0	1	4	4	0	0	0
9º	Argentina	0	1	0	0	0	1	2	3	-1	0	0
9º	França	0	1	0	0	0	1	2	3	-1	0	0
9º	Holanda	0	1	0	0	0	1	2	3	-1	0	0
12º	Romênia	0	1	0	0	0	1	1	2	-1	0	0
13º	Egito	0	1	0	0	0	1	2	4	-2	0	0
14º	Brasil	0	1	0	0	0	1	1	3	-2	0	0
15º	Bélgica	0	1	0	0	0	1	2	5	-3	0	0
16º	Estados Unidos	0	1	0	0	0	1	1	7	-6	0	0

Artilharia
A tabela de artilheiros da Copa de 1934 sempre gerou polêmica. A Fifa creditava a Nejedly apenas dois gols na partida contra os alemães — o segundo era de Krcil. Com isso, Nejedly dividia a artilharia com Conen e Schiavio. Em 2010, a Fifa reviu as súmulas e "devolveu" ao tcheco os três gols diante da Alemanha.

Espião
O atacante alemão Franz Dienert, que foi à Copa de 1934, tinha outro trabalho: era agente duplo no ramo da espionagem, nos lados dos nazistas e da KGB russa. No Brasil, a história foi revelada pelo professor Heriberto Machado.

Reis de Copas  Meazza

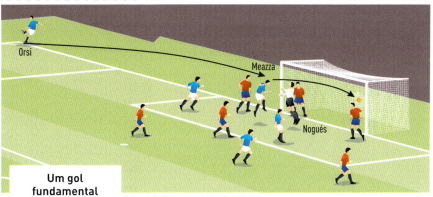

Um gol fundamental

No jogo-desempate entre Itália e Espanha, nas quartas de final em 1934, Meazza marcou o gol da vitória italiana por 1 a 0. Apesar de ter apenas 1,69m, ele subiu mais que a defesa espanhola e cabeceou firme para dentro, após escanteio cobrado por Orsi. Há quem diga que a cabeçada era indefensável para o goleiro Joan Josep Nogués, reserva do lendário Ricardo Zamora. Há quem diga que Nogués saiu mal no lance e deixou o italiano se antecipar.

1) Nasceu em 23/8/1910, em Milão (Itália).
2) Estreou pela seleção italiana aos 19 anos, em 9 de fevereiro de 1930, contra a Suíça. A Itália saiu perdendo por 2 a 0 e virou para 4 a 2, com Meazza marcando os dois últimos gols.
3) Pela seleção, fez 53 jogos e 33 gols entre 1930 e 1939. Na carreira, foram 564 jogos e 347 gols.
4) Começou como centroavante. A partir de 1933, sob o comando do técnico Vittorio Pozzo, passou a jogar de meia-direita.
5) Foi o craque maior da Copa de 1934.
6) Jogou duas finais. Sagrou-se campeão em 1934 e em 1938, quando era o capitão do time.
7) No jogo entre Itália e Brasil, em 1938, ele foi encarregado de cobrar um pênalti. Quando estava para chutar, o cordão que segurava seu calção rompeu-se. Ele cobrou o pênalti mesmo assim, segurando o calção com a mão direita. E fez o gol.
8) Conseguiu uma proeza: ser ídolo nas rivais de Milão, a Internazionale (na época, Ambrosina) e o Milan. Ainda jogou (e bem) na Juventus. Também defendeu o Varese e o Atalanta. Aposentou-se em 1947, em sua segunda passagem pela Internazionale.
9) Como técnico na Internazionale, descobriu Sandro Mazzola, que disputou três Copas pela Itália.
10) O principal estádio de Milão tem dois nomes: San Siro e Giuseppe Meazza.

Meazza Em Copas	J	V	E	D	G
1934	5	4	1	0	2
1938	4	4	0	0	1
Total	9	8	1	0	3

Os baixinhos

PLANICKA — Tchecosl., 1938, GK — 1,72 m

LAHM — Alemanha, 2014, DF — 1,70 m

KOHLMEYER — Alemanha, 1954, DF — 1,74 m

ROBERTO CARLOS — Brasil, 2002, DF — 1,68 m

KANTÉ — França, 2018, MC — 1,67 m

HÄSSLER — Alemanha, 1990, MC — 1,66 m

GIRESSE — França, 1982, MC — 1,63 m

ITÁLIA — Itália, 1934, MC — 1,69 m

MARADONA — Argentina, 1986, MC — 1,68 m

MESSI — Argentina, 2014, AT — 1,70 m

ROMÁRIO — Brasil, 1994, AT — 1,69 m

GK: Goleiro
DF: Defensor
MC: Meio-campista
AT: Atacante

Os grandões

COURTOIS — Bélgica, 1, 2018, GK — 1,98 m

BOOTH — África Sul, 2, 2010, DF — 1,98 m
MERTESACKER — Alemanha, 3, 2006, DF — 1,98 m
VESTERGAARD — Dinamarca, 4, 2018, DF — 2,00 m
JUAN MONTES — Honduras, 6, 2014, DF — 1,98 m

BEL — Bélgica, 5, 2014, MC — 1,94 m

SÓCRATES — Brasil, 8, 1982, MC — 1,92 m

TORRES — Portugal, 10, 1966, AT — 1,94 m

ZIGIC — Sérvia, 7, 2010, AT — 2,02 m
KOLLER — R. Tcheca, 9, 2006, AT — 2,02 m
CROUCH — Inglaterra, 11, 2006, AT — 2,01 m

GK: Goleiro
DF: Defensor
MC: Meio-campista
AT: Atacante

França 1938

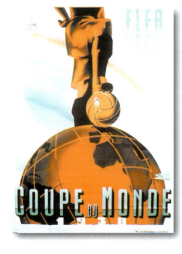

Depois de ter realizado a Olimpíada de 1936 (em Berlim), a Alemanha queria receber a Copa do Mundo. A princípio, o único concorrente era a Argentina, que acreditava que, depois de um Mundial na Europa, o de 1934, seria novamente a vez da América do Sul. Contudo, o presidente da Fifa, o francês Jules Rimet, viu vantagens de a França sediar o Mundial junto com a grande exposição de arte moderna em 1937. Como Rimet era o idealizador da Copa, os dirigentes de outros países ficaram meio constrangidos. Em Berlim, em 13 de agosto de 1936, dos 23 votos possíveis, a candidatura francesa obteve 19, contra três da Argentina e um da Alemanha (o dela mesma). Indignados, os argentinos abandonaram o congresso e ainda anunciaram um boicote à disputa.

A festa tinha tudo para ser impecável. Mas os líderes políticos da Europa resolveram não colaborar. Em 11 de março de 1938, a Áustria foi anexada pela Alemanha nazista, num processo chamado de *Anschluss*, e deixou de existir como nação independente. A federação germânica de futebol comunicou à Fifa que os jogadores austríacos seriam incorporados pela seleção alemã. A invasão piorou as já tensas relações diplomáticas no continente.

Cidades e estádios

Depois do que aconteceu na Copa de 1934, Rimet ingenuamente sonhava em mostrar uma vitória do esporte sobre a política. Nesse clima, a França se esmerou em fazer uma Copa impecável. O estádio Olympique Colombes, em Paris, foi ampliado para 59 mil pessoas. Outras praças, como a de Bordeaux, foram erguidas especialmente para o evento.

A Copa teve inovações, como uma bola sem o tiento externo — aquela tira de couro que amarrava, dentro do corpo da bola, o bico para enchê-la — e a meia-lua na grande área, para deixar todos os jogadores a 9,15 m de distância na hora de cobrar um pênalti. A Fifa, porém, descartou outra novidade da época: a numeração nas costas dos jogadores, algo que foi usado no empate em 3 a 3 entre Irlanda e Noruega, pelas Eliminatórias.

Eliminatórias

Ao todo, 34 países se inscreveram para a Copa. Ao contrário do que havia ocorrido quatro anos antes com a Itália, a anfitriã França não precisou disputar as Eliminatórias, e essa tradição se mantém até hoje. A Itália, então campeã mundial, também ga-

" Vencer ou morrer"

Telegrama curto e grosso do ditador italiano Benito Mussolini ao time de 1938

A BOLA
Superball

nhou esse privilégio. Só a partir de 2002, os campeões mundiais teriam que se submeter ao classificatório para a Copa seguinte.

Dos 34 inscritos, apenas 21 entraram efetivamente em campo. Na África, o Egito desistiu, e a Palestina caiu ante a Grécia, que depois caiu ante a Hungria. Na América do Sul, só restou o Brasil. A Argentina cogitou voltar atrás na intenção do boicote, mas depois alegou solidariedade ao Uruguai e acabou desistindo de vez, o que gerou protestos em Buenos Aires. Entre as Américas Central e do Norte — onde estranhamente a Fifa também incluiu a Colômbia — só restou Cuba. Na Ásia, o Japão desistiu e só restaram as Índias Ocidentais Holandesas (atual Indonésia).

Cidade	Estádio	Capacidade
Antibes	Fort Carré	8.000
Bordeaux	Parc Lescure	26.000
Estrasburgo	Meinau	23.000
Le Havre	Cavée Verte	24.900
Lille	Victor Boucquey	15.000
Marselha	Velodrome	36.470
Paris	Olympique Colombes	59.000
Paris	Parc des Princes	34.000
Reims	Auguste Delaune	9.500
Toulouse	Municipal	37.000

Sorteio e fórmula

Assim como em 1934, os 16 classificados foram divididos em oito duelos eliminatórios, com os vencedores seguindo adiante até a final. No dia 5 de abril, a Fifa sorteou os confrontos das oitavas de final. A Áustria foi colocada para enfrentar a Suécia. Só que a Áustria já não existia mais (e a Fifa sabia disso). Para não deixar a Copa com apenas 15 times, a entidade convidou a Inglaterra, que desprezou a honraria. A Letônia, derrotada pelos austríacos nas Eliminatórias, reivindicou a participação, mas aí a Fifa preferiu deixar a Copa manca.

Estreantes
Cuba
Índias Holandesas
Noruega
Polônia

O regulamento previa que, em caso de empate no tempo normal, haveria uma prorrogação de dois tempos de 15 minutos. Se persistisse o empate, uma nova prorrogação seria disputada. Se não houvesse um vencedor, uma nova partida seria realizada em dois dias. E se isso acontecesse na final? A Fifa determinou que, se o campeão não saísse após dois jogos (com as devidas prorrogações), a taça seria dividida entre os finalistas.

Favoritos

Com o time titular reforçado por cinco jogadores do Wunderteam austríaco, a Alemanha ganhou *status* de "a equipe que mais tinha chance de fazer frente à Itália". A *Azzurra*, medalha de ouro no futebol na Olimpíada de Berlim, estava com um time ainda mais forte que o do título em 1934. Houve melhoras na zaga (com Foni e Rava), no meio (com Andreolo em vez de Monti) e no ataque (com Piola e Colaussi). Meazza e Ferrari eram os únicos que haviam "sobrevivido" ao *upgrade* feito pelo técnico Vittorio Pozzo.

Ausência
Por não ter sido escolhida como sede da Copa, a Argentina boicotou o Mundial. O Uruguai ainda se dizia ressentido pela ausência da "nata" europeia em 1930 e também não quis saber. A Inglaterra achava que a Copa era um torneio de segunda categoria. E a Espanha abriu mão porque vivia uma sangrenta guerra civil.

A preparação do Brasil

Competições disputadas pelo Brasil de 1934 a 1938	
Sul-Americano 1937	
1F	Brasil 3 x 2 Peru
1F	Brasil 6 x 4 Chile
1F	Brasil 5 x 0 Paraguai
1F	Brasil 3 x 2 Uruguai
1F	Brasil 0 x 1 Argentina
F	Brasil 0 x 2 Argentina
Brasil ficou em 2º lugar	

1F: Primeira fase
F: Final

Em 1930, a seleção se deu mal na Copa porque havia uma rixa entre paulistas e cariocas. Em 1934, a intriga era entre clubes com jogadores profissionais e clubes com jogadores amadores. Para o Mundial de 1938, a divisão era outra: time azul e time branco. Essa divisão, ao menos, não fazia mal algum para a seleção. Pelo contrário. Eram dois times bem diferentes — o azul, com jogadores considerados mais "leves", e o branco, com jogadores mais fortes (ou "pesados"). Ambos tinham suas qualidades e condições de representar o Brasil no Mundial.

Para chegar a esse *status*, a estrada foi longa. Até 1938, a seleção disputou apenas uma competição oficial: o Sul-Americano de 1937, com o time sendo vice-campeão após perder para a Argentina (0 a 2) na prorrogação da final. No mais, houve poucos jogos amistosos. E a maioria deles ocorreu logo após a Copa de 1934. Um deles foi marcante: em 3 de junho, enquanto o Mundial da Itália ainda corria solto, o Brasil levou 8 a 4 da Iugoslávia, em Belgrado, estabelecendo um recorde de gols sofridos.

Nos bastidores, ao menos, os dirigentes se acertaram. A carioca Confederação Brasileira de Desportos (CBD) absorveu a paulista Federação Brasileira de Futebol e reconheceu o futebol profissional. E, desde antes do Sul-Americano, o técnico estava definido: Ademar Pimenta, um cara trabalhador, bem-intencionado e que sabia domar o ambiente dos jogadores. Por outro lado, Pimenta era maleável a pressões e não se atualizava — desconhecia coisas como o sistema de jogo WM, que era febre na Europa.

Apesar disso, Pimenta tinha respaldo da CBD. Isso o blindou quando saiu a primeira lista de convocados para a Copa, em março de 1938. O Flamengo reclamou da ausência de Waldemar de Brito, que havia disputado a última Copa. O Botafogo se queixou de que Carvalho Leite, veterano de 1930 e 1934, ficou de fora. Dos 34 nomes, seis foram cortados, sendo um deles o centromédio Fausto, então com 33 anos e destaque na Copa de 1930, mas que não passou no exame médico.

Foi para se esquivar da pressão que sofria para escalar jogador A ou B que Pimenta criou os dois times diferentes: o azul (Batatais; Domingos da Guia e Machado; Zezé Procópio, Martim Silveira e Afonsinho; Lopes, Romeu Pelliciari, Leônidas, Perácio e Hércules) e o branco (Walter; Jaú e Nariz; Brito, Brandão e Argemiro; Roberto, Luisinho, Niginho, Tim e Patesko). Para despistar, dizia que o time para a Copa do Mundo seria o azul, ou o branco, ou uma mescla dos dois. A última lista de cortes vitimou Dominguinhos, Thadeu, Cerri, Marreta, Plácido e Caxambu.

Apesar de todo o planejamento, a preparação teve problemas. O zagueiro Domingos da Guia e o atacante Leônidas, os dois intocáveis do grupo, apresentaram-se com atraso. Motivo: dinheiro. A CBD havia estabelecido um salário de 1 conto de réis. Era menos do que os jogadores recebiam em seus clubes, e eles logicamente não gostaram. Aumentaram a pedida para 1,5 conto de réis de salário mensal, ajuda de custo de 1,5 conto de réis e mais diárias de 25 mil-réis do dia do embarque ao dia do retorno, um bicho de 500 mil-réis por vitória e 250 mil-réis por empate. Só depois que a CBD equiparou a reivindicação dos jogadores é que os dois intocáveis se apresentaram, em 10 de abril.

Uma semana depois, no dia 18 de abril, o goleiro Walter sofreu uma luxação na clavícula e correu risco de ser cortado. Ninguém havia pensado em um substituto, mas por sorte o goleiro estava presente ao embarque da seleção, marcado para o dia 30, no Rio de Janeiro. Ao partir, a delegação oficial brasileira tinha 22 jogadores, cinco integrantes da comissão técnica — o treinador Ademar Pimenta, o superintendente Irineu Chaves, o jornalista Afrânio Vieira, o representante da Fifa Célio de Barros e o locutor Gagliano Neto — e um punhado de dirigentes e convidados da CBD. E foram esses dirigentes e convidados que passaram duas semanas cercando o treinador Ademar Pimenta, pedindo para escalar este ou aquele jogador. Everaldo Lopes, cartola do Botafogo, insistia que Perácio e Patesko deveriam ser escalados juntos. Já os dirigentes do Fluminense faziam *lobby* por Tim e Hércules. Havia dirigentes em excesso, mas não havia médico. Sobrou para o zagueiro Nariz, que havia se formado dois anos antes.

No dia 15 de maio, o navio Arlanza, que levava a seleção (e os dirigentes), chegou ao porto de Marselha. Ali descobriu-se um problema de última hora: assim como acontecera em 1934, muitos jogadores ganharam peso durante a viagem, mesmo com os exercícios praticados no convés. O atacante Romeu foi o campeão: saiu do Brasil com 70 kg e chegou à França com 79 kg. Ao menos, haveria muito tempo para perder peso, uma vez que os brasileiros desembarcaram no país-sede da Copa com uma inédita antecedência de 20 dias. Não se repetiu o erro de 1934, ocasião em que os jogadores desceram na Europa apenas quatro dias antes da partida contra a Espanha. Os erros eram outros: falta de conhecimento tático e de informações sobre os adversários.

Todos os convocados		
Goleiros	**idade**	**clube**
Walter	25	Flamengo
Batatais	28	Fluminense
Zaqueiros	**idade**	**clube**
Nariz	25	Botafogo
Domingos da Guia	25	Flamengo
Machado	29	Fluminense
Jaú	28	Vasco
Meio-campistas	**idade**	**clube**
Britto	24	América-RJ
Martim	27	Botafogo
Zezé Procópio	24	Botafogo
Brandão	27	Corinthians
Argemiro	23	Portuguesa Santista
Affonsinho	24	São Cristóvão
Atacantes	**idade**	**clube**
Patesko	27	Botafogo
Perácio	20	Botafogo
Lopes	27	Corinthians
Leônidas	24	Flamengo
Hércules	25	Fluminense
Romeu	27	Fluminense
Tim	23	Fluminense
Luisinho	27	Palestra Itália
Roberto	25	São Cristóvão
Niginho	26	Vasco

Obs.: Idades computadas até 04/06/1938, data da abertura da Copa

ADEMAR PIMENTA
técnico

Jogos da primeira fase

4/6 Alemanha 1 x 1 Suíça
Gols: Gauchel (Ale, 29-1º), Abegglen (Sui, 43-1º)

5/6 França 3 x 1 Bélgica
Gols: Veinante (Fra, 35s-1º), Nicolas (Fra, 16-1º), Isemborghs (Bel, 38-1º), Nicolas (Fra, 24-2º)

5/6 Hungria 6 x 0 Índias Holandesas
Gols: Kohut (Hun, 13-1º), Toldi (Hun, 15-1º), Sarosi (Hun, 28-1º), Zsengeller (Hun, 35-1º), Zsengeller (Hun, 31-2º), Sarosi (Hun, 44-2º)

5/6 Romênia 3 x 3 Cuba
Gols: Bindea (Rom, 30-1º), Socorro (Cub, 40-1º), Baratki (Rom, 14-2º), Magriña (Cub, 24-2º)
Gols na prorrogação: Socorro (Cub, 13-1º), Dobai (Rom, 15-1º)

5/6 Itália 2 x 1 Noruega
Gols: Ferraris (Ita, 2-1º), Brustad (Nor, 38-2º)
Gol na prorrogação: Piola (Ita, 4-1º)

5/6 Brasil 6 x 5 Polônia
Gols: Leônidas (Bra, 18-1º), Szerfke (pênalti) (Pol, 23-1º), Romeu (Bra, 25-1º), Perácio (Bra, 44-1º), Willimowski (Pol, 8-2º), Willimowski (Pol, 14-2º), Perácio (Bra, 26-2º), Willimowski (Pol, 44-2º)
Gols na prorrogação: Leônidas (Bra, 3-1º), Leônidas (Bra, 14-1º), Willimowski (Pol, 12-2º)

5/6 Tchecoslováquia 3 x 0 Holanda
Gols na prorrogação: Kostalek (Tch, 3-1º), Nejedly (Tch, 5-2º), Zeman (Tch, 13-2º)

Jogos-desempate

9/6 Alemanha 2 x 4 Suíça
Gols: Hahnemann (Ale, 9-1º), Loertscher (contra, p/Ale, 22-1º), Wallaschek (Sui, 42-1º), Bickel (Sui, 19-2º), Abbeglen (Sui, 30-2º), Abegglen (Sui, 33-2º)

9/6 Romênia 1 x 2 Cuba
Gols: Dobai (Rom, 35-1º), Socorro (Cub, 6-2º), Magriña (Cub, 8-2º)

Ao contrário dos Mundiais anteriores, a Copa de 1938 teve um jogo único de abertura, entre Alemanha e Suíça, com direito a pompa, circunstância e um mico do então presidente francês, Albert Lebrun. Ele teve a honra de dar o pontapé inicial, mas conseguiu errar o chute, arrancando grama do solo e mal fazendo a bola se mover. A partida terminou 1 a 1, após 90 minutos e mais duas prorrogações de 30 minutos, o que forçou um jogo-desempate quatro dias depois. E, neste, os alemães abriram 2 a 0 em 22 minutos. Imediatamente os dirigentes cantaram vitória junto ao chanceler Adolf Hitler, em um telegrama. Mas a Suíça virou para 4 a 2, queimando a língua dos dirigentes. Outra vaga decidida em um jogo extra foi entre Romênia e Cuba, e os cubanos surpreenderam, graças a uma grande atuação do goleiro Ayra na segunda partida. A França, dona da casa, derrotou a Bélgica graças a um gol-relâmpago de Veinante e outros dois de Jean Nicolas, o craque do time. A Hungria passou fácil pelas Índias Holandesas (atual Indonésia). Itália e Tchecoslováquia, finalistas de 1934, só se classificaram após a prorrogação. Os italianos derrotaram a Noruega por 2 a 1. Os tchecos fizeram três gols na Holanda durante o tempo extra, depois do empate sem gols no tempo normal. Por fim, o Brasil despachou a Polônia numa partida épica. Após muita chuva em Estrasburgo e um placar de 4 a 4 no tempo normal, o Brasil fez 2 a 1 na prorrogação, com dois gols do atacante Leônidas da Silva. Ao todo, 6 a 5.

> **Tensão**
> A tabela da Copa, preparada com quatro meses de antecedência, previa que Suécia e Áustria duelassem nas oitavas de final. Mas a Áustria foi anexada pela Alemanha pouco antes do Mundial e vários de seus jogadores acabaram alistados na equipe alemã — o atacante Sindelar recusou-se e no ano seguinte foi encontrado morto. A Suécia avançou de fase sem precisar jogar.

Os mata-matas

QUARTAS DE FINAL

12/6 França 1 x 3 Itália
Gols: Colaussi (Ita, 9-1º), Heisserer (Fra, 10-1º), Piola (Ita, 6-2º), Piola (Ita, 26-2º)

12/6 Hungria 2 x 0 Suíça
Gols: Sarosi (Hun, 40-1º), Zsengeller (Hun, 45-2º)

12/6 Suécia 8 x 0 Cuba
Gols: Harry Andersson (Sue, 9-1º), Wetterström (Sue, 22-1º), Wetterström (Sue, 37-1º), Wetterström (Sue, 44-1º), Keller (Sue, 35-2º), Harry Andersson (Sue, 36-2º), Nyberg (Sue, 39-2º), Harry Andersson (Sue, 45-2º)

12/6 Brasil 1 x 1 Tchecoslováquia
Gols: Leônidas (Bra, 30-1º), Nejedly (pênalti) (Tch, 20-2º)

Jogo-desempate
14/6 Brasil 2 x 1 Tchecoslováquia
Gols: Kopecky (Tch, 23-1º), Leônidas (Bra, 12-2º), Roberto (Bra, 17-2º)

A Itália, de uniforme preto (cor do fascismo), não teve dificuldade para derrotar a França (de azul). A Hungria estava mais descansada que a Suíça e venceu por 2 a 0. A Suécia, que nem precisou jogar a primeira fase, massacrou Cuba — que ainda perdeu um pênalti quando o placar era de 3 a 0. O único duelo tenso foi entre Brasil e a então vice-campeã mundial Tchecoslováquia. Tão tenso que registrou três das quatro expulsões do Mundial (Zezé Procópio e Machado, do Brasil, e o tcheco Riha), além de vários jogadores machucados — um deles, o goleiro Planicka, fechou o gol mesmo depois de ter deslocado a clavícula. O jogo terminou 1 a 1, após duas prorrogações, e forçou um jogo-desempate, dois dias depois.

> **Garfada**
> O lance que decidiu a vaga contra os tchecos teve ajuda do árbitro francês George Capdeville. Aos 15 minutos do 2º tempo, o goleiro Walter se atrapalhou com um chute rasteiro de Senecky, deixou a bola entrar e a puxou em seguida. O árbitro não viu o gol. Em seguida, Roberto fez o gol da vitória brasileira.

A Tchecoslováquia estava sem Planicka e os atacantes Puc e Nejedly. O Brasil mudou nove jogadores, mas manteve Leônidas. O atacante fez um gol e o time venceu por 2 a 1.

SEMIFINAIS

16/6 Itália 2 x 1 Brasil
Gols: Colaussi (Ita, 6-2º), Meazza (Ita, 15-2º), Romeu (Bra, 42-2º)

16/6 Hungria 5 x 1 Suécia
Gols: Nyberg (Sue, 35s-1º), Zsengeller (Hun, 19-1º), Titkos (Hun, 37-1º), Zsengeller (Hun, 39-1º), Sarosi (Hun, 20-2º), Zsengeller (Hun, 40-2º)

Leônidas não resistiu às pancadas nas quartas de final. Outro desfalque para a semifinal contra a Itália era Tim. Sem eles, o Brasil formou o ataque com Lopes, Luisinho, Romeu (improvisado como centroavante), Perácio e Patesko. O jogo foi equilibrado, mas o atacante Piola, da Itália, aproveitou dois cochilos da zaga brasileira. Num deles, deixou Colaussi livre para fazer 1 a 0. No outro, sofreu uma agressão de Domingos da Guia dentro da área. Pênalti. Meazza cobrou e fez 2 a 0. No fim do jogo, Romeu diminuiu, mas não bastou. No outro jogo, a Suécia abriu o placar com menos de um minuto e depois acabou atropelada pela Hungria. Italianos e húngaros iriam decidir a Copa.

> **Polêmica**
> Autor do pênalti que gerou o 2º gol italiano, Domingos da Guia jurava que o jogo estava parado quando resolveu dar uma rasteira em Piola para revidar as provocações. Mas naquele momento o Brasil havia bloqueado um ataque italiano e a bola estava no meio-de-campo — ou seja, em jogo.

DECISÃO DO TERCEIRO LUGAR

19/6 Brasil 4 x 2 Suécia
Gols: Jonasson (Sue, 28-1º), Nyberg (Sue, 38-1º), Romeu (Bra, 44-1º), Leônidas (Bra, 18-2º), Leônidas (Bra, 29-2º), Perácio (Bra, 35-2º)

Sem destaques individuais, mas bem postada em campo, a Suécia abriu dois gols de vantagem. Só depois o estilo malabarista e técnico (mas taticamente rudimentar) dos brasileiros prevaleceu. E o Brasil virou para 4 a 2.

A final da Copa

Jogadores e treinador da Itália após a vitória

ITÁLIA	4
HUNGRIA	2

Gols: Colaussi (Ita, 6-1º),
Titkos (Hun, 8-1º), Piola (Ita, 16-1º),
Colaussi (Ita, 35-1º),
Sarosi (Hun, 25-2º),
Piola (Ita, 37-2º)
Data: 19/06/1938
Horário: 17 horas
Local: Olympique Colombes (Paris)
Público: 45.000
Árbitro: George Capdeville (FRA)

Um jornal francês apostava que, se havia alguma equipe com chances de enfrentar a Itália na final da Copa, seria a Hungria. A previsão se confirmou. Mesmo assim, os italianos eram os favoritos e mostraram rapidamente por quê. Aos 6 minutos de jogo, Colaussi emendou de primeira e fez 1 a 0. Os húngaros empataram dois minutos depois, gol de Titkos, mas, aos 16 minutos, Piola fez 2 a 1, após uma extensa troca de passes na área da Hungria. Vinte minutos depois, Colaussi marcou mais um, após entrar na área adversária com facilidade. No segundo tempo, a Itália diminuiu o ritmo e o húngaro Sarosi conseguiu descontar, aos 25 minutos. Mas Piola aumentou a vantagem para 4 a 2, a oito minutos do fim. Quando o árbitro, o francês George Capdeville, apitou o fim de jogo, a torcida vaiou o time campeão, numa atitude jamais vista. As vaias aumentaram depois que o capitão da Itália, Giuseppe Meazza, fez a saudação fascista ao receber o troféu das mãos do presidente francês, Albert Lebrun. Para a Itália, não fez diferença. Os jogadores eram bicampeões e, principalmente, ficariam vivos — antes da Copa, eles haviam recebido um telegrama do ditador Benito Mussolini que dizia "vencer ou morrer". E nisso tiveram até a complacência do adversário: depois do jogo, o goleiro húngaro Szabo dizia que não se importava de ter levado quatro gols, pois sabia que tinha salvado vidas. De volta à Itália, nada de morrer: todos foram tratados e mimados como heróis.

Itália
Técnico: Vittorio Pozzo

Hungria
Técnico: Alfred Schäffer

36

Os melhores da Copa

Numeralha

Maior público: 58.455
(França x Itália)
Menor público: 6.707
(primeiro jogo entre
Romênia e Cuba)

Gols pró: 83
Gols contra: 1
Média por jogo: 4,66

Melhor ataque:
Hungria, 15 gols
Goleiro menos vazado:
Planicka (Tchecoslová-
quia), 1 gol em 2 jogos
(0,5 por jogo)

Maior goleada:
Suécia 8 x 0 Cuba

Jogadores bicampeões
do mundo pela Itália: 4
(Meazza, Ferrari, Masetti
e Monzeglio)

ARTILHEIRO
LEÔNIDAS
Nome: Leônidas da Silva
Seleção: Brasil
Posição: atacante
7 gols em 4 jogos
Idade: 24 anos
Nascimento: 06/09/1913,
no Rio de Janeiro
Altura: 1,65m
Peso: 63 kg
Clube: Flamengo

7 gols
Leônidas (Brasil)
6 gols
Zsengeller (Hungria)
5 gols
Sarosi (Hungria) e Piola (Itália)
4 gols
Colaussi (Itália) e Willimowski (Polônia)

O CRAQUE

PIOLA
Itália | atacante

Silvio Piola, 24 anos, atuava pela Lazio quando sagrou-se campeão mundial. Ele marcou cinco gols na Copa e acabou como o craque maior do torneio. O único jogo em que passou em branco foi a semifinal, contra o Brasil. Mesmo assim, deu sua contribuição ao dar um passe para o gol de Colaussi e cavar um pênalti, cometido por Domingos da Guia. Ele também sabia provocar os zagueiros adversários.

Colocações finais	PG	J	%	V	E	D	GP	GC	SG		
1º Itália	8	4	100	4	0	0	11	5	6	0	0
2º Hungria	6	4	75	3	0	1	15	5	10	0	0
3º Brasil	7	5	70	3	1	1	14	11	3	0	2
4º Suécia	2	3	33	1	0	2	11	9	2	0	0
5º Tchecoslováquia	3	3	50	1	1	1	5	3	2	0	1
6º Suíça	3	3	50	1	1	1	5	5	0	0	0
7º Cuba	3	3	50	1	1	1	5	12	-7	0	0
8º França	2	2	50	1	0	1	4	4	0	0	0
9º Romênia	1	2	25	0	1	1	4	5	-1	0	0
10º Alemanha	1	2	25	0	1	1	3	5	-2	0	1
11º Polônia	0	1	0	0	0	1	5	6	-1	0	0
12º Noruega	0	1	0	0	0	1	1	2	-1	0	0
13º Bélgica	0	1	0	0	0	1	1	3	-2	0	0
14º Holanda	0	1	0	0	0	1	0	3	-3	0	0
15º Índias Hol.	0	1	0	0	0	1	0	6	-6	0	0

Obs.: A Áustria estava inscrita para jogar, mas não o fez por ter sido anexada à Alemanha, pouco antes da Copa.

Conectado
Pela primeira vez, as partidas do Brasil na Copa foram transmitidas ao vivo para os torcedores em solo brasileiro. Não pela TV, o padrão de hoje, mas pelo rádio. Assim, milhares de brasileiros puderam acompanhar as partidas da seleção na voz do radialista Gagliano Netto, que as narrava à beira do campo.

Conta errada
Na década de 1940, falava-se no Brasil que Leônidas tinha feito 8 gols (quatro só contra a Polônia). Curiosamente, até 2010, o site oficial da Fifa afirmava que foram 8, enquanto as súmulas das partidas da entidade confirmavam 7.

Jogos históricos
Brasil 6 x 5 Polônia (1938)

Leônidas, do Brasil, contra a defesa da Polônia

BRASIL	6
POLÔNIA	5

Gols: Leônidas (Bra, 18-1º), Szerfke (Pol, 23-1º), Romeu (Bra, 25-1º), Perácio (Bra, 44-1º), Willimowski (Pol, 8-2º), Willimowski (Pol, 14-2º), Perácio (Bra, 26-2º), Willimowski (Pol, 44-2º)
Gols na prorrogação: Leônidas (Bra, 3-1º), Leônidas (Bra, 14-1º), Willimowski (Pol, 12-2º)
Data: 05/06/1938
Horário: 17h30
Local: Meinau (Estrasburgo)
Público: 13.452
Árbitro: Ivan Eklind (SUE)

Na Copa de 1938, a seleção brasileira teve que usar um segundo uniforme pela primeira vez em Copas. Como a equipe jogava de camisa branca, e a Polônia também, o comitê organizador realizou um sorteio e o Brasil perdeu. Só que, na época, ninguém se preocupava em levar dois kits de camisas de jogo. Os brasileiros tiveram que recorrer à camisa azul-clara de treino, sem distintivo no peito. O Brasil começou melhor. Perácio acertou uma bola no travessão e Leônidas abriu o placar aos 18 minutos. Só que, aos 23 minutos, Domingos da Guia cometeu o primeiro pênalti contra a seleção em Copas — e foi indiscutível: ele agarrou Wodarz na área. Szerfke bateu e empatou. Ainda na etapa inicial, Romeu e Perácio marcaram mais um gol cada. Na etapa final, o estado do campo piorou com a chuva e isso ajudou o futebol-força polonês. Willimowski fez dois gols e empatou. Perácio anotou 4 a 3 e Willimowski igualou de novo, forçando uma prorrogação. Nela, Leônidas fez dois gols. Diz a lenda que, no primeiro deles, o atacante estava com o pé direito descalço, mas relatos da imprensa na época afirmam que Leônidas havia tirado a chuteira rasgada apenas instantes após ter marcado o gol. No fim, Willimowski ainda marcou o 5º gol polonês. O placar de 6 a 5 entrou para a história como a primeira partida com mais de 10 gols em Mundiais. Foi a primeira vez que o Brasil disputou (e a única que venceu) uma prorrogação em Copas do Mundo, ocasião que o historiador Fernando Pitanga chamou de "o mais longo dos dias do Brasil".

Brasil
Técnico: Ademar Pimenta

Polônia
Técnico: Josef Kaluza

39

Esquadrões sem título

Áustria 1934

HORVATH
Áustria | atacante

SINDELAR
Áustria | atacante

Os dois times foram atrapalhados por nazistas e fascistas

Argentina 1946

LABRUNA
Argentina | atacante

DI STÉFANO
Argentina | atacante

O técnico Hugo Meisl mudou a maneira de jogar futebol no comando da seleção austríaca. A ordem era apostar em movimentação constante no ataque e trocas rápidas de passes. Para sorte dele, havia uma geração de ouro, na qual se destacavam Horvath (um "artilheiro de decisões"), Bican (mais de 600 gols na carreira) e Sindelar (tinha tanta ginga que foi apelidado de "homem de papel"). Assim, o time foi campeão da Copa Internacional da Europa Central (1931-32), uma espécie de avô da Eurocopa. E ganhou o apelido de "Wunderteam", ou time-maravilha. De 1931, quando a Áustria levou 2 a 1 da Itália, até o Mundial de 1934, foram 19 vitórias, sete empates e só três derrotas. Na Copa dentro da Itália fascista, o time parou nas semifinais, diante dos donos da casa (1 a 0). Os problemas vieram depois. A Áustria perdeu a Copa Internacional (1933-35) e a Olimpíada de 1936 para a Itália. Em 1937, o técnico Hugo Meisl morreu ao sofrer um ataque cardíaco. Pouco antes da Copa na França, em 1938, a Áustria foi anexada pela Alemanha nazista e cinco jogadores foram parar na seleção alemã. Sindelar recusou-se. Foi encontrado morto em 1939. Há quem diga que ele cometeu suicídio. Há quem diga que ele "foi suicidado", já que, além de tudo, era judeu.

Em fevereiro de 1946, a Argentina foi campeã sul-americana ao derrotar a seleção brasileira por 2 a 0 na final, em Buenos Aires. O Brasil tinha nomes que estariam na Copa de 1950, como Danilo Alvim, Zizinho, Ademir, Jair e Chico. Já a Argentina baseava a escalação na equipe do River Plate, na época chamada de "La Maquina" e cuja linha de frente tinha Pedernera (a engrenagem do time), Labruna (maior goleador da equipe), Lostau (um ponta imparável) e um talento emergente: Di Stéfano. Em "La Maquina", todos os jogadores atacavam e todos defendiam — segundo pesquisadores, a equipe serviu de inspiração para o Ajax dos anos 70 e a Holanda de 1974. Nos anos 40, a seleção argentina venceu os Sul-Americanos de 1941, 1945, 1946 e 1947. E por que esse time nunca foi campeão mundial? De certa forma, a culpa é de nazistas e fascistas. Se o mundo fosse perfeito, não haveria a Segunda Guerra Mundial. E, sem a guerra, haveria Copa do Mundo em 1942 e 1946. No fim da década, a Argentina viu uma debandada de talentos. Descontentes com os dirigentes, que ignoravam algumas reivindicações, vários jogadores — incluindo Pedernera e Di Stéfano — migraram para o futebol colombiano, o que fez a seleção argentina implodir.

Os estrangeiros

QUIROGA — Peru, 1978, GK, #1
Nascido em Rosario (Argentina), jogou duas Copas pelo Peru

MONTI — Itália, 1934, DF, #2
Nascido na Argentina, jogou pela Argentina em 1930 e pela Itália em 1934

ANDREOLO — Itália, 1938, DF, #3
Nascido no Uruguai, naturalizou-se e jogou pela Itália em 1938

SANTAMARÍA — Espanha, 1962, DF, #4
Nascido no Uruguai, jogou pelo Uruguai em 1954 e pela Espanha em 1962

SIVORI — Itália, 1962, MC, #5
Nascido na Argentina, naturalizou-se e jogou pela Itália em 1962

SHAQIRI — Suíça, 2014, MC, #10
Nascido em Kosovo (na antiga Iugoslávia), jogou pela Suíça em 2014 e 18

PUSKAS — Espanha, 1962, AT, #8
Nascido na Hungria, jogou pela Hungria em 1954 e pela Espanha em 1962

OLISADEBE — Polônia, 2002, AT
Nascido na Nigéria, jogou pela Polônia em 2002

GAETJENS — EUA, 1950, AT, #7
Nascido no Haiti, jogou pelos Estados Unidos em 1950

HIGUAÍN — Argentina, 2010, AT, #9
Nascido em Marselha (França), jogou pela Argentina em 2010, 14 e 18

MAZZOLA — Itália, 1962, AT, #11
Campeão em 1958 pelo Brasil. Depois, "virou" Altafini e jogou pela Itália

GK: Goleiro
DF: Defensor
MC: Meio-campista
AT: Atacante

Brasil 1950

Ainda em 1938, ano da Copa do Mundo na França, a Fifa já estudava candidaturas para 1942. O favoritismo era da Alemanha, mas Argentina e Brasil também a queriam. Jules Rimet, presidente da Fifa, chegou a acalentar essa esperança em uma viagem à América do Sul, em 1939. Consta que ele estava no Rio de Janeiro quando chegou a notícia de que a Polônia havia sido invadida pelos alemães. Foi quando estourou a Segunda Guerra Mundial. De um lado, Alemanha, Itália e Japão, formando o "Eixo". Do outro lado, França, Inglaterra, Rússia e Estados Unidos, os aliados, com adesões menores. O conflito só acabou em agosto de 1945.

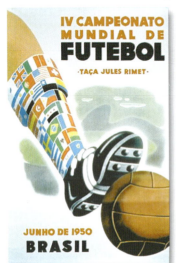

A guerra cancelou tudo que havia se decidido sobre futuras Copas do Mundo. Obviamente, o Mundial de 1942 não aconteceu. Nem o de 1946, que tinha tudo para ser na Argentina. Só em 25 de julho de 1946, a Fifa reativou a disputa do Mundial e determinou que, para se respeitar o intervalo de quatro anos, ele seria em 1950. Na época, o único dos três pré-candidatos que ainda mantinha interesse em recebê-lo era o Brasil.

Ainda nessa reunião, decidiu-se que o troféu passaria a ter o nome de Jules Rimet, em homenagem aos 25 anos do dirigente à frente da Fifa. Decidiu-se eliminar Alemanha e Japão por causa da guerra. A Itália escapou dessa em reconhecimento a um dirigente italiano, Ottorino Barassi. Quando o conflito estourou, ele escondeu a taça — dizem as lendas que foi numa caixa de sapatos, embaixo da cama, mas ela foi parar em um cofre na Suíça. Não fosse Barassi, a taça poderia ter se perdido. Ou, pior ainda, ter sido derretida por algum maluco.

"Ela fere os princípios da Copa"

Do francês Henry Delaunay, um dos poderosos da Fifa, sobre a fórmula de disputa da Copa do Mundo de 1950, que previa quatro grupos na primeira fase e um grupo único na fase final, sem nenhum jogo eliminatório

Cidades e estádios

Os dirigentes brasileiros haviam prometido um grande estádio para o Mundial. Ergueu-se, assim, o Maracanã, no Rio de Janeiro. Oficialmente, a capacidade era de 155 mil pessoas, o que o tornava o maior estádio de futebol do mundo. A obra acabou a poucos dias da Copa. A cidade de Belo Horizonte também ganhou um novo palco: o Independência. Estádios em São Paulo, Porto Alegre, Curitiba e Recife passaram por reformas.

Eliminatórias

A fórmula das Eliminatórias foi aprovada em uma reunião da Fifa em Londres, em 1948. Os 32 países seriam divididos em dez grupos, que classificariam um ou dois times cada. E os

A BOLA
Super Duplo T

classificados entrariam direto nos grupos do Mundial, definidos previamente. Só que, entre os 32 inscritos, oito desistiram sem sequer entrar em campo: Argentina, Equador, Peru, Áustria, Indonésia, Birmânia (hoje, Mianmar), Filipinas e Índia. Os motivos eram os mais diversos, de mágoa com o Brasil (caso da Argentina) até uma norma da Fifa que proibia os jogadores de atuarem descalços — caso da Índia.

Alguns desistiram depois de estarem já classificados. A Turquia alegou dificuldades financeiras. A Escócia ganhou a vaga ao ficar em 2º lugar no grupo da Inglaterra, mas falou que só iria ao Mundial se tivesse ficado à frente dos ingleses. A vaga da Turquia foi ofertada a Portugal, que não a quis. Para o lugar dos escoceses, a entidade chamou a França, que havia sido eliminada pela Iugoslávia. Os franceses aceitaram num primeiro momento, mas abriram mão depois que viram a logística — a tabela previa que eles teriam que viajar 3.500 km de Porto Alegre a Recife. A Bolívia quase desistiu em cima da hora, querendo mais dinheiro para bancar as diárias no Brasil. Quem bancou a despesa foi a CBD.

Cidade	Estádio	Capacidade
Belo Horizonte	Independência	15.000
Curitiba	Durival de Britto	13.000
Porto Alegre	Eucaliptos	10.000
Recife	Ilha do Retiro	10.000
Rio de Janeiro	Maracanã	155.000
São Paulo	Pacaembu	60.000

Estreantes
Inglaterra

Sorteio e fórmula

O sistema de disputa da Copa estava definido desde o congresso da Fifa de 1947. Por ideia dos dirigentes brasileiros, a fórmula teria uma fase com quatro grupos de quatro times cada. A equipe que somasse mais pontos em cada grupo avançaria à etapa seguinte. Mas a fase final previa um grupo com quatro times, jogando todos contra todos, com o campeão sendo o que somasse mais pontos. Nada de jogos eliminatórios. Essa parte gerou divergências. Mas os divergentes foram voto vencido. Por fim, as desistências das equipes deixaram os grupos incompletos. Havia dois grupos com quatro times, um com três e um com dois. Tinha remédio? Tinha, já que a tabela poderia ter sido alterada de última hora. Isso ocorreu? Não. Então, remediado estava.

Favoritos

A Argentina, se disputasse a Copa, seria uma das favoritas. A Itália, então bicampeã mundial, perdeu a maioria de seus craques em um acidente de avião no dia 4 de maio de 1949 — o acidente viria a se chamar "tragédia de Superga" — e levou a equipe que era possível levar. Assim, a lista de candidatos mais fortes se resumia a Brasil e Inglaterra, que, aleluia, finalmente iria a uma Copa do Mundo.

Ausência
A Argentina estava com relações abaladas com o Brasil no que dizia respeito ao futebol e desistiu do Mundial. Também ajudou o fato de o país ter perdido seus principais jogadores para uma liga da Colômbia à margem da Fifa. Assim, não teria nomes como Labruna e Di Stéfano. Com eles, o país seria candidato ao título.

43

A preparação do Brasil

Competições disputadas pelo Brasil de 1938 a 1950	
Sul-Americano 1942	
FU	Brasil 6 x 1 Chile
FU	Brasil 1 x 2 Argentina
FU	Brasil 2 x 1 Peru
FU	Brasil 0 x 1 Uruguai
FU	Brasil 5 x 1 Equador
FU	Brasil 1 x 1 Paraguai
Brasil ficou em 3º lugar	
Sul-Americano 1945	
FU	Brasil 3 x 0 Colômbia
FU	Brasil 2 x 0 Bolívia
FU	Brasil 3 x 0 Uruguai
FU	Brasil 1 x 3 Argentina
FU	Brasil 9 x 2 Equador
FU	Brasil 1 x 0 Chile
Brasil ficou em 2º lugar	
Sul-Americano 1946	
FU	Brasil 3 x 0 Bolívia
FU	Brasil 4 x 3 Uruguai
FU	Brasil 1 x 1 Paraguai
FU	Brasil 5 x 1 Chile
FU	Brasil 0 x 2 Argentina
Brasil ficou em 2º lugar	
Sul-Americano 1949	
1F	Brasil 9 x 1 Equador
1F	Brasil 10 x 1 Bolívia
1F	Brasil 2 x 1 Chile
1F	Brasil 5 x 0 Colômbia
1F	Brasil 7 x 1 Peru
1F	Brasil 5 x 1 Uruguai
1F	Brasil 1 x 2 Paraguai
F	Brasil 7 x 0 Paraguai
Brasil sagrou-se campeão	

FU Fase única (todos contra todos)
1F: Primeira fase
F: Final

Após a Copa de 1938, o Brasil, com treinadores diferentes, disputou sete partidas seguidas contra a Argentina, pela Copa Roca (só entre os dois times). E virou freguês de carteirinha: uma vitória, dois empates e quatro derrotas, todas por três ou mais gols de diferença. Depois disso, a primeira competição foi o Sul-Americano de 1942, em que o time treinado por Ademar Pimenta — ausente desde a Copa de 1938 — perdeu para a Argentina de novo; e, de quebra, também para o Uruguai, que foi o campeão.

Em 1944, pela primeira vez, a CBD resolveu fazer um planejamento de longo prazo na seleção. Chamou para comandá-la o técnico Flávio Costa, na época tricampeão carioca pelo Flamengo (1942 a 1944). Ao mesmo tempo em que treinava a seleção, Costa comandava o Vasco. E engordou o currículo com o tricampeonato carioca (1945 a 1947) e o título do Sul-Americano de Clubes de 1948, contra o temido River Plate, da Argentina.

Mas Vasco é Vasco, e Brasil é Brasil. A seleção continuava sendo *sparring* da Argentina — perdeu para os *hermanos* os Sul-Americanos de 1945 e 1946. Na final de 1946, houve uma pancadaria generalizada entre os dois times, no estádio Monumental de Nuñez. Os brasileiros apanharam no braço, na bola (perderam por 2 a 0) e, no ano seguinte, recusaram-se a jogar a competição. Os argentinos romperam relações com a Confederação Brasileira de Desportos (CBD) e boicotaram o Sul-Americano de 1949 e a Copa de 1950, ambas no Brasil. Sem a Argentina, e jogando em casa, o Brasil venceu o Sul-Americano de 1949.

Flávio Costa tomou uma atitude que na época parecia uma extravagância: viajou à Europa para saber como andavam os possíveis adversários do Brasil. Até então, nenhum treinador brasileiro havia se preocupado com isso. Costa ficou impressionado com o que viu. "Nossos mais sérios competidores acham-se bem preparados", disse ele ao jornal *O Globo Esportivo*, de 27 de abril de 1950, em referência principalmente à Espanha e à Inglaterra.

Na reta final da preparação, o grupo de jogadores ficou dividido em dois: os titulares jogariam pela Copa Rio Branco, diante do Uruguai. Os reservas enfrentariam o Paraguai, pela Taça Oswaldo Cruz. As duas competições eram ao mesmo tempo, entre os dias 6 e 17 de abril. O Brasil triunfou nas duas — perdeu uma vez para os uruguaios, por 4 a 3, mas venceu duas vezes, por 3 a 2 e 1 a 0; contra os paraguaios, venceu por 2 a 0 e empatou em 3 a 3. Mas não escapou de críticas. Uma delas dizia que a seleção tinha dificuldade diante de equipes bem fechadas na defesa. Outra atacava o eventual desgaste dos jogadores em competições desnecessárias às vésperas da Copa. Ainda se acusava a falta de um padrão de jogo tanto para os titulares quanto para os reservas.

A maioria das críticas, porém, tinha cunho bairrista. A imprensa paulista condenava a insistência do treinador em escalar três cariocas no meio-campo (Eli, Danilo Alvim e Bigode) enquanto o São Paulo possuía uma linha-média — Bauer, Rui e Noronha — considerada melhor (pelos paulistas). E a imprensa carioca acusava o treinador de privilegiar jogadores do Vasco. Alguns pediam a inclusão do atacante Heleno de Freitas, artilheiro do Botafogo, ou do goleiro Oberdan Cattani, ídolo do Palmeiras, ou até de Leônidas da Silva, então com 36 anos. O treinador não deu ouvidos. "A primeira condição para ser técnico é pensar com a própria cabeça, e não com a de 'autoridades' que estão espalhadas por aí", dizia ele.

Depois dos jogos com uruguaios e paraguaios, Costa cortou dez jogadores. E ainda perdeu o defensor Píndaro, do Fluminense, que achou ruim por não ter atuado em nenhum dos cinco jogos. A 20 dias da estreia, a última leva de cortes excluiu o zagueiro Mauro (São Paulo), o volante Brandãozinho e o meia Pinga (ambos da Portuguesa) e os atacantes Tesourinha e Ipojucan (ambos do Vasco). Pinga acabou de fora porque o treinador apostava no retorno de Zizinho, que estava se recuperando de uma lesão no joelho. A lesão havia piorado depois de um amistoso contra a seleção gaúcha e a avaliação mais otimista dizia que só poderia atuar a partir do terceiro jogo do Mundial.

As críticas não cessaram. O jornal carioca *Esporte Ilustrado* fez duros ataques à defesa da seleção, que se mostrou frágil nos três últimos amistosos antes da Copa. "Dolorosa verdade: falta muita coisa à seleção nacional", publicou o jornal. Mas isso fez Flávio Costa promover mudanças. Na zaga, tirou Nena, do Inter, mais clássico, e colocou o esforçado Juvenal, do Flamengo — ninguém lembrou que, para o lado esquerdo, havia à disposição Nílton Santos, de 25 anos, que viria a fazer história na posição. No meio-campo, saiu o trio do São Paulo (Bauer, Rui e Noronha), sob o argumento de que os jogadores tinham muita técnica, mas pouca raça. Assim, Eli e Danilo (Vasco) e Bigode (Flamengo) ganharam as posições. Claro que a imprensa paulista acusou uma conspiração contra os jogadores do estado. Mas Costa havia esgotado a cota de concessões. Gostou, gostou. Não gostou, azar.

Todos os convocados		
Goleiros	**idade**	**clube**
Barbosa	29	Vasco
Castilho	22	Fluminense
Zagueiros	**idade**	**clube**
Augusto	29	Vasco
Bigode	28	Flamengo
Ely	29	Vasco
Juvenal	26	Flamengo
Nena	26	Internacional
Nílton Santos	25	Botafogo
Meio-campistas	**idade**	**clube**
Bauer	24	São Paulo
Danilo	29	Vasco
Noronha	31	São Paulo
Rui	28	São Paulo
Zizinho	27	Bangu
Atacantes	**idade**	**clube**
Adãozinho	27	Internacional
Ademir	27	Vasco
Alfredo	30	Vasco
Baltazar	24	Corinthians
Chico	28	Vasco
Friaça	25	São Paulo
Jair	29	Palmeiras
Maneca	24	Vasco
Rodrigues	24	Palmeiras

Obs.: Idades computadas até 24/06/1950, data da abertura da Copa

FLÁVIO COSTA
técnico

Jogos da fase de grupos

Grupo 1
Brasil   Iugoslávia   México   Suíça

Grupo 2
Chile   Espanha   Est. Unidos   Inglaterra

24/6 Brasil 4 x 0 México
Gols: Ademir (Bra, 30-1º), Jair (Bra, 20-2º), Baltazar (Bra, 26-2º), Ademir (Bra, 34-2º).

25/6 Iugoslávia 3 x 0 Suíça
Gols: Tomasevic (Iug, 15-2º), Tomasevic (Iug, 25-2º), Ognjanov (Iug, 30-2º).

28/6 Brasil 2 x 2 Suíça
Gols: Alfredo (Bra, 3-1º), Fatton (Sui, 17-1º), Baltazar (Bra, 32-1º), Fatton (Sui, 43-2º).

28/6 Iugoslávia 4 x 1 México
Gols: Bobek (Iug, 19-1º), Zeljko Cajkovski (Iug, 22-1º), Zeljko Cajkovski (Iug, 17-2º), Tomasevic (Iug, 36-2º), Ortiz (Mex, 44-2º).

1/7 Brasil 2 x 0 Iugoslávia
Gols: Ademir (Bra, 4-1º), Zizinho (Bra, 24-2º).

2/7 Suíça 2 x 1 México
Gols: Bader (Sui, 10-1º), Tamini (Sui, 37-1º), Casarin (Mex, 44-2º).

Classificação	PG	J	V	E	D	GP	GC	SG
Brasil	5	3	2	1	0	8	2	6
Iugoslávia	4	3	2	0	1	7	3	4
Suíça	3	3	1	1	1	4	6	-2
México	0	3	0	0	3	2	10	-8

25/6 Espanha 3 x 1 Estados Unidos
Gols: John Souza (EUA, 17-1º), Basora (Esp, 30-2º), Basora (Esp, 33-2º), Zarra (Esp, 40-2º).

25/6 Inglaterra 2 x 0 Chile
Gols: Mortensen (Ing, 37-1º), Mannion (Ing, 6-2º).

29/6 Estados Unidos 1 x 0 Inglaterra
Gols: Gaetjens (EUA, 38-1º).

29/6 Espanha 2 x 0 Chile
Gols: Basora (Esp, 17-1º), Zarra (Esp, 30-1º).

2/7 Chile 5 x 2 Estados Unidos
Gols: Robledo (Chi, 16-1º), Riera (Chi, 32-1º), Wallace (EUA, 2-2º), John Souza (EUA, 4-2º), Cremaschi (Chi, 9-2º), Prieto (Chi, 15-2º), Cremaschi (Chi, 37-2º).

2/7 Inglaterra 0 x 1 Espanha
Gol: Zarra (Esp, 3-2º).

Classificação	PG	J	V	E	D	GP	GC	SG
Espanha	6	3	3	0	0	6	1	5
Inglaterra	2	3	1	0	2	2	2	0
Chile	2	3	1	0	2	5	6	-1
Estados Unidos	2	3	1	0	2	4	8	-4

O Brasil fez 4 a 0 no México no jogo de abertura da Copa, mas isso não foi algo que agradou à torcida no Maracanã. A goleada só veio porque os mexicanos não ofereceram resistência. Já o adversário seguinte, a Suíça, ofereceu resistência, e o Brasil saiu vaiado após um empate em 2 a 2. Nos dois jogos, a seleção atuou com dois centroavantes: Ademir e Baltazar. Para o terceiro jogo, que na prática decidiria a vaga na fase final, o técnico Flávio Costa contava com o retorno do meia Zizinho, recuperado de lesão. Ele entrou no lugar de Baltazar. A Iugoslávia, que havia derrotado mexicanos e suíços, jogava pelo empate. Mas Zizinho comandou a vitória brasileira.

Inusitado
Antes do jogo entre Brasil e Iugoslávia, o meia-atacante Mitic subia as escadas do túnel que davam acesso ao campo do Maracanã e bateu a cabeça numa barra metálica ainda exposta pelas obras não finalizadas. Sofreu um corte profundo na testa. A Iugoslávia começou o jogo com 10 jogadores. Quando Mitic entrou em campo, com um enorme curativo, eram decorridos 10 minutos e o Brasil já havia feito um gol.

O grupo 2 registrou o que a imprensa chamou, de forma unânime, como a maior "bomba" da Copa: a vitória da seleção dos Estados Unidos sobre a Inglaterra, por 1 a 0. O time norte-americano era o de pior cotação nas bolsas de apostas. A Inglaterra chegou a somar 30 finalizações na partida, contra apenas uma dos Estados Unidos — que foi exatamente a que entrou. Gaetjens, haitiano de nascimento, aproveitou um cruzamento e mandou para as redes. De tão épico, o jogo virou filme ("Duelo de campeões", de 2004). Mas quem se classificou no grupo foi a Espanha, que, ao derrotar norte-americanos, ingleses e chilenos, ganhou o apelido de "Fúria".

Fase de grupos e fase final

Grupo 3
Itália Paraguai Suécia

25/6 Suécia 3 x 2 Itália
Gols: Carapellese (Ita, 7-1º), Jeppsson (Sue, 25-1º), Andersson (Sue, 33-1º), Jeppsson (Sue, 22-2º), Muccinelli (Ita, 30-2º)

29/6 Suécia 2 x 2 Paraguai
Gols: Sundqvist (Sue, 24-1º), Palmer (Sue, 26-1º), Atilio López (Par, 32-1º), César López (Par, 44-2º)

2/7 Itália 2 x 0 Paraguai
Gols: Carapellese (Ita, 12-1º), Pandolfini (Ita, 18-2º)

Classificação	PG	J	V	E	D	GP	GC	SG
Suécia	3	2	1	1	0	5	4	1
Itália	2	2	1	0	1	4	3	1
Paraguai	1	2	0	1	1	2	4	-2

O grupo teve a desistência da Índia. A Suécia causou a primeira surpresa da Copa, ao bater a Itália. Depois, os suecos empataram com o Paraguai e contaram com uma ajudinha dos italianos, que derrotaram os paraguaios na última partida.

Grupo 4
Bolívia Uruguai

2/7 Uruguai 8 x 0 Bolívia
Gols: Miguez (Uru, 14-1º), Vidal (Uru, 18-1º), Schiaffino (Uru, 23-1º), Miguez (Uru, 45-1º), Miguez (Uru, 11-2º), Schiaffino (Uru, 13-2º), Perez (Uru, 18-2º), Ghiggia (Uru, 38-2º)

Classificação	PG	J	V	E	D	GP	GC	SG
Uruguai	2	1	1	0	0	8	0	8
Bolívia	0	1	0	0	2	0	8	-8

Com as desistências de Escócia e Turquia e, depois, de França e Portugal, sobraram apenas Uruguai e Bolívia. Os uruguaios fizeram tantos gols que a Fifa teve problemas para anotar tudo. Foram erradamente atribuídos cinco tentos ao uruguaio Schiaffino — o primeiro e todos do terceiro ao sexto. Em 1994, Schiaffino confessou não ter marcado cinco vezes. E só aí a Fifa se corrigiu, dando os gols corretos a Miguez.

GRUPO FINAL

9/7 Brasil 7 x 1 Suécia
Gols: Ademir (Bra, 17-1º), Ademir (Bra, 36-1º), Chico (Bra, 39-1º), Ademir (Bra, 7-2º), Ademir (Bra, 12-2º), Andersson (Sue, 22-2º), Maneca (Bra, 35-2º), Chico (Bra, 43-2º)

9/7 Uruguai 2 x 2 Espanha
Gols: Ghiggia (Uru, 29-1º), Basora (Esp, 32-1º), Basora (Esp, 39-1º), Varela (Uru, 28-2º)

13/7 Brasil 6 x 1 Espanha
Gols: Ademir (Bra, 15-1º), Jair (Bra, 22-1º), Chico (Bra, 31-1º), Chico (Bra, 10-2º), Ademir (Bra, 12-2º), Zizinho (Bra, 22-2º), Igoa (Esp, 26-2º)

13/7 Uruguai 3 x 2 Suécia
Gols: Palmer (Sue, 5-1º), Ghiggia (Uru, 39-1º), Sundqvist (Sue, 40-1º), Miguez (Uru, 32-2º), Miguez (Uru, 40-2º)

16/7 Suécia 3 x 1 Espanha
Gols: Sundqvist (Sue, 15-1º), Mellberg (Sue, 33-1º), Palmer (Sue, 35-2º), Zarra (Esp, 37-2º)

História
O zagueiro sueco Erik Nilsson, que enfrentou o Brasil, é um dos dois jogadores que "sobreviveram" à Segunda Guerra Mundial. Ele disputou a Copa de 1938, na França, atravessou a guerra, que assolou a Europa, e voltou a um Mundial 12 anos depois. O outro sobrevivente é o ponta suíço Fredy Bickel.

Como mandava o regulamento, os quatro classificados jogariam todos contra todos e quem somasse mais pontos seria o campeão. Brasil, por jogar em casa, e Espanha, por ter a melhor campanha na primeira fase, eram os favoritos. Os brasileiros confirmaram o favoritismo nas duas primeiras partidas, com duas goleadas sonoras sobre a Suécia (7 a 1, a maior do time na história das Copas) e a Espanha (6 a 1, que levou a torcida a cantar *Touradas em Madri* no Maracanã). O Uruguai, por sua vez, corria por fora. Arrancou um empate junto aos espanhóis e sofreu para derrotar os suecos — perdia por 2 a 1 até os 30 minutos do segundo tempo e só depois virou o placar para 3 a 2. Assim, na prática, a última rodada colocou Suécia e Espanha para disputar o terceiro lugar — os suecos venceram — e Brasil e Uruguai duelariam pelo título, sendo que os brasileiros jogariam pelo empate.

A decisão da Copa

Ghiggia chuta e a bola passa pelo goleiro Barbosa

BRASIL	1
URUGUAI	2

Gols: Friaça (Bra, 2-2º),
Schiaffino (Uru, 21-2º),
Ghiggia (Uru, 34-2º)
Data: 16/07/1950
Horário: 15 horas
Local: Estádio Maracanã
(Rio de Janeiro)
Público: 173.850
Árbitro: George Reader (ING)

"Vós, brasileiros, que em poucas horas sereis aclamados por milhões de compatriotas. Vós, a quem já saúdo como vencedores..." foi um dos trechos do discurso do prefeito do Rio de Janeiro, Ângelo Mendes de Moraes, pouco antes da partida que decidiria a Copa de 1950. O clima de "já ganhou" tomava o Maracanã, e nem era culpa só de Moraes. Quase ninguém no estádio, e provavelmente ninguém entre os brasileiros, imaginava que o título fosse escapar dentro de casa, com a equipe precisando apenas de um empate, por ter mais pontos (4 a 3) — uma peculiaridade do regulamento da Copa. Esqueceram-se, porém, que do outro lado havia um adversário brioso, que com o passar dos minutos conseguiu segurar o poderoso ataque brasileiro. O Brasil só foi fazer um gol aos 2 minutos da etapa final, com Friaça. E o Uruguai passou a forçar as jogadas pela ponta-direita. Aos 21 minutos, Ghiggia cruzou e Schiaffino empatou. Segundo as histórias da época, o Maracanã calou-se com o gol. Na verdade, o estádio só se calou mesmo aos 34 minutos, quando Ghiggia passou por Bigode sem dificuldade e arrematou antes da chegada de Juvenal. O chute foi de perto e Barbosa não conseguiu defender. Para surpresa geral, o Uruguai venceu e era o campeão do mundo. A derrota ganhou o nome de "Maracanazo" e se tornou a mais dolorosa da história do esporte nacional. Dolorosa, não vexaminosa; a definição de vexame seria atualizada em 2014, mas isso é outra história.

Brasil
Técnico: Flávio Costa

Uruguai
Técnico: Juan Lopez

Os melhores da Copa

Obs.: Seleção da Fifa vigente até 2010. Em 2010, a entidade reconfirmou a lista

Numeralha

Maior público: 173.850 (Brasil x Uruguai), segundo a Fifa. Outras fontes falam em 172.772 pessoas. Admite-se que mais de 200 mil estavam no Maracanã — houve evasão de catracas. Menor público: 3.580 (Suíça x México)

Gols pró: 88
Gols contra: 0
Média por jogo: 4,00

Melhor ataque:
Brasil, 22 gols
Goleiro menos vazado:
Williams (Inglaterra), 2 gols em 3 jogos (0,6 por jogo)

Maior goleada:
Uruguai 8 x 0 Bolívia

ARTILHEIRO
ADEMIR
Nome: Ademir Marques de Menezes
Seleção: Brasil
9 gols em 6 jogos
Posição: atacante
Idade: 27 anos
Nascimento: 08/11/1922, em Recife
Altura: 1,76 m
Peso: 73 kg
Clube: Vasco

9 gols
Ademir (Brasil)
5 gols
Basora (Espanha) e Miguez (Uruguai)
4 gols
Chico (Brasil), Zarra (Espanha) e Ghiggia (Uruguai)
3 gols
Tomasevic (Iugoslávia), Palmer, Sundqvist (Suécia) e Schiaffino (Uruguai)

O CRAQUE

GHIGGIA
Uruguai | atacante

Coube ao uruguaio Alcides Ghiggia, 23 anos, a indicação de melhor jogador da Copa. Ele havia feito um gol em cada um dos jogos da equipe e foi o grande nome da final — deu um passe para Schiaffino empatar e marcou o gol do título. Curiosamente, a primeira convocação de Ghiggia foi apenas em 1950 e seu primeiro jogo, em 6 de maio, a dois meses da Copa. O adversário? O Brasil...

Colocações finais	PG	J	%	V	E	D	GP	GC	SG		
1ª Uruguai	7	4	88	3	1	0	15	5	10	0	0
2ª Brasil	9	6	75	4	1	1	22	6	16	0	0
3ª Suécia	5	5	50	2	1	2	11	15	-4	0	0
4ª Espanha	7	6	58	3	1	2	10	12	-2	0	0
5ª Iugoslávia	4	3	67	2	0	1	7	3	4	0	0
6ª Suíça	3	3	50	1	1	1	4	6	-2	0	0
7ª Itália	2	2	50	1	0	1	4	3	1	0	0
8ª Inglaterra	2	3	33	1	0	2	2	2	0	0	0
9ª Chile	2	3	33	1	0	2	5	6	-1	0	0
10ª Estados Unidos	2	3	33	1	0	2	4	8	-4	0	0
11ª Paraguai	1	2	25	0	1	1	2	4	-2	0	0
12ª México	0	3	0	0	0	3	2	10	-8	0	0
13ª Bolívia	0	1	0	0	0	1	0	8	-8	0	0

Babado
Depois que se aposentou, o goleiro Barbosa tornou-se funcionário da antiga Administração dos Estádios da Guanabara (Adeg), responsável pelo estádio do Maracanã. Em 1969, as traves de madeira do Maracanã foram trocadas por balizas de metal. A autarquia deu as antigas a Barbosa, como uma homenagem, mas ele não gostou. Num churrasco com os amigos, usou-as para alimentar o fogo.

Sem cerimônia
O presidente da Fifa, Jules Rimet, desceu das tribunas do Maracanã quando o jogo estava 1 a 1 e, quando chegou ao campo, deu de cara com a festa uruguaia. "Fiquei sem saber o que fazer. Acabei descobrindo Varela (capitão uruguaio) e, quase escondido, ofereci a Copa", admitiu Rimet.

Polêmicas das Copas

> "Aqui no Brasil, infelizmente, a gente só olha uma coisa: ou é campeão ou não é. Porque ser vice, aqui, não tem valor nenhum"
>
> Do goleiro Barbosa, em depoimento ao livro *Dossiê 50*, do jornalista Geneton Moraes Neto, sobre a derrota na decisão da Copa de 1950

Arbitragem
O brasileiro, que tanto gosta de criticar a arbitragem, nem se lembrou do árbitro daquela final com o Uruguai, o inglês George Reader. Ninguém o culpou por ter encerrado a partida no exato momento em que Ademir ganhava, no alto, do goleiro uruguaio Máspoli e poderia, assim, marcar o gol de empate.

Por que o Brasil perdeu a Copa de 1950? Como é de costume, apareceram alguns bodes expiatórios nos dias seguintes àquele 16 de julho. Os primeiros foram o zagueiro Bigode, que deixou o atacante uruguaio Ghiggia livre para marcar o fatídico gol da derrota por 2 a 1, e o goleiro Barbosa, que teria falhado no lance. Para o treinador Flávio Costa, havia mais um culpado: o zagueiro Juvenal, que não fez a cobertura nos lances dos dois gols uruguaios, que saíram de jogadas semelhantes. Na primeira, Ghiggia avançou pela direita e, enquanto o goleiro Barbosa fechava a primeira trave, cruzou para Schiaffino fuzilar para o gol semiaberto. Na segunda vez em que Ghiggia fez a jogada, Barbosa, prevendo um novo cruzamento, afastou-se da primeira trave. Mas Ghiggia chutou dali mesmo, quase do bico da pequena área. Não dava para o goleiro brasileiro, mas mesmo assim ele acabou crucificado pelo lance.

A ânsia por justificativas era tão grande que, na busca por situações que teriam acontecido, citaram-se episódios que não tinham acontecido. O mais famoso delas é a história do tapa. Segundo histórias posteriormente relatadas, Bigode fez uma falta no atacante uruguaio Ghiggia e, em seguida, teria levado um tapa do volante Obdulio Varela. O episódio teria desmoralizado a seleção brasileira, com reflexo direto no segundo gol do Uruguai — Bigode teria se acovardado e deixado espaço para Ghiggia na ponta-direita. Varela sempre negou que tivesse batido em alguém, e Ghiggia relatou, num documentário de 2006, que não houve tapa coisa nenhuma. Obdulio, na verdade, apenas pediu calma a Bigode, sem agredi-lo. Entretanto, esse lance aconteceu ainda no primeiro tempo, com o placar em 0 a 0.

Todos os 11 jogadores da final, além do técnico Flávio Costa e do atacante uruguaio Ghiggia, falaram sobre o fatídico jogo em depoimentos ao livro *Dossiê 50*, do jornalista Geneton Moraes Neto. Os principais envolvidos na história do tapa negaram que isso tivesse ocorrido. Alguns dos jogadores, porém, reclamaram da súbita mudança na sede da concentração — da tranquila Joá, na Barra da Tijuca, para a turbulenta São Januário — e de um evento na véspera da final. Na noite do dia 15, em que os jogadores deveriam estar descansando, o elenco foi recebido por diversos políticos e celebridades que queriam aparecer ao lado dos "futuros campeões". "Na véspera do jogo com o Uruguai, fomos para São Januário, onde o ambiente, se não era de festa, era movimentado. Os políticos queriam tirar retrato com o time. Aquilo deu a nós uma certa euforia", relatou o atacante Ademir.

51

Quem foi jogador e treinador

País	Nome	Pos.	Copas como jogador	Copas como treinador
Alemanha	Franz Beckenbauer	DF	1966 a 74	1986/90
	Berti Vogts	DF	1970 a 78	1994/98
	Rudi Völler	AT	1986 a 94	2002
	Jürgen Klinsmann	AT	1990 a 98	2006
Arábia	Jorge Solari (ARG)	MC	1966	1994
	Juan Pizzi (ESP)	AT	1998	2018
Argélia	Vahid Halilhodzic (BOS)	AT	1982 (IUG)	2014
Argentina	Guillermo Stábile	AT	1930	1958
	Vladislao Cap	DF	1962	1974
	Daniel Passarela	DF	1978 a 86	1998
	Diego Maradona	MC	1982 a 94	2010
Áustria	Helmut Senekowitsch	MC	1958	1978
	Josef Hickersberger	MC	1978	1990
	Herbert Prohaska	MC	1978/82	1998
Bélgica	Paul Van Himst	AT	1970	1994
	Marc Wilmots	AT	1990 a 02	2014
Bósnia-Herzegovina	Safet Susic	AT	1982 e 90 (IUG)	2014
Brasil	Zagallo	AT	1958/62	1970/74 e 98
	Dunga	MC	1990 a 98	2010
Bulgária	Ivan Vutzov	DF	1966	1986
	Dimitar Penev	MC	1966 a 74	1994
	Hristo Bonev	MC	1970/74	1998
Camarões	Jean Vincent (FRA)	AT	1954/58	1982
	Henri Michel (FRA)	MC	1978	1994
Chile	Fernando Riera	AT	1950	1962
Coreia do Sul	Cha Bum-Kun	MC	1986	1998
	Huh Jung-Moo	MC	1986	2010
	Myung Bo-Hong	DF	1990 a 02	2014
Costa do Marfim	Henri Michel (FRA)	MC	1978	2006
Costa Rica	Alexandre Guimarães	MC	1990	2002/06
	Oscar Ramirez	MC	1990	2018
Croácia	Niko Kovac	MC	2002/06	2014
Dinamarca	Morten Olsen	DF	1986	2002 e 10
El Salvador	Mauricio Rodriguez	AT	1970	1982
Eslováquia	Wladimir Weiss	MC	1990 (TCH)	2010
Eslovênia	Srecho Katanec	DF	1990 (IUG)	2002
Escócia	Willie Ormond	AT	1954	1974
Espanha	Jose Santamaría (URU)	DF	1954 (URU) 1962 (ESP)	1982
	Luis Suarez	MC	1962/66	1990
	Jose A. Camacho	DF	1982/86	2002
	Fernando Hierro	DF	1990 a 02	2018
Estados Unidos	Jürgen Klinsmann (ALE)	AT	1990 a 98	2014
França	Henri Michel	MC	1978	1986
	Didier Deschamps	MC	1998	2014/18
Holanda	Ernst Happel (AUS)	DF	1954	1978
	Marco van Basten	AT	1990	2006
Hungria	Kalman Meszoly	DF	1962/66	1982
Inglaterra	Alf Ramsey	DF	1950	1966/70
	Bobby Robson	MC	1958/62	1986/90
	Glenn Hoddle	MC	1982/86	1998
	Fábio Capello (ITA)	MC	1974	2010
	Gareth Southgate	DF	1998/02	2018
Irlanda	Jack Charlton (ING)	DF	1966/70	1990/94
	Mick McCarthy	DF	1990	2002
Irl. Norte	Bill Bingham	AT	1958	1982/86
Itália	Cesare Maldini	DF	1962	1998
	Giovanni Trapatoni	DF	1962	2002
Japão	Zico (BRA)	MC	1978 a 86	2006
Marrocos	Henri Michel (FRA)	MC	1978	1998
México	Raul Cardenas	DF	1954 a 62	1970
	Jose Roca	DF	1954/58	1978
	Javier Aguirre	AT	1986	2002 e 10
	Ricardo Lavolpe (ARG)	GK	1978	2006
Nigéria	Stephen Keshi	DF	1994	2014
N. Zelândia	Ricky Herbert	DF	1982	2010
Paraguai	Cayetano Re	MC	1958	1986
	Carpegiani (BRA)	MC	1974	1998
	Cesare Maldini (ITA)	DF	1962	2002
Peru	Didi (BRA)	MC	1954 a 62	1970
	Tim (BRA)	MC	1938	1982
Polônia	Pavel Janas	MC	1982	2006
	Adam Nawalka	MC	1978	2018
Portugal	José Torres	AT	1966	1986
	Paulo Bento	MC	2002	2014
Rússia	Oleg Romantsev	DF	1982	2002
	Fábio Capello (ITA)	MC	1974	2014
	Stanislav Cherchesov	GK	1994	2018
Senegal	Aliou Cissé	MC	2002	2018
Sérvia	Milorad Arsenijevic	MC	1930	1950
	Aleksandar Tirnanic	AT	1930	1954/58
	Provslav Mihajlovic	AT	1950	1962
	Ilija Petkovic	MC	1974	2006
	Mladem Krjstaic	DF	2006	2018
Suécia	Ovar Bergmark	DF	1958	1970
	Olle Nordin	MC	1978	1990
	Tommy Svensson	DF	1970	1994
Suíça	Alfredo Foni (ITA)	DF	1938	1966
	Jakob Kühn	MC	1966	2006
Tunísia	H. Kasperczak (POL)	MC	1974/78	2006
Ucrânia	Oleg Blokhin	AT	1982/86 (URSS)	2006
Uruguai	Juan Hohberg	AT	1954	1970

GK: Goleiro; DF: Defensor; MC: Meio-campista; AT: Atacante
Obs.: Entre parênteses, a nacionalidade do treinador, quando diferente do país do qual foi técnico.

Jogadores-treinadores

CHERCHESOV — Rússia, 1994, GK
Jogou uma partida pela Rússia em 1994 e foi o treinador em 2018.

VOGTS — Alemanha, 1974, DF, nº 2
Lateral campeão em 1974, treinou a Alemanha em 1994 e 1998.

BECKENBAUER — Alemanha, 1974, DF, nº 5
Campeão como jogador (1974) e como treinador (1990). Foi vice em 1986.

PASSARELLA — Argentina, 1978, DF, nº 4
Capitão do título de 1978, treinou a Argentina em 1998.

ALF RAMSEY — Inglaterra, 1950, DF, nº 3
Jogou em 1950 e foi campeão do mundo como técnico em 1966.

DESCHAMPS — França, 1998, MC, nº 6
Capitão da França campeã de 1998, foi técnico do time no título de 2018.

DUNGA — Brasil, 1994, MC, nº 8
Jogou três Copas. Campeão em 1994, treinou o Brasil em 2010.

ARSENIJEVIC — Iugoslávia, 1930, MC, nº 7
Primeiro jogador de Copa (1930) a treinar um time em Copa (em 1950).

ZAGALLO — Brasil, 1958, AT, nº 11
Campeão em 1958/62, treinou o Brasil em 3 Copas. Foi campeão em 1970.

BLOKHIN — URSS, 1982, AT, nº 10
Jogou duas Copas pela União Soviética. Treinou a Ucrânia em 2006.

KLINSMANN — Alemanha, 1990, AT, nº 9
Campeão em 1990, treinou a Alemanha em 2006 e os EUA em 2014.

GK: Goleiro
DF: Defensor
MC: Meio-campista
AT: Atacante

Suíça 1954

Sempre alheia aos duelos militares que assolaram a Europa desde o século XIII, a Suíça nunca foi incomodada por saldos das guerras. Não à toa, a Fifa realocou a sede para a cidade de Zurique assim que a Segunda Guerra Mundial eclodiu. Em 1946, quando a entidade decidiu retomar a Copa do Mundo, a Suíça era uma das poucas nações europeias preservadas. Ou seja, ideal para receber o Mundial. No dia 25 de julho, a entidade decidiu que o Brasil receberia a Copa de 1950 e deu aos suíços a organização do Mundial de 1954, ano em que a Fifa completaria 50 anos.

O Mundial da Suíça inaugurou uma série de novidades que se eternizaram. Uma delas, a adoção de um número pessoal (de 1 a 22) nas costas de cada jogador, que os acompanharia por todo o torneio — em 1950, eles usavam de 1 a 11, dependendo da posição em campo. Outra novidade era a transmissão das partidas ao vivo pela TV, mas apenas para quem tinha a tecnologia para isso, o que não era o caso do Brasil. Além disso, pela primeira vez a Fifa prepararia um filme oficial do Mundial.

Cidades e estádios

Ao contrário do Brasil, um país com dimensões continentais, a Suíça é pequena e confortável. Ao contrário do Brasil, que construiu dois estádios para a Copa de 1950 — o Maracanã e o Independência —, os suíços não ergueram nenhum. E apenas o La Pontaise (Lausanne) precisou de uma reforma.

Eliminatórias

A Argentina tornou-se a grande ausência nas Eliminatórias. O país havia perdido jogadores para ligas de outros países, como a Colômbia, e preferiu não arriscar o prestígio. Ao todo, 38 países se inscreveram. Bolívia, Costa Rica, Cuba, Índia, Islândia e Vietnã tentaram a inscrição, mas perderam o prazo. Contudo, a Fifa aceitou a ficha do Paraguai, por causa de um alegado atraso entre os correios. Peru e Polônia abdicaram do classificatório antes de iniciá-lo. Na Ásia, a China se recusou a jogar contra o recém-criado Taiwan, que abrigava milhares de refugiados chineses. E Taiwan, posteriormente, também desistiu.

Sorteio e fórmula

Uma vez definidos os 14 classificados, que se juntariam a Suíça (país-sede) e Uruguai (campeão mundial), a Fifa criou o

> "Não sei... a Copa do Mundo é cheia de surpresas"
>
> Do presidente da Fifa, Jules Rimet, ao comentar os prognósticos em prol da Hungria, favoritíssima ao título da Copa

A BOLA
Swiss Wc Matchball

regulamento para a Copa. Os dirigentes europeus, principalmente Henry Delaunay, haviam criticado o sistema do Mundial de 1950, mas o comitê de 1954 elaborou uma fórmula pior, muito pior.

Num primeiro momento, havia quatro grupos, com quatro seleções cada; as duas que somassem mais pontos seguiriam adiante. Dois pontos por vitória, um por empate, nenhum em caso de derrota. Até aí, nada de mais. Dentro de cada grupo, haveria dois cabeças de chave, que não se enfrentariam — jogariam apenas contra as outras duas seleções (que também não duelariam entre si). Além disso, cada partida empatada teria uma prorrogação de 30 minutos. Se a igualdade persistisse, aí sim cada equipe receberia um ponto. Se houvesse empate em pontos para definir a segunda vaga no grupo, o regulamento mandava disputar um jogo-extra.

Cidade	Estádio	Capacidade
Basileia	St. Jakob	36.800
Berna	Wankdorf	60.000
Genebra	Des Charmilles	19.300
Lausanne	La Pontaise	43.000
Lugano	Cornaredo	26.000
Zurique	Sportsplatz Hardturm	35.000

Confuso? Na hora, não houve contestações. E a fórmula seguiu assim até o dia em que a Fifa definiu os cabeças de chave e sorteou os grupos da Copa. Alguns chegaram a cogitar que a Alemanha pudesse ser cabeça de chave, mas o país estava em seu primeiro evento esportivo após o banimento por causa da Segunda Guerra Mundial e achou-se que era cedo demais para privilégios. Assim, a Turquia virou cabeça de chave, ao lado da Hungria, no grupo B (que ainda teria Alemanha e Coreia do Sul). No grupo A, os cabeças França e Brasil tiveram a companhia de Iugoslávia e México. A chave C era composta por Uruguai e Áustria (os cabeças), além de Tchecoslováquia e Escócia. E a D teria Inglaterra e Itália como cabeças e Suíça e Bélgica como complemento.

Estreantes em Copas
- Coreia do Sul
- Escócia
- Turquia

Os favoritos

A Copa de 1954 era vista como um "passar de fases" até a consagração da Hungria, que havia montado uma equipe invencível. A Inglaterra, que sempre achava ser a melhor seleção do mundo, que o diga. No dia 25 de novembro de 1953, o *English Team* resolveu receber a Hungria em Wembley — onde nunca havia perdido para equipes não britânicas — e acabou surrado por 6 a 3. O técnico inglês, Walter Winterbottom, disse que não havia razão para pânico. Uma revanche foi marcada para 23 de maio de 1954, um mês antes da Copa. Os ingleses estavam mais bem preparados e conheciam as táticas dos húngaros quando entraram no Nepstadion, em Budapeste. O confronto terminou 7 a 1. A favor da Hungria. Somente um milagre poderia derrubar essa seleção.

Ausência
Quarta colocada em 1950, a Espanha perdeu a vaga para o Mundial em um sorteio. No grupo 6 das eliminatórias europeias, os duelos entre espanhóis e turcos registraram uma vitória para cada lado. A Fifa marcou um jogo-extra, na Itália, que terminou em 2 a 2. Após o jogo, houve um sorteio e a Turquia levou a melhor.

A preparação do Brasil

Competições disputadas pelo Brasil entre 1950 e 1954	
Pan-Americano 1952	
FU	Brasil 2 x 0 México
FU	Brasil 0 x 0 Peru
FU	Brasil 5 x 0 Panamá
FU	Brasil 4 x 2 Uruguai
FU	Brasil 3 x 0 Chile
Brasil sagrou-se campeão	
Sul-Americano 1953	
1F	Brasil 8 x 1 Bolívia
1F	Brasil 2 x 0 Equador
1F	Brasil 1 x 0 Uruguai
1F	Brasil 0 x 1 Peru
1F	Brasil 3 x 2 Chile
1F	Brasil 1 x 2 Paraguai
F	Brasil 2 x 3 Paraguai
Brasil ficou em 2º lugar	
Eliminatórias da Copa de 1954	
	Chile 0 x 2 Brasil
	Paraguai 0 x 1 Brasil
	Brasil 1 x 0 Chile
	Brasil 4 x 1 Paraguai
Brasil classificou-se em 1º lugar	

FU: Fase única (todos contra todos)
1F: Primeira fase
F: Final

A derrota na Copa do Mundo de 1950 ganhou um nome próprio: "Maracanazo". Seus efeitos foram desvastadores, a ponto de ter se tornado a maior tragédia já ocorrida no futebol nacional. A opinião unânime era que mudanças se faziam necessárias. Até mesmo o técnico Flávio Costa as defendia. "Não se pode deixar pedra sobre pedra", falou ele. Curiosamente, a primeira pedra que rolou foi exatamente Flávio Costa, destituído do comando.

Da derrota no Maracanã ao momento em que a seleção voltou a atuar, passaram-se um ano, oito meses e 20 dias. E o treinador era Zezé Moreira, que tinha várias ideias táticas e levou as mudanças a sério. Dos titulares de 1950, apenas o apoiador Bauer e o atacante Ademir de Menezes estavam na equipe que estreou pelo Pan-Americano de 1952, contra o México, em 6 de abril. E o Brasil conquistou o título, com direito a uma vitória sobre o Uruguai, na primeira de muitas revanches de 1950. Essa partida gerou histórias reais — o lateral Nílton Santos, reserva em 1950, anulou o perigoso Ghiggia — e fictícias: diz-se que Ely desceu o braço em Obdulio Varela, vingando a bofetada de dois anos antes. Só que Varela nem jogou o Pan-Americano.

Contudo, o título não segurou Zezé no cargo. Ele foi criticado porque a seleção, embora vencesse, jogava feio. E as inovações táticas, como a marcação por zona e o recuo de um dos pontas para ajudar no meio-de-campo, foram ignoradas. Quem o substituiu foi Aymoré Moreira, irmão dele. Aymoré deixou a parte tática de lado, resgatou o meia Zizinho e ordenou um futebol ofensivo. Mas o time perdeu o Sul-Americano de 1953, para o Paraguai, o que tumultuou o ambiente de vez. O escritor José Lins do Rego, que chefiava a delegação no Sul-Americano, sugeriu que a CBD sabotava o trabalho de Aymoré ao levar ao Peru os ex-técnicos da seleção Flávio Costa e Zezé Moreira. Chamou os jogadores de analfabetos e pusilânimes. E ainda acusou Zizinho de ser um mau exemplo. "Zizinho jamais fará parte novamente de um 'scratch' brasileiro", decretou.

A CBD chamou especialistas para apontar o que havia de errado na seleção. O advogado e consultor José Alves de Morais afirmou que a culpa era da própria CBD, mal administrada e que não fazia direito o planejamento da seleção. O presidente da entidade, Rivadávia Correia Mayer, não gostou. E abraçou-se a outro conceito, elaborado por José Maria Castello Branco: o de que os jogadores não tinham preparo psicológico ou espiritual. Planejamento? Zezé Moreira, que antes não servia, foi reconduzido ao cargo de treinador no lugar do irmão dele...

Dentro desse preparo espiritual, sobrou para o uniforme da seleção. Dizia-se que a camisa branca dava azar. Em outubro de 1953, o jornal *Correio da Manhã* instigou a CBD a promover um concurso para definir o futuro uniforme da seleção. Mais de 200 opções de uniformes foram entregues. Em dezembro, a CBD anunciou o vencedor: camisa amarela com detalhes em verde, calções azuis com frisos brancos e meias brancas com detalhes em verde e amarelo, criado pelo gaúcho Aldyr Schlee, de 19 anos.

A estreia oficial do novo uniforme foi em 14 de março de 1954, contra o Chile, no Maracanã, pelo returno das Eliminatórias da Copa. Era a primeira vez que o Brasil teria que disputá-las de fato. No dia em que estreou a nova roupa — que valeu o apelido de "seleção canarinho", criado pelo radialista Geraldo José de Almeida —, o Brasil bateu o Chile por 1 a 0. A seleção se classificou para o Mundial com quatro vitórias em quatro jogos.

No dia 22 de maio, Zezé definiu os 22 convocados. A surpresa foi a ausência de Zizinho, um dos poucos "reabilitados" após o Maracanazo. Como motivos, a imprensa dizia que ele não queria cumprir ordens táticas e especulou que ele perderia o lugar para Didi, mais novo e que sabia fazer a marcação por zona exigida por Zezé Moreira. Falou-se também que o treinador temia a concorrência de um líder em campo, já que Zizinho tinha influência sobre os jogadores. Alguns até disseram que o meia era comunista. "Poderiam arrumar uma desculpa melhor", falou Zizinho à revista *O Cruzeiro*.

Já dentro do preparo psicológico, havia um obstáculo chamado Hungria. Para não demonstrar medo, os brasileiros recorriam ao desdém. "A defesa húngara é o mesmo que uma porta mal fechada", falou o atacante Pinga. A imprensa embarcou nessa e chamou os húngaros de "mascarados". Nos relatos dos repórteres, a camisa da equipe, vermelha levemente escura, era "cor-de-rosa". Sobre Bozsik, integrante do parlamento húngaro, questionaram se ele sabia defender os interesses do povo. E Puskas, o grande craque do time, foi tachado, na revista *O Cruzeiro*, de "um jogador medíocre, com capacidade para jogar, no máximo, no América-RJ, nunca no Flamengo ou no Vasco". E vinha a pergunta aos jogadores brasileiros: "Você teme os húngaros?" A resposta era uma só: "não".

Todos os convocados			
Nº	Goleiros	idade	clube
1	Castilho	29	Fluminense
21	Veludo	23	Fluminense
22	Cabeção	23	Corinthians
Nº	Zagueiros	idade	clube
5	Pinheiro	22	Fluminense
15	Mauro	23	São Paulo
13	Alfredo Ramos	29	São Paulo
Nº	Laterais	idade	clube
2	Djalma Santos	25	Portuguesa
12	Paulinho de Almeida	22	Vasco
3	Nílton Santos	29	Botafogo
14	Eli	33	Vasco
Nº	Meio-campistas	idade	clube
4	Brandãozinho	28	Portuguesa
16	Dequinha	26	Flamengo
8	Didi	25	Fluminense
20	Rubens	25	Flamengo
6	Bauer	28	São Paulo
Nº	Atacantes	idade	clube
7	Julinho	24	Portuguesa
17	Maurinho	21	São Paulo
19	Índio	23	Flamengo
18	Humberto	20	Palmeiras
9	Baltazar	28	Corinthians
10	Pinga	30	Vasco
11	Rodrigues	28	Palmeiras

Obs.: Idades computadas até 16/06/1954, data da abertura da Copa

ZEZÉ MOREIRA
técnico

57

Jogos da fase de grupos

Grupo 1
Brasil   França   Iugoslávia   México

16/6 França 0 x 1 Iugoslávia
Gol: Milutinovic (Iug, 14-1º)

16/6 Brasil 5 x 0 México
Gols: Baltazar (Bra, 23-1º), Didi (Bra, 30-1º), Pinga (Bra, 34-1º), Pinga (Bra, 43-1º), Julinho (Bra, 24-2º)

19/6 França 3 x 2 México
Gols: Vincent (Fra, 19-1º), Cárdenas (contra, p/Fra, 4-2º), Lamadrid (Mex, 9-2º), Balcazar (Mex, 35-2º), Kopa (Fra, 43-2º)

19/6 Brasil 1 x 1 Iugoslávia
Gols: Zebec (Iug, 3-2º), Didi (Bra, 24-2º)

Classificação	PG	J	V	E	D	GP	GC	SG
Brasil	3	2	1	1	0	6	1	5
Iugoslávia	3	2	1	1	0	2	1	1
França	2	2	1	0	1	3	3	0
México	0	2	0	0	2	2	8	-6

Grupo 2
Alemanha   Coreia do Sul   Hungria   Turquia

17/6 Alemanha 4 x 1 Turquia
Gols: Suat (Tur, 2-1º), Schäfer (Ale, 14-1º), Klodt (Ale, 7-2º), Ottmar (Ale, 20-2º), Morlock (Ale, 39-2º)

17/6 Hungria 9 x 0 Coreia do Sul
Gols: Puskas (Hun, 12-1º), Lantos (Hun, 18-1º), Kocsis (Hun, 24-1º), Kocsis (Hun, 36-1º), Kocsis (Hun, 5-2º), Czibor (Hun, 14-2º), Palotas (Hun, 30-2º), Palotas (Hun, 38-2º), Puskas (Hun, 44-2º)

20/6 Turquia 7 x 0 Coreia do Sul
Gols: Suat (Tur, 10-1º), Lefter (Tur, 24-1º), Suat (Tur, 30-1º), Burhan (Tur, 37-1º), Burhan (Tur, 19-2º), Burhan (Tur, 25-2º), Erol (Tur, 31-2º)

20/6 Hungria 8 x 3 Alemanha
Gols: Kocsis (Hun, 3-1º), Puskas (Hun, 17-1º), Kocsis (Hun, 21-1º), Pfaff (Ale, 25-1º), Hidegkuti (Hun, 5-2º), Hidegkuti (Hun, 9-2º), Kocsis (Hun, 22-2º), Toth (Hun, 28-2º), Rahn (Ale, 32-2º), Kocsis (Hun, 33-2º), Herrmann (Ale, 36-2º)

Classificação	PG	J	V	E	D	GP	GC	SG
Hungria	4	2	2	0	0	17	3	14
Turquia	2	2	1	0	1	8	4	4
Alemanha	2	2	1	0	1	7	9	-2
Coreia do Sul	0	2	0	0	2	0	16	-16

Jogo-desempate
23/6 Alemanha 7 x 2 Turquia
Gols: Ottmar Walter (Ale, 7-1º), Schäfer (Ale, 12-1º), Mustafa (Tur, 21-1º), Morlock (Ale, 30-1º), Morlock (Ale, 15-2º), Fritz Walter (Ale, 17-2º), Morlock (Ale, 32-2º), Schäfer (Ale, 34-2º), Lefter (Tur, 37-2º)

Na primeira rodada, a França foi surpreendida pela Iugoslávia e o Brasil — que pela primeira vez usava a camisa amarela em Copas — arrasou o México. Assim, um empate entre Brasil e Iugoslávia, na partida seguinte, classificava os dois times e eliminava a França. Os iugoslavos sabiam disso, mas os brasileiros não. O tempo normal terminou empatado em 1 a 1, e o time de Zezé Moreira tentou de tudo para vencer no tempo extra imposto pelo regulamento. Nem adiantou os iugoslavos passarem a prorrogação inteira tentando avisar os brasileiros, através de mímica, que o empate era bom para os dois. Sem conseguir a vitória, eles ficaram cabisbaixos e alguns chegaram a chorar em campo, diante da comemoração dos adversários. O engano só foi desfeito quando todos estavam nos vestiários e os dirigentes confirmaram que o Brasil também estava classificado.

> **Jogaço**
> O técnico da Alemanha, Sepp Herberger, entendeu bem o regulamento. Prevendo um revés ante a Hungria, poupou seis titulares, já mirando o jogo de desempate contra a Turquia. Contra os alemães, o craque húngaro Puskas sofreu uma entrada dura de Liebrich, no 2º tempo, e se machucou para o resto da Copa.

A Hungria confirmou o favoritismo ao aplicar uma goleada recorde sobre a Coreia do Sul — recorde que só seria quebrado pela Hungria em 1982 — e ao surrar a Alemanha. Os turcos perderam para os alemães, mas também golearam os sul-coreanos e, com isso, decidiram a vaga num novo duelo contra os germânicos. Só que a Turquia entrou em campo sem ataque — os artilheiros Suat e Burham foram poupados — e ficou sem defesa: o goleiro Sükrü se machucou ainda no 1º tempo, quando o jogo estava 3 a 1. Aí ficou fácil para a Alemanha.

Jogos da fase de grupos

Grupo 3

Áustria Escócia Tchecosl. Uruguai

16/6 Áustria 1 x 0 Escócia
Gol: Probst (Aus, 33-1º)

16/6 Uruguai 2 x 0 Tchecoslováquia
Gols: Miguez (Uru, 27-2º), Schiaffino (Uru, 36-2º)

19/6 Uruguai 7 x 0 Escócia
Gols: Borges (Uru, 17-1º), Miguez (Uru, 30-1º), Borges (Uru, 2-2º), Abbadie (Uru, 9-2º), Borges (Uru, 12-2º), Miguez (Uru, 33-2º), Abbadie (Uru, 35-2º)

19/6 Áustria 5 x 0 Tchecoslováquia
Gols: Stojaspal (Aus, 3-1º), Probst (Aus, 4-1º), Probst (Aus, 21-1º), Probst (Aus, 24-1º), Stojaspal (Aus, 25-2º)

Classificação	PG	J	V	E	D	GP	GC	SG
Uruguai	4	2	2	0	0	9	0	9
Áustria	4	2	2	0	0	6	0	6
Tchecoslováquia	0	2	0	0	2	0	7	-7
Escócia	0	2	0	0	2	0	8	-8

Grupo 4

Bélgica Inglaterra Itália Suíça

17/6 Suíça 2 x 1 Itália
Gols: Ballaman (Sui, 18-1º), Boniperti (Ita, 44-1º), Hügi (Sui, 32-2º)

17/6 Inglaterra 4 x 4 Bélgica
Gols: Anoul (Bel, 5-1º), Broadis (Ing, 26-1º), Lofthouse (Ing, 36-1º), Broadis (Ing, 10-2º), Coppens (Bel, 22-2º), Anoul (Bel, 26-2º)
Gols na prorrogação: Lofthouse (Ing, 1-1º), Dickinson (contra, p/Bel, 4-1º)

20/6 Itália 4 x 1 Bélgica
Gols: Pandolfini (Ita, 41-1º), Galli (Ita, 3-2º), Frignani (Ita, 13-2º), Lorenzi (Ita, 23-2º), Anoul (Bel, 36-2º)

20/6 Suíça 0 x 2 Inglaterra
Gols: Mullen (Ing, 43-1º), Wishaw (Ing, 24-2º)

Classificação	PG	J	V	E	D	GP	GC	SG
Inglaterra	3	2	1	1	0	6	4	2
Itália	2	2	1	0	1	5	3	2
Suíça	2	2	1	0	1	2	3	-1
Bélgica	1	2	0	1	1	5	8	-3

Jogo-desempate
23/6 Suíça 4 x 1 Itália
Gols: Hügi (Sui, 14-1º), Ballaman (Sui, 3-2º), Nesti (Ita, 22-2º), Hügi (Sui, 40-2º), Fatton (Sui, 45-2º)

Em relação ao time campeão mundial em 1950, o Uruguai tinha uma equipe renovada e que, segundo a imprensa do país, estava ainda mais forte que quatro anos antes. No grupo, que era considerado o mais equilibrado do Mundial, a Celeste fez jus à fama, ao derrotar Tchecoslováquia (graças aos veteranos Miguez e Schiaffino) e Escócia — os novatos Abbadie (que relegou Ghiggia à reserva) e Borges fizeram a festa na goleada por 7 a 0. A Áustria teve dificuldades contra a Escócia e só venceu porque o árbitro, o belga Laurent Franken, anulou dois gols dos escoceses. No jogo seguinte, os austríacos tinham duas mudanças no ataque — entraram Wagner e Stojaspal nos lugares de Schleger e Dienst — e tiraram o atraso, ao bater os tchecos por 5 a 0. Por serem cabeças de chave, Uruguai e Áustria não precisaram duelar. E ficaram com as duas vagas do grupo.

> **Demissão**
> Irritado com as limitações do elenco e os palpites dos dirigentes, o técnico Andy Beattie, da Escócia, pediu demissão após a derrota para a Áustria e voltou para casa — até hoje, é o único treinador a fazer isso em uma Copa. Quem dirigiu o time contra o Uruguai foi uma junta da comissão técnica.

Enquanto a Suíça conseguiu derrotar a Itália graças a uma ajuda do árbitro brasileiro Mário Vianna — que anulou um gol legítimo de Lorenzi —, a Inglaterra se enroscou na Bélgica. Depois de um empate em 3 a 3 no tempo normal, cada time marcou mais uma vez na prorrogação. Na segunda rodada, não houve surpresas. Os ingleses venceram o time da casa e garantiram vaga. Os italianos golearam a Bélgica e se habilitaram para um jogo-desempate contra os suíços. Era a chance da *Azzurra* mostrar que, com uma arbitragem idônea, poderia vencer. Mas deu Suíça. Na volta para casa, os eliminados italianos foram alvo de uma chuva de tomates podres, vinda dos torcedores.

Os mata-matas

QUARTAS DE FINAL

26/6 Uruguai 4 x 2 Inglaterra
Gols: Borges (Uru, 5-1º), Lofthouse (Ing, 15-1º), Obdulio Varela (Uru, 39-1º), Schiaffino (Uru, 1-2º), Finney (Ing, 22-2º), Ambrois (Uru, 33-2º)

26/6 Áustria 7 x 5 Suíça
Gols: Ballaman (Sui, 16-1º), Hügi (Sui, 17-1º), Hügi (Sui, 23-1º), Wagner (Aus, 25-1º), Alfred Körner (Aus, 27-1º), Wagner (Aus, 28-1º), Ocwirk (Aus, 32-1º), Alfred Körner (Aus, 34-1º), Ballaman (Sui, 41-1º), Wagner (Aus, 7-2º), Hügi (Sui, 13-2º), Probst (Aus, 31-2º)

27/6 Hungria 4 x 2 Brasil
Gols: Hidegkuti (Hun, 4-1º), Kocsis (Hun, 7-1º), Djalma Santos (Bra, 18-1º), Lantos (Hun, 15-2º), Julinho (Bra, 20-2º), Kocsis (Hun, 43-2º)

27/6 Alemanha 2 x 0 Iugoslávia
Gols: Horvat (contra, p/Ale, 9-1º), Rahn (Ale, 40-2º)

SEMIFINAIS

30/6 Alemanha 6 x 1 Áustria
Gols: Schäfer (Ale, 31-1º), Morlock (Ale, 2-2º), Probst (Aus, 6-2º), Fritz Walter (Ale, 9-2º), Ottmar Walter (Ale, 16-2º), Fritz Walter (Ale, 19-2º), Ottmar Walter (Ale, 44-2º)

30/6 Hungria 4 x 2 Uruguai
Gols: Czibor (Hun, 13-1º), Hidegkuti (Hun, 1-2º), Hohberg (Uru, 30-2º), Hohberg (Uru, 41-1º)
Gols na prorrogação: Kocsis (Hun, 6-2º), Kocsis (Hun, 11-2º)

Se a lógica dos confrontos de mata-matas em Copas do Mundo já valesse em 1954, os duelos das quartas de final seriam Brasil x Alemanha, Hungria x Iugoslávia, Uruguai x Suíça e Inglaterra x Áustria. Mas nessa Copa a fórmula não primava pela lógica. E, no dia 21 de junho, os confrontos foram definidos num sorteio comandado pelo uruguaio Lorenzo Villizio, integrante do comitê organizador. O sorteio não foi muito favorável: ordenou dois confrontos envolvendo primeiros colocados dos grupos e outros dois entre segundos colocados. O Brasil foi eliminado pela Hungria. Quando os húngaros venciam por 3 a 2, Humberto teve a chance de empatar, mas errou. A cinco minutos do fim, ele foi expulso e a Hungria fez o 4º gol. Nos outros jogos, o Uruguai eliminou a Inglaterra, a Áustria bateu a Suíça numa partida com 12 gols e a Alemanha derrotou a Iugoslávia.

> **Garfada?**
> Os brasileiros reclamaram que não houve pênalti no lance em que a Hungria marcou o 3º gol. Mas a olhada fulminante do goleiro Castilho para o zagueiro Pinheiro, que tocou a bola com a mão na área, denunciou a falta. O jogo teve 3 expulsos e 42 faltas (quantia gigantesca na época).

> **Polêmica**
> Ao fim do jogo com o Uruguai, os húngaros mostraram respeito. Foi uma reação contrária ao sentimento em relação aos brasileiros, eliminados três dias antes. Para o atacante Kocsis, o Brasil era um time covarde. "Nós éramos melhores e ganharíamos quantas vezes precisássemos", disse ele.

Assim como nas quartas de final, os duelos das semifinais foram definidos em sorteio, no dia 28 de junho. Alemães e austríacos escaparam da Hungria e duelaram entre si. A Alemanha deslanchou na segunda etapa e goleou por 6 a 1, com grande atuação dos irmãos Ottmar e Fritz Walter. No outro jogo, que era visto como uma "final antecipada", a Hungria não conseguiu marcar os dois gols de praxe nos 20 primeiros minutos diante do Uruguai. O 2º gol húngaro só saiu na etapa final. Mesmo sem o volante Obdulio Varela, machucado, os uruguaios reuniram forças para empatar e levar o jogo para a prorrogação. No tempo extra, Kocsis fez dois gols de cabeça e colocou a Hungria na final.

DECISÃO DO TERCEIRO LUGAR

3/7 Áustria 3 x 1 Uruguai
Gols: Stojaspal (Aus, 16-1º), Hohberg (Uru, 22-1º), Cruz (contra, p/Aus, 14-2º), Ocwirk (Aus, 44-2º)

Sem Obdulio Varela e desanimado após a derrota para a Hungria, o Uruguai não mostrou a mesma garra de sempre. Para piorar, a defesa vacilou, e a Áustria venceu com facilidade.

A final da Copa

Fritz Walter (com a taça) e os alemães campeões

ALEMANHA	3
HUNGRIA	2

Gols: Puskas (Hun, 6-1º),
Czibor (Hun, 9-1º),
Morlock (Ale, 11-1º),
Rahn (Ale, 18-1º), Rahn (Ale, 39-2º)
Data: 04/07/1954
Horário: 17 horas
Local: Estádio Wankdorf (Berna)
Público: 62.500
Árbitro: William Ling (ING)

Para uma final de Copa com muita chuva, a Hungria tinha três coisas: favoritismo, aquecimento e Ferenc Puskas. O favoritismo era indiscutível. O aquecimento antes da partida deixava o time mais aceso que o adversário. E Puskas convenceu o treinador que estava recuperado da lesão no tornozelo. Diante da Alemanha, os três fatores entraram em ação, e o time fez 2 a 0 com menos de 10 minutos — Puskas foi quem abriu o placar. Já a Alemanha também tinha três coisas: pragmatismo, chuteiras com travas parafusáveis (para trocar de acordo com o estado do gramado) e Helmut Rahn. Mesmo depois de ter levado dois gols, o time não se abateu. Eckel colou em Hidegkuti, cérebro da Hungria, e Fritz Walter voltava para buscar jogo, confundindo a marcação. As chuteiras dos jogadores estavam com travas altas, próprias para gramados encharcados; eles ficaram de pé enquanto os húngaros patinavam. E Rahn fez o time chegar ao empate: ele deu um passe para Morlock diminuir e empatou o jogo, aos 18 minutos. Apesar de tudo isso, a Hungria criava mais chances. Kohlmeyer salvou um gol certo de Puskas (que mancava em campo) e Kocsis mandou uma bola no travessão. Os alemães se arriscavam com inteligência e viraram o jogo aos 39 minutos do segundo tempo. Rahn driblou Lantos com o pé direito e, de esquerda, acertou o canto de Grosics. No último minuto, o árbitro anulou um gol de Puskas, por impedimento. Para surpresa geral, a Alemanha era campeã.

Alemanha
Técnico: Sepp Herberger

Hungria
Técnico: Gusztav Sebes

Os melhores da Copa

Numeralha

Maior público: 69.029 (Brasil x Alemanha)

Menor público: 25.176 (Alemanha x Paraguai)

Gols pró: 136
Gols contra: 4
Média por jogo: 5,38

Melhor ataque: Hungria, 27 gols
Goleiro menos vazado: Beara (Iugoslávia), 3 gols em 3 jogos (1 por jogo)

Maior goleada: Hungria 9 x 0 Coreia do Sul

Defesa mais vazada na história: Coreia do Sul, com 16 gols sofridos

ARTILHEIRO

KOCSIS
Nome: Sandor Peter Kocsis
Seleção: Hungria
11 gols em 5 jogos
Posição: atacante
Idade: 24 anos
Nascimento: 23/09/1929, em Budapeste
Altura: 1,77 m | Peso: 73 kg
Clube: Honved

11 gols
Kocsis (Hungria)
6 gols
Morlock (Alemanha), Probst (Áustria) e Hügi (Suíça)
4 gols
Ottmar Walter, Rahn, Schäfer (Alemanha), Hidekguti, Puskas (Hungria), Ballaman (Suíça), Borges (Uruguai)

O CRAQUE

PUSKAS
Hungria | atacante

Ferenc Puskas, 27 anos, foi escolhido o melhor jogador da Copa, mesmo sem o título e apesar de só ter disputado três jogos — o último deles, a final, ainda com uma lesão no tornozelo. Em 1958, acertou com o Real Madrid, naturalizou-se espanhol e chegou a jogar a Copa de 1962 pela nova pátria, mas sem o mesmo desempenho visto na seleção húngara — pela qual marcou 84 gols em 83 jogos.

	Colocações finais	PG	J	%	V	E	D	GP	GC	SG	🟨	🟫
1º	Alemanha	10	6	83	5	0	1	25	14	11	0	0
2º	Hungria	8	5	80	4	0	1	27	10	17	0	1
3º	Áustria	8	5	80	4	0	1	17	12	5	0	0
4º	Uruguai	6	5	60	3	0	2	16	9	7	0	0
5º	Suíça	4	4	50	2	0	2	11	11	0	0	0
6º	Brasil	3	3	50	1	1	1	8	5	3	0	2
7º	Inglaterra	3	3	50	1	1	1	8	8	0	0	0
8º	Iugoslávia	3	3	50	1	1	1	2	3	-1	0	0
9º	França	2	2	50	1	0	1	3	3	0	0	0
10º	Turquia	2	3	33	1	0	2	10	11	-1	0	0
11º	Itália	2	3	33	1	0	2	6	7	-1	0	0
12º	Bélgica	1	2	25	0	1	1	5	8	-3	0	0
13º	México	0	2	0	0	0	2	2	8	-6	0	0
14º	Tchecoslováquia	0	2	0	0	0	2	0	7	-7	0	0
15º	Escócia	0	2	0	0	0	2	0	8	-8	0	0
16º	Coreia do Sul	0	2	0	0	0	2	0	16	-16	0	0

Polêmica

O time alemão que enfrentou a Hungria nunca mais atuou junto. Uma semana depois da final, levantou-se a suspeita de que os jogadores estavam dopados. O então médico da equipe, Franz Logan, disse ter injetado vitamina C e glicose nos jogadores. As substâncias não eram (nem são hoje) *doping*.

Tecnologia

As chuteiras com travas parafusáveis usadas pelos alemães foram criadas por Adolf "Adi" Dassler, fundador da Adidas. As travas altas usadas contra a Hungria, em um gramado encharcado, foram determinantes para a vitória.

Esquadrões sem título

Brasil 1950

ZIZINHO
Brasil | meia

ADEMIR
Brasil | atacante

Os dois times eram favoritos e saíram na frente, mas perderam

Hungria 1954

PUSKAS
Hungria | atacante

HIDEGKUTI
Hungria | atacante

Depois de muitas competições batendo cabeça, o Brasil tinha a melhor equipe de sua história (pelo menos até então) para a Copa de 1950. Um ano antes, a seleção havia conquistado o Sul-Americano de 1949, encerrando um jejum de 27 anos na competição. O técnico Flávio Costa baseava a escalação na equipe do Vasco, na época considerada a melhor do país. Na Copa, o time carioca tinha seis dos 11 titulares da seleção: o goleiro Barbosa, o zagueiro Augusto, o meia Danilo, os pontas Maneca (que se machucou no quarto jogo) e Chico e o centroavante Ademir (o maior artilheiro em atividade no Brasil). A eles se somavam o meia Zizinho (craque que o Bangu acabara de tirar do Flamengo) e o meia-atacante Jair da Rosa Pinto (ídolo no Palmeiras). A seleção fez pelo menos quatro partidas de grande nível, incluindo goleadas sobre Suécia e Espanha. Mas acabou perdendo o título para o Uruguai, em pleno Maracanã. O goleiro Barbosa foi considerado culpado pela derrota, por ter deixado passar o chute fatal de Ghiggia. A seleção de 1950 seria considerada uma das melhores da história se tivesse vencido a Copa. Como não venceu, os jogadores foram rotulados de perdedores. Apenas um dos titulares de 1950, Bauer, estaria na Copa do Mundo de 1954, na Suíça.

Bancado pelo governo socialista da Hungria, o vice-ministro dos Esportes, Gusztav Sebes, recrutou os melhores jogadores do país no Kispest, que foi rebatizado de Honved e passou aos cuidados do exército. Havia treinos em tempo integral com o técnico Gyula Mandi. E, pouco antes de cada jogo, os comandados de Mandi corriam em volta do campo, batiam bola e faziam alongamentos. Preaquecidos, os húngaros abriam um ou dois gols de vantagem antes que os jogadores adversários aclimatassem o corpo às partidas. Claro que havia talentos individuais, como o goleiro Grosics (sabia jogar também com os pés), Boszik (o dínamo do time), Hidegkuti (na teoria um centroavante, ele recuava para armar jogadas), Kocsis (imbatível no jogo aéreo) e Puskas (o melhor do mundo naqueles anos 50). O cartel era impressionante. De 14 de maio de 1950 — quando o time perdeu para a Áustria por 5 a 3 — até a estreia na Copa de 1954, foram 23 vitórias, quatro empates, nenhuma derrota, 114 gols a favor (mais de 4 por jogo) e 26 contra (menos de um por jogo). Mas, após quatro vitórias no Mundial, veio a final com a Alemanha... E, dois anos depois, a Hungria foi invadida pela União Soviética. Puskas e Kocsis migraram para a Espanha, o que enfraqueceu a máquina húngara.

Jogos históricos
Áustria 7 x 5 Suíça (1954)

Wagner, da Áustria, contra o goleiro Parlier, da Suíça

ÁUSTRIA	7
SUÍÇA	5

Gols: Ballaman (Sui, 16-1ª),
Hügi (Sui, 17-1ª), Hügi (Sui, 23-1ª),
Wagner (Aus, 25-1ª),
Alfred Körner (Aus, 27-1ª),
Wagner (Aus, 28-1ª),
Ocwirk (Aus, 32-1ª),
Alfred Körner (Aus, 34-1ª),
Ballaman (Sui, 41-1ª),
Wagner (Aus, 7-2ª),
Hügi (Sui, 13-2ª), Probst (Aus, 31-2ª)
Data: 26/06/1954
Horário: 17 horas
Local: La Pontaise (Lausanne)
Público: 35.000
Árbitro: Charlie Faultless (ESC)

O ferrolho suíço, inventado pelo austríaco Karl Rappan, consistia em retranca forte. Desse modo, Rappan fazia com que os placares em jogos de seu time ficassem "econômicos". Até porque o time não costumava atacar muito — mesmo os jogadores mais ofensivos tinham preocupações defensivas. Então, foi de grande estranheza que a Suíça tivesse aberto 3 a 0 no placar em pouco mais de 20 minutos. Alguém até poderia pensar que o time de vermelho não era a Suíça, e sim a Hungria. Mais estranho ainda foi ver a Áustria marcar cinco gols no ferrolho suíço e virar o jogo em um intervalo de 10 minutos. Ballaman ainda diminuiu para os donos da casa, e o primeiro tempo se encerrou com incríveis nove gols em 45 minutos, um recorde. A marca poderia ter sido maior, se Alfred Körner não tivesse chutado um pênalti para fora quando o jogo já estava 5 a 4. Na etapa final, cada time marcou mais uma vez antes dos 15 minutos e ambos começaram a "derreter" com o calor de 36ºC daquele dia. A Suíça, por ter disputado um jogo-desempate, estava mais desgastada e não conseguiu impedir que Probst marcasse 7 a 5. Mas também os austríacos foram afetados. O goleiro Schmied, que havia se machucado e teve que aguentar firme até o fim, chegou a desmaiar em campo. Ao final da partida, ele não sabia a contagem final e perguntou a um colega quem tinha vencido o duelo — que estabeleceu o recorde de gols em uma única partida de Copa.

Áustria
Técnico: Walter Nausch

Suíça
Técnico: Karl Rappan

Marcas coletivas

Mais Copas disputadas	Brasil	21
Mais jogos em Copas	Alemanha e Brasil	109
Maior número de gols	Brasil	229
Melhor média de gols pró	Hungria	2,72
Melhor média de gols contra	Inglaterra	0,91
Pior média de gols contra (times com mais de uma Copa)	El Salvador	3,67
Maior número de vitórias ao todo	Brasil	73
Maior número de derrotas ao todo	México	27
Melhor aproveitamento de pontos	Brasil	72%
Maior número de cartões amarelos	Argentina	121
Maior média de cartões amarelos (mínimo 10 jogos)	Gana	2,83 por jogo
Maior número de cartões vermelhos	Brasil	11
Maior média de cartões vermelhos	Camarões	1 a cada 2,89 jogos
Menor média de cartões vermelhos	Espanha	1 a cada 63 jogos
Maior série invicta	Brasil	13 jogos (entre 1958 e 1966)
Maior série de vitórias	Brasil	11 jogos (entre 2002 e 2006)
Maior série de derrotas seguidas	México	9 jogos (entre 1930 e 1958)
Time que mais vezes venceu os três jogos da primeira fase	Brasil	6 vezes
Mais disputou decisões por pênaltis	Argentina	5 vezes
Maiores goleadas	Hungria 10 x 1 El Salvador	1982
	Hungria 9 x 0 Coreia do Sul	1954
	Iugoslávia 9 x 0 Zaire	1974
	Suécia 8 x 0 Cuba	1938
	Uruguai 8 x 0 Bolívia	1950
	Alemanha 8 x 0 Arábia Saudita	2002
Gols mais rápidos da história	Turquia 3 x 2 Coreia, 2002	Sükür (Tur), 11s
	Tchecosl. 1 x 3 México, 1962	Masek (Tch), 15s
	Alemanha 3 x 2 Áustria, 1934	Lehner (Ale), 25s
	Inglaterra 3 x 1 França, 1982	Robson (Ing), 29s
	Estados Unidos 2 x 1 Gana, 2014	Dempsey (EUA), 29s
Cinco maiores zebras	Estados Unidos 1 x 0 Inglaterra	1950
	Coreia do Norte 1 x 0 Itália	1966
	Alemanha 1 x 2 Argélia	1982
	Argentina 0 x 1 Camarões	1990
	França 0 x 1 Senegal	2002
Cinco maiores artilheiros em Copas	Klose (Alemanha)	16 gols
	Ronaldo (Brasil)	15 gols
	Gerd Müller (Alemanha)	14 gols
	Fontaine (França)	13 gols
	Pelé (Brasil)	12 gols

Time de família

BUFFON — Itália, 2006, GK
Primo de Lorenzo Buffon, goleiro da Itália (1962)

R. ANDRADE — Uruguai, 1950, DF
Sobrinho de Leandro Andrade, médio-direito do Uruguai (1930)

RONALD KOEMAN — Holanda, 1990, DF
Irmão mais novo de Erwin Koeman, meia da Holanda (90)

FRANK DE BOER — Holanda, 1998, DF
Irmão gêmeo do meia Ronald de Boer (1994/98)

YOURI DJORKAEFF — França, 1998, MC
Filho de Jean Djorkaeff, lateral da França (1966)

KEVIN BOATENG — Gana, 2010, MC
Meio-irmão de Jerome Boateng, zagueiro da Alemanha (2010/14)

MICHAEL LAUDRUP — Dinamarca, 1986, MC
Irmão mais velho de Brian Laudrup, atacante da Dinamarca (1998)

RAÍ — Brasil, 1994, MC
Irmão mais novo de Sócrates, meia do Brasil (1982)

OTTMAR WALTER — Alemanha, 1954, AT
Irmão mais novo de Fritz Walter, atacante e herói da Alemanha (54)

DIEGO FORLÁN — Uruguai, 2010, AT
Filho de Pablo Forlán, lateral em 74, e neto de Juan Corazzo, treinador em 1962

TORE ANDRE FLO — Noruega, 1998, AT
Irmão de Jostein Flo e primo de Havard Flo, da Noruega (1998)

GK: Goleiro
DF: Defensor
MC: Meio-campista
AT: Atacante

Suécia 1958

A Suécia teve dez anos para preparar a Copa de 1958. Em um congresso em 1948, em Luxemburgo, a Fifa a definiu provisoriamente, como sede. Em 1954, em Zurique (Suíça), a Suécia foi homologada, mesmo porque não apareceu outro candidato.

Foi uma sorte ter definido com antecedência. Desde 1954, a Fifa perdeu seus três principais decanos. O belga Rodolphe Seeldrayers, que presidia a entidade desde 1954, morreu em outubro de 1955, aos 78 anos. O francês Henri Delaunay, 72, morreu no mês seguinte. Em outubro de 1956, foi a vez de Jules Rimet, então com 83 anos. O "pai da Copa" presidiu a Fifa de 1921 até 1954, quando passou o cargo a Seeldrayers. Sem eles, o comando da Fifa ficou com o inglês Arthur Drewry.

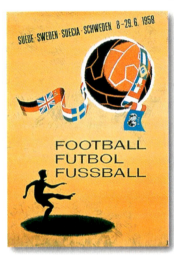

Cidades e estádios

A Suécia sempre foi vista como um país organizado, correto, com um dos melhores índices de qualidade de vida do mundo. Os suecos realizariam uma bela festa, com reformas de estádios para a Copa. Apenas um foi construído especialmente para o evento, o Idrottsparken, em Norrköping. Ao todo, o país utilizou 12 cidades-sede, um recorde que só seria quebrado em 1982, pela Espanha.

Eliminatórias

Dos 95 filiados à Fifa, 51 disputaram as Eliminatórias. Além das surpreendentes quedas dos dois bicampeões mundiais até então — o Uruguai perdeu para o Paraguai, e a Itália não passou pela Irlanda do Norte —, o classificatório teve muitos problemas políticos. No grupo que englobava África e Ásia, os dirigentes da Fifa incluíram Israel. Todas as outras seleções se recusaram a enfrentá-la. Temendo mais boicotes em plena Copa, a Fifa criou uma repescagem entre Israel e uma outra equipe a ser sorteada. O Uruguai e os segundos colocados dos grupos europeus — Irlanda, Bélgica, Bulgária, País de Gales, Holanda, Polônia, Romênia, Itália, Espanha — foram convidados. Uruguaios e belgas declinaram. O sorteio agraciou o País de Gales. E o time derrotou Israel duas vezes e se classificou para a Copa.

Sorteio e fórmula

No sorteio das chaves, realizado em 8 de fevereiro de 1958, a Fifa criou quatro blocos: o dos britânicos (Escócia, Inglaterra, Irlanda do Norte e País de Gales), o dos americanos (Argentina,

> "O Brasil sofre de complexo de vira-lata"

Frase do escritor brasileiro Nelson Rodrigues, que para ele sintetizava dois sentimentos que impediam o Brasil de ir bem na Copa: imaturidade e falta de confiança na hora da decisão

A BOLA
Top Star

Brasil, México e Paraguai), o dos socialistas (Hungria, Iugoslávia, Tchecoslováquia e União Soviética) e o das democracias da Europa (Alemanha, Áustria, França e Suécia). De cada um, sairia uma equipe para cada um dos grupos do Mundial. O grupo D reuniu Áustria (terceira colocada em 1954), a respeitada Inglaterra, o imprevisível Brasil e a temida União Soviética. Foi chamado de "grupo de ferro".

A Fifa ainda criou uma fórmula de disputa que se repetiu até 1970. A primeira fase teria todos os times jogando entre si, dentro das respectivas chaves. Os dois melhores seguiriam para as quartas de final. Se duas equipes terminassem empatadas em primeiro lugar, o saldo de gols decidiria o primeiro e o segundo do grupo. Só haveria jogos-desempate se a igualdade em pontos fosse verificada para decidir o segundo colocado.

Cidade	Estádio	Capacidade
Boras	Ryavallen	22.000
Eskilstuna	Tunavallen	22.000
Estocolmo	Raasunda	52.400
Gotemburgo	Nya Ullevi	51.500
Halmstad	Örjans Vall	26.000
Helsingborg	Olympiavallen	30.000
Malmö	Malmö Stadion	35.000
Norrköping	Idrottsparken	30.100
Örebro	Eyravallen	21.000
Sandviken	Jernvallen	20.500
Uddevalla	Rimnersvallen	25.000
Västeras	Arosvallen	20.000

Os favoritos

A Alemanha reformulou o elenco na marra. A Hungria ficou sem metade da equipe de 1954 depois da invasão soviética, em 1956. A Inglaterra perdeu Tommy Duncan e Tommy Taylor, mortos em um acidente aéreo na Alemanha, junto com outros seis jogadores do Manchester United. A Argentina, campeã sul-americana de 1957, viu uma debandada de jogadores para a Itália.

Assim, uma seleção estreante acabou atraindo as atenções: a União Soviética. Campeã olímpica de 1956, a equipe fazia treinos secretos, prática pouco comum nos anos 1950. E uma lenda da época dizia que os computadores do país, após calcularem o desempenho possível de todas as seleções, apontaram que o título seria deles mesmos. Segundo o jornalista Carlos Lemos, a União Soviética era mesmo a grande favorita. O Brasil? A revista *France Football*, baseando-se no "complexo de vira-lata" pregado pelo escritor Nelson Rodrigues, colocava o Brasil em sexto lugar na lista de favoritos, atrás de Alemanha, Hungria, Inglaterra, Suécia e Tchecoslováquia.

Nem todos pensavam assim. Uma pesquisa do Instituto Gallup feita na Suécia trazia o Brasil como favorito, seguido de União Soviética, Iugoslávia, Suécia, Argentina, Inglaterra e Hungria. E o jornal sueco *Se Sporten*, depois de ouvir os maiores nomes da imprensa esportiva do mundo, publicou uma charge indicando que Brasil, União Soviética e Argentina, nessa ordem, comporiam o pódio do Mundial.

Estreantes em Copas
Irlanda do Norte
País de Gales
União Soviética

Ausência
O Uruguai tinha perdido vários jogadores do time quarto lugar em 1954 — dois deles, Schiaffino e Ghiggia, debandaram para a Itália. Os italianos estavam reforçados não só com Schiaffino e Ghiggia, mas também tinham os argentinos Maschio, Angelillo e Sivori. Os dois sucumbiram nas Eliminatórias.

69

A preparação do Brasil

Competições disputadas pelo Brasil entre 1954 e 1958	
Sul-Americano Extra 1956	
FU	Brasil 1 x 4 Chile
FU	Brasil 0 x 0 Paraguai
FU	Brasil 2 x 1 Peru
FU	Brasil 1 x 0 Argentina
FU	Brasil 0 x 0 Uruguai
Brasil ficou em 4º lugar	
Pan-Americano 1956	
FU	Brasil 2 x 1 Chile
FU	Brasil 1 x 0 Peru
FU	Brasil 2 x 1 México
FU	Brasil 7 x 1 Costa Rica
FU	Brasil 2 x 2 Argentina
Brasil sagrou-se campeão	
Sul-Americano 1957	
FU	Brasil 4 x 2 Chile
FU	Brasil 7 x 1 Equador
FU	Brasil 9 x 0 Colômbia
FU	Brasil 2 x 3 Uruguai
FU	Brasil 1 x 0 Peru
FU	Brasil 0 x 3 Argentina
Brasil ficou em 2º lugar	
Eliminatórias da Copa de 1958	
Peru 1 x 1 Brasil	
Brasil 1 x 0 Peru	
Brasil classificou-se em 1º lugar	

FU: Fase única (todos contra todos)

Depois da Copa de 1954, a seleção ficou numa espécie de divã. O futebol brasileiro tinha qualidades reconhecidas, como técnica individual, improvisação, malícia e elegância. Os defeitos também eram reconhecidos: falta de senso tático, desorganização, descomprometimento coletivo, imaturidade e mentalidade fraca na hora da decisão. Esses dois últimos sentimentos foram sintetizados e eternizados em uma frase do escritor Nelson Rodrigues: "O Brasil sofre de complexo de vira-lata".

Nos anos seguintes, quase todos os defeitos apareceram na seleção. Houve quatro técnicos diferentes em quatro jogos em 1955 e mais trocas de comando entre 1956 e 1957 — Flávio Costa, Sílvio Pirillo e Oswaldo Brandão (ou seja, desorganização). Houve uma briga vexaminosa e desnecessária num amistoso contra a seleção da Áustria (imaturidade). Houve a desistência do Sul-Americano de 1955 (mais desorganização). Houve o fiasco no Sul-Americano de 1957 (mente fraca). E, nas Eliminatórias, o Brasil só ganhou a vaga na Copa de 1958 graças ao talento individual de Didi, numa cobrança de falta depois batizada de "folha seca" (descomprometimento coletivo).

Porém, tudo mudou em 1958. No dia 14 de janeiro, a Confederação Brasileira de Desportos (CBD) foi assumida por Jean-Marie Fustin Godefrois d'Havelange, ou João Havelange, em substituição a Sílvio Pacheco. Nascido em 1916, ex-atleta olímpico de natação e polo aquático, Havelange estava ciente que sua praia não era o futebol e chamou alguém do ramo: Paulo Machado de Carvalho. O "doutor Paulo", como era carinhosamente conhecido, traçou um minucioso plano para a Copa de 1958. Para começar, criou uma comissão técnica capaz de trabalhar em equipe. Aos cargos de praxe, como médico (Hilton Gosling), preparador físico (Paulo Amaral) e supervisor (Carlos Nascimento), somavam-se dois que não constavam nos manuais de futebol: um psicólogo (João Carvalhaes) e um dentista (Mário Trigo). Para o cargo de treinador, em vez de Freitas Solich, que era paraguaio, e Flávio Costa, que era individualista, escolheu-se Vicente Feola, que sabia trabalhar em grupo.

O trabalho em equipe começou já na primeira convocação, em que constavam 33 nomes. Segundo o jornalista Paulo Planet Buarque, que ajudou o doutor Paulo a moldar o plano, o espírito de aglutinação era indispensável. Por esse motivo, o meia Zizinho, então com 35 anos, ficou de fora. E o ponta Zagallo, que nunca havia defendido a seleção, foi chamado. Todos os 33 se submeteram a tratamentos dentários — feitos por Mário Trigo, uma figuraça que sempre tinha uma piada na ponta da língua — e testes psicológicos. "Doutor, tem aí um sujeito que talvez não seja capaz de acertar o mais fácil dos testes. Mesmo que ele erre tudo, aprove-o, pois vamos precisar dele nessa Copa", pediu o lateral Nílton Santos ao psicólogo João Carvalhaes. O sujeito? O ponta Garrincha.

Como parte do plano, o Brasil pretendia até levar (e levou) comida própria e cozinheiros para a Suécia. Por causa desse grau de detalhes, o plano do doutor era atacado por críticos como o jornalista Mário Filho, irmão de Nelson Rodrigues. As críticas aumentaram depois das notícias de que o meia Moacir, do Flamengo, estava treinando melhor que Didi. Claro que os cronistas pediam a inclusão de Moacir no time titular. Foi quando Didi disparou: "Treino é treino, jogo é jogo".

No último amistoso em solo brasileiro, em 21 de maio, o Brasil quase sofreu uma baixa séria. O time vencia o Corinthians por 5 a 0 quando Pelé levou uma entrada criminosa do lateral Ari Clemente. Até aquele momento, Pelé era titular absoluto, mas o risco de corte era grande. Democrático, Feola reuniu a comissão técnica para discutir o assunto. Numa decisão consensual, o jovem craque foi mantido junto aos outros 21 jogadores no embarque em 24 de maio.

No dia 29, já em solo europeu, o Brasil fez um amistoso diante da Fiorentina, da Itália. E Garrincha aprontou das suas. Quando o jogo estava 3 a 0, ele saiu driblando todos os adversários, chegou à área, passou pelo goleiro e ficou esperando, pouco antes da risca. Ainda driblou um zagueiro, que vinha na corrida, antes de tocar de calcanhar e fazer o gol. A torcida delirou, mas o supervisor Carlos Nascimento afirmou que o ponta tinha mentalidade de criança e poderia comprometer o Brasil. Assim, Garrincha perdeu a posição para Joel a 10 dias da estreia.

O plano só não previa quem seria o capitão. Didi, a primeira opção, recusou. Feola sugeriu Nílton Santos, um dos mais experientes. O lateral declinou, dizendo que "brigava" demais. O volante Zito falava bastante e usava a braçadeira de capitão do Santos, mas era reserva. Em uma reunião, decidiu-se pelo zagueiro Bellini, que conversava bastante com os jogadores. Com tudo definido e planejado, restava esperar a estreia na Copa.

Todos os convocados

Nº	Goleiros	idade	clube
3	Gilmar	27	Corinthians
1	Castilho	30	Fluminense

Nº	Zagueiros	idade	clube
16	Mauro	27	São Paulo
2	Bellini	28	Vasco
15	Orlando	22	Vasco
9	Zózimo	25	Bangu

Nº	Laterais	idade	clube
4	Djalma Santos	29	Portuguesa
12	Nílton Santos	33	Botafogo
14	De Sordi	27	São Paulo
8	Oreco	25	Corinthians

Nº	Meio-campistas	idade	clube
6	Didi	28	Botafogo
5	Dino Sani	26	São Paulo
19	Zito	25	Santos
13	Moacir	22	Flamengo
21	Dida	24	Flamengo

Nº	Atacantes	idade	clube
11	Garrincha	24	Botafogo
7	Zagallo	26	Botafogo
20	Vavá	23	Vasco
22	Pepe	23	Santos
10	Pelé	17	Santos
17	Joel	26	Flamengo
18	Mazzola	19	Palmeiras

Obs.: Idades computadas até 08/06/1958, data da abertura da Copa

VICENTE FEOLA
técnico

Jogos da fase de grupos

Grupo A — Alemanha, Argentina, Irl. Norte, Tchecosl.

Grupo B — Escócia, França, Iugoslávia, Paraguai

8/6 Alemanha 3 x 1 Argentina
Gols: Corbatta (Arg, 3-1º), Rahn (Ale, 33-1º), Seeler (Ale, 42-1º), Rahn (Ale, 34-2º)

8/6 Tchecoslováquia 0 x 1 Irl. Norte
Gol: Cush (IrN, 20-1º)

11/6 Alemanha 2 x 2 Tchecoslováquia
Gols: Dvorak (Tch, 24-1º), Zikan (Tch, 42-1º), Schäfer (Ale, 15-2º), Rahn (Ale, 25-2º)

11/6 Argentina 3 x 1 Irlanda do Norte
Gols: McParland (IrN, 3-1º), Corbatta (Arg, 38-1º), Menéndez (Arg, 10-2º), Avio (Arg, 15-2º)

15/6 Alemanha 2 x 2 Irlanda do Norte
Gols: McParland (IrN, 19-1º), Rahn (Ale, 21-1º), McParland (IrN, 15-2º), Seeler (Ale, 34-2º)

15/6 Tchecoslováquia 6 x 1 Argentina
Gols: Dvorak (Tch, 8-1º), Zikan (Tch, 17-1º), Hovorka (Tch, 39-1º), Corbatta (Arg, 20-2º), Feureisl (Tch, 24-2º), Zikan (Tch, 37-2º), Hovorka (Tch, 44-2º)

Classificação	PG	J	V	E	D	GP	GC	SG
Alemanha	4	3	1	2	0	7	5	2
Tchecoslováquia	3	3	1	1	1	8	4	4
Irlanda do Norte	3	3	1	1	1	4	5	-1
Argentina	2	3	1	0	2	5	10	-5

17/6 Irl. Norte 2 x 1 Tchecoslováquia
Gols: Zikan (Tch, 19-1º), McParland (IrN, 44-1º)
Gols na prorrogação: McParland (IrN, 9-1º)

8/6 França 7 x 3 Paraguai
Gols: Amarilla (Par, 21-1º), Fontaine (Fra, 25-1º), Fontaine (Fra, 30-1º), Amarilla (Par, 42-1º), Romero (Par, 5-2º), Piantoni (Fra, 7-2º), Wisnieski (Fra, 17-2º), Fontaine (Fra, 21-2º), Kopa (Fra, 25-2º), Vincent (Fra, 39-2º)

8/6 Iugoslávia 1 x 1 Escócia
Gols: Petakovic (Iug, 13-1º), Murray (Esc, 3-2º)

11/6 Paraguai 3 x 2 Escócia
Gols: Aguero (Par, 4-1º), Mudie (Esc, 23-1º), Ré (Par, 44-1º), Parodi (Par, 29-2º), Collins (Esc, 31-2º)

11/6 França 2 x 3 Iugoslávia
Gols: Fontaine (Fra, 5-1º), Petakovic (Iug, 16-1º), Veselinovic (Iug, 20-2º), Fontaine (Fra, 40-2º), Veselinovic (Iug, 42-2º)

15/6 Iugoslávia 3 x 3 Paraguai
Gols: Ognjanovic (Iug, 12-1º), Parodi (Par, 21-1º), Veselinovic (Iug, 29-1º), Aguero (Par, 4-2º), Rajkov (Iug, 29-2º), Romero (Par, 45-2º)

15/6 França 2 x 1 Escócia
Gols: Kopa (Fra, 22-1º), Fontaine (Fra, 45-1º), Baird (Esc, 21-2º)

Classificação	PG	J	V	E	D	GP	GC	SG
França	4	3	2	0	1	11	7	4
Iugoslávia	4	3	1	2	0	7	6	1
Paraguai	3	3	1	1	1	9	12	-3
Escócia	1	3	0	1	2	4	6	-2

A Alemanha estreou na Copa com apenas quatro remanescentes do título de 1954 — o médio Eckel e os atacantes Rahn, Fritz Walter e Schäfer — e fez uma campanha irregular. Venceu a Argentina de virada e empatou os outros dois jogos, o suficiente para garantir vaga. A Argentina, por sua vez, foi eliminada após levar incríveis 6 a 1 da Tchecoslováquia. Tchecos e norte-irlandeses terminaram iguais em pontos. O saldo de gols beneficiaria os tchecos, mas não valia como critério. No jogo-desempate entre os dois times, a Irlanda do Norte venceu na prorrogação.

Protestos
Quando a delegação da Argentina voltou ao país, após a goleada (6 a 1 para os tchecos) e a eliminação na 1ª fase, foi recebida com uma chuva de paus, pedras e moedas dos torcedores. A imprensa local especulou que os jogadores se empenhavam mais nas noitadas que nos gramados.

O grupo B foi o que mais registrou gols na primeira fase — 31 ao todo — e o que mais teve jogadores machucados. Na estreia na Copa, o Paraguai vencia a França por 3 a 2 até o momento em que ficou sem o meia-atacante Parodi. E acabou atropelado por 7 a 3. Na rodada seguinte, os paraguaios fizeram um jogo violento contra os escoceses, que terminou 3 a 3. Com isso, a Escócia ficou sem seis titulares na última partida, contra os franceses — e ainda errou um pênalti, com Hewie, no revés por 2 a 1. Sem tantas perdas de jogadores, França e Iugoslávia avançaram.

Jogos da fase de grupos

 Grupo C — Hungria, México, País de Gales, Suécia

8/6 Suécia 3 x 0 México
Gols: Simonsson (Sue, 17-1º), Liedholm (Sue, 13-2º), Simonsson (Sue, 19-2º)

8/6 Hungria 1 x 1 País de Gales
Gols: Boszik (Hun, 4-1º), John Charles (Gal, 26-1º)

11/6 México 1 x 1 País de Gales
Gols: Ivor Allchurch (Gal, 32-1º), Belmonte (Mex, 44-2º)

12/6 Suécia 2 x 1 Hungria
Gols: Hamrin (Sue, 34-1º), Hamrin (Sue, 10-2º), Tichy (Hun, 33-2º)

15/6 Suécia 0 x 0 País de Gales

15/6 Hungria 4 x 0 México
Gols: Tichy (Hun, 19-1º), Tichy (Hun, 2-2º), Sandor (Hun, 9-2º), Bencsics (Hun, 24-2º)

Classificação	PG	J	V	E	D	GP	GC	SG
Suécia	5	3	2	1	0	5	1	4
Hungria	3	3	1	1	1	6	3	3
País de Gales	3	3	0	3	0	2	2	0
México	1	3	0	1	2	1	8	-7

Jogo-desempate
17/6 País de Gales 2 x 1 Hungria
Gols: Tichy (Hun, 33-1º), Ivor Allchurch (Gal, 10-2º), Medwin (Gal, 31-2º)

 Grupo D — Áustria, Brasil, Inglaterra, U. Soviética

8/6 Brasil 3 x 0 Áustria
Gols: Mazzola (Bra, 38-1º), Nilton Santos (Bra, 4-2º), Mazzola (Bra, 44-2º)

8/6 União Soviética 2 x 2 Inglaterra
Gols: Simonian (URS, 13-1º), Aleksander Ivanov (URS, 11-2º), Kevan (Ing, 20-2º), Finney (Ing, 39-2º)

11/6 Brasil 0 x 0 Inglaterra

11/6 União Soviética 2 x 0 Áustria
Gols: Ilyin (URS, 14-1º), Valentin Ivanov (URS, 17-2º)

15/6 Brasil 2 x 0 União Soviética
Gols: Vavá (Bra, 3-1º), Vavá (Bra, 32-2º)

15/6 Inglaterra 2 x 2 Áustria
Gols: Koller (Aus, 15-1º), Haynes (Ing, 11-2º), Alfred Körner (Aus, 26-2º), Kevan (Ing, 29-2º)

Classificação	PG	J	V	E	D	GP	GC	SG
Brasil	5	3	2	1	0	5	0	5
União Soviética	3	3	1	1	1	4	4	0
Inglaterra	3	3	0	3	0	4	4	0
Áustria	1	3	0	1	2	2	7	-5

Jogo-desempate
17/6 União Soviética 1 x 0 Inglaterra
Gol: Ilyin (URS, 23-2º)

A anfitriã Suécia fez o jogo inaugural da Copa, cinco horas antes das outras sete partidas do dia. Sob as vistas do rei Gustaf VI Adolf, goleou o México por 3 a 0, num placar que saiu barato para os mexicanos. Depois, o time derrotou a Hungria por 2 a 1 e, já classificado, escalou um time reserva diante do País de Gales. A partida ficou no 0 a 0 e, na prática, isso permitiu aos galeses disputar um jogo-desempate contra a Hungria — ambos terminaram com três pontos. A Hungria era apenas uma sombra da equipe vice-campeã de 1954. No duelo, o time galês perdeu seu maior craque, John Charles, que saiu machucado, mas conseguiu vencer de virada e se classificou.

> **Números**
> Gilmar, goleiro do Brasil, usava a camisa 3. Didi, meia, usava a 6. Zózimo, zagueiro reserva, era o 9. Segundo a versão mais aceita, foi o uruguaio Lorenzo Villizio, do comitê organizador da Copa, quem definiu a numeração, baseado no que conhecia dos jogadores. Por acaso, a 10 ficou com Pelé.

O Brasil obteve um bom resultado na estreia e um não tão bom na segunda partida. Histórias mais românticas narram que uma pequena rebelião exigia as entradas de Zito, Pelé e Garrincha contra a União Soviética, na última rodada do grupo. Na verdade, Pelé teria presença garantida quando se recuperasse de uma contusão. E Zito substituiria Dino Sani, que sentia dores. Já a ideia de escalar Garrincha partiu de uma conversa informal entre o técnico Feola, os jornalistas Armando Nogueira e Luiz Carlos Barreto e o lateral Nílton Santos. Didi e Bellini, líderes do grupo, apoiaram. Com Zito, Pelé, os dribles infernais de Garrincha e dois gols de Vavá, o Brasil atropelou os soviéticos.

Os mata-matas

QUARTAS DE FINAL

19/6 Alemanha 1 x 0 Iugoslávia
Gol: Rahn (Ale, 12-1ª)

19/6 França 4 x 0 Irlanda do Norte
Gols: Wisnieski (Fra, 43-1ª), Fontaine (Fra, 10-2ª), Fontaine (Fra, 18-2ª), Piantoni (Fra, 25-2ª)

19/6 Suécia 2 x 0 União Soviética
Gols: Hamrin (Sue, 3-2ª), Simonsson (Sue, 42-2ª)

19/6 Brasil 1 x 0 País de Gales
Gol: Pelé (Bra, 28-2ª)

Dois dias após disputar os jogos-desempates, os times classificados teriam que encarar as quartas de final. E, coincidência ou não, todos eles sucumbiram ao cansaço e acabaram eliminados — o que, no futuro, levaria a Fifa a rever esse tipo de disputa. O duelo mais duro foi entre Brasil e País de Gales. Sem John Charles, machucado, o time britânico fechou-se na defesa. Dessa forma, o jogo se resumiu a um duelo entre o ataque brasileiro e a defesa galesa. O Brasil martelou, mandou bola na trave (com Mazzola, de cabeça) e levou 71 minutos para quebrar a resistência adversária. Pelé recebeu de Didi, livrou-se do marcador Mel Charles com um toque genial, girou e chutou no canto direito do goleiro Kelsey, que ficou parado. O gol levou o Brasil à semifinal. A União Soviética acusou o cansaço na etapa final e caiu diante da Suécia, ao perder por 2 a 0. A Irlanda do Norte estava com o goleiro Harry Gregg atuando no sacrifício — o reserva Uprichard estava ainda pior — e acabou goleada pela França (4 a 0). No único jogo entre duas equipes fisicamente equivalentes, a Alemanha repetiu 1954 e despachou a Iugoslávia com um gol do atacante Rahn.

Façanha

Com o gol na vitória de 1 a 0 sobre o País de Gales, Pelé se tornou o mais jovem jogador a marcar gol em Copas do Mundo — naquele dia, tinha exatos 17 anos e 239 dias. Pelé também se tornou o mais jovem jogador a ser campeão do mundo, marca que detém até hoje.

SEMIFINAIS

24/6 Brasil 5 x 2 França
Gols: Vavá (Bra, 2-1ª), Fontaine (Fra, 9-1ª), Didi (Bra, 39-1ª), Pelé (Bra, 8-2ª), Pelé (Bra, 19-2ª), Pelé (Bra, 31-2ª), Piantoni (Fra, 38-2ª)

24/6 Suécia 3 x 1 Alemanha
Gols: Schäfer (Ale, 24-1ª), Skoglund (Sue, 33-1ª), Gren (Sue, 36-2ª), Hamrin (Sue, 43-2ª)

A França estava tão otimista que o país enviou, à Suécia, as mulheres, as noivas e as namoradas dos jogadores para ver a partida contra o Brasil. Até então, a França tinha disparado o melhor ataque da Copa (15 gols em 4 jogos) e iria enfrentar a melhor defesa — os brasileiros ainda não tinha tomado gol.

Garfada

O árbitro húngaro Istvan Szolt ajudou a Suécia contra a Alemanha. Não deu pênalti de Parling em Rahn quando o jogo estava 0 a 0. Ignorou toque de mão de Liedholm no lance do primeiro gol sueco. Expulsou o alemão Juskowiak de forma polêmica. E nada fez quando Parling "quebrou" Fritz Walter.

Mas quem atacou mesmo foi o Brasil. O time até foi vazado pela primeira vez na Copa, mas virou o primeiro tempo vencendo por 2 a 1 e marcou mais três gols na etapa final, todos com Pelé. Assim, o Brasil se classificou para a final diante da Suécia, que no outro jogo do dia havia eliminado a Alemanha, ao marcar dois gols nos últimos 10 minutos.

DECISÃO DO TERCEIRO LUGAR

28/6 França 6 x 3 Alemanha
Gols: Fontaine (Fra, 16-1ª), Cieslarczyk (Ale, 18-1ª), Kopa (Fra, 27-1ª), Fontaine (Fra, 36-1ª), Douis (Fra, 5-2ª), Rahn (Ale, 7-2ª), Fontaine (Fra, 33-2ª), Schäfer (Ale, 39-2ª), Fontaine (Fra, 44-2ª)

Sem Juskowiak (suspenso) e quatro jogadores machucados (Fritz Walter entre eles), a Alemanha não ofereceu resistência. A França aproveitou bem as brechas na defesa, goleou e ficou com o terceiro lugar.

A final da Copa

Jogadores do Brasil carregam a bandeira da Suécia

SUÉCIA	2
BRASIL	5

Gols: Liedholm (Sue, 4-1º), Vavá (Bra, 9-1º), Vavá (Bra, 32-1º), Pelé (Bra, 10-2º), Zagallo (Bra, 23-2º), Simonsson (Sue, 35-2º), Pelé (Bra, 45-2º)
Data: 29/06/1958
Horário: 15 horas
Local: Raasunda (Estocolmo)
Público: 49.737
Árbitro: Maurice Guigue (FRA)

A seleção brasileira teve duas mudanças para a final. O lateral-direito De Sordi dizia sentir dores (ou, segundo as más línguas, sentia medo) e deu lugar a Djalma Santos. E a camisa amarela deu lugar a uma azul, comprada na véspera — como Brasil e Suécia usavam amarelo, a Fifa fez um sorteio para definir quem trocaria de cor e o Brasil perdeu. Para o técnico da Suécia, George Raynor, as duas trocas fariam mal aos brasileiros. Ele também dizia que uma chuva antes do jogo e um gol logo no início poderiam ajudar o time da casa. Antes da partida, choveu bastante, mas os suecos secaram o campo. E o gol que Raynor esperava saiu logo aos 4 minutos, com Liedholm. O meia Didi pegou a bola de dentro do gol e, enquanto a levava ao círculo central, disse aos colegas: "Vamos encher esses gringos de gols, que eles não são de nada" (Didi confirmou ter dito a frase em depoimento ao jornalista Carlos Nasser, no livro *Jogadores Eternos*). Logo na saída, ele lançou para Garrincha, que passou por Axbom e chutou na rede do lado de fora. Era um aviso do que estava por vir. Ainda no primeiro tempo, o Brasil fez dois gols em duas jogadas de Garrincha, que driblou os marcadores e rolou para Vavá marcar. No segundo tempo, Pelé fez 3 a 1, depois de dar um chapéu no zagueiro Gustavsson. Aos 23, Zagallo ampliou. Simonsson descontou, aos 35 minutos. No último minuto, Pelé fechou o placar, de cabeça. O Brasil finalmente era o campeão mundial.

Suécia
Técnico: George Raynor

Brasil
Técnico: Vicente Feola

Os melhores da Copa

Numeralha

Maior público: 50.928
(Brasil x União Soviética)

Menor público: 2.823
(País de Gales x Hungria, jogo-desempate)

Gols pró: 126
Gols contra: 0
Média por jogo: 3,60

Melhor ataque:
França, 23 gols
Goleiro menos vazado:
Gilmar (Brasil), 4 gols em 6 jogos (0,67 por jogo)

Maior goleada: Tchecoslováquia 6 x 1 Argentina

Primeiro empate sem gols em Copas:
Brasil 0 x 0 Inglaterra

ARTILHEIRO
FONTAINE
Nome: Just Fontaine
Seleção: França
13 gols em 6 jogos
Posição: atacante
Idade: 24 anos
Nascimento: 18/08/1933, em Casablanca (Marrocos)
Altura: 1,74 m
Peso: 72 kg
Clube: Stade Reims

13 gols
Fontaine (França)
6 gols
Rahn (Alemanha) e Pelé (Brasil)
5 gols
Vavá (Brasil) e McParland (Irlanda do Norte)
4 gols
Tichy (Hungria), Hamrin, Simonsson (Suécia), Zikan (Tchecoslováquia)

O CRAQUE

DIDI
Brasil | meia

Pelé e Garrincha ganharam fama com o título de 1958, mas o supercraque nos gramados da Suécia foi Valdir Pereira, o Didi. Ele era chamado de "Príncipe Etíope", tal a elegância com que corria em campo. Didi criou o chute de "folha-seca" — no qual a bola sobe e cai repentinamente — e tinha um jeito único de tratar a bola, fruto de uma contusão sofrida em 1952. Com isso, fazia lançamentos diferenciados.

Colocações finais	PG	J	%	V	E	D	GP	GC	SG		
1ª Brasil	11	6	92	5	1	0	16	4	12	0	0
2ª Suécia	9	6	75	4	1	1	12	7	5	0	0
3ª França	8	6	67	4	0	2	23	15	8	0	0
4ª Alemanha	6	6	50	2	2	2	12	14	-2	0	1
5ª País de Gales	5	5	50	1	3	1	4	4	0	0	0
6ª União Soviética	5	5	50	2	1	2	5	6	-1	0	0
7ª Irlanda do Norte	5	5	50	2	1	2	6	10	-4	0	0
8ª Iugoslávia	4	4	50	1	2	1	7	7	0	0	0
9ª Tchecoslováquia	3	4	38	1	1	2	9	6	3	0	0
10ª Hungria	3	4	38	1	1	2	7	5	2	0	1
11ª Paraguai	3	3	50	1	1	1	9	12	-3	0	0
12ª Inglaterra	3	4	38	0	3	1	4	5	-1	0	0
13ª Argentina	2	3	33	1	0	2	5	10	-5	0	0
14ª Escócia	1	3	17	0	1	2	4	6	-2	0	0
15ª Áustria	1	3	17	0	1	2	2	7	-5	0	0
16ª México	1	3	17	0	1	2	1	8	-7	0	0

Polêmica
Dizia-se que Djalma Santos precisou de um único jogo para ser o escolhido como melhor lateral-direito do Mundial. Mas, até 2010, o eleito da Fifa na posição era o sueco Niels Liedholm. Só com a revisão das súmulas de 2010, a entidade passou a considerar Djalma Santos como o melhor na posição.

Taça no ar
Quando Bellini recebeu a taça Jules Rimet, os fotógrafos pediam "vira para cá", "vira para cá" para captar a imagem. Acuado, ele ergueu o troféu meio sem querer. O ato inspirou todos os campeões de futebol a partir daí.

Capitães de finais

ZOFF — Itália, 1982, GK
Capitão da Itália campeã de 1982

KROL — Holanda, 1978, DF
Capitão da Holanda vice-campeã de 1978

MAURO — Brasil, 1962, DF
Capitão do Brasil campeão de 1962

BOBBY MOORE — Inglaterra, 1966, DF
Capitão da Inglaterra campeã de 1966

VAN BRONCKHORST — Holanda, 2010, DF
Capitão da Holanda vice-campeã de 2010

MODRIC — Croácia, 2018, MC
Capitão da Croácia vice de 2018. Jogou por 741 minutos naquela Copa

LIEDHOLM — Suécia, 1958, MC
Capitão da Suécia vice-campeã de 1958

FERREIRA — Argentina, 1930, AT
Capitão da Argentina vice-campeã de 1930

RUMMENIGGE — Alemanha, 1982, AT
Capitão da Alemanha vice-campeã de 1982 e vice em 1986

SAROSI — Hungria, 1938, AT
Capitão da Hungria vice-campeã de 1938

SEELER — Alemanha, 1966, AT
Capitão da Alemanha vice-campeã de 1966

GK: Goleiro
DF: Defensor
MC: Meio-campista
AT: Atacante

Jogos históricos
Brasil 5 x 2 França (1958)

Vavá chuta para marcar o primeiro gol do Brasil

BRASIL	5
FRANÇA	2

Gols: Vavá (Bra, 2-1º), Fontaine (Fra, 9-1º), Didi (Bra, 39-1º), Pelé (Bra, 8-2º), Pelé (Bra, 19-2º), Pelé (Bra, 31-2º), Piantoni (Fra, 38-2º)
Data: 24/06/1958
Horário: 19 horas
Local: Estádio Raasunda (Estocolmo)
Público: 27.100
Árbitro: Benjamin Griffiths (GAL)

O Brasil teve um reforço para a semifinal da Copa de 1958, diante da França: o atacante Vavá. Contrariando todos os prognósticos, ele recuperou-se de um corte na perna sofrido diante da União Soviética. E abriu o placar logo a 2 minutos, após o primeiro de muitos passes geniais de Didi. A França empatou aos 9 minutos, com Fontaine. Mas o Brasil não sentiu o gol e cresceu no campo. Aos 13 minutos, Zagallo recebeu de Didi e chutou de três-dedos. A bola pegou no travessão, dentro do gol, no travessão de novo e voltou para o campo. Porém, o árbitro Benjamin Griffiths não viu o gol e mandou o jogo seguir. Aos 35 minutos, o zagueiro francês Jonquet sofreu uma fratura na fíbula, após dividida com Vavá, e teve que deixar o campo. E, aos 39 minutos, Didi desempatou, num venenoso chute de longe que entrou no ângulo. Nos instantes finais, Garrincha marcou o terceiro, mas Griffiths, vendo um impedimento inexistente, anulou. No segundo tempo, Jonquet ficou fazendo número na ponta-esquerda. E o Brasil dominou totalmente. Pelé marcou três gols entre os 7 e os 31 minutos, mesclando técnica e oportunismo. Nem mesmo a violência dos franceses — que tirou Vavá do jogo, após o 4º gol — intimidou os brasileiros. No fim, Piantoni descontou. A imprensa francesa até hoje sugere que a saída de Jonquet determinou a derrota. Mas o placar foi elástico demais para se justificar com a ausência de um único jogador.

Brasil
Técnico: Vicente Feola

França
Técnico: Albert Batteuax

Chile 1962

O Chile deve a um brasileiro, Carlos Dittborn Pinto, a realização de uma Copa do Mundo. Nascido no Rio de Janeiro em 1921, filho de um diplomata chileno, ele foi para o país andino com 4 anos de idade e fez carreira como dirigente no futebol do Chile. Na época, o país era o menos cotado entre os quatro candidatos a receber o Mundial de 1962. Mas a Fifa decidiu que, após duas edições seguidas na Europa (1954 e 1958), era a vez de as Américas receberem um Mundial — isso eliminou a Espanha, que era favorita, e a Alemanha. E Dittborn fez extensa campanha pelo Chile. Deu certo. No dia 10 de julho de 1956, o Chile foi escolhido como sede do Mundial de 1962, por 32 votos (inclusive o do Brasil) contra 10 da rival Argentina.

Cidades e estádios

O Chile não perdeu tempo. Em 1957, o estádio Nacional, de Santiago, que comportava 45 mil pessoas, foi ampliado em 25 mil lugares. A cidade de Viña del Mar recebeu uma praça novinha em folha. E os estádios de Arica e Rancágua foram reformados. Parecia tudo bem, mas a natureza resolveu conspirar. Em 21 e 22 de maio de 1960, dois terremotos sacudiram o país. O segundo deles teria atingido 8,5 pontos na escala Richter (que vai de 0 a 9). Houve erupção de vulcões, montanhas rachadas ao meio, cidades devastadas, ilhas varridas do mapa e ondas gigantes na costa chilena, além de cinco mil mortes e dois milhões de desabrigados. Os danos materiais foram tantos que muita gente acreditava ser impossível fazer uma Copa do Mundo ali.

Dittborn fez um apelo à Fifa para que não mudasse o Mundial de lugar. Garantiu que o fato de o país tentar sobreviver a uma tragédia nacional serviria de estímulo para o povo. A entidade deu um voto de confiança e a Copa saiu dentro do planejado. O problema maior estourou às vésperas da abertura. Um jornalista italiano, Corrado Pizzinelli, escreveu um artigo criticando pessoalmente Dittborn, a organização e o país-sede. Os chilenos se enfureceram com o texto e mais ainda com os ataques a Dittborn, que havia morrido em 28 de abril e, no imaginário popular, dera a própria vida pela Copa no Chile.

Eliminatórias

Por ser sul-americano, e por causa do terremoto, o Chile temia boicotes ou desistências em massa, como ocorreu em 1930, no Uru-

> **"Porque não temos nada, faremos tudo"**
>
> Do dirigente Carlos Dittborn, apelando à Fifa para que não realocasse o Mundial depois que o Chile sofreu um violento terremoto, dois anos antes do Mundial

A BOLA
Mr. Crack

guai, e em 1950, no Brasil. Houve quatro desistências — Romênia, Sudão, Egito e Indonésia —, mas isso entre os 53 inscritos. As 14 vagas foram preenchidas. A grande surpresa nas Eliminatórias ocorreu por questões de geografia. Sabe-se lá por que, o Paraguai não jogou o classificatório da América do Sul, e sim o das Américas Central e do Norte — e foi derrotado pelo México. Além disso, os campeões da África (Marrocos) e da Ásia/Oceania (Coreia do Sul) tiveram que duelar contra Espanha e Iugoslávia, respectivamente. Os dois europeus levaram a melhor.

Cidade	Estádio	Capacidade
Arica	Carlos Dittborn	13.000
Rancágua	Braden	11.000
Santiago	Nacional	70.000
Viña del Mar	Sausalito	18.000

Sorteio e fórmula

A Fifa definiu que a fórmula para 1962 seria similar à de 1958. Apenas acabou com os jogos-desempate. Se dois times terminassem com o mesmo número de pontos, a vaga seria decidida no *goal average* (divisão do número de gols marcados pelo número de gols sofridos). Não confundir com o saldo de gols (diferença entre os gols feitos e os sofridos). No dia do sorteio dos grupos, em 18 de janeiro de 1962, a entidade criou quatro blocos diferentes: o dos sul-americanos — Brasil, Argentina, Chile e Uruguai —, o dos teoricamente mais fracos — Bulgária, Colômbia, México e Suíça — e dois com os outros oito países europeus. Com isso, nenhum grupo ficou forte ou fraco demais.

Estreantes em Copas
Bulgária
Colômbia

Os favoritos

Mesmo sendo o anfitrião, o Chile não figurava como favorito ao título. As apostas recaíam sobre o Brasil, que manteve a base campeã em 1958, e a sempre bem cotada Inglaterra. Também eram temidos os países do bloco comunista. A Iugoslávia ganhou a medalha de ouro na Olimpíada de Roma, em 1960. No mesmo ano, a União Soviética havia conquistado a primeira edição da Eurocopa. E a Hungria mostrou que não estava mais órfã do time de 1954. Ainda havia a Itália, a Espanha e seus "estrangeiros". Os italianos alistaram com os brasileiros Sormani e Altafini (o Mazzola da Copa de 1958) e os argentinos Maschio e Sivori (que os argentinos achavam que era melhor que Pelé). Já a Espanha tinha o húngaro Puskas, vice-campeão de 1954, e o argentino Di Stéfano, multicampeões pelo Real Madrid, além do paraguaio Eulogio Martínez e do uruguaio José Santamaría. Itália e Espanha exageraram tanto que a Copa de 1962 seria a última em que a Fifa permitiria naturalizações para reforçar seleções.

Ausência
A Suécia não chegou a ser uma ausência sentida, mas era a então vice-campeã do mundo. Após 1958, a equipe ficou sem vários jogadores que se aposentaram, casos dos meias Gren e Liedholm e do atacante Skoglund. Nas Eliminatórias, caiu diante da Suíça em um jogo-desempate, ao perder por 2 a 1.

A preparação do Brasil

Competições disputadas pelo Brasil entre 1958 e 1962	
Sul-Americano 1959	
FU	Brasil 2 x 2 Peru
FU	Brasil 3 x 0 Chile
FU	Brasil 4 x 2 Bolívia
FU	Brasil 3 x 1 Uruguai
FU	Brasil 4 x 1 Paraguai
FU	Brasil 1 x 1 Argentina
Brasil ficou em 2º lugar	
Sul-Americano Extra 1959	
FU	Brasil 3 x 2 Paraguai
FU	Brasil 0 x 3 Uruguai
FU	Brasil 3 x 1 Equador
FU	Brasil 1 x 4 Argentina
Brasil ficou em 3º lugar	
Pan-Americano 1960	
FU	Brasil 2 x 2 México
FU	Brasil 0 x 3 Costa Rica
FU	Brasil 1 x 2 Argentina
FU	Brasil 2 x 1 México
FU	Brasil 4 x 0 Costa Rica
FU	Brasil 1 x 0 Argentina
Brasil ficou em 2º lugar	

FU: Fase única (todos contra todos)

Quando a seleção voltou da Copa na Suécia, a euforia pelo título mundial era gigantesca. Políticos, empresários e comerciantes tentaram de tudo para colar suas imagens às dos campeões mundiais — que não ganharam um centavo com isso. Dentro de todo esse clima, era irresistível pensar no Brasil como candidato a mais um título, em 1962. Só que havia quatro anos no meio do caminho. E as coisas não saíram como esperado.

Em termos de competição, o Brasil foi questionado no Campeonato Sul-Americano de 1959. Até chegou a decidir o título com a Argentina, mas empatou — e os argentinos, que jogavam pelo empate, foram os campeões. No mesmo ano, a seleção participou de um Sul-Americano "extra", sob o comando do folclórico Gentil Cardoso — aquele que dizia que a bola vinha do couro, que vinha da vaca, que comia grama; portanto, a bola deveria rolar na grama. Mas o time foi surrado por Uruguai e Argentina. No Pan-Americano de 1960, com o gaúcho Oswaldo "Foguinho" Rolla no comando, o começo ruim custou o título. Em 1960, ainda houve a Olimpíada de Roma. O time tinha somente jogadores sub-20 — incluindo o meia Gérson, o futuro "canhotinha", então com 19 anos — e foi eliminado na primeira fase.

A Olimpíada foi praticamente o fim da linha para Vicente Feola na seleção. Ele ainda dirigiu a equipe em alguns amistosos e despediu-se no dia 12 de julho de 1960, quando o time goleou a Argentina por 5 a 1. O treinador estava com a saúde debilitada — nefrite e problemas cardíacos — e foi impedido de trabalhar em atividades estressantes, como ser o treinador da seleção.

Para o lugar de Feola, a imprensa carioca pedia Zezé Moreira ou Flávio Costa. Mas Paulo Machado de Carvalho, que ainda dava as cartas na CBD, descartou ambos. E escolheu Aymoré Moreira, irmão de Zezé, que já tinha dirigido a seleção, em 1953, com fiasco no Sul-Americano, no Peru. Apesar disso, Aymoré tinha aptidão para trabalhar em equipe, coisas que agradavam ao doutor Paulo. O dirigente pretendia reeditar, nos mínimos detalhes, o planejamento que levou o Brasil ao título em 1958. Assim, não só tirou do armário o terno marrom com que acompanhou os jogos na Suécia como também manteve praticamente a mesma comissão técnica: Carlos Nascimento (supervisor), Ernesto dos Santos (observador), Paulo Amaral (preparador físico), Mário Américo (massagista), Francisco de Assis (roupeiro), Hilton Gosling (médico) e Mário Trigo (dentista). Feola ganhou um cargo simbólico de supervisor. E o psicólogo João Carvalhaes não era mais necessário.

Juntar os 22 jogadores de 1958, porém, era quase impossível. O time já não teria o zagueiro Orlando (que estava no Boca Juniors) nem o atacante Mazzola (que estava no Milan). Didi, que estava no Real Madrid, ficou em baixa na equipe espanhola e acabou voltando em 1961. Foi uma sorte para o Brasil, porque dificilmente ele seria convocado se estivesse atuando na Europa — sem falar no risco de ser naturalizado e defender a Espanha na Copa. Zagallo, por sua vez, passou meses e meses se recuperando de uma cirurgia no joelho — e não teria voltado a jogar se não tivesse feito um tratamento por conta própria. Por fim, Nílton Santos era considerado velho demais. Tanto que nem tinha mais pique para atuar de lateral; havia virado zagueiro.

Incluindo Nílton Santos, Didi e Zagallo, Aymoré listou 41 jogadores para a primeira fase de treinos, em abril de 1962. Depois, cortou 19: os goleiros Laércio (Santos) e Valdir de Moraes (Palmeiras); os laterais De Sordi (São Paulo), Rildo (Botafogo), Ivan (América-RJ) e Barbosinha (Vasco); os zagueiros Joel (Botafogo), Djalma Dias (América-RJ), Aírton (Grêmio), Ademar (Palmeiras) e Calvet (Santos); os meio-campistas Carlinhos (Flamengo), Chinesinho (Palmeiras) e Benê (São Paulo); e os atacantes Julinho Botelho (Palmeiras), Germano (Flamengo), Prado (São Paulo), Nei (Corinthians) e Quarentinha (Botafogo).

Fechar o time titular, porém, foi mais difícil. Havia três grandes dúvidas: Bellini ou Mauro na zaga, Vavá e Coutinho no ataque, Zagallo ou Pepe na ponta-esquerda. Vavá e Zagallo ganharam a posição porque havia o objetivo de colocar em campo o maior número possível dos titulares de 1958. Por esse mesmo motivo, Bellini parecia o favorito para a zaga. Mauro, um zagueiro mais técnico e menos viril, questionou. "Faço questão de saber por que o senhor está me barrando, seu Aymoré. Vinha sendo o titular. Tenho me saído bem. Não vou aceitar essa barração, não vou!", reclamou ele. Na época, ninguém cogitou escalar os dois juntos, porque se dizia que os defensores atuavam somente em uma posição (ou beque central, o lugar em disputa, ou quarto-zagueiro). Aymoré discutiu o assunto com Paulo Machado de Carvalho. Mauro ganhou no grito não apenas a posição, mas também a braçadeira de capitão.

Todos os convocados

Nº	Goleiros	idade	clube
1	Gilmar	31	Santos
22	Castilho	29	Fluminense

Nº	Zagueiros	idade	clube
3	Mauro	31	Santos
5	Zózimo	29	Bangu
13	Bellini	31	São Paulo
14	Jurandir	21	São Paulo

Nº	Laterais	idade	clube
2	Djalma Santos	33	Palmeiras
6	Nílton Santos	37	Botafogo
12	Jair Marinho	25	Fluminense
15	Altair	24	Fluminense

Nº	Meio-campistas	idade	clube
4	Zito	29	Santos
8	Didi	32	Botafogo
16	Zequinha	26	Palmeiras
17	Mengálvio	22	Santos

Nº	Atacantes	idade	clube
7	Garrincha	28	Botafogo
19	Vavá	27	Palmeiras
20	Amarildo	21	Botafogo
21	Zagallo	30	Botafogo
18	Jair da Costa	21	Portuguesa
9	Coutinho	18	Santos
10	Pelé	21	Santos
11	Pepe	27	Santos

Obs.: Idades computadas até 30/05/1962, data da abertura da Copa

AYMORÉ MOREIRA
técnico

Jogos da fase de grupos

Grupo I — Colômbia, Iugoslávia, U.Soviética, Uruguai

30/5 Uruguai 2 x 1 Colômbia
Gols: Zuluaga (Col, 19-1º), Sasia (Uru, 11-2º), Cubilla (Uru, 30-2º)

31/5 União Soviética 2 x 0 Iugoslávia
Gols: V. Ivanov (URS, 6-2º), Ponedelnik (URS, 38-2º)

2/6 Iugoslávia 3 x 1 Uruguai
Gols: Cabrera (Uru, 19-1º), Skoblar (Iug, 25-1º), Galic (Iug, 29-1º), Jerkovic (Iug, 4-2º)

3/6 União Soviética 4 x 4 Colômbia
Gols: V. Ivanov (URS, 8-1º), Chislenko (URS, 10-1º), V. Ivanov (URS, 11-1º), Aceros (Col, 21-1º), Ponedelnik (URS, 11-2º), Coll (Col, 23-2º), Rada (Col, 27-2º), Klinger (Col, 41-2º)

6/6 União Soviética 2 x 1 Uruguai
Gols: Mamikin (URS, 38-1º), Sasia (Uru, 9-2º), Valentin Ivanov (URS, 44-2º)

7/6 Colômbia 0 x 5 Iugoslávia
Gols: Galic (Iug, 20-1º), Jerkovic (Iug, 25-1º), Galic (Iug, 16-2º), Melic (Iug, 37-2º), Jerkovic (Iug, 42-2º)

Classificação	PG	J	V	E	D	GP	GC	SG
União Soviética	5	3	2	1	0	8	5	3
Iugoslávia	4	3	2	0	1	8	3	5
Uruguai	2	3	1	0	2	4	6	-2
Colômbia	1	3	0	1	2	5	11	-6

Grupo II — Alemanha, Chile, Itália, Suíça

30/5 Chile 3 x 1 Suíça
Gols: Wüthrich (Sui, 7-1º), Leonel Sánchez (Chi, 44-1º), Ramirez (Chi, 7-2º), Leonel Sánchez (Chi, 10-2º)

31/5 Alemanha 0 x 0 Itália

2/6 Chile 2 x 0 Itália
Gols: Ramirez (Chi, 28-2º), Toro (Chi, 43-2º)

3/6 Alemanha 2 x 1 Suíça
Gols: Brülls (Ale, 45-1º), Seeler (Ale, 15-2º), Schneiter (Sui, 29-2º)

6/6 Chile 0 x 2 Alemanha
Gols: Szymaniak (Ale, 21-1º), Seeler (Ale, 35-2º)

7/6 Itália 3 x 0 Suíça
Gols: Mora (Ita, 2-1º), Bulgarelli (Ita, 20-2º), Bulgarelli (Ita, 22-2º)

Classificação	PG	J	V	E	D	GP	GC	SG
Alemanha	5	3	2	1	0	4	1	3
Chile	4	3	2	0	1	5	3	2
Itália	4	3	1	1	1	3	2	1
Suíça	0	3	0	0	3	2	8	-6

A União Soviética venceu a Iugoslávia e o Uruguai com autoridade e se classificou em primeiro lugar. Mas a campanha foi manchada pelos estreantes colombianos. O time soviético abriu 3 a 0 com 15 minutos de jogo e vencia tranquilamente por 4 a 1 até os 23 minutos da etapa final, quando o colombiano Coll conseguiu a proeza de marcar um gol olímpico em ninguém menos que o lendário goleiro Yashin. Depois disso, os soviéticos não se entenderam mais em campo e os sul-americanos chegaram ao empate. Foi o único momento de brilho da Colômbia, que perdeu os outros dois jogos. Os iugoslavos venceram a Celeste num duelo em que a pancadaria reinou. Um jogador de cada lado acabou expulso.

Violência
A cinco minutos do final do jogo com a União Soviética, o iugoslavo Mujic sofreu um pênalti, não marcado, e revidou a entrada em cima do zagueiro Dubinski, quebrando-lhe dois ossos da perna direita. Mujic não foi expulso, mas não jogou mais na Copa. Foi mandado para casa pela própria delegação.

O Chile tinha um inimigo declarado no grupo: a Itália, devido ao artigo do jornalista Corrado Pizzinelli que desancava a organização da Copa. O jogo entre os dois foi uma guerra. Por pressão do time chileno, o árbitro inglês Ken Aston expulsou o italiano Ferrini logo aos 8 minutos de jogo. Mais tarde, Maschio acertou Leonel Sánchez, perto da linha de fundo, e o chileno revidou com um soco, quebrando o nariz do italiano. Ninguém foi punido, mas Sanchez levou um chute no pescoço, desferido por David — que acabou expulso. Com tudo isso, o primeiro tempo durou 72 minutos. No fim, o Chile venceu por 2 a 0, garantiu a classificação e saiu satisfeito. Nem se importou em perder para a Alemanha, que ficou em primeiro no grupo.

Jogos da fase de grupos

Grupo III — Brasil, Espanha, México, Tchecosl.

30/5 **Brasil 2 x 0 México**
Gols: Zagallo (Bra, 11-2º), Pelé (Bra, 28-2º)

31/5 **Tchecoslováquia 1 x 0 Espanha**
Gol: Stibranyi (Tch, 35-2º)

2/6 **Brasil 0 x 0 Tchecoslováquia**

3/6 **Espanha 1 x 0 México**
Gol: Peiró (Esp, 44-2º)

6/6 **Brasil 2 x 1 Espanha**
Gols: Adelardo (Esp, 35-1º), Amarildo (Bra, 27-2º), Amarildo (Bra, 41-2º)

7/6 **México 3 x 1 Tchecoslováquia**
Gols: Masek (Tch, 20s-1º), Diaz (Mex, 13-1º), Del Águila (Mex, 29-1º), Hector Hernández (Mex, 45-2º)

Grupo IV — Argentina, Bulgária, Hungria, Inglaterra

30/5 **Argentina 1 x 0 Bulgária**
Gol: Facundo (Arg, 4-1º)

31/5 **Hungria 2 x 1 Inglaterra**
Gols: Tichy (Hun, 17-1º), Flowers (Ing, 15-2º), Albert (Hun, 21-2º)

2/6 **Inglaterra 3 x 1 Argentina**
Gols: Flowers (Ing, 18-1º), B. Charlton (Ing, 42-1º), Greaves (Ing, 22-2º), Sanfilippo (Arg, 36-2º)

3/6 **Hungria 6 x 1 Bulgária**
Gols: Albert (Hun, 45s-1º), Albert (Hun, 6-1º), Tichy (Hun, 8-1º), Solymosi (Hun, 12-1º), Albert (Hun, 9-2º), Asparukhov (Bul, 19-2º), Tichy (Hun, 25-2º)

6/6 **Hungria 0 x 0 Argentina**

7/6 **Bulgária 0 x 0 Inglaterra**

Classificação	PG	J	V	E	D	GP	GC	SG
Brasil	5	3	2	1	0	4	1	3
Tchecoslováquia	3	3	1	1	1	2	3	-1
México	2	3	1	0	2	3	4	-1
Espanha	2	3	1	0	2	2	3	-1

Classificação	PG	J	V	E	D	GP	GC	SG
Hungria	5	3	2	1	0	8	2	6
Inglaterra	3	3	1	1	1	4	3	1
Argentina	3	3	1	1	1	2	3	-1
Bulgária	1	3	0	1	2	1	7	-6

O Brasil estreou com vitória sobre o México, mas ela não foi tranquila e só saiu graças a duas jogadas de Pelé. Ele cruzou a bola para Zagallo abrir o placar e depois fez um golaço ao passar por quatro marcadores. No jogo seguinte, no 1º tempo, ele sofreu uma lesão na virilha esquerda após tentar um chute de fora da área e ficou sem condições de atuar — na época, as substituições não eram permitidas. Garrincha ficou mais recuado; depois, foi a vez de Zagallo. Pelé não pôde mais jogar na Copa. Amarildo entrou em seu lugar no jogo seguinte e marcou dois gols na difícil vitória sobre a Espanha, por 2 a 1. Apesar do sufoco, o Brasil se classificou em primeiro. A segunda vaga ficou com os tchecos, que surpreenderam a Espanha.

Garfada
Na etapa final contra a Espanha, o Brasil perdia por 1 a 0 e só não sofreu o segundo gol graças ao árbitro Sérgio Bustamante. Ele marcou falta fora da área num lance de Nílton Santos e Collar na área. Após a cobrança da falta, Peiró marcou um gol, de bicicleta. O árbitro deu jogo perigoso de Peiró — inexistente.

Antes da Copa, o técnico da Hungria, Lajos Baroti, havia dito que não esperava ver seu time classificado às quartas de final. Mas a equipe lembrou, de certa forma, a superesquadra húngara de 1954. Primeiro, derrotou a Inglaterra com autoridade por 2 a 1. Depois, aplicou uma goleada de 6 a 1 sobre a Bulgária, com quatro gols antes dos 20 minutos. Acabou não apenas se classificando, mas também em primeiro lugar. A Argentina, com várias mudanças de jogadores de uma partida para outra, fez uma Copa irregular e acabou de fora. Em sua pior partida, abusou dos erros na linha de impedimento e tomou 3 a 1 da Inglaterra. No desfecho do grupo, o time sul-americano ficou atrás dos ingleses no *goal average*.

Os mata-matas

QUARTAS DE FINAL

10/6 União Soviética 1 x 2 Chile
Gols: Leonel Sánchez (Chi, 11-1º), Chislenko (URS, 26-1º), Rojas (Chi, 27-1º)

10/6 Alemanha 0 x 1 Iugoslávia
Gol: Radakovic (Iug, 42-2º)

10/6 Brasil 3 x 1 Inglaterra
Gols: Garrincha (Bra, 30-1º), Hitchens (Ing, 38-1º), Vavá (Bra, 8-2º), Garrincha (Bra, 14-2º)

10/6 Hungria 0 x 1 Tchecoslováquia
Gol: Scherer (Tch, 14-1º)

SEMIFINAIS

13/6 Brasil 4 x 2 Chile
Gols: Garrincha (Bra, 9-1º), Garrincha (Bra, 31-1º), Toro (Chi, 41-1º), Vavá (Bra, 3-2º), Leonel Sánchez (Chi, 17-2º), Vavá (Bra, 33-2º)

13/6 Tchecoslováquia 3 x 1 Iugoslávia
Gols: Kadraba (Tch, 4-2º), Jerkovic (Iug, 24-2º), Scherer (Tch, 35-2º), Scherer (Tch, 42-2º)

Hoje, tem-se a impressão de que Garrincha fez uma Copa perfeita em 1962. Na verdade, após os três jogos da primeira fase, o ponta havia recebido críticas por apresentar desempenho irregular e por excesso de individualismo. Mas ele tirou o atraso a partir das quartas de final. Foi decisivo contra a Inglaterra, não apenas com os dribles de sempre, mas com jogadas de nem sempre. Com 1,69 m de altura, ele abriu o placar com um gol de cabeça em cima dos ingleses. Depois, quando o jogo estava 1 a 1, o atacante cobrou uma falta com força, o goleiro Springett não segurou e Vavá marcou no rebote. Por fim, Garrincha fez um golaço de fora da área. A Iugoslávia vingou as eliminações em 1954 e 1958 e despachou a Alemanha. A Tchecoslováquia derrotou a Hungria com uma atuação incrível do goleiro Schroif, que saiu de campo carregado nos ombros pelos colegas. E o Chile passou pela União Soviética com um gol irregular. Leonel Sanchez cobrou direto uma falta em dois lances. Yashin deixou entrar. E o árbitro confirmou o gol.

> **Inusitado**
> A partida entre Brasil e Inglaterra foi paralisada duas vezes devido a invasões de campo por cachorros. O primeiro deles driblou até Garrincha e só foi capturado pelo inglês Jimmy Greaves, que ficou de quatro e assim chegou perto do bichinho, no meio-de-campo. O segundo sumiu e não foi pego.

> **Precaução**
> Na manhã da semifinal, os dirigentes brasileiros viram-se obrigados a providenciar o café da manhã para os jogadores. Incógnitos, eles compraram salame, mortadela, queijo e pão. Havia receio que algo pudesse ser colocado na comida do hotel, já que o jogo seria contra o Chile, dono da casa.

Pela tabela, Brasil e Chile deveriam duelar em Viña del Mar, enquanto tchecos e iugoslavos jogariam em Santiago. Mas o comitê organizador inverteu as sedes. Assim, o estádio Nacional de Santiago ficou mais que lotado. E o público viu outra exibição de gala de Garrincha, que fez dois gols e deu o passe para um dos gols de Vavá na vitória por 4 a 2. O árbitro, o peruano Arturo Yamazaki, ainda anulou um gol brasileiro, de Vavá, e deu um pênalti polêmico para o Chile (Sánchez converteu). Mas essa não foi a maior controvérsia da partida. A sete minutos do fim, Garrincha, que apanhou o jogo inteiro, deu um "pontapezinho de amizade" em Rojas. O árbitro não viu, mas os chilenos o cercaram e, depois que o auxiliar uruguaio Esteban Marino foi consultado, o brasileiro acabou expulso. No outro jogo, a Tchecoslováquia eliminou a Iugoslávia.

DECISÃO DO TERCEIRO LUGAR

16/6 Chile 1 x 0 Iugoslávia
Gol: Rojas (Chi, 45-2º)

A glória chilena veio no último minuto, com um gol de Eladio Rojas. O país comemorou como se a equipe tivesse sido campeã.

A final da Copa

Jogadores do Brasil celebram o primeiro gol na final

BRASIL	3
TCHECOSLOVÁQUIA	1

Gols: Masopust (Tch, 15-1º), Amarildo (Bra, 17-1º), Zito (Bra, 24-2º), Vavá (Bra, 33-2º)
Data: 17/06/1962
Horário: 14h30
Local: Estádio Nacional (Santiago)
Público: 68.679
Árbitro: Nikolai Latichev (URS)

A expulsão de Garrincha diante do Chile foi avaliada em uma sessão extraordinária do tribunal da Fifa. Nela, o árbitro da semifinal, Arturo Yamazaki, declarou não ter visto a agressão. O auxiliar Esteban Marino foi convocado para depor, mas misteriosamente havia deixado o Chile. Sem seu depoimento, o caso foi arquivado por falta de provas, e Garrincha acabou liberado. Contudo, no dia da final, o atacante amanheceu com febre. Dessa forma, não teve o mesmo brilho dos jogos anteriores. Isso facilitou as coisas para a Tchecoslováquia, que abriu o placar aos 15 minutos, quando Masopust aproveitou-se de uma falha da defesa e tocou na saída de Gilmar. Mas o Brasil empatou dois minutos depois. Amarildo chutou sem ângulo e o goleiro Schroif, um dos melhores da Copa até então, fez golpe de vista. No segundo tempo, a seleção brasileira levou outro susto, quando Djalma Santos, dentro da área, tocou a bola com o braço, após cruzamento de Jelinek. Porém, o árbitro Nikolai Latichev interpretou o lance como "bola na mão" e nada marcou. Em seguida, o Brasil fez 2 a 1. Amarildo recebeu lançamento pela esquerda, driblou Tichy e ergueu a bola para a pequena área, tirando do goleiro e da defesa. Zito, que vinha por trás, desviou de cabeça para o gol. A 12 minutos do fim, Djalma Santos ergueu a bola para a área tcheca. Schroif saiu para pegá-la no alto, mas deixou escapar. Vavá aproveitou o rebote e fez 3 a 1. O Brasil era bicampeão mundial.

Brasil
Técnico: Aymoré Moreira

Tchecoslováquia
Técnico: Rudolf Vytlacil

87

Os melhores da Copa

Obs.: Seleção da Fifa vigente até 2010. Em 2010, a entidade publicou outra lista:
Goleiro: Schroif (Tchecoslováquia)
Defesa: Djalma Santos (Brasil), Schnellinger (Alemanha), Voronin (União Soviética) e Maldini (Itália)
Meio-campo: Zito (Brasil) e Masopust (Tchecoslováquia)
Ataque: Garrincha (Brasil), Vavá (Brasil), Leonel Sánchez (Chile) e Zagallo (Brasil).

Numeralha

Maior público: 76.594
(Brasil x Chile)

Menor público: 5.700
(Inglaterra x Bulgária)

Gols pró: 89
Gols contra: 0
Média por jogo: 2,78

Melhor ataque:
Brasil, 14 gols

Goleiro menos vazado:
Fahrian (Alemanha),
2 gols em 4 jogos
(0,5 por jogo)

Maior goleada:
Hungria 6 x 1 Bulgária

Recorde em número
de artilheiros em uma
Copa do Mundo: 6

O CRAQUE

GARRINCHA
Brasil | atacante

Sem Pelé, coube a Garrincha ser decisivo para a seleção. Ao todo, ele marcou quatro gols e ficou como artilheiro do Mundial, ao lado de outros cinco jogadores. Ao contrário do folclore, em 1962 Garrincha tinha noção da importância da Copa do Mundo. Mesmo assim, chamava a Tchecoslováquia, adversária da final, de "aquela equipe com a camisa do São Cristóvão".

ARTILHEIROS

ALBERT
Nome: Florian Albert
Seleção: Hungria
4 gols em 3 jogos
Posição: meia-atacante
Idade: 20 anos
Nascimento: 15/09/1941, em Hercegszántó
Altura: 1,81 m
Peso: 72 kg
Clube: Ferencváros

GARRINCHA
Nome: Manuel Francisco dos Santos
Seleção: Brasil
4 gols em 6 jogos
Posição: atacante
Idade: 28 anos
Nascimento: 28/10/1933, em Pau Grande (RJ)
Altura: 1,69 m
Peso: 72 kg
Clube: Botafogo

JERKOVIC
Nome: Drazen Jerkovic
Seleção: Iugoslávia
4 gols em 6 jogos
Posição: atacante
Idade: 25 anos
Nascimento: 06/08/1936, em Sibenik (hoje, Croácia)
Altura: 1,86 m
Peso: 86 kg
Clube: Dínamo Zagreb

IVANOV
Nome: Valentin Kozmich Ivanov
Seleção: U. Soviética
4 gols em 4 jogos
Posição: meia
Idade: 27 anos
Nascimento: 19/11/1934, em Moscou
Altura: 1,77 m
Peso: 71 kg
Clube: Torpedo Moscou

SANCHEZ
Nome: Leonel Guillermo Sanchez Lineros
Seleção: Chile
4 gols em 6 jogos
Posição: atacante
Idade: 26 anos
Nascimento: 25/04/1936, em Santiago
Altura: 1,74 m
Peso: 69 kg
Clube: Univ. Chile

VAVÁ
Nome: Edvaldo Izidio Neto
Seleção: Brasil
4 gols em 6 jogos
Posição: atacante
Idade: 27 anos
Nascimento: 12/11/1934, em Recife (PE)
Altura: 1,74 m
Peso: 71 kg
Clube: Palmeiras

	Colocações finais	PG	J	%	V	E	D	GP	GC	SG		
1ª	Brasil	11	6	92	5	1	0	14	5	9	0	1
2ª	Tchecoslováquia	7	6	58	3	1	2	7	7	0	0	0
3ª	Chile	8	6	67	4	0	2	10	8	2	0	1
4ª	Iugoslávia	6	6	50	3	0	3	10	7	3	0	1
5ª	Hungria	5	4	63	2	1	1	8	3	5	0	0
6ª	União Soviética	5	4	63	2	1	1	9	7	2	0	0
7ª	Alemanha	5	4	63	2	1	1	4	2	2	0	0
8ª	Inglaterra	3	4	38	1	1	2	5	6	-1	0	0
9ª	Itália	3	3	50	1	1	1	3	2	1	0	2
10ª	Argentina	3	3	50	1	1	1	2	3	-1	0	0
11ª	México	2	3	33	1	0	2	3	4	-1	0	0
12ª	Espanha	2	3	33	1	0	2	2	3	-1	0	0
13ª	Uruguai	2	3	33	1	0	2	4	6	-2	0	1
14ª	Colômbia	1	3	17	0	1	2	5	11	-6	0	0
15ª	Bulgária	1	3	17	0	1	2	1	7	-6	0	0
16ª	Suíça	0	3	0	0	0	3	2	8	-6	0	0

Artilharia

Por anos, acreditava-se que o atacante Jerkovic havia marcado 2 gols na partida Iugoslávia 5 x 0 Colômbia. Mas, em 1993, a Fifa passou a considerar que Jerkovic, e não Galic, era o autor do 5º gol. Com isso, o iugoslavo foi oficializado como o artilheiro único do Mundial, com cinco gols — antes, ele tinha 4, assim como os brasileiros Garrincha e Vavá, o húngaro Albert, o soviético Ivanov e o chileno Sánchez. Em 2010, a Fifa reviu as súmulas e determinou que o segundo gol de Jerkovic, o 3º do jogo, era de Galic. A partir daí, Jerkovic aparece com os outros cinco jogadores como artilheiros da Copa, todos com 4 gols.

Plantão médico

PUMPIDO — Argentina, 1990, GK, #1
Em choque com Olarticoechea, sofreu fratura exposta na tíbia direita

GERETS — Bélgica, 1982, DF, #2
Sofreu concussão ao trombar com o goleiro Pfaff contra a Hungria

DUBINSKI — URSS, 1962, DF, #3
Fraturou a perna contra a Iugoslávia. No local, surgiu um câncer, que o matou

NESTA — Itália, 2006, DF, #4
Teve lesões nas Copas de 1998 (joelho), 2002 (muscular) e 2006 (coxa)

STEINER — Romênia, 1930, DF, #6
Sofreu a primeira fratura de perna na história das Copas, ante o Peru

EMERSON — Brasil, 2002, MC, #5
Num treino, foi realocado para o gol e teve luxação no ombro. Perdeu a Copa

BRYAN ROBSON — Inglaterra, 1986, MC, #11
Machucou-se no 2º jogo, perdeu o resto da Copa e irritou o Manchester United

ZICO — Brasil, 1986, MC, #10
Em 1985, sofreu lesões múltiplas no joelho. Jogou no sacrifício em 86

BALLACK — Alemanha, 2010, MC, #8
Teve lesão no tornozelo causada pelo ganês Boateng num amistoso e ficou fora

KEEGAN — Inglaterra, 1982, AT, #7
Uma crônica lesão nas costas quase o tirou da Copa. Só jogou uma vez

VAN BASTEN — Holanda, 1994, AT, #9
Passou por seguidas lesões nos tornozelos desde 1992 e perdeu a Copa

GK: Goleiro
DF: Defensor
MC: Meio-campista
AT: Atacante

Todos os Santos

Brasil — 1962 — GK — **GILMAR** — Gylmar dos Santos Neves

Brasil — 1962 — DF — **DJALMA SANTOS** — Djalma Pereira Dias dos Santos

Brasil — 1994 — DF — **MÁRCIO SANTOS** — Márcio Roberto dos Santos

Brasil — 1994 — DF — **ALDAIR** — Aldair Nascimento dos Santos

Brasil — 1958 — DF — **NÍLTON SANTOS** — Nilton Reis dos Santos

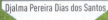

Brasil — 2002 — MC — **VAMPETA** — Marcos André Batista dos Santos

Portugal — 2014 — MC — **JOÃO MOUTINHO** — João Filipe Iria Santos Moutinho

Brasil — 2014 — MC — **OSCAR** — Oscar dos Santos Emboaba Júnior

Brasil — 1962 — AT — **GARRINCHA** — Manuel Francisco dos Santos

Brasil — 1970 — AT — **DADÁ MARAVILHA** — Dario José dos Santos

México — 2014 — AT — **GIOVANI** — Giovani Alex dos Santos Ramirez

GK: Goleiro
DF: Defensor
MC: Meio-campista
AT: Atacante

Inglaterra 1966

Na primeira vez em que se propôs a receber uma Copa do Mundo, a Inglaterra levou. No congresso da Fifa em Roma, durante os Jogos Olímpicos de 1960, ingleses e alemães apresentaram candidatura. Ao se dar conta de que o presidente da Fifa (Arthur Drewey) era inglês e a cúpula da entidade estava cheia de ingleses, a Alemanha abriu mão. Em 22 de agosto, a Inglaterra foi aclamada. Em 1961, a Fifa elegeu outro inglês como presidente, Stanley Rous. Ele tinha uma missão oficial — organizar a Copa — e uma missão extra-oficial: fazer seu país ganhar dinheiro com o Mundial e, de preferência, ganhar o próprio Mundial. Afinal, o orgulho dos que eram vistos como os inventores do futebol moderno havia sido implodido nas quatro Copas anteriores. As mudanças começaram pelo treinador da seleção. Walter Winterbottom, que comandava a equipe desde a Copa de 1950 e dizia que várias cabeças pensam melhor que apenas uma, deu lugar ao centralizador Alf Ramsey.

Cidades e estádios

Os ingleses selecionaram apenas estádios com capacidade superior a 25 mil torcedores, algo inédito até então. Mas os oito escolhidos estavam velhos. O White City, em Londres, havia sido erguido para os Jogos Olímpicos de 1908 — foi usado também na Olimpíada de 1948 e acabou demolido em 1985 para dar lugar aos prédios da BBC. Wembley, o mais novo, datava de 1923. Todos passaram por profundas reformas.

A grande inovação em 1966 foi a criação de uma mascote, a pedido do comitê organizador. Surgiu o leão Willie, primeira mascote oficial de uma Copa do Mundo. Era uma forma idealizada para promover o Mundial — ou, mais exatamente, arrecadar um bom dinheiro com o licenciamento da imagem. O leãozinho logo virou mania nacional e aparecia em todos os cantos. De lá para cá, todas as Copas passaram a ter uma mascote.

O Mundial, que se desenhava impecável, sofreu um percalço dos grandes. No dia 20 de março de 1966, a taça Jules Rimet, que estava exposta em uma vitrine no Westminster Central Hall, foi roubada. Houve um suposto pedido de resgate no valor de 15 mil libras, e a Scotland Yard prendeu um suspeito: Edward Betchley. Ele nunca revelou onde estava a taça. Mas, em 27 de março, um cachorro chamado Pickles, que passeava com o dono por South London, achou por acaso a taça enrolada em jornais junto ao lixo. Pickles virou uma celebridade nacional, e seu dono, David

"A Inglaterra vencerá"

Bordão insistentemente repetido pelo treinador da seleção inglesa, Alf Ramsey

**A BOLA
Challenge 4-Star**

Corbett, recebeu uma recompensa de 5 mil libras e convite para assistir aos jogos da Inglaterra — junto com o cãozinho, claro. Há quem diga que foi tudo uma manobra publicitária.

Eliminatórias

Setenta nações queriam disputar o classificatório, mas Congo e Filipinas perderam o prazo. A Guatemala também foi excluída. Na prática, apenas 51 países realmente entraram em campo. Ásia e África jogariam por uma única vaga. A Fifa aceitou a inscrição da África do Sul, o que provocou boicote de 15 dos 19 concorrentes, contrários ao apartheid. Quando a Fifa desfiliou a África do Sul, já era tarde. Além disso, a Coreia do Sul desistiu, por divergências com a Coreia do Norte. Sobrou ela e a Austrália, que não reconhecia o governo comunista norte-coreano. Para evitar mais problemas, a Fifa ordenou dois duelos entre elas em campo neutro, no Camboja. A Coreia do Norte se classificou e os australianos se disseram surpresos com a velocidade dos coreanos, numa declaração que pouca gente deu importância.

Cidade	Estádio	Capacidade
Birmingham	Villa Park	43.000
Liverpool	Goodison Park	60.000
Londres	Wembley	100.000
Londres	White City	40.000
Manchester	Old Trafford	32.000
Middlesbrough	Ayresome Park	25.000
Sheffield	Hillsborough	40.000
Sunderland	Roker Park	32.000

Estreantes em Copas
- Coreia do Norte
- Portugal

Sorteio e fórmula

No sorteio das chaves, realizado em 6 de janeiro de 1966, a Fifa fez manobras para evitar que brasileiros e ingleses caíssem na mesma chave. E impediu também que duas equipes sul-americanas se enfrentassem ainda na fase de grupos. À primeira vista, os grupos pareciam equilibrados, cada um com dois favoritos — Inglaterra e Uruguai (no grupo A), Alemanha e Espanha (no B), Brasil e Hungria (no C) e União Soviética e Itália (no D) —, uma seleção de porte médio (França, Argentina, Portugal e Chile) e uma mais fraca (México, Suíça, Bulgária e Coreia do Norte). O regulamento era igual ao de 1962.

Favoritos

Bicampeã mundial, a seleção brasileira era a candidata número um ao título. O favoritismo já fazia com que o presidente da CBD, João Havelange, sonhasse em se candidatar à presidência da Fifa. Em seguida, os mais cotados eram Inglaterra (país-sede), Espanha (campeã europeia de seleções), Hungria (campeã olímpica), Alemanha e União Soviética. Os jornais ingleses, no entanto, não tinham muita convicção na equipe de Alf Ramsey.

Ausência
Vice-campeã de 1962 e presença habitual nos Mundiais desde 1954, a Tchecoslováquia não conseguiu se classificar para a Copa do Mundo de 1966. Nas Eliminatórias, o time caiu diante de Portugal, que até então nunca tinha ido a uma Copa. O mundo demorou para ver que Portugal estava longe de ser uma equipe qualquer.

93

A preparação do Brasil

Competições disputadas pelo Brasil entre 1962 e 1966	
Sul-Americano 1963	
FU	Brasil 1 x 0 Peru
FU	Brasil 5 x 1 Colômbia
FU	Brasil 0 x 2 Paraguai
FU	Brasil 0 x 3 Argentina
FU	Brasil 2 x 2 Equador
FU	Brasil 4 x 5 Bolívia
Brasil ficou em 4º lugar	

FU: Fase única (todos contra todos)

Depois do bicampeonato, a seleção brasileira levou quase um ano para voltar a campo. E o ano de 1963 mostrou-se difícil. Representada pela seleção mineira, com um ou outro jogador paulista ou carioca, o time deu-se mal na Copa América desse ano, vencida pela Bolívia. Depois, fez uma sofrível excursão à Europa, onde venceu apenas dois de sete jogos. O resultado mais marcante foi uma goleada sofrida diante da Bélgica (5 a 1). O belga Raoul Mollet pregava a ideia de que jogadores limitados, mas fisicamente preparados para correr o dobro, poderiam render mais que aqueles simplesmente talentosos. Em outras palavras, Mollet defendia um cuidado especial com a preparação física. O Brasil nunca levou essa lição a sério, principalmente depois que, em 1965, goleou os belgas por 5 a 0. Para os brasileiros, esse jogo provou que a ênfase na preparação física era papo furado.

Entre uma goleada e outra, o técnico Aymoré Moreira havia caído. E Vicente Feola, o treinador de 1958, foi reconduzido. O presidente da CBD, João Havelange, livrou-se do dirigente estrategista Paulo Machado de Carvalho e chamou Carlos Nascimento para liderar a comissão técnica na Copa de 1966.

Sem o doutor Paulo para blindar as convocações, a comissão técnica acabou listando 47 jogadores ao todo para os treinos visando à Copa. Um exemplo de como as coisas eram bagunçadas: quando a lista ainda tinha 43 nomes, um dos cartolas disse que havia poucos jogadores do Corinthians. Outro sugeriu a convocação do zagueiro Ditão. Mas o Ditão relacionado não foi o do Corinthians, e sim um xará dele que atuava pelo Flamengo. O que aconteceu depois disso? Ditão, o do Flamengo, continuou na lista. Junto com ele, estavam os goleiros Fábio (São Paulo), Gilmar (Santos), Manga (Botafogo), Ubirajara (Bangu) e Valdir (Palmeiras); os laterais Carlos Alberto Torres (Santos), Djalma Santos (Palmeiras), Fidélis (Bangu), Murilo (Flamengo), Edson Cegonha (Corinthians), Paulo Henrique (Flamengo) e Rildo (Botafogo); os zagueiros Altair (Fluminense), Bellini (São Paulo), Brito (Vasco), Djalma Dias (Palmeiras), Fontana (Vasco), Leônidas (América do Rio), Orlando Peçanha (Santos) e Roberto Dias (São Paulo); os meio-campistas Denílson (Fluminense), Dino Sani (Corinthians), Dudu (Palmeiras), Fefeu (São Paulo), Gérson (Botafogo), Lima (Santos), Oldair (Vasco) e Zito (Santos); e os atacantes Alcindo (Grêmio), Célio (Vasco), Edu (Santos), Flávio (Corinthians), Garrincha (Corinthians), Ivair (Portuguesa), Jairzinho (Botafogo), Nado (Náutico), Parada (Botafogo), Paraná (São Paulo), Paulo Borges (Bangu), Pelé (Santos), Rinaldo (Palmeiras), Servílio

(Palmeiras), Silva (Flamengo) e Tostão (Cruzeiro). Fecharam a relação Amarildo (Milan) e Jair da Costa (Inter de Milão). Este, porém, acabou cortado por estar machucado.

Apesar da bagunça, existia a crença de que bastava escalar Pelé e Garrincha juntos para o Brasil chegar ao tri. O problema é que faltava achar o companheiro ideal de Pelé no ataque — o parceiro dele no Santos, Toninho, nunca foi chamado. Além disso, Garrincha já estava em decadência. Sua presença era uma aposta de Havelange, que achava que ele iria colocar medo no coração dos marcadores adversários. Para piorar, a seleção nunca esteve em ambientes muito tranquilos, como em 1958 e 1962. Os jogadores peregrinaram por cinco cidades diferentes — Lambari, Caxambu, Teresópolis, Três Rios e Niterói — para satisfazer dirigentes e políticos antes de viajar para a Europa.

Dos 46 jogadores listados, 19 foram cortados, sendo um deles o lateral Carlos Alberto. Ele relatou que, naquele momento, não estava nem prestando atenção quando os dirigentes falavam, um a um, os nomes de quem iria ficar na equipe. O lateral estava até fumando um cigarrinho quando foi alertado por um colega: "Ih, rapaz, teu nome não foi citado". "Ninguém entendeu nada", lembrou Carlos Alberto, em 2014.

Ao chegar à Europa, o Brasil realizou quatro partidas. Os treinadores europeus acompanharam os jogos de perto e nenhum se impressionou muito com o que viu. Os últimos cortes também geraram controvérsia. Servílio, atacante do Palmeiras e que se mostrava a melhor opção para jogar ao lado de Pelé, foi um dos nomes. Outro era o volante Dino Sani, que estava em boa forma, mas era reserva de Zito — que foi mantido, embora estivesse machucado. O goleiro Valdir, o zagueiro Fontana e o atacante Amarildo fechavam a lista de cortes.

Apenas poucos dias antes da Copa, os brasileiros se deram conta que vencer o Mundial da Inglaterra seria muito difícil. Os jornais *Correio do Povo* e *O Estado de S. Paulo* relatavam reportagens bastante pessimistas. Um dos problemas citados era a parca preparação física. Dizia-se que o time cansava aos 20 minutos do segundo tempo. O pessimismo só não estava presente dentro da delegação. Era esperar para ver.

Todos os convocados

Nº	Goleiros	idade	clube
1	Gilmar	35	Santos
12	Manga	29	Botafogo

Nº	Zagueiros	idade	clube
4	Bellini	36	São Paulo
5	Brito	26	Vasco
6	Altair	28	Fluminense
7	Orlando	30	Santos

Nº	Laterais	idade	clube
2	Djalma Santos	37	Palmeiras
3	Fidélis	22	Bangu
8	Paulo Henrique	23	Flamengo
9	Rildo	24	Botafogo

Nº	Meio-campistas	idade	clube
11	Gérson	25	Botafogo
13	Denílson	23	Fluminense
14	Lima	24	Santos
15	Zito	33	Santos

Nº	Atacantes	idade	clube
10	Pelé	25	Santos
16	Garrincha	32	Corinthians
17	Jairzinho	21	Botafogo
18	Alcindo	21	Grêmio
19	Silva	26	Flamengo
20	Tostão	19	Cruzeiro
21	Paraná	24	São Paulo
22	Edu	16	Santos

Obs.: Idades computadas até 11/07/1966, data da abertura da Copa

VICENTE FEOLA
técnico

Jogos da fase de grupos

Grupo **A** — França, Inglaterra, México, Uruguai

11/7 Inglaterra 0 x 0 Uruguai
13/7 França 1 x 1 México
Gols: Borja (Mex, 3-2º), Hausser (Fra, 17-2º)
15/7 Uruguai 2 x 1 França
Gols: De Bourgoing (Fra, 15-1º),
Pedro Rocha (Uru, 26-1º), Cortez (Uru, 31-1º)
16/7 Inglaterra 2 x 0 México
Gols: Bobby Charlton (Ing, 37-1º), Hunt (Ing, 30-2º)
19/7 Uruguai 0 x 0 México
20/7 Inglaterra 2 x 0 França
Gols: Hunt (Ing, 38-1º), Hunt (Ing, 30-2º)

Grupo **B** — Alemanha, Argentina, Espanha, Suíça

12/7 Alemanha 5 x 0 Suíça
Gols: Held (Ale, 15-1º), Haller (Ale, 20-1º),
Beckenbauer (Ale, 39-1º), Beckenbauer (Ale, 7-2º),
Haller (Ale, 32-2º).
13/7 Espanha 1 x 2 Argentina
Gols: Artime (Arg, 20-2º), Pırri (Esp, 27-2º),
Artime (Arg, 34-2º)
15/7 Espanha 2 x 1 Suíça
Gols: Quentin (Sui, 28-1º), Sanchis (Esp, 12-2º),
Amancio (Esp, 30-2º)
16/7 Alemanha 0 x 0 Argentina
19/7 Argentina 2 x 0 Suíça
Gols: Artime (Arg, 8-2º), Onega (Arg, 36-2º)
20/7 Alemanha 2 x 1 Espanha
Gols: Fuste (Esp, 22-1º), Emmerich (Ale, 38-1º),
Seeler (Ale, 39-2º)

Classificação	PG	J	V	E	D	GP	GC	SG
Inglaterra	5	3	2	1	0	4	0	4
Uruguai	4	3	1	2	0	2	1	1
México	2	3	0	2	1	1	3	-2
França	1	3	0	1	2	2	5	-3

Classificação	PG	J	V	E	D	GP	GC	SG
Alemanha	5	3	2	1	0	7	1	6
Argentina	5	3	2	1	0	4	1	3
Espanha	2	3	1	0	2	4	5	-1
Suíça	0	3	0	0	3	1	9	-8

Sob os olhos da rainha Elizabeth II, ingleses e uruguaios empataram em 0 a 0 no jogo de abertura da Copa. Isso deu uma mostra do que seria o resto do grupo: paupérrimo em gols. Houve mais um empate zerado e apenas nove gols ao todo nos seis jogos. O time inglês foi o autor de quatro deles, sendo dois contra o México e dois sobre a França — sob protestos dos franceses, que acusavam impedimento no primeiro gol e falta de *fair play* no segundo, já que eles pediam que o jogo fosse paralisado para atendimento ao lateral Simon, duramente atingido por Stiles. A Inglaterra se classificou em primeiro lugar no grupo. A segunda vaga ficou com o Uruguai, que também derrotou a França.

História
Pela primeira vez, o México saía de uma Copa com "apenas" uma derrota. Nos outros dois jogos, o time somou dois empates. Contra o Uruguai, o time até jogou melhor e mandou duas bolas na trave. O empate sem gols foi a última partida oficial do goleiro mexicano Carbajal, que disputava sua 5ª Copa.

A versão de 1966 do ferrolho suíço não funcionou, e o time perdeu os três jogos. A Espanha, por sua vez, era apontada como candidata ao título, mas perdeu dois jogos ao levar gols nos últimos 15 minutos. Assim, Alemanha, que tinha um ótimo ataque, e Argentina, forte na defesa, ficaram com as duas vagas. No jogo entre ambos, com a bola rolando, a Alemanha atacou mais: acertou duas bolas na trave e o zagueiro argentino Perfumo salvou, de bicicleta, um gol certo. Mas a bola ficou parada por um bom tempo, face ao grande número de faltas. Vários jogadores foram advertidos — embora a Fifa considere que apenas o jovem volante Beckenbauer teve o nome anotado no caderninho negro do árbitro — e o argentino Albrecht acabou expulso.

Jogos da fase de grupos

Grupo **C**
Brasil Bulgária Hungria Portugal

12/7 Brasil 2 x 0 Bulgária
Gols: Pelé (Bra, 14-1º), Garrincha (Bra, 18-2º).
13/7 Portugal 3 x 1 Hungria
Gols: José Augusto (Por, 2-1º), Bene (Hun, 15-2º), José Augusto (Por, 22-2º), Torres (Por, 45-2º).
15/7 Brasil 1 x 3 Hungria
Gols: Bene (Hun, 2-1º), Tostão (Bra, 14-1º), Farkas (Hun, 19-2º), Meszoly (Hun, 28-2º)
16/7 Portugal 3 x 0 Bulgária
Gols: Vutzov (contra, p Por 17-1º), Eusébio (Por, 38-1º), Torres (Por, 36-2º).
19/7 Brasil 1 x 3 Portugal
Gols: Simões (Por, 15-1º), Eusébio (Por, 27-1º), Rildo (Bra, 25-2º), Eusébio (Por, 40-2º).
20/7 Hungria 3 x 1 Bulgária
Gols: Asparukhov (Bul, 14-1º), Davidov (contra, p/Hun 43-1º), Meszoly (Hun, 45-1º), Bene (Hun, 9-2º).

Classificação	PG	J	V	E	D	GP	GC	SG
Portugal	6	3	3	0	0	9	2	7
Hungria	4	3	2	0	1	7	5	2
Brasil	2	3	1	0	2	4	6	-2
Bulgária	0	3	0	0	3	1	8	-7

Grupo **D**
Chile Coreia do Norte Itália U. Soviética

12/7 União Soviética 3 x 0 Coreia do Norte
Gols: Malofeiev (URS, 31-1º), Banishevski (URS, 32-1º), Malofeiev (URS, 43-2º)
13/7 Itália 2 x 0 Chile
Gols: Mazzola (Ita, 8-1º), Barison (Ita, 43-2º).
15/7 Chile 1 x 1 Coreia do Norte
Gols: Marcos (Chi, 26-1º), Pak Seung-Zin (CdN, 43-2º)
16/7 Itália 0 x 1 União Soviética
Gol: Chislenko (URS, 12-2º)
19/7 Itália 0 x 1 Coreia do Norte
Gol: Pak Doo-Ik (CdN, 42-1º)
20/7 União Soviética 2 x 1 Chile
Gols: Porkuyan (URS, 28-1º), Marcos (Chi, 32-1º), Porkuyan (URS, 40-2º)

Classificação	PG	J	V	E	D	GP	GC	SG
União Soviética	6	3	3	0	0	6	1	5
Coreia do Norte	3	3	1	1	1	2	4	-2
Itália	2	3	1	0	2	2	2	0
Chile	1	3	0	1	2	2	5	-3

As previsões pessimistas sobre o Brasil se confirmaram. Com alguma dificuldade, o time derrotou a Bulgária na estreia — ninguém sabia, mas seria a última partida com Pelé e Garrincha juntos. No jogo seguinte, Pelé, que estava cheio de hematomas, foi poupado. E o time se deu mal contra a Hungria. Diante de Portugal, Garrincha era desfalque. Para piorar, a defesa brasileira falhou demais, e Pelé apanhou de novo, desta vez do zagueiro Morais. Assim, os portugueses venceram com facilidade e garantiram o primeiro lugar. Por incrível que pareça, o Brasil ainda tinha chance de se classificar, se a Bulgária derrotasse a Hungria por 3 a 0, nem mais nem menos. Contudo, os húngaros é que venceram, por 3 a 1, e se classificaram.

> **Números**
> A campanha de 1966 estabeleceu algumas marcas negativas na história do Brasil em Copas. Foi a primeira vez que a equipe perdeu mais de um jogo em um Mundial — algo que se repetiu em 1974, 1998 e 2014. Foi também, a segunda vez que a seleção brasileira caiu na fase de grupos. A outra foi em 1930.

Ninguém sabia como a Coreia do Norte jogava. Ninguém, menos a União Soviética, que havia espionado os asiáticos. O time se precaveu contra a correria deles e venceu por 3 a 0. Mas os outros não se precaveram. O Chile cedeu o empate no fim. Analistas achavam impossível haver uma zebra maior que essa, mas aí chegou a vez da Itália. No jogo, a *Azzurra* perdeu o meia Bulgarelli, que saiu de campo machucado aos 34 minutos. Pouco depois, Pak Doo-Ik marcou 1 a 0 para a Coreia. Os italianos achavam que iriam empatar a qualquer momento, mas não conseguiram. Os coreanos cravaram uma das maiores zebras da história e se classificaram em segundo lugar, atrás da União Soviética — que venceu as três partidas.

Os mata-matas

QUARTAS DE FINAL

23/7 Inglaterra 1 x 0 Argentina
Gol: Hurst (Ing, 33-2º)

23/7 Alemanha 4 x 0 Uruguai
Gols: Haller (Ale, 12-1º), Beckenbauer (Ale, 25-2º), Seeler (Ale, 30-2º), Haller (Ale, 38-2º)

23/7 Portugal 5 x 3 Coreia do Norte
Gols: Pak Seung-Zin (CdN, 1-1º), Yang Sung-Kook (CdN, 22-1º), Yang Sung-Kook (CdN, 25-1º), Eusébio (Por, 27-1º), Eusébio (Por, 43-1º), Eusébio (Por, 1-2º), Eusébio (Por, 14-2º), José Augusto (Por, 35-2º)

23/7 União Soviética 2 x 1 Hungria
Gols: Chislenko (URS, 5-1º), Porkuyan (URS, 1-2º), Bene (Hun, 12-2º)

Três dos quatro jogos das quartas de final foram tensos. Na partida entre Inglaterra e Argentina, o argentino Rattin, que reclamava desde o início, foi advertido aos 35 minutos de jogo. Ele protestou e o árbitro, o alemão Rudolf Kreitlein, sem entender o que lhe era dito, expulsou-o. Rattin levou dez minutos para deixar o campo, o que causou grande confusão. A 13 minutos do fim, Hurst marcou o único gol do jogo. O lance foi legal, porém os argentinos pediram impedimento. Depois do jogo, o técnico Alf Ramsey proibiu que os ingleses trocassem de camisa com os argentinos, a quem chamou de "animais". No duelo contra o Uruguai, a Alemanha fez um gol por acaso, com Haller, e só deslanchou depois que os sul-americanos tiveram dois jogadores expulsos. No triunfo da União Soviética sobre a Hungria, viu-se até jogador arremessado para fora de campo (o húngaro Meszoly) e bola furada. Portugal, por fim, despachou a zebra norte-coreana com uma virada sensacional.

> **Garfada**
> Aos 6 minutos do jogo contra a Alemanha, o Uruguai teve um pênalti a seu favor — Schnellinger usou a mão para evitar um gol certo de Pedro Rocha. Só que o árbitro, o inglês James Finney, não marcou nada. No começo do 2º tempo, o zagueiro Troche e o meia Hector Silva foram expulsos.

SEMIFINAIS

25/7 Alemanha 2 x 1 União Soviética
Gols: Haller (Ale, 43-1º), Beckenbauer (Ale, 22-2º), Porkuyan (URS, 43-2º)

26/7 Inglaterra 2 x 1 Portugal
Gols: Bobby Charlton (Ing, 30-1º), Bobby Charlton (Ing, 35-2º), Eusébio (Por, 37-2º)

A tensão das quartas de final repetiu-se nas semifinais. O meia soviético Sabo deu um carrinho em Beckenbauer, mas se machucou sozinho e ficou mancando até o fim do jogo. Beckenbauer, Haller e Porkuyan levaram entradas duras, a ponto de rolar de dor no gramado. Com a bola no pé, a Alemanha esteve melhor e garantiu vaga na final. A violência desse dia deixou ingleses e portugueses em alerta. Mas o duelo entre os dois foi um jogo de cavalheiros. Bobby Charlton marcou dois gols. Eusébio descontou, de pênalti, vazando o goleiro Banks pela primeira vez na Copa. No fim, Banks evitou um gol certo de Coluna e classificou a Inglaterra.

> **Polêmica**
> Pela tabela original da Copa, o jogo das semifinais entre Portugal e Inglaterra estava marcado para Liverpool. Mas, diante do "grande interesse" da torcida local, foi transferido para o estádio Wembley, em Londres. O estádio Goodison Park ficou com a outra semifinal, entre Alemanha e União Soviética.

DECISÃO DO TERCEIRO LUGAR

28/7 Portugal 2 x 1 União Soviética
Gols: Eusébio (Por, 12-1º), Malofeiev (URS, 43-1º), Torres (Por, 44-2º)

A União Soviética tinha cinco desfalques, incluindo o zagueiro Shesterniov. Portugal não tinha nada com isso. E venceu com um gol em que o grandalhão Torres (1,94 m) ganhou uma jogada pelo alto de Korneiev (que media 1,73 m e estava no lugar de Shesterniov) e depois recebeu a bola para finalizar.

A final da Copa

Hurst chuta e faz o polêmico gol na prorrogação da final

INGLATERRA	4
ALEMANHA	2

Gols: Haller (Ale, 12-1º),
Hurst (Ing, 18-1º),
Peters (Ing, 33-2º),
Weber (Ale, 44-2º)
Os gols na prorrogação:
Hurst (Ing, 11-1º e 15-2º)
Data: 30/07/1966
Horário: 15 horas
Local: Estádio Wembley (Londres)
Público: 96.924
Árbitro: Gottfried Dienst (SUI)
Jogadores advertidos:
Peters

Na final que premiou o futebol-força, a Inglaterra contava com o fator campo e com o retrospecto — até então, nunca havia perdido para os adversários. Já a Alemanha contava com Beckenbauer, que não deixou Bobby Charlton pegar na bola. Contrariando os prognósticos de que a final seria um jogo defensivo, os alemães abriram o placar logo aos 12 minutos, com Haller. Seis minutos depois, Bobby Moore cruzou e Hurst empatou de cabeça. Os dois goleiros trabalharam bastante até que Tilkowski nada pôde fazer para evitar o segundo gol inglês, de Peters, aos 33 minutos do segundo tempo. Mas, aos 44 minutos, numa jogada confusa, Weber empatou e levou a partida para a prorrogação. No tempo extra, dois lances polêmicos decidiram a partida. Aos 11 minutos, Hurst aparou um cruzamento de Ball, girou e chutou. A bola bateu no travessão, quicou em cima da risca de gol e voltou para o campo sem ter entrado. Hurst ergueu os braços, comemorando. O árbitro, o suíço Gottfried Dienst, ficou indeciso e consultou o auxiliar, o soviético Tofik Bakhmarov, que confirmou o gol inexistente. No último minuto, a Inglaterra marcou outro gol irregular. Hurst partiu em contra-ataque e, mesmo com a invasão de três torcedores no campo, chutou no ângulo. Todos os alemães haviam parado no momeneto da jogada, achando que o jogo seria interrompido ou havia até mesmo acabado, mas Dienst deu o gol. Como Alf Ramsey havia prometido, a Inglaterra venceu.

Inglaterra
Técnico: Alf Ramsey

Alemanha
Técnico: Helmut Schön

Os melhores da Copa

Numeralha

Maior público: 98.270 (Inglaterra x França)

Menor público: 13.792 (Chile x Coreia do Norte)

Gols pró: 89
Gols contra: 2
Média por jogo: 2,57

Melhor ataque: Portugal, 17 gols

Goleiro menos vazado: Roma (Argentina), 2 gols em 4 jogos (0,5 por jogo)

Maior goleada: Alemanha 5 x 0 Suíça

Seleção que mais fez gols contra em uma única Copa: Bulgária (dois gols contra)

ARTILHEIRO
EUSÉBIO
Nome: Eusébio Ferreira da Silva
Seleção: Portugal
9 gols em 6 jogos
Posição: atacante
Idade: 24 anos
Nascimento: 25/01/1942, em Lourenço Marques (hoje, Maputo), Moçambique
Altura: 1,75 m
Peso: 73 kg
Clube: Benfica

9 gols
Eusébio (Portugal)
6 gols
Haller (Alemanha)
4 gols
Beckenbauer (Alemanha), Bene (Hungria), Hurst (Inglaterra), Porkuyan (União Soviética)

O CRAQUE

BOBBY CHARLTON
Inglaterra | meia

Bobby Charlton é considerado o melhor jogador inglês em todos os tempos. Apesar da calvície, tinha apenas 28 anos. Sua marca registrada era o chute de longa distância. Anotou 49 gols em 106 partidas pelo English Team — a marca de gols só foi quebrada por Wayne Rooney em 2016. Em 1974, ganhou o *status* de "Sir" da Ordem do Império Britânico. Vinte anos depois, foi ordenado cavaleiro.

Colocações finais	PG	J	%	V	E	D	GP	GC	SG	🟨	🟥
1ª Inglaterra	11	6	92	5	1	0	11	3	8	2	0
2ª Alemanha	9	6	75	4	1	1	15	6	9	4	0
3ª Portugal	10	6	83	5	0	1	17	8	9	2	0
4ª União Soviética	8	6	67	4	0	2	10	6	4	3	1
5ª Argentina	5	4	63	2	1	1	4	2	2	3	2
6ª Hungria	4	4	50	2	0	2	8	7	1	0	0
7ª Uruguai	4	4	50	1	2	1	2	5	-3	1	2
8ª Coreia do Norte	3	4	38	1	1	2	5	9	-4	0	0
9ª Itália	2	3	33	1	0	2	2	2	0	0	0
10ª Espanha	2	3	33	1	0	2	4	5	-1	1	0
11ª Brasil	2	3	33	1	0	2	4	6	-2	1	0
12ª México	2	3	33	0	2	1	1	3	-2	0	0
13ª Chile	1	3	17	0	1	2	2	5	-3	1	0
13ª França	1	3	17	0	1	2	2	5	-3	0	0
15ª Bulgária	0	3	0	0	0	3	1	8	-7	3	0
16ª Suíça	0	3	0	0	0	3	1	9	-8	0	0

Risco
Quase que a taça de campeão não foi erguida por Bobby Moore, o capitão da seleção inglesa. A Fifa determinava que só jogadores com contrato em vigor poderiam disputar o Mundial. Moore vivia um litígio com o West Ham e só renovou o vínculo na véspera do jogo de abertura (Inglaterra x Uruguai).

Público
Até 2010, a Fifa dizia que o público oficial da final da Copa de 1966 era de 93 mil pessoas. Com a revisão das súmulas de 2010, a Fifa oficializou um público de 96.924 na final — número que já constava em outras fontes.

101

Polêmicas das Copas

Consciência
Embora tivesse ficado indeciso no momento do polêmico gol do inglês Hurst na final de 1966, o árbitro suíço Gottfried Dienst, que acabou validando o lance, nunca deu o braço a torcer. "Durmo tranquilo. Sei que a bola entrou", declarava, sempre que questionado sobre o episódio.

Nem mesmo o inglês Geoff Hurst, autor do controverso gol na final da Copa de 1966, contra a Alemanha, tinha certeza se o lance era válido ou não. "O que foi aquele gol? A bola cruzou a linha? Eu não sei a resposta. E eu não acho que saberei", declarou. Cinquenta anos depois, em 6 de janeiro de 2016, o canal de TV Sky Sports resolveu fazer um tira-teima. Em seu programa Sky Sports Monday Night Football, a emissora recorreu à tecnologia de computação gráfica feita pela EA Sports, a produtora da série Fifa de jogos de videogames. O gol de Hurst foi simulado e a conclusão da Sky Sports foi que a bola tinha, sim, cruzado a risca. Os ingleses, claro, comemoraram. Mas, fora eles, ninguém acreditou sinceramente.

> **"Sua Majestade nos chamou de porcos"**
>
> Manchete de um jornal do México, quando o país descobriu que a delegação da Inglaterra deixou escapar que estava levando água da própria Inglaterra para não se "contaminar" com alguma peste mexicana

Quatro anos depois, em 1970, os ingleses compraram uma briga com o México. Um jornalista local descobriu uma carta de uma subsidiária da Nestlé em Londres, informando que as mercadorias pedidas pelos britânicos já estavam estocadas em território mexicano. As mercadorias incluíam salmão fresco, salsichas, queijo, mousse, geleia e água para beber. O objetivo dos ingleses era blindar os jogadores contra o "Mal de Montezuma", intoxicação alimentar que frequentemente ataca os estrangeiros no México. Até aí, tudo bem. Mas os próprios britânicos deixavam escapar que estavam levando água da própria Inglaterra para não serem "contaminados" com alguma peste mexicana.

A publicação do conteúdo da carta e a postura da delegação indignaram o país-sede. Em pouco tempo, odiar os britânicos virou esporte nacional. Em Guadalajara, quando o Brasil foi questionado a respeito, o embaixador Pinheiro Batista respondeu no ato: "O que é bom para os mexicanos é bom para os brasileiros". E ganhou a torcida local.

Mascotes das Copas

A Copa de 1966, na Inglaterra, foi a primeira a ter uma mascote, criada a partir de um pedido do comitê organizador. O leão Willie foi o precursor de uma série de mascotes criadas para os Mundiais.

1966
WILLIE
Leão, símbolo da Inglaterra, com nome diminutivo de William

1970
JUANITO
Menino com sobrero mexicano, nome diminutivo de Juan

1974
TIP E TAP
Dois irmãos usando camisetas que remetem à Copa de 1974

1978
GAUCHITO
Garoto com uniforme argentino e chapéu dos pampas

1982
NARANJITO
Laranja (fruta típica na Espanha) com braços e pernas

1986
PIQUE
Pimenta típica mexicana com braços e pernas

1990
CIAO
Boneco com as cores da Itália. O nome é uma saudação no país

1994
STRIKER
Cão de estimação (striker: atacante, em inglês)

1998
FOOTIX
Galo (foot, de futebol, e ix, terminação de Asterix)

2002
ATO, KAZ E NIK
Alienígenas que jogam Atmobol, um futebol de ficção científica

2006
GOLEO + PILLIE
Leão (gol+leo, leão em latim) + bola (termo usual alemão)

2010
ZAKUMI
Leopardo (za: África do Sul na internet; kumi: dez)

2014
FULECO
Tatu-bola. O nome é junção de futebol + ecologia

2018
ZABIVAKA
Lobo. Em russo, o nome quer dizer "aquele que marca um gol"

2022
LA'EEB
Gahfiya. Túnica típica do Oriente Médio. O nome significa "craque"

103

Comemorações marcantes (I)

MILLA
Camarões 2 x 1 Colômbia, 1990
O camaronês Roger Milla fez os dois gols da equipe diante da Colômbia. Ao marcar o primeiro, ele chegou perto da bandeira de escanteio e fez uma "dancinha".

BRIAN LAUDRUP
Brasil 3 x 2 Dinamarca, 1998
O atacante dinamarquês Brian Laudrup inovou ao empatar o jogo contra o Brasil. Saiu correndo até a lateral, caiu ali e ficou parado, com um ar "blasé".

PELÉ
Brasil 4 x 1 Itália, 1970
Pelé eternizou a comemoração do "soco no ar". Ele a criou nos anos 60. Em Copas, só foi vista em 1970.

PETRAS
Brasil 4 x 1 Tchecoslováquia, 1970
Até 1970, as comemorações de gols não se destacavam. Foi quando o tcheco Petras, que abriu o placar diante dos brasileiros, ajoelhou-se e fez o sinal da cruz. O brasileiro Jairzinho repetiu o gesto na mesma partida, quando marcou o terceiro gol do time.

CAMPBELL
Uruguai 1 x 3 Costa Rica, 2014
Ao marcar o gol de empate contra o Uruguai, o costarriquenho Campbell mostrou, pela primeira vez em Mundiais, uma comemoração bastante vista no futebol: a bola embaixo da camisa, simbolizando a "barriga de gravidez" do filho que estava por vir.

Os desprezados

LEÃO — Brasil, 1982, GK
Preterido em 1982 por Telê Santana, que não o tolerava

CARLOS ALBERTO — Brasil, 1966, DF
Ninguém entendeu o corte dele, em 1966, em prol de Fidélis, do Bangu

DOMINGOS DA GUIA — Brasil, 1934, DF
A CBD não quis pagar ao Nacional (URU) para tê-lo em 1934

DJALMA DIAS — Brasil, 1962, DF
Poderia ter sido chamado por Aymoré Moreira em 1962

RILDO — Brasil, 1970, DF
Titular com João Saldanha, esquecido por Zagallo na seleção de 1970

FAUSTO — Brasil, 1938, MC
Consagrado em 1930, acabou reprovado nos exames médicos em 1938

DONOVAN — EUA, 2014, MC
Aos 32 anos, iria à sua 4ª Copa em 2014, mas Klinsmann o deixou de fora

ALEX — Brasil, 2002, MC
Desprezado por Scolari em 2002 e por Parreira em 2006

RENATO GAÚCHO — Brasil, 1986, AT
Telê Santana o cortou em 1986, alegando indisciplina

McCARTHY — África Sul, 2010, AT
Com excesso de peso, foi desconvocado por Parreira em 2010

NEYMAR — Brasil, 2010, AT
Apesar do clamor, Dunga não se sensibilizou para levá-lo em 2010

GK: Goleiro
DF: Defensor
MC: Meio-campista
AT: Atacante

México 1970

México e Argentina disputaram o privilégio de sediar a Copa de 1970 e apresentaram candidaturas em um congresso durante a Olimpíada de Tóquio (Japão), em 1964. A Argentina, preterida em 1938 e 1962, tinha um cabo eleitoral de peso: o inglês Stanley Rous, presidente da Fifa. Mas os mexicanos tinham a seu favor uma moeda mais forte na economia global e uma tradição maior em Copas — haviam disputado todos os mundiais pós-guerra, enquanto os argentinos faltaram a dois deles. A tradição pesou mais que o cabo eleitoral. Em 8 de outubro de 1964, o México acabou escolhido como país-sede da Copa. Dos 95 votos possíveis, os mexicanos receberam 52, contra 36 dos argentinos e sete abstenções.

Bastou o México vencer, contudo, para que as federações britânicas — Inglaterra, Escócia, País de Gales e Irlanda do Norte — começassem a chiar. Diziam elas que a altitude mexicana seria prejudicial aos jogadores. A Cidade do México, capital do país, fica a 2.240 metros acima do nível do mar. Mas especialistas em fisiologia esportiva contra-atacaram. Segundo eles, a altitude seria até benéfica. No ar rarefeito, os jogadores poderiam correr mais rápido, e a bola ganharia mais velocidade nos chutes, o que favoreceria o número de gols. Só havia um porém: era necessário que as delegações chegassem ao México com, pelo menos, 20 dias de antecedência, para se aclimatar e não sofrer com os efeitos da altitude. Se fosse hoje, os clubes, principalmente os europeus, certamente iriam se queixar. Mas na época ninguém reclamou de liberar jogadores com antecedência.

> **"Seria errado ignorar os efeitos do calor e da altitude, mas seria igualmente errado exagerá-los"**
>
> Frase de um relatório da Fifa sobre a Copa de 1970, na altitude do México

Cidades e estádios

Outro fator que pesou a favor do México foi a infraestrutura. Sabia-se que o país construiria um superestádio — o Azteca, na Cidade do México, com capacidade para 114.600 torcedores — para receber parte dos Jogos Olímpicos de 1968 e que ele estaria em condições para o Mundial de 1970. Os estádios Jalisco (Guadalajara) e Luis Dosal (Toluca) foram reformados. León e Puebla ganharam arenas novas.

O Mundial do México teve uma novidade que mudou para sempre a relação entre árbitros e jogadores: os cartões amarelo — que significa advertência a um jogador — e vermelho — expulsão. Foi uma criação de Ken Aston, ex-zagueiro da seleção inglesa, ex-árbitro em Copas do Mundo e na época presidente da comissão de arbitragem da Fifa. Aston diz ter se inspirado nos sinais de trânsito.

A BOLA
Telstar

Assim como as cores no trânsito, os cartões tornaram-se uma linguagem universal. Evitariam, por exemplo, incidentes como o do argentino Rattín contra a Inglaterra, na Copa de 1966. O Mundial de 1970 também foi o primeiro com transmissão em cores — para quem já tinha o sistema, o que não era o caso do Brasil — e *replay* instantâneo dos principais lances.

Eliminatórias

Dos 138 países filiados à Fifa, 71 pretendiam disputar a Copa. Mas Guiné e Zaire perderam o prazo de inscrição. E a Coreia do Norte boicotou, por razões políticas. A grande novidade foi a participação de 11 países africanos. O continente ganhou direito a uma vaga própria, que ficou com Marrocos. O classificatório teve surpresas, como as quedas de Argentina, Espanha, França e Portugal. As Eliminatórias inauguraram o sistema de substituição de jogadores, que permitia duas trocas por equipe em cada partida — a regra 3. Ela era válida há tempos, mas não para competições entre seleções, apenas para amistosos ou jogos entre clubes.

Cidade	Estádio	Capacidade
Cidade do México	Azteca	114.600
Guadalajara	Jalisco	57.000
León	León	20.000
Puebla	Cuauhtemóc	25.000
Toluca	Luís Dosal	15.000

Estreantes em Copas
El Salvador
Israel
Marrocos

Sorteio e fórmula

México, Itália, Inglaterra e Alemanha foram os cabeças de chave do sorteio dos grupos, ocorrido em 10 de janeiro de 1970, na Cidade do México. Ao Brasil, coube o grupo com Inglaterra, Tchecoslováquia e Romênia, considerado o mais forte — tanto que foi chamado de "grupo da morte", uma denominação inédita até então. O regulamento era o mesmo de 1966. As quatro chaves, com quatro times cada, classificavam duas equipes para os mata-matas. Em caso de empate nos pontos ganhos, os critérios de desempate seriam o saldo de gols (não mais o *goal average*) e, depois, o número de gols marcados.

Os favoritos

A Copa de 1970 reunia todos os cinco campeões anteriores. Três deles — Brasil, Itália e Uruguai — tinham chances de conquistar o terceiro título e, de quebra, ficar definitivamente com a Taça Jules Rimet. Dos três bicampeões, apenas a Itália, campeã europeia de 1968, estava no rol de favoritos. A seu lado, apareciam Inglaterra e Alemanha, os finalistas de 1966. O Brasil era visto como um time cheio de incertezas, apoiado no que a imprensa dizia ser um mito "velho e acabado", chamado Pelé.

Ausência
Nas Eliminatórias, a Argentina largou com derrotas para bolivianos e peruanos. Depois, venceu a Bolívia. Na última rodada, precisava bater o Peru. Marcou o jogo para a La Bombonera. O time levou dois gols de Oswaldo "Cachito" Ramirez e não passou de um empate em 2 a 2. Ficou em último no grupo, atrás até da Bolívia.

107

A preparação do Brasil

Competições disputadas pelo Brasil entre 1966 e 1970
Eliminatórias da Copa de 1970
Brasil 2 x 0 Colômbia
Brasil 5 x 0 Venezuela
Brasil 3 x 0 Paraguai
Brasil 6 x 2 Colômbia
Brasil 6 x 0 Venezuela
Brasil 1 x 0 Paraguai
Brasil classificou-se em 1ª lugar

Depois da Copa de 1966, Pelé pediu dispensa da seleção. Na época, um jogador negar convocações não era comum. Mas, como a seleção ficou quase um ano inativa, pouca gente se deu conta. Depois de dois anos com a equipe à toa, as coisas pareciam melhorar em 1968, quando Paulo Machado de Carvalho, o doutor Paulo, chefe das delegações de 1958 e 1962, reatou relações com João Havelange e assumiu a Comissão Selecionadora Nacional (Cosena), um braço da CBD dedicado à seleção. E, em junho, Pelé voltou atrás em sua decisão de abandonar a seleção.

Em 1969, porém, o doutor Paulo reclamou de ter a autoridade minada na Cosena e pediu demissão. Antônio do Passo retornou ao cargo, afastou o treinador Aymoré Moreira e chamou o jornalista João Saldanha para treinar a seleção. Saldanha, um crítico feroz da CBD no jornal *O Globo*, topou o desafio. Assumiu em março e, no mesmo dia, já definiu os onze titulares: Félix; Carlos Alberto, Djalma Dias, Joel e Rildo; Clodoaldo e Gérson; Jairzinho, Tostão, Pelé e Edu. E afirmou que o Brasil teria onze feras em campo. Em 1969, as feras de Saldanha devoraram todos os adversários, incluindo sete amistosos e os seis jogos das Eliminatórias da Copa de 1970. O desempenho deu a Saldanha 70% de aprovação da torcida, segundo pesquisa da época.

Contudo, Saldanha gostava de arrumar encrenca. Para começar, criou uma saia-justa com o presidente do Brasil, o general linha-dura Emílio Médici. Médici apreciava o atacante Dario, o "Dadá Maravilha", do Atlético-MG. Ao contrário do que rezam as lendas, o presidente nunca declarou, pelo menos não em público, que o jogador deveria ser convocado. Só que a cúpula da CBD, para agradar ao homem, queria porque queria a presença de Dario. "Quem escala a seleção sou eu. O presidente escala o ministério", retrucou Saldanha, passando por cima dos interlocutores.

Há quem diga que Saldanha deixou o comando da seleção por causa disso. Só que a lista de encrencas era bem maior. Empunhando um revólver (que ele chamava de "ferramenta"), foi tirar satisfações com Yustrich, treinador do Flamengo que cobiçava o cargo de técnico da seleção. Depois, saiu no tapa com um jornalista. Por fim, foi acusado de não querer escalar Pelé por causa de uma suposta miopia do jogador. Além disso, a seleção fez jogos com desempenho sofrível em 1970. A CBD perdeu a paciência com tudo isso e, oficialmente, dissolveu a comissão técnica em 17 de março. "Não sou sorvete para ser dissolvido", devolveu Saldanha.

No dia 18 de março, depois de tentar Dino Sani e Otto Glória (que conduziu Portugal ao terceiro lugar em 1966), a CBD acertou com Mário Jorge Lobo Zagallo. Zagallo não tinha muita experiência — pouco menos de três anos de carreira —, mas conhecia bem o ambiente de uma Copa, não criava encrencas e estava longe de ser um problema para o governo militar.

Os problemas de Zagallo eram outros. Ele teimava que Pelé e Tostão não poderiam atuar juntos, alegando que os dois tinham características semelhantes. Insistiu num esquema 4-3-3. E queria escalar a linha de ataque do Botafogo de 1968 — Jairzinho, Gérson, Roberto, Rogério e Paulo César —, acrescida de Pelé ou Tostão. Mas isso não deu muito resultado nos amistosos, nem agradou à torcida, que vaiava a equipe. Para evitar uma nova vaia no último amistoso antes do embarque para o México, Zagallo escalou Tostão, Pelé e Rivellino como titulares diante da Áustria, no Maracanã, no dia 29 de abril de 1970. Mas Jairzinho ficou na reserva. O Brasil não jogou bem, mas venceu por 1 a 0 e não ouviu vaias.

O Brasil foi o primeiro país a chegar ao México. No dia 2 de maio, a delegação desembarcou em Guadalajara. De lá, seguiu para Guanajuato (a 3 mil metros do nível do mar), como parte do planejamento de preparação física. O trabalho dos especialistas seria fundamental para que a seleção suportasse a altitude e o calor do meio-dia no México. Segundo relatou o atacante Tostão, os treinos dados por Zagallo eram revolucionários para a época.

A parte tática, entretanto, já estava acertada. Na véspera daquele amistoso contra a Áustria, o quarto de Pelé abrigou uma reunião entre o Rei, Clodoaldo, Tostão, Rivellino e Gérson. Ali, decidiu-se tudo. Como o time titular não possuía um ponta-esquerda de ofício, Tostão cairia por esse lado. Rivellino, que, segundo Zagallo, seria um terceiro meio-campista, deveria atacar bastante, mas ao mesmo tempo auxiliar Gérson na armação — a este caberia comandar tudo. Clodoaldo podia avançar para combater o adversário em seu próprio campo. Já Pelé ficaria pelo meio, sem recuar tanto, e buscaria as tabelas com Tostão. A reunião foi revelada pelo próprio Gérson, em entrevista à revista *Placar*. Os jogadores contaram tudo a Zagallo, que concordou com grande parte dos pontos, mas não prometia segui-los. Apesar disso, o técnico se mostrava confiante. "Fomos os primeiros a chegar e seremos os últimos a ir embora", disse ele.

| Todos os convocados ||||
Nº	Goleiros	idade	clube
1	Félix	32	Fluminense
12	Ado	25	Corinthians
22	Leão	20	Palmeiras
Nº	Zagueiros	idade	clube
2	Brito	30	Flamengo
14	Baldocchi	26	Palmeiras
15	Fontana	29	Cruzeiro
17	Joel Camargo	23	Santos
Nº	Laterais	idade	clube
4	Carlos Alberto	25	Santos
21	Zé Maria	21	Portuguesa
6	Marco Antônio	19	Fluminense
16	Everaldo	25	Grêmio
Nº	Meio-campistas	idade	clube
3	Wilson Piazza	27	Cruzeiro
5	Clodoaldo	20	Santos
8	Gérson	29	São Paulo
11	Rivellino	24	Corinthians
Nº	Atacantes	idade	clube
7	Jairzinho	25	Botafogo
9	Tostão	23	Cruzeiro
10	Pelé	29	Santos
13	Roberto Miranda	26	Botafogo
18	Paulo César Caju	20	Botafogo
19	Edu	20	Santos
20	Dario	24	Atlético-MG

Obs.: Idades computadas até 31/05/1970, data da abertura da Copa

ZAGALLO
técnico

109

Jogos da fase de grupos

Grupo A — Bélgica, El Salvador, México, U.Soviética

Grupo B — Israel, Itália, Suécia, Uruguai

31/5	México 0 x 0 União Soviética
3/6	Bélgica 3 x 0 El Salvador
	Gols: Van Moer (Bel, 13-1º), Van Moer (Bel, 10-2º), Lambert (P) (Bel, 35-2º)
6/6	União Soviética 4 x 1 Bélgica
	Gols: Bishovets (URS, 14-1º), Asatiani (URS, 12-2º), Bishovets (URS, 18-2º), Khmelnitski (URS, 33-2º), Lambert (Bel, 41-2º)
7/6	México 4 x 0 El Salvador
	Gols: Valdivia (Mex, 45-1º), Valdivia (Mex, 1-2º), Fragoso (Mex, 13-2º), Basaguren (Mex, 38-2º)
10/6	União Soviética 2 x 0 El Salvador
	Gols: Bishovets (URS, 6-2º), Bishovets (URS, 29-2º)
11/6	México 1 x 0 Bélgica
	Gol: Peña (Mex, 14-1º)

2/6	Uruguai 2 x 0 Israel
	Gols: Maneiro (Uru, 23-1º), Mujica (Uru, 5-2º)
3/6	Itália 1 x 0 Suécia
	Gol: Domenghini (Ita, 11-1º)
6/6	Itália 0 x 0 Uruguai
7/6	Suécia 1 x 1 Israel
	Gols: Turesson (Sue, 8-2º), Spiegler (Isr, 11-2º)
10/6	Uruguai 0 x 1 Suécia
	Gol: Grahm (Sue, 45-2º)
11/6	Israel 0 x 0 Itália

Classificação	PG	J	V	E	D	GP	GC	SG
União Soviética	5	3	2	1	0	6	1	5
México	5	3	2	1	0	5	0	5
Bélgica	2	3	1	0	2	4	5	-1
El Salvador	0	3	0	0	3	0	9	-9

Classificação	PG	J	V	E	D	GP	GC	SG
Itália	4	3	1	2	0	1	0	1
Uruguai	3	3	1	1	1	2	1	1
Suécia	3	3	1	1	1	2	2	0
Israel	2	3	0	2	1	1	3	-2

Quem fez festa na primeira rodada foi a Bélgica, que derrotou El Salvador e com isso venceu sua primeira partida em 40 anos de Copas. Depois, porém, os belgas caíram diante da União Soviética e do México, que garantiram as duas vagas do grupo. Mas os mexicanos sofreram mais que o esperado. Diante de El Salvador, o time só encaminhou o triunfo por 4 a 0 depois de um lance polêmico. Após uma falta perto da linha lateral, Padilla armou a jogada que resultou no 1º gol do jogo, marcado por Valdivia. Os salvadorenhos, achando que a falta era para eles, nada fizeram para impedir. E ficaram loucos quando o gol foi confirmado. O time até cogitou não voltar para o segundo tempo. Voltou e, abalado, acabou goleado.

Inusitado
Uma festa no Estádio Azteca, com desfile de delegações e pombos no céu, abriu a Copa. Em seguida, México e União Soviética duelariam. O jogo começaria ao meio-dia, horário local. E o técnico soviético mandou os reservas para o cumprimento antes do jogo. Ele temia o desgaste dos titulares sob o sol a pino.

Na Itália, o treinador Ferruccio Valcareggi insistia em não escalar os talentosos meias Mazzola e Rivera juntos. Ou jogava um, ou jogava outro. Rivera, revoltado, quase deixou a delegação em plena Copa. Moral da história: o time até ficou em primeiro no grupo, mas com apenas uma vitória e um único golzinho marcado. E esse golzinho, contra a Suécia, só saiu porque o goleiro Hellström engoliu um frango clássico — ele ficou tão abalado com o lance que pediu para não jogar mais no Mundial. O Uruguai também não fez bonito. Venceu apenas a estreante Israel, empatou com a Itália e perdeu para a Suécia por 1 a 0 — se tivesse perdido por dois gols de saldo, deixaria a segunda vaga no grupo para os suecos.

Jogos da fase de grupos

Grupo C
Brasil Inglaterra Romênia Tchecosl.

- **2/6 Inglaterra 1 x 0 Romênia**
  Gol: Hurst (Ing, 20-2º)
- **3/6 Brasil 4 x 1 Tchecoslováquia**
  Gols: Petras (Tch, 12-1º), Rivellino (Bra, 24-1º), Pelé (Bra, 15-2º), Jairzinho (Bra, 19-2º), Jairzinho (Bra, 38-2º)
- **6/6 Romênia 2 x 1 Tchecoslováquia**
  Gols: Petras (Tch, 4-1º), Neagu (Rom, 8-2º), Dumitrache (Rom, 31-2º)
- **7/6 Brasil 1 x 0 Inglaterra**
  Gol: Jairzinho (Bra, 15-2º)
- **10/6 Brasil 3 x 2 Romênia**
  Gols: Pelé (Bra, 20-1º), Jairzinho (Bra, 22-1º), Dumitrache (Rom, 33-1º), Pelé (Bra, 21-2º), Dembrowski (Rom, 38-2º)
- **11/6 Inglaterra 1 x 0 Tchecoslováquia**
  Gol: Clarke (Ing, 4-2º)

Classificação	PG	J	V	E	D	GP	GC	SG
Brasil	6	3	3	0	0	8	3	5
Inglaterra	4	3	2	0	1	2	1	1
Romênia	2	3	1	0	2	4	5	-1
Tchecoslováquia	0	3	0	0	3	2	7	-5

Grupo D
Alemanha Bulgária Marrocos Peru

- **2/6 Bulgária 2 x 3 Peru**
  Gols: Dermendjev (Bul, 12-1º), Bonev (Bul, 5-2º), Gallardo (Per, 6-2º), Chumpitaz (Per, 11-2º), Cubillas (Per, 28-2º)
- **3/6 Alemanha 2 x 1 Marrocos**
  Gols: Houmane (Mar, 21-1º), Seeler (Ale, 11-2º), Müller (Ale, 33-2º)
- **6/6 Peru 3 x 0 Marrocos**
  Gols: Cubillas (Per, 20-2º), Challe (Per, 23-2º), Cubillas (Per, 30-2º)
- **7/6 Alemanha 5 x 2 Bulgária**
  Gols: Nikodimov (Bul, 12-1º), Libuda (Ale, 20-1º), Müller (Ale, 28-1º), Müller (Ale, 7-2º), Seeler (Ale, 24-2º), Müller (Ale, 43-2º), Kolev (Bul, 44-2º)
- **10/6 Alemanha 3 x 1 Peru**
  Gols: Müller (Ale, 20-1º, 26-1º e 39-1º), Cubillas (Per, 44-1º)
- **11/6 Bulgária 1 x 1 Marrocos**
  Gols: Jetchev (Bul, 40-1º), Ghazouani (Mar, 15-2º)

Classificação	PG	J	V	E	D	GP	GC	SG
Alemanha	6	3	3	0	0	10	4	6
Peru	4	3	2	0	1	7	5	2
Bulgária	1	3	0	1	2	5	9	-4
Marrocos	1	3	0	1	2	2	6	-4

Se alguém fosse ver apenas o número de finalizações de cada partida, diria que o Brasil fez três jogos equilibrados na primeira fase. O que fez diferença foi o aproveitamento. Contra a Tchecoslováquia, os brasileiros chutaram menos (17, contra 21 dos tchecos), mas marcaram quatro gols, sendo dois deles, de Pelé e Jairzinho, com grande categoria. Diante dos romenos, sem Gérson (machucado) e Rivellino (poupado), foram três gols. A grande jornada ocorreu diante dos ingleses. Banks fez a "defesa do século" numa cabeçada de Pelé. Carlos Alberto igualou o jogo viril dos ingleses. Brito anulou as bolas aéreas do rival. E Tostão e Pelé tramaram a jogada do gol da vitória, marcado por Jairzinho. A Inglaterra ficou em 2º.

História
O jogo entre Brasil e Romênia teve a primeira substituição de um goleiro na história das Copas. Aos 27 minutos do primeiro tempo, o técnico da Romênia, Angelo Niculescu, resolveu trocar Adamache — que já havia tomado dois gols — por Raducanu — que viria a levar mais um.

Pouco antes da Copa, o Peru sofreu um terremoto que deixou 45 mil mortos no país. A delegação poderia até não ter viajado, mas o ditador Juan Velasco Alvarado não apenas apoiou a equipe como ainda ordenou que os jogadores dessem o melhor de si. Assim, os peruanos conseguiram uma virada sensacional diante da Bulgária e atropelaram Marrocos, com direito a três gols e uma bola na trave. Já classificado, o time sul-americano encarou a Alemanha na última rodada. Os alemães haviam sofrido para derrotar Marrocos, mas golearam a Bulgária por 5 a 2, sendo três gols de Müller. No duelo que decidia a liderança da chave, Müller fez mais três gols e deixou os alemães em primeiro, com a melhor campanha da 1ª fase.

111

Os mata-matas

QUARTAS DE FINAL

14/6 União Soviética 0 x 1 Uruguai
Gol na prorrogação: Espárrago (Uru, 12-2º)

14/6 Itália 4 x 1 México
Gols: Gonzáles (Mex, 13-1º), Peña (contra, p/Ita, 26-2º), Riva (Ita, 29-2º), Rivera (Ita, 24-2º), Riva (Ita, 31-2º)

14/6 Brasil 4 x 2 Peru
Gols: Rivellino (Bra, 11-1º), Tostão (Bra, 15-1º), Gallardo (Per, 28-1º), Tostão (Bra, 7-2º), Cubillas (Per, 24-2º), Jairzinho (Bra, 31-2º)

14/6 Alemanha 3 x 2 Inglaterra
Gols: Mullery (Ing, 32-1º), Peters (Ing, 5-2º), Beckenbauer (Ale, 24-2º), Seeler (Ale, 37-2º)
Gol na prorrogação: Müller (Ale, 3-2º)

SEMIFINAIS

17/6 Brasil 3 x 1 Uruguai
Gols: Cubilla (Uru, 19-1º), Clodoaldo (Bra, 45-1º), Jairzinho (Bra, 31-2º), Rivellino (Bra, 45-2º)

17/6 Itália 4 x 3 Alemanha
Gols: Boninsegna (Ita, 8-1º), Schnellinger (Ale, 47-2º)
Gols na prorrogação: Müller (Ale, 5-1º), Burgnich (Ita, 8-1º), Domenghini (Ita, 14-1º), Müller (Ale, 5-2º), Rivera (Ita, 6-2º)

Brasileiros e italianos venceram fácil nas quartas de final. O Brasil criou tantas chances e fez tantos gols no Peru (treinado pelo ex-meia brasileiro Didi) que as falhas do goleiro Félix nos dois gols adversários passaram despercebidas. Já a facilidade da Itália chamou atenção: o time, que até então tinha feito só um gol na Copa, marcou quatro vezes diante o México (que não tinha levado nenhum gol até então). O Uruguai, por sua vez, derrotou a União Soviética numa polêmica prorrogação. E a Alemanha vingou a final de 1966 diante da Inglaterra. O duelo entre as duas tinha 11 remanescentes daquela final — poderiam ser 12, mas o goleiro inglês Banks sofreu uma diarreia e deu lugar a Bonetti. A Inglaterra abriu 2 a 0. Então, Beckenbauer largou a marcação sobre Bobby Charlton e levou o time ao empate no tempo normal. Na prorrogação, Hurst marcou um gol ilegal e a arbitragem, ao contrário de 1966, anulou. Depois, Müller fez 3 a 2, enterrando o fantasma de 1966.

> **Garfada**
> Na prorrogação entre União Soviética e Uruguai, Bishovets marcou um gol logo no 1º minuto, mas o árbitro anulou, sem explicações. A três minutos do fim, Cubilla cruzou para Espárrago anotar o gol da vitória uruguaia. Os europeus alegavam que a bola cruzada por Cubilla havia saído, mas os protestos foram ignorados.

> **Antológico**
> Eram 46 minutos do segundo tempo. Tostão lançou rasteiro para Pelé. Sem tocar na bola, ele deu um drible de corpo no goleiro Mazurkiewicz, que havia saído da área, e completou o "drible da vaca" ao pegar a bola no outro lado. Meio desequilibrado, tocou para o gol vazio. A bola passou a centímetros da trave direita.

O espectro do *Maracanazo* de 1950 ainda atormentava o Brasil diante do Uruguai. E as assombrações aumentaram depois que Cubilla abriu o placar, num golpe de vista do goleiro Félix. O Brasil só reagiu depois que Clodoaldo e Gérson trocaram de posição e Clodoaldo foi lançado na área para empatar. Num segundo tempo nervoso, o Brasil fez 2 a 1, com Jairzinho, e quase sofreu o empate nos minutos finais — Félix se redimiu e fez grande defesa em cabeçada de Cubilla. Só houve alívio depois que Rivellino marcou o 3º gol, aos 45 minutos. Já a Itália derrotou a Alemanha por 4 a 3, após empate (1 a 1) no tempo normal. Os 30 minutos de prorrogação foram considerados os mais emocionantes da história dos Mundiais.

DECISÃO DO TERCEIRO LUGAR

20/6 Alemanha 1 x 0 Uruguai
Gol: Overath (Ale, 27-1º)

Sem o líbero Beckenbauer e o goleiro Maier, e sob o calor do meio-dia, os alemães aguentaram somente o primeiro tempo. Mas Overath fez 1 a 0, e o time segurou a vitória diante de um Uruguai que pouco ameaçou.

A final da Copa

Tostão e Pelé comemoram o quarto gol do Brasil

BRASIL	4
ITÁLIA	1

Gols: Pelé (Bra, 18-1º),
Boninsegna (Ita, 37-1º),
Gérson (Bra, 21-2º),
Jairzinho (Bra, 26-2º),
Carlos Alberto (Bra, 42-2º)
Data: 21/06/1970
Horário: 12 horas
Local: Estádio Azteca
(Cidade do México)
Público: 107.412
Árbitro: Rudolf Glöckner
(ALE-Oriental)
Cartões amarelos:
Rivellino
Burgnich

No duelo que faria o primeiro tricampeão mundial da história, sabia-se que o Brasil tinha mais time. Mas sabia-se que os italianos eram perigosos nas bolas altas, e que o Brasil era vulnerável na defesa. Os brasileiros passaram alguns sustos no começo, mas abriram o placar aos 18 minutos, com Pelé, de cabeça. A partir daí, a seleção soltou-se, mesmo com o defensor Facchetti não dando sossego a Jairzinho. Porém, bastou uma falha na defesa para que a Itália empatasse, com Boninsegna. Para piorar, o árbitro anulou um gol de Pelé aos 45 minutos, alegando ter apitado o fim do primeiro tempo antes de o brasileiro finalizar. Na etapa final, o jogo ficou equilibrado até os 21 minutos, quando Gérson recuperou uma bola perto da área e disparou dali mesmo, no canto esquerdo do goleiro Albertosi. O gol desnorteou os italianos e o Brasil aproveitou. Aos 24 minutos, Pelé sofreu uma falta no meio-campo. Houve empurra-empurra. Gérson ficou com a bola e mandou-a para a frente. Os italianos ainda estavam em clima de reclamação. Mas Pelé havia saído de fininho da confusão, recebeu o lançamento na área sem ninguém por perto a marcá-lo e ajeitou de cabeça para Jairzinho fazer 3 a 1. Aos 42 minutos, Tostão desarmou Domenghini no campo de defesa, e a bola passou pelos pés de outros seis jogadores até que Pelé recebeu na entrada da área e rolou para Carlos Alberto disparar um potente chute cruzado. Com a vitória de 4 a 1, o Brasil era tricampeão mundial.

Brasil
Técnico: Zagallo

Itália
Técnico: Ferrugio Valcareggi

113

Os melhores da Copa

Numeralha

Maior público: 108.192
(México x Bélgica)

Menor público: 9.624
(Suécia x Israel)

Gols pró: 94
Gols contra: 1
Média por jogo: 2,96

Melhor ataque:
Brasil, 19 gols
Goleiro menos vazado:
Banks (Inglaterra),
1 gol em 3 jogos (0,33 por jogo)

Maior goleada:
México 4 x 0 El Salvador

Primeiro jogador a levar cartão amarelo: Lovchev, da União Soviética

ARTILHEIRO
MÜLLER
Nome: Gerhard "Gerd" Müller
Seleção: Alemanha
10 gols em 6 jogos
Posição: atacante
Idade: 24 anos
Nascimento: 03/11/1945, em Nördlingen
Altura: 1,76 m
Peso: 77 kg
Clube: Bayern Munique

10 gols
Müller (Alemanha)
7 gols
Jairzinho (Brasil)
5 gols
Cubillas (Peru)
4 gols
Pelé (Brasil)
Bishovets (União Soviética)

O CRAQUE

PELÉ
Brasil | atacante

A Copa no México consagrou Pelé em definitivo. Não apenas por ele ser o único tricampeão mundial até hoje, mas também pelos gols que fez (4), pelos gols antológicos que não fez — diante de Tchecoslováquia, Inglaterra e Uruguai — e pelos passes diretos para gol (5). Cada um dos 1.283 gols na carreira ganhou uma medalha comemorativa. Elas foram leiloadas e a renda foi para a caridade.

Colocações finais	PG	J	%	V	E	D	GP	GC	SG	
1º Brasil	12	6	100	6	0	0	19	7	12	4	0
2º Itália	8	6	67	3	2	1	10	8	2	6	0
3º Alemanha	10	6	83	5	0	1	17	10	7	5	0
4º Uruguai	5	6	42	2	1	3	4	5	-1	7	0
5º União Soviética	5	4	63	2	1	1	6	2	4	6	0
6º México	5	4	63	2	1	1	6	4	2	3	0
7º Peru	4	4	50	2	0	2	9	9	0	0	0
8º Inglaterra	4	4	50	2	0	2	4	4	0	2	0
9º Suécia	3	3	50	1	1	1	2	2	0	2	0
10º Romênia	2	3	33	1	0	2	4	5	-1	3	0
10º Bélgica	2	3	33	1	0	2	4	5	-1	2	0
12º Israel	2	3	33	0	2	1	1	3	-2	4	0
13º Bulgária	1	3	17	0	1	2	5	9	-4	0	0
14º Marrocos	1	3	17	0	1	2	2	6	-4	0	0
15º Tchecoslováquia	0	3	0	0	0	3	2	7	-5	3	0
16º El Salvador	0	3	0	0	0	3	0	9	-9	4	0

Goleadores

Jairzinho conseguiu algo que faltou ao alemão Müller: fez pelo menos um gol em cada um dos jogos da Copa. Cubillas, que atuou quatro vezes pelo Peru, também fez um gol em cada jogo. Depois disso, entre jogadores com pelo menos 3 partidas, apenas o colombiano James Rodriguez obteve esse feito, em 2014.

Dez temidos

Jairzinho, Gérson, Tostão, Pelé e Rivellino chegaram a usar as camisas 10 em seus clubes (Botafogo, São Paulo, Cruzeiro, Santos e Corinthians). Na época do Mundial, Tostão era o 8 do Cruzeiro. Na Copa, a 10 ficou com Pelé.

Reis de Copas  Pelé

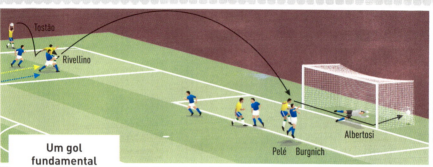

Um gol fundamental

Pelé é uma combinação única de técnica, força, velocidade e visão de jogo, além de chutar com as duas pernas e de ser exímio cabeceador. Mostrou essa última característica na final da Copa de 1970. Aos 18 minutos do primeiro tempo, Tostão pegou a bola para um arremesso lateral e deu-a para Rivellino, que, de primeira, mandou um balão em direção à segunda trave. Pelé, de 1,72 m de altura, subiu um palmo a mais que o marcador dele, Burgnich (1,75 m), e, de olhos bem abertos, testou forte para o chão. Pobre Albertosi.

1) Nasceu em 23/10/1940, em Três Corações (MG).
2) Estreou na seleção brasileira aos 16 anos, em 7 de julho de 1957, contra a Argentina. Entrou no 2º tempo e marcou o gol na derrota por 2 a 1, dentro do Maracanã.
3) Pela seleção, fez 92 jogos e 77 gols entre 1957 e 1971. Na carreira, foram 1.367 jogos e 1.283 gols.
4) Foi o craque maior da Copa de 1970.
5) Jogou duas finais. Foi campeão em 1958 e em 1970. Ainda estava na seleção campeã de 1962, mas só disputou os dois primeiros jogos; uma lesão na virilha contra a Tchecoslováquia o tirou do resto da Copa.
6) Na Copa de 1970, protagonizou três "não-gols" antológicos. Contra a Tchecoslováquia, chutou uma bola do meio do campo e quase fez um gol – a bola passou a centímetros da trave. Diante da Inglaterra, cabeceou uma bola que foi espalmada magistralmente pelo goleiro Banks, naquela que é considerada a melhor defesa de um goleiro em Mundiais. Contra o Uruguai, deu um drible de corpo genial no goleiro Mazurkiewicz e, sem equilíbrio, finalizou a centímetros do gol.
7) Defendeu apenas dois clubes na carreira, o Santos (de 1956 a 1974) e New York Cosmos, onde se aposentou em definitivo em 1977.
8) Jamais quis ser treinador.
9) Em 1981, foi eleito o Atleta do Século pelo jornal francês *L'Équipe*.
10) Seu nome batiza o estádio Rei Pelé, em Maceió.

Pelé em Copas	J	V	E	D	G
1958	4	4	0	0	6
1962	2	1	1	0	1
1966	2	1	0	1	1
1970	6	6	0	0	4
Total	14	12	1	1	12

Jogos históricos
Itália 4 x 3 Alemanha (1970)

Rivera marca o quarto gol da Itália e Maier desaba

ITÁLIA	4
ALEMANHA	3

Gols: Boninsegna (Ita, 8-1º), Schnellinger (Ale, 47-2º)
Gols na prorrogação:
Müller (Ale, 5-1º),
Burgnich (Ita, 8-1º), Riva (Ita, 14-1º),
Müller (Ale, 5-2º), Rivera (Ita, 6-2º)
Data: 17/06/1970
Horário: 16 horas
Local: Estádio Azteca
(Cidade do México)
Público: 102.444
Árbitro: Arturo Yamasaki (PER)
Cartões amarelos:
Overath, Rosato, Müller,
Domenghini, De Sisti

Segundo a imprensa da Alemanha, cinco gols em uma prorrogação é uma coisa sem registro. Principalmente em se tratando de uma semifinal de Copa do Mundo. Mas foi o que aconteceu no México, quando italianos e alemães duelaram por uma vaga na final. Mas, antes dos 30 minutos extras, houve uma partida de 90 minutos. A Itália estava empolgada com a goleada sobre o México, nas quartas de final, e fez 1 a 0 logo aos 8 minutos. Com a vantagem no placar, o técnico Ferruccio Valcareggi fez a mesma troca do jogo anterior: sai Mazzola, entra Rivera para o segundo tempo. No outro lado, o técnico Helmut Schön trocou o ponta Löhr e o lateral Patzke pelos ofensivos Held e Libuda — com a entrada deste, Grabowski passou a jogar pelo lado esquerdo. Aos 25 minutos, Beckenbauer foi derrubado por Cera na entrada da área e, na queda, deslocou o ombro. Como só eram permitidas duas substituições, o alemão voltou para o jogo com o braço atado ao corpo, num esforço comovente. Nos descontos, Schnellinger empatou. Aí veio a prorrogação e uma sequência alucinante de gols. Müller fez 2 a 1 para os alemães. A Itália virou, gols de Burgnich e Riva. Faltando 10 minutos, Müller empatou de novo. Um minuto depois, Rivera fuzilou Maier e fez o 4º gol dos italianos. Ainda havia nove minutos de jogo, mas esse gol foi demais para os alemães, que já sentiam o cansaço de uma prorrogação contra a Inglaterra, três dias antes. A Itália foi à final da Copa.

Itália
Técnico: Ferruccio Valcareggi

Alemanha
Técnico: Helmut Schön

117

Os bigodudos

CARBAJAL — México, 1962, GK
Primeiro jogador a atuar em cinco Copas (1950, 54, 58, 62 e 66)

GENTILE — Itália, 1982, DF
Marcou Maradona e Zico. E raspou o bigode antes da final da Copa

LUÍS PEREIRA — Brasil, 1974, DF
Tinha o apelido de "Chevrolet"

GAMBETTA — Uruguai, 1950, DF
Viril e temperamental, fraturou os dois braços e os dois tornozelos

BRANDTS — Holanda, 1978, DF
Fez um gol contra e um a favor na partida contra a Itália

PANENKA — Tchecosl., 1982, MC
Primeiro a cobrar pênalti "de cavadinha". Mas foi numa Eurocopa, a de 1976

SCHACHNER — Áustria, 1982, MC
Não sabia do "acordo" entre Alemanha e Áustria na Copa de 1982

RIVELLINO — Brasil, 1970, MC
Em 1970, ganhou o apelido de "Patada Atômica", pela potência do chute

MAZZOLA — Itália, 1970, AT
Cantou vitória antes da final contra o Brasil no Mundial de 1970

VOELLER — Alemanha, 1990, AT
Sofreu o pênalti que resultou no gol do título da Alemanha em 1990

BONIEK — Polônia, 1982, AT
Um dos melhores jogadores da história da Polônia, esteve em 3 Copas

GK: Goleiro
DF: Defensor
MC: Meio-campista
AT: Atacante

A Taça Fifa

Depois que o Brasil conquistou em definitivo a posse da taça Jules Rimet, a Fifa colocou outra taça em jogo. Ao todo, a entidade avaliou 53 projetos. E, no dia 5 de abril de 1971, anunciou que o vencedor era o troféu do escultor italiano Silvio Gazzaniga: duas figuras humanas e atléticas segurando o planeta Terra. Chamado de Copa do Mundo Fifa ("Fifa World Cup", em inglês), ou mais popularmente Taça Fifa, o troféu tem 37 cm de altura e pesa ao todo 6,17 kg, sendo 5 kg de ouro 18 quilates. A base circular, de 13 cm de diâmetro, é feita de duas camadas de malaquita (uma pedra esverdeada, resultado da alteração de minérios de cobre) e uma de ouro. Custou, na época, US$ 20 mil. Atualmente, só o peso em ouro sairia por US$ 153 mil.

A Taça Fifa foi colocada em jogo pela primeira vez na Copa de 1974, na Alemanha. Ao contrário da Jules Rimet, esse troféu é de posse transitória. O campeão mundial fica com ele até o torneio seguinte e depois recebe uma réplica menor. O nome de cada país ganhador deste troféu — a partir de 1974 — está escrito na parte de baixo da taça. Os espaços estão previstos para se esgotar em 2038.

Alemanha 1974

Desde os anos 1930, a Alemanha tinha interesse em receber uma Copa do Mundo. Provavelmente o país seria sede do Mundial de 1942, mas houve uma Segunda Guerra Mundial no meio do caminho. As pretensões para 1962 ruíram porque a Fifa resolveu que iria escolher um sul-americano (no caso, o Chile). Em 1964, após a realização de um congresso em Tóquio, a Fifa confirmou que a Alemanha receberia o Mundial de 1974.

A Copa na Alemanha foi um divisor de águas. Havia um novo troféu em disputa — a Copa do Mundo Fifa, criada pelo italiano Silvio Gazzaniga — e a perspectiva de que o torneio crescesse. Dois dias antes da abertura do Mundial, a Fifa elegeu um novo presidente, o brasileiro João Havelange. Ele derrotou o inglês Stanley Rous, no cargo desde 1961, graças ao apoio de países sul-americanos, africanos e asiáticos, maioria entre os 140 filiados à Fifa. A principal promessa de Havelange era aumentar para pelo menos 20 o número de países em uma Copa, medida que beneficiaria diretamente suas bases eleitorais. A partir de 1974, dinheiro e política passaram a ser, mais do que nunca, a mola propulsora das Copas.

Cidades e estádios

Dois anos antes de ter a bola rolando para a 10ª Copa do Mundo, a Alemanha sediaria a Olimpíada de Munique. Toda a ótima infraestrutura seria usada também para o Mundial. Pena que os jogos ficaram marcados por um ato terrorista. Em 5 de setembro, um grupo palestino chamado Setembro Negro invadiu o alojamento de Israel, matou dois atletas e fez nove reféns. A tentativa de resgate foi desastrosa: todos os outros reféns foram mortos, além de cinco terroristas (três sobreviveram) e um agente da polícia alemã. Ninguém cogitou trocar a Copa de lugar por causa disso, mas o torneio seria realizado sob intensa vigilância, com jogadores trancafiados em suas concentrações.

Por outro lado, a Alemanha pôde disponibilizar a maior capacidade para público vista até então. Os nove estádios, ao todo, abrigavam 617.468 pessoas, uma média de 68 mil por estádio. Nem todos os lugares nos estádios eram sentados, mas a Fifa não dava importância para isso na época.

Eliminatórias

Ao todo, 94 equipes se inscreveram nas Eliminatórias. Pelo menos duas ilustres seleções ficaram de fora: Inglaterra e União

"Vamos ganhar essa também"

Do técnico da seleção brasileira, Zagallo, nos dias seguintes àquele 5 de abril de 1971, quando a Fifa escolheu uma nova taça para a Copa do Mundo, em substituição à Jules Rimet — conquistada pelo Brasil, treinado por Zagallo

A BOLA
Telstar Durlast

Soviética. Esta última teve que disputar uma vaga contra o Chile. O primeiro jogo, em Moscou, terminou 0 a 0. Oficialmente, os soviéticos se recusaram a disputar a partida de volta, em Santiago, em protesto contra o golpe militar no país. Extraoficialmente, havia o medo de sofrer uma derrota em Santiago, ficar sem a vaga na Copa e acabar na Sibéria.

Sem algumas equipes tradicionais, o Mundial recebeu vários países exóticos. Como a Austrália, equipe composta por iugoslavos e ingleses naturalizados. Ou o Haiti, que teve forças para desbancar o México. Ou o Zaire, o "esquadrão dos Leopardos", primeiro representante da África Subsaariana. Ou a Alemanha Oriental, que debutava em Copas atuando exatamente na irmã ocidental.

Cidade	Estádio	Capacidade
Berlim	Olímpico	87.574
Dortmund	Westfalenstadion	53.790
Düsseldorf	Rheinstadion	67.861
Frankfurt	Waldstadion	62.500
Gelsenkirchen	Parkstadion	69.976
Hamburgo	Volksparstadion	60.341
Hannover	Niedersachsenstadion	60.050
Munique	Olímpico	82.230
Stuttgart	Neckarstadion	73.056

Sorteio e fórmula

A fórmula mudou em relação à Copa anterior. A primeira fase era como sempre, com quatro grupos de quatro equipes cada, com os dois primeiros seguindo adiante. Mas os tradicionais mata-matas ficaram de lado. Em 1974, a segunda fase teria dois grupos com quatro equipes cada. O primeiro colocado de cada grupo disputaria a final; os dois segundos colocados jogariam pelo terceiro lugar. Com seis partidas a mais, haveria mais espaço para publicidade — portanto, mais dinheiro em jogo.

Estreantes em Copas
- Alemanha Oriental
- Austrália
- Haiti
- Zaire

Brasil, Itália, Alemanha e Uruguai, os campeões mundiais presentes na Copa, eram cabeças de chave do sorteio dos grupos, realizado em 5 de janeiro de 1974, em Frankfurt. A Alemanha pegou um grupo teoricamente mais fácil, enquanto as outras chaves ficaram mais equilibradas. A Fifa definiu ainda que o jogo de abertura caberia ao campeão mundial (no caso, o Brasil), e não mais ao país-sede, como ocorria desde 1958.

Os favoritos

Brasil, Alemanha e Itália eram os mais cotados. Mas os analistas citavam também Polônia e Holanda, apesar do histórico pífio de ambas em Mundiais. A Polônia ostentava a medalha de ouro olímpica de 1972 e havia eliminado a Inglaterra dentro de Wembley. Já a Holanda impunha respeito por causa do futebol apresentado pelo Ajax, tricampeão europeu (1971, 1972 e 1973), e pelo uso de um esquema de jogo que surpreendia os adversários, ainda presos a táticas mais conservadoras.

Ausência
Os ingleses chegaram à última rodada da Eliminatória precisando vencer a Polônia em Wembley. Os poloneses abriram o placar, com Tomarski, e o goleiro Tomaszewski fechou o gol. Só foi vazado em um pênalti cobrado por Allan Clarke. O placar de 1 a 1 eliminou a Inglaterra e o técnico Alf Ramsey, campeão mundial de 1966, foi demitido.

A preparação do Brasil

Competições disputadas pelo Brasil entre 1970 e 1974
Nenhuma

Depois do título no México, em 1970, a seleção sofreu várias baixas. Em 18 de julho de 1971, Pelé se despediu de vez da equipe, após um jogo com a Iugoslávia, no Maracanã, que terminou 2 a 2. Pelé ainda estava com 30 anos — completaria 31 no dia 23 de outubro de 1971 — e ainda continuaria jogando futebol, mas apenas pelo Santos. Em 2013, ele chegou a declarar que desistiu da seleção em protesto contra a ditadura brasileira.

Em 1972, foi a vez do meia Gérson aposentar-se da seleção. No mesmo ano, o lateral Carlos Alberto sofria com uma série de lesões e não seria mais lembrado em convocações até o ano de 1976. E, em 1973, o meia-atacante Tostão ficou sem jogar em boa parte da temporada. O problema no olho esquerdo — um descolamento de retina que quase o deixou de fora da Copa de 1970 — agravou-se. Receoso de ficar cego do olho esquerdo, Tostão abandonou os gramados em janeiro de 1974, pouco depois de completar 27 anos, e voltou à faculdade de Medicina.

Até a Copa de 1974, a seleção não disputou nenhuma competição oficial. O único torneio no período foi a Copa Sesquicentenário, em 1972, uma minicopa do Mundo como parte dos festejos dos 150 anos de Independência. Zagallo aproveitou o torneio para testar substitutos para Pelé. O primeiro foi Leivinha, no empate em 0 a 0 com a Tchecoslováquia. Depois, Paulo César Caju, na vitória de 3 a 0 sobre a Iugoslávia. Contra a Escócia (vitória brasileira por 1 a 0), foi a vez de Caju e, depois, Dario — Tostão, em um de seus últimos jogos pela equipe, ficou mais recuado. Na final, diante de Portugal, Leivinha voltou. O Brasil sagrou-se campeão, graças a um gol de Jairzinho no último minuto.

Apesar do título, viu-se que o Brasil atuou mal na Copa Sesquicentenário. A partir dali, o treinador virou alvo de críticas. E Zagallo, em vez de planejar formas de fazer o time jogar melhor, optou por criar um esquema que servisse para reforçar a defesa. A qualidade do futebol diminuiu e as críticas aumentaram. Para o treinador e sua equipe, a culpa das atuações criticáveis era de quem as criticava — ou seja, da imprensa. Assim, no dia 29 de junho de 1973, durante uma excursão da seleção à Europa, treinador e dirigentes declararam, em nota oficial, que os jornalistas sistematicamente deturpavam fatos, divulgavam informações falsas, forjavam situações e faziam acusações contra diversos integrantes da delegação. A nota oficial foi batizada de "Manifesto de Glasgow", por ter sido redigida na cidade escocesa. O autor das linhas — e dos treze erros de gramática — foi Cláudio Coutinho, supervisor da seleção (e capitão do exército).

Zagallo não procurou tirar algo de bom das críticas ou rever conceitos. Ao contrário, ficou ainda mais arredio e mais retranqueiro. Essa fama se reforçou com os amistosos em 1974, antes do embarque para a Copa. Em nove jogos, nenhuma derrota e apenas dois gols sofridos, um indicativo de que a defesa, ao menos, se portava bem. Por outro lado, foram apenas 13 gols marcados contra adversários inexpressivos.

Como o presidente da CBD, João Havelange, estava mais interessado na candidatura à presidência da Fifa, a CBD ficou meio sem comando. A delegação brasileira embarcou para a Alemanha chefiada por Antonio do Passo. E instalou-se no hotel Herzogenhron, distante 4 km do centro da cidade de Feldeberg, na Floresta Negra. Havia apenas uma estradinha como acesso, o que ajudaria a deixar a imprensa longe. Mas nevou naqueles dias, e os jogadores também ficaram sitiados. Além disso, os fortes esquemas de segurança também colaboraram para o enclausuramento.

Mas, ao contrário dos jogadores, dirigentes entravam e saíam livremente. Era o caso de Hélio Maurício, do Flamengo, e Fernand Méric, do Olympique de Marselha, da França. A poucos dias da estreia brasileira, e dentro do ambiente da seleção, os dois tratavam da negociação que faria o meia-atacante Paulo César Caju trocar o futebol carioca pelo francês. O problema é que o defensivo esquema tático de Zagallo, que forçava os pontas a buscarem bolas atrás das linhas dos laterais, dependia demais de Paulo César — ele deveria fazer a função do falso ponta-esquerda, que funcionava também como meio-campista, algo que o próprio Zagallo executou em 1958 e 1962. Ou seja, Paulo César deveria estar com a cabeça 100% na Copa.

Para piorar, em um treino na primeira semana de junho, o volante Clodoaldo sofreu uma distensão muscular, que na verdade nunca ficou 100% diagnosticada. Ele poderia voltar a jogar em 10 ou 15 dias, mas o médico Lídio Toledo achou melhor cortá-lo. Mirandinha, do São Paulo, foi chamado de última hora. Zagallo parecia não se importar com desfalques. Perguntado sobre o que achava das outras seleções, soltava a seguinte pérola: "Não temos que nos preocupar com os outros. Somos os tricampeões mundiais. Logo, os outros é que têm que se preocupar conosco".

Todos os convocados

Nº	Goleiros	idade	clube
1	Leão	24	Palmeiras
12	Renato	29	Flamengo
22	Valdir Peres	23	São Paulo

Nº	Zagueiros	idade	clube
4	Zé Maria	25	Corinthians
16	Marco Antônio	23	Fluminense
14	Nelinho	23	Cruzeiro
6	Marinho Chagas	22	Botafogo

Nº	Laterais	idade	clube
2	Luís Pereira	24	Palmeiras
3	Marinho Peres	27	Santos
15	Alfredo Mostarda	27	Palmeiras

Nº	Meio-campistas	idade	clube
17	Carpeggiani	25	Internacional
5	Piazza	31	Cruzeiro
10	Rivellino	28	Corinthians
11	Paulo César Caju	24	Flamengo
18	Ademir da Guia	32	Palmeiras

Nº	Atacantes	idade	clube
7	Jairzinho	29	Botafogo
13	Valdomiro	28	Internacional
8	Leivinha	24	Palmeiras
9	César	29	Palmeiras
19	Mirandinha	22	São Paulo
20	Edu	25	Santos
21	Dirceu	21	Botafogo

Obs.: Idades computadas até 13/06/1974, data de abertura da Copa

ZAGALLO
técnico

Jogos da fase de grupos

Grupo A
Alemanha   Alem.Oriental   Austrália   Chile

- **14/6 Alemanha 1 x 0 Chile**
  Gol: Breitner (Ale, 18-1º)
- **14/6 Austrália 0 x 2 Alem. Oriental**
  Gols: Curran (contra, p/AO, 13-2º), Streich (AO, 27-2º)
- **18/6 Alemanha 3 x 0 Austrália**
  Gols: Overath (Ale, 12-1º), Cullmann (Ale, 34-1º), Müller (Ale, 8-2º)
- **18/6 Chile 1 x 1 Alem. Oriental**
  Gols: Hoffmann (AO, 10-2º), Ahumana (Chi, 24-2º)
- **22/6 Chile 0 x 0 Austrália**
- **22/6 Alemanha 0 x 1 Alem. Oriental**
  Gol: Sparwasser (AO, 32-2º)

Grupo B
Brasil   Escócia   Iugoslávia   Zaire

- **13/6 Brasil 0 x 0 Iugoslávia**
- **14/6 Escócia 2 x 0 Zaire**
  Gols: Lorimer (Esc, 26-1º), Jordan (Esc, 34-1º)
- **18/6 Brasil 0 x 0 Escócia**
- **18/6 Iugoslávia 9 x 0 Zaire**
  Gols: Bajevic (Iug, 8-1º), Dzajic (Iug, 14-1º), Surjak (Iug, 18-1º), Katalinski (Iug, 22-1º), Bajevic (Iug, 30-1º), Bogicevic (Iug, 35-1º), Oblak (Iug, 16-2º), Petkovic (Iug, 20-2º), Bajevic (Iug, 36-2º)
- **22/6 Iugoslávia 1 x 1 Escócia**
  Gols: Karasi (Iug, 36-2º), Jordan (Esc, 43-2º)
- **22/6 Brasil 3 x 0 Zaire**
  Gols: Jairzinho (Bra, 12-1º), Rivellino (Bra, 22-2º), Valdomiro (Bra, 34-2º)

Classificação	PG	J	V	E	D	GP	GC	SG
Alem. Oriental	5	3	2	1	0	4	1	3
Alemanha	4	3	2	0	2	4	1	3
Chile	2	3	0	2	1	1	2	-1
Austrália	1	3	0	1	2	0	5	-5

Classificação	PG	J	V	E	D	GP	GC	SG
Iugoslávia	4	3	1	2	0	10	1	9
Brasil	4	3	1	2	0	3	0	3
Escócia	4	3	1	2	0	3	1	2
Zaire	0	3	0	0	3	0	14	-14

A Alemanha Ocidental fez dois jogos fracos contra Chile e Austrália. Venceu ambos, mas acabou vaiada pela torcida. Já classificada, a equipe da casa disputou sua melhor partida no grupo contra a Alemanha Oriental, na qual perdeu várias chances claras — Flohe errou um gol feito na pequena área, e Müller chutou uma bola na trave. Os irmãos do leste atacavam pouco, mas fizeram 1 a 0. Assim, os orientais ficaram em primeiro do grupo e os ocidentais, em segundo. Uma dúvida pairou no ar, a de que os anfitriões teriam perdido de propósito. Assim, na próxima fase, escapariam do Brasil e provavelmente também da Holanda, cujo grupo ainda não estava definido. Mas, então, por que teriam atacado tanto?

> **Inusitado**
> Quando a Iugoslávia anotou o 9º gol sobre o Zaire, o responsável pelo controle do placar ficou em pânico. Não havia espaço para exibir o nome do autor de um eventual décimo gol. Se isso acontecesse, sugeriu-se colocar apenas o número de quem marcasse o gol. Mas o jogo terminou 9 a 0.

Pior que a atuação do Brasil nos dois primeiros jogos — nos quais o time quase perdeu para Iugoslávia e Escócia — foram as declarações do técnico Zagallo, dizendo que não se podia correr riscos na defesa e que não havia mais como reeditar as atuações memoráveis de 1970. Para se classificar, o time precisava de uma vitória de, pelo menos, 3 a 0 sobre o Zaire, independentemente do outro jogo do grupo. Tudo parecia correr bem quando Jairzinho fez 1 a 0 logo a 12 minutos. Mas o time ficou ainda mais nervoso, custou para marcar o 2º gol e só chegou ao 3º gol porque o goleiro Kazadi levou um frango — quando isso aconteceu, o técnico Zagallo soltou um "PQP" do banco de reservas. O Brasil, apesar dos pesares, estava classificado.

Jogos da fase de grupos

Grupo C

Bulgária Holanda Suécia Uruguai

15/6 Suécia 0 x 0 Bulgária
15/6 Uruguai 0 x 2 Holanda
Gols: Rep (Hol, 16-1º), Rep (Hol, 41-2º)
19/6 Holanda 0 x 0 Suécia
19/6 Bulgária 1 x 1 Uruguai
Gols: Bonev (Bul, 30-2º), Pavoni (Uru, 42-2º)
23/6 Holanda 4 x 1 Bulgária
Gols: Neeskens (Hol, 5-1º), Neeskens (Hol, 45-1º), Rep (Hol, 26-2º), Krol (contra, p/Bul, 33-2º), De Jong (Hol, 43-2º)
23/6 Suécia 3 x 0 Uruguai
Gols: Edström (Sue, 1-2º), Sandberg (Sue, 29-2º), Edström (Sue, 32-2º)

Classificação	PG	J	V	E	D	GP	GC	SG
Holanda	5	3	2	1	0	6	1	5
Suécia	4	3	1	2	0	3	0	3
Bulgária	2	3	0	2	1	2	5	-3
Uruguai	1	3	0	1	2	1	6	-5

Grupo D

Argentina Haiti Itália Polônia

15/6 Itália 3 x 1 Haiti
Gols: Sanon (Hai, 1-2º), Rivera (Ita, 7-2º), Benetti (Ita, 21-2º), Anastasi (Ita, 34-2º)
15/6 Argentina 2 x 3 Polônia
Gols: Lato (Pol, 7-1º), Szarmach (Pol, 8-1º), Heredia (Arg, 15-2º), Lato (Pol, 17-2º), Babington (Arg, 21-2º)
19/6 Argentina 1 x 1 Itália
Gols: Houseman (Arg, 19-1º), Perfumo (contra, p/Ita, 35-1º)
19/6 Polônia 7 x 0 Haiti
Gols: Lato (Pol, 17-1º), Deyna (Pol, 18-1º), Szarmach (Pol, 30-1º), Gorgon (Pol, 31-1º), Szarmach (Pol, 34-1º), Szarmach (Pol, 5-2º), Lato (Pol, 42-2º)
23/6 Polônia 2 x 1 Itália
Gols: Szarmach (P, 38-1º), Deyna (P, 45-1º), Capello (I, 41-2º)
23/6 Argentina 4 x 1 Haiti
Gols: Yazalde (Arg, 15-1º), Houseman (Arg, 18-1º), Ayala (Arg, 10-2º), Sanon (Hai, 18-2º), Yazalde (Arg, 23-2º)

Classificação	PG	J	V	E	D	GP	GC	SG
Polônia	6	3	3	0	0	12	3	9
Argentina	3	3	1	1	1	7	5	2
Itália	3	3	1	1	1	5	4	1
Haiti	0	3	0	0	3	2	14	-12

O Uruguai foi a primeira vítima do "carrossel holandês". Os sul-americanos se surpreenderam, por exemplo, quando Suurbier, teoricamente um lateral, apareceu no ataque para cruzar a bola que resultou no primeiro gol holandês, de Rep. Perdidos diante da movimentação adversária, os uruguaios apelaram para a violência e ficaram sem o zagueiro Montero Castillo, expulso. Não saíram goleados por causa das defesas do goleiro Mazurkiewicz. Nos outros jogos, os holandeses empataram com a Suécia — numa partida que o técnico Rinus Michels classificou como falta de sorte — e derrotaram a Bulgária por goleada. O Uruguai mostrou que a atuação ruim contra a Holanda não foi exceção e levou 3 a 0 da Suécia na última rodada.

Doping
O defensor haitiano Ernest Jean Joseph tornou-se o primeiro jogador flagrado em um exame *antidoping* na história das Copas do Mundo. Ele esteve no primeiro jogo da equipe, contra a Itália. A notícia de que ele ficaria proibido de atuar no resto da Copa saiu apenas pouco antes da segunda partida, contra a Polônia.

O Haiti fez história na Copa diante da Itália. No 1º minuto da etapa final, o atacante Emmanuel "Manno" Sanon entrou na área, driblou o goleiro Zoff e fez o gol, coisa que ninguém havia feito nos últimos 12 jogos da Itália. A invencibilidade de Zoff caiu após dois anos e 1.143 minutos. Depois, a Itália virou para 3 a 1. No outro jogo do grupo, a Polônia triunfou numa partida em que o argentino Kempes perdeu um gol feito no fim, que seria o de empate. Argentinos e italianos empataram em 1 a 1 e aí a *Azzurra* percebeu que a vitória sobre o Haiti havia sido magra demais. Afinal, todos no grupo derrotaram os haitianos, e todos perderam para os poloneses. A Argentina ficou em 2º lugar, à frente da Itália no saldo de gols.

Quartas de final

QUARTAS DE FINAL GRUPO 1

26/6 Brasil 1 x 0 Alem. Oriental
Gol: Rivellino (Bra, 15-2º)

26/6 Holanda 4 x 0 Argentina
Gols: Cruyff (Hol, 10-1º), Krol (Hol, 25-1º), Rep (Hol, 28-2º), Cruyff (Hol, 45-2º)

30/6 Brasil 2 x 1 Argentina
Gols: Rivellino (Bra, 32-1º), Brindisi (Arg, 35-1º), Jairzinho (Bra, 4-2º)

30/6 Holanda 2 x 0 Alem. Oriental
Gols: Neeskens (Hol, 13-1º), Rensenbrink (Hol, 14-2º)

3/7 Brasil 0 x 2 Holanda
Gols: Neeskens (Hol, 5-2º), Cruyff (Hol, 20-2º)

3/7 Argentina 1 x 1 Alem. Oriental
Gols: Streich (AO, 14-1º), Houseman (Arg, 20-1º)

Classificação	PG	J	V	E	D	GP	GC	SG
Holanda	6	3	3	0	0	8	0	8
Brasil	4	3	2	0	1	3	3	0
Alem. Oriental	1	3	0	1	2	1	4	-3
Argentina	1	3	0	1	2	2	7	-5

QUARTAS DE FINAL GRUPO 2

26/6 Alemanha 2 x 0 Iugoslávia
Gols: Breitner (Ale, 39-1º), Müller (Ale, 37-2º)

26/6 Suécia 0 x 1 Polônia
Gol: Lato (Pol, 43-1º)

30/6 Polônia 2 x 1 Iugoslávia
Gols: Deyna (Pol, 24-1º), Karasi (Iug, 43-1º), Lato (Pol, 17-2º)

30/6 Alemanha 4 x 2 Suécia
Gols: Edström (Sue, 24-1º), Overath (Ale, 6-2º), Bonhof (Ale, 7-2º), Sandberg (Sue, 8-2º), Grabowski (Ale, 31-2º), Müller (Ale, 44-2º)

3/7 Alemanha 1 x 0 Polônia
Gol: Müller (Ale, 21-2º)

3/7 Suécia 2 x 1 Iugoslávia
Gols: Surjak (Iug, 27-1º), Edström (Sue, 30-1º), Torstensson (Sue, 40-2º)

Classificação	PG	J	V	E	D	GP	GC	SG
Alemanha	6	3	3	0	0	7	2	5
Polônia	4	3	2	0	1	3	2	1
Suécia	2	3	1	0	2	4	6	-2
Iugoslávia	0	3	0	0	3	2	6	-4

A Holanda venceu Argentina e Alemanha Oriental sem dificuldades. O Brasil derrotou os mesmos adversários, mas com dificuldades. A julgar por isso, a Holanda era favorita na partida que decidiria a vaga na final. Mas os brasileiros equilibraram as coisas no primeiro tempo. Paulo César Caju perdeu a melhor chance de gol do Brasil, ao chutar em cima do goleiro Jongbloed. Do outro lado, Leão fez milagre ao evitar um gol de Cruyff. Na etapa final, o Brasil caiu diante de dois velozes contra-ataques da Holanda. E, sem forças para reagir, apelou no fim. Aos 39 minutos, Luís Pereira quase rachou Neeskens em dois. Foi expulso e, ao deixar o campo, ainda bateu boca com a torcida alemã, em melancólica cena que marcou a eliminação brasileira.

Frases

"A Holanda é muito tico-tico no fubá, que nem o América dos anos 50", disse o técnico Zagallo, antes da partida contra os holandeses. "Nós somos tricampeões, eles é que têm que ter medo da gente. A Holanda não me preocupa. Estou pensando na final com a Alemanha", completou. Deu no que deu.

Depois que o técnico Helmut Schön deu mais liberdade aos jogadores fora de campo, e depois que ele promoveu algumas mudanças na equipe, a Alemanha evoluiu. O time venceu a Iugoslávia — não goleou porque o árbitro, o brasileiro Armando Marques, ignorou dois pênaltis claros — e a Suécia. A Polônia também venceu suecos (graças ao goleiro Tomaszewski, que defendeu um pênalti de Tacker) e iugoslavos. Assim, alemães e poloneses decidiram a vaga na final. Na partida, o goleiro Tomaszewski defendeu mais um pênalti, do alemão Hoeness. Mas nada pôde fazer para evitar o gol de Müller. A Alemanha garantiu vaga na final.

DECISÃO DO TERCEIRO LUGAR

6/7 Polônia 1 x 0 Brasil
Gol: Lato (Pol, 30-2º)

Desconjuntado, o Brasil foi vítima de uma jogada de velocidade de Lato por causa dela, o goleiro Leão teria dado um tapa na cara do lateral Marinho Chagas. Ao fim do jogo, os brasileiros se conformaram com o 4º lugar.

A final da Copa

Cruyff e Beckenbauer disputam jogada na final

ALEMANHA	2
HOLANDA	1

Gols: Neeskens (Hol, 2-1º),
Breitner (Ale, 25-1º),
Müller (Ale, 43-1º)
Data: 07/07/1974
Horário: 16 horas
Local: Estádio Olímpico (Munique)
Público: 78.200
Árbitro: John Taylor (ING)
Cartões amarelos:
Vogts
Van Hanegem
Neeskens
Cruyff

Pelo futebol que havia apresentado na Copa, a Holanda era vista como favorita. O time deu a saída, trocou 15 passes e Cruyff arrancou com a bola da intermediária, entrou na área e foi derrubado por Vogts. Pênalti que Neeskens converteu com um chute forte no meio do gol. Aí os alemães tocaram na bola pela primeira vez, para reiniciar a partida. E acabaram com o show holandês, já que Vogts praticamente não deixou mais Cruyff pegar na bola. Aos 25 minutos, Breitner empatou, ao cobrar um pênalti de Jansen em Hölzenbein. Aos 43, Bonhof driblou Haan na área e cruzou rasteiro. Müller se antecipou a Krol e dominou esquisito, mas depois conseguiu rolar a bola no canto direito do goleiro Jongbloed. Ao fim do primeiro tempo, a Alemanha vencia por 2 a 1. Na etapa final, com René Van de Kerkhof no lugar de Rensenbrink, a Holanda foi para cima. Maier teve trabalho para cortar cruzamentos – só em escanteios, foram oito – e Breitner salvou um gol em cima da risca. Mas na maior parte do tempo a pressão holandesa era estéril. A Alemanha tinha espaço para contra-atacar e só não aplicou uma goleada por causa do árbitro John Taylor. Aos 12 minutos, ele anulou um gol legítimo de Müller, ao marcar impedimento — Rijsbergen dava condição de jogo. Nos minutos finais, Hölzenbein sofreu outro pênalti de Jansen, muito mais claro que o do primeiro tempo, mas Taylor deixou passar. Mesmo assim, a Alemanha tornou-se a primeira campeã da nova era.

Alemanha
Técnico: Helmut Schön

Holanda
Técnico: Rinus Michels

127

Os melhores da Copa

Obs.: Seleção da Fifa vigente até 2010. Em 2010, a entidade publicou outra lista:
Goleiro: Maier (Alemanha)
Defesa: Vogts (Alemanha), Beckenbauer (Alemanha), Krol (Holanda) e Breitner (Alemanha)
Meio-campo: Neeskens (Holanda), Deyna (Polônia) e Overath (Alemanha)
Ataque: Lato (Polônia), Cruyff (Holanda) e Rensenbrink (Holanda).

Numeralha

Maior público: 81.100
(Alemanha x Chile)

Menor público: 13.400
(Bulgária x Uruguai)

Gols pró: 93
Gols contra: 4
Média por jogo: 2,55

Melhor ataque:
Polônia, 16 gols

Goleiro menos vazado:
Rough (Escócia), 1 gol
em 3 jogos (0,3 por jogo)

Maior goleada:
Iugoslávia 9 x 0 Zaire

Primeiro cartão vermelho
em uma Copa: Caszely
(Chile), ante a Alemanha

ARTILHEIRO
LATO
Nome: Grzegorz Lato
Seleção: Polônia
7 gols em 7 jogos
Posição: atacante
Idade: 24 anos
Nascimento: 08/04/1950, em Malbork
Altura: 1,75 m
Peso: 73 kg
Clube: Stal Mielec

7 gols
Lato (Polônia)
5 gols
Neeskens (Holanda)
Szarmach (Polônia)
4 gols
Müller (Alemanha)
Rep (Holanda)
Edström (Suécia)

O CRAQUE

CRUYFF
Holanda | atacante

Apesar da derrota na final, o holandês Cruyff foi considerado o melhor jogador da Copa, num caso raro de jogador que é eleito sem conseguir o título. Quem o via correr por todo o campo na Copa mal imaginaria que ele tinha dificuldades para andar na infância. A ideia de colocá-lo no futebol para ajudar a desenvolver as pernas foi da mãe, que trabalhava como faxineira no Ajax.

	Colocações finais	PG	J	%	V	E	D	GP	GC	SG	🟨	🟥
1º	Alemanha	12	7	86	6	0	1	13	4	9	3	0
2º	Holanda	11	7	79	5	1	1	15	3	12	11	0
3º	Polônia	12	7	86	6	0	1	16	5	11	5	0
4º	Brasil	8	7	57	3	2	2	6	4	2	11	1
5º	Suécia	6	6	50	2	2	2	7	6	1	5	0
6º	Alem.Oriental	6	6	50	2	2	2	5	5	0	10	0
7º	Iugoslávia	4	6	33	1	2	3	12	7	5	10	0
8º	Argentina	4	6	33	1	2	3	9	12	-3	8	0
9º	Escócia	4	3	67	1	2	0	3	1	2	3	0
10º	Itália	3	3	50	1	1	1	5	4	1	2	0
11º	Chile	2	3	33	0	2	1	1	2	-1	5	1
12º	Bulgária	2	3	33	0	2	1	2	5	-3	2	0
13º	Uruguai	1	3	17	0	1	2	1	6	-5	5	1
14º	Austrália	1	3	17	0	1	2	0	5	-5	2	1
15º	Haiti	0	3	0	0	0	3	2	14	-12	3	0
16º	Zaire	0	3	0	0	0	3	0	14	-14	2	1

Susto
Pouco antes da Copa, a seleção do Uruguai viajou para a Indonésia e para a Austrália, para disputar amistosos. Uma mudança de planos fez com que a delegação decidisse partir à noite, o que levou ao cancelamento das reservas feitas anteriormente. O avião que seguiu sem a equipe caiu e matou 107 pessoas.

Quarto
"Tiramos o quarto lugar? Ótimo. Está compatível com o futebol brasileiro do momento", afirmou o meia Rivellino. "Para quem se preparou para o título, disputar o terceiro lugar não motiva", declarou o técnico Zagallo.

129

Reis de Copas Beckenbauer

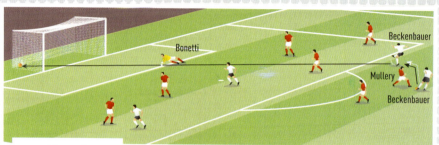

Um gol fundamental

Na Copa de 1970, Alemanha e Inglaterra se enfrentaram nas quartas de final. Os ingleses venciam por 2 a 0 até os 24 minutos do segundo tempo. Foi quando Beckenbauer recebeu um passe de Overath, driblou Mullery fora da área e disparou dali mesmo. A bola foi quicando em direção ao gol. Se o inglês Gordon Banks estivesse no gol, provavelmente defenderia. Mas o goleiro era Peter Bonetti — Banks não jogou porque estava com diarreia. Bonetti caiu para fazer a defesa, mas a bola passou por baixo dele. O gol de Beckenbauer abriu caminho para a reação dos alemães, que venceram por 3 a 2.

1) Nasceu em 11/9/1945, em Munique.
2) Estreou na seleção alemã aos 19 anos, em 24 de abril de 1965, contra o Chipre. Na partida, válida pelas Eliminatórias da Copa de 1966, a Alemanha venceu por 5 a 0.
3) Pela seleção, fez 103 jogos e 14 gols entre 1965 e 1977. Na carreira, foram 798 jogos e 110 gols.
4) Nunca foi considerado o craque maior de uma Copa. Entretanto, teve o nome incluído nas seleções ideais de três Copas: 1966, 1970 e 1974.
5) Jogou duas finais. Foi vice-campeão em 1966 e campeão em 1974, quando era o capitão da equipe.
6) No início de carreira, era meio-campista. Depois, foi recuando. Passou para volante e depois para líbero. Destacou-se nas três, graças ao estilo de jogo, mas consagrou-se mesmo como líbero.
7) Ganhou o apelido de Kaiser, pelo futebol elegante.
8) Começou a carreira no Bayern de Munique, onde atuou entre 1964 e 1977. Depois teve duas passagens pelo New York Cosmos, intercaladas por dois anos atuando pelo Hamburgo. Parou de jogar em 1983.
9) Após encerrar a carreira, virou treinador da seleção da Alemanha entre 1984 e 1990. Ficou com o vice em 1986 e foi campeão em 1990. Em 2006, foi o presidente do comitê organizador da Copa do Mundo na Alemanha.
10) Entrou para a história como o melhor jogador alemão de todos os tempos. Mas não batiza nenhum estádio.

Beckenbauer em Copas	J	V	E	D	G
1966	6	4	1	1	4
1970	5	4	0	1	1
1974	7	6	0	1	0
Total	18	14	1	3	5

Time de peculiares

DASSAEV — URSS, 1982, GK
Começou a carreira jogando como centroavante e foi goleiro de hóquei

CAFU — Brasil, 2002, DF
Reprovou em sete peneiras nas categorias de base

McGRATH — Irlanda, 1994, DF
Não treinava, só jogava; mantinha a forma só pedalando

BURLEY — Escócia, 1998, DF
Não tinha os dentes da frente

STANKOVIC — Sérvia, 2010, MC
Disputou três copas por três países diferentes

DIDI — Brasil, 1958, MC
Calçava 40 num pé e 41 no outro

FRITZ WALTER — Alemanha, 1954, MC
Teve malária e foi paraquedista na Segunda Guerra Mundial

CRUYFF — Holanda, 1974, MC
Usava aparelhos ortopédicos até os 10 anos

IBRAHIMOVIC — Suécia, 2006, AT
Faixa-preta de Taekwondo

CASTRO — Uruguai, 1930, AT
Perdeu a mão esquerda numa serra de marcenaria quando criança

KIELHOLZ — Suíça, 1934, AT
Usava óculos

GK: Goleiro
DF: Defensor
MC: Meio-campista
AT: Atacante

Argentina 1978

Desde 1928, a Argentina acalentava a chance de sediar uma Copa do Mundo. Primeiro, viu o vizinho Uruguai ser a sede de 1930. Depois, não foi páreo para o *lobby* pró-França (para a Copa de 1938). Chupou o dedo com os cancelamentos em 1942 e 1946. Magoou-se com o Brasil (único candidato para 1950). Irritou-se com o Chile (1962). Foi preterida pelo México (1970). Até que, em 6 de julho de 1966, durante um congresso em Londres, a Fifa confirmou a Argentina como país-sede do Mundial de 1978.

Em 1976, porém, a Argentina deixou de ser uma democracia para se tornar uma ditadura. Uma junta militar chefiada pelo general Jorge Rafael Videla dissolveu o congresso e deu início a um processo chamado de "guerra suja", que deixou 20 mil mortos e 15 mil desaparecidos. Claro que os militares usaram a Copa para encobrir o terror político e minimizar a repressão — para isso, seria bom que a seleção nacional ganhasse o título.

O medo da ditadura só foi totalmente eliminado em abril de 1978, quando o Movimento Peronista Montoneros, um grupo guerrilheiro em atividade na Argentina, propôs uma trégua durante a Copa. Todos os líderes ordenaram ao restante do "exército" a não se meter em nenhuma operação que viesse a colocar em risco a integridade física de jogadores, dirigentes e torcedores. Afinal, mais que politizados, os argentinos são apaixonados por futebol. E até mesmo os Montoneros queriam ver sua seleção erguer a taça.

Eliminatórias

A Fifa recebeu 103 inscrições para o Mundial, mas apenas 96 disputaram a fase classificatória. Entre as seleções mais tradicionais, os jogos vitimaram Inglaterra, União Soviética e Uruguai. O problema foi depois, quando países já classificados ameaçaram boicotar a Copa. Na França, manifestações nas ruas pediam que a seleção ficasse em casa. A Suécia também cogitou não embarcar. Na Holanda, o parlamento enviou telegramas aos jogadores tentando demovê-los da ideia de jogar na Argentina. Outros países pediam simplesmente a troca do país-sede. Mas o preliminar da Fifa, João Havelange, bateu o pé e declarou que a Copa seria lá mesmo. No fim das contas, nenhum país boicotou.

Mas o mesmo não se pôde dizer dos jogadores. O polêmico alemão Paul Breitner iniciou um processo de autoexílio da seleção campeã mundial. O holandês Johan Cruyff, que disse ter

> "O mundo terá a oportunidade de conhecer a verdadeira Argentina"
>
> Do presidente da Fifa, João Havelange, sobre a Copa na Argentina

132

A BOLA
Tango

sofrido uma tentativa de sequestro um ano antes da Copa, desistiu de viajar alegando questões de segurança. Dizem as más línguas que, no caso dele, uma premiação baixa também pesou.

Estádios e sedes

Para organizar o torneio, a junta militar da Argentina criou uma entidade — o Ente Autárquico Mundial (EAM). Seu primeiro chefe, o general Omar Actis, acabou morto pouco depois de sua primeira aparição pública, uma conferência com jornalistas. O escolhido para a sucessão foi o general Leopoldo Galtieri — que mais tarde seria o ditador da Argentina. O EAM ordenou gastos de mais de US$ 700 milhões para deixar seis estádios aptos a receber a Copa. O valor era bem superior aos US$ 70 milhões que Actis pretendia usar, o que suscitou dúvidas de onde exatamente o dinheiro foi gasto.

Cidade	Estádio	Capacidade
Buenos Aires	Monumental de Nuñez	82.000
Buenos Aires	José Amalfitani	49.540
Córdoba	Chateau Carreras	60.000
Mar del Plata	Parque Municipal	50.000
Mendoza	San Martin	50.000
Rosario	New Rosario	59.100

Estreantes em Copas

Irã
Tunísia

Sorteio e fórmula

O sorteio das chaves ocorreu em 14 de janeiro de 1978, no centro cultural San Martín, em Buenos Aires. O Brasil caiu num grupo com três seleções europeias de porte médio: Áustria, Espanha e Suécia. Já a Argentina acabou castigada com o que seria o grupo mais forte da Copa, junto com Itália, a emergente França e a Hungria, que voltava a um Mundial após 12 anos.

A fórmula de disputa era igual à da Copa anterior, com quatro grupos na primeira fase e dois grupos nas quartas de final. Era tão igual que a Fifa não arrumou um pequeno detalhe: assim como em 1974, a tabela permitia a possibilidade de os jogos decisivos serem disputados em horários diferentes — o que, como seria constatado mais tarde, traria muitos problemas.

Os favoritos

A Holanda entrava na Copa como favorita, já que trazia quase todo o time de 1974 — menos Cruyff. Já a Alemanha havia perdido, além de Breitner, vários dos craques campeões de quatro anos antes, como Beckenbauer, Müller, Overath e Grabowski. Brasil e Argentina apareciam em seguida: o primeiro, pela tradição; o segundo, por jogar em casa. E isso porque o técnico César Luis Menotti deixou de fora um talento excepcional que havia surgido no país: Diego Maradona, 17 anos. Menotti achava que ele era novo demais para suportar a pressão de uma Copa.

Ausência

Assim como no Mundial anterior, a Inglaterra perdeu a vaga (ao ficar atrás da Itália no saldo de gols), mas não perdeu a pose. Mas o grande mico foi pago pelo Uruguai. A Celeste já estava sem jogadores como Mazurkiewicz, Ancheta e Pedro Rocha e acabou eliminada pela esquálida Bolívia — que depois caiu ante a Hungria.

133

A preparação do Brasil

Competições disputadas pelo Brasil entre 1974 e 1978	
Copa América 1975	
1F	Brasil 4 x 0 Venezuela
1F	Brasil 2 x 1 Argentina
1F	Brasil 6 x 0 Venezuela
1F	Brasil 1 x 0 Argentina
SF	Brasil 1 x 3 Peru
SF	Peru 0 x 2 Brasil
Brasil foi eliminado na semifinal após um sorteio	
Eliminatórias da Copa de 1978	
1F	Colômbia 0 x 0 Brasil
1F	Brasil 6 x 0 Colômbia
1F	Paraguai 0 x 1 Brasil
1F	Brasil 1 x 1 Paraguai
2F	Brasil 1 x 0 Peru
2F	Brasil 8 x 0 Bolívia
Brasil classificou-se em 1º lugar	

1F: Primeira fase
2F: Segunda fase
SF: Semifinal

Depois da Copa de 1974, o único brasileiro feliz era João Havelange. Ele venceu a eleição para presidente da Fifa e nem retornou à CBD, da qual era o mandatário. O novo todo-poderoso da entidade veio a ser Heleno Nunes, almirante (o mais alto posto hierárquico da marinha) e presidente da Arena (partido do governo militar) no Rio de Janeiro. Ele dispensou Zagallo do comando da seleção e ali, por escolha própria, colocou Oswaldo Brandão, bicampeão brasileiro com o Palmeiras em 1972 e 1973.

Mas a seleção levou mais de um ano para voltar a campo: apenas em 30 de julho de 1975, na Copa América. Na competição, o Brasil venceu os quatro primeiros jogos, diante de Argentina e Venezuela. Mas, nas semifinais, caiu diante do Peru (3 a 1) em pleno Mineirão e ficou obrigado a vencer em Lima por três gols de vantagem para ir à final. A vitória veio, mas por apenas 2 a 0. Na época, o regulamento previa que, em caso de empate no saldo de gols, a classificação seria definida em sorteio. E o Brasil perdeu. No ano seguinte, a seleção teve bons números e o título do Torneio do Bicentenário da Independência dos Estados Unidos, ao bater a Inglaterra (1 a 0), o combinado norte-americano (2 a 0) e a Itália (4 a 1), na decisão.

Mas nada disso salvou Brandão em seu primeiro escorregão para valer. Em 20 de fevereiro de 1977, o Brasil empatou com a Colômbia em 0 a 0, pelas Eliminatórias da Copa de 1978. Na época, um resultado considerado inaceitável, mesmo em Bogotá. Quando o avião com a delegação aterrissou no Rio de Janeiro, Brandão não era mais o técnico da seleção. Ele era acusado de não dar um padrão tático à equipe, de dar chances a jogadores demais e de barrar nomes consagrados como o lateral Marinho Chagas e o atacante Paulo César Caju, titulares na Copa de 1974.

Para substituir Oswaldo Brandão, o primeiro reflexo da CBD foi trazer Zagallo de volta. Mas um dirigente da entidade, André Richer, resolveu criar um fato novo e a entidade chamou Cláudio Coutinho, militar assim como Heleno Nunes. Coutinho tinha experiência como treinador no Flamengo, era bem articulado, estudioso, conhecia o futebol europeu e tinha conceitos táticos que, na época, pareciam futuristas demais. Itens como "*overlapping*" — jogada em que o lateral toca a bola para o ponta antes de recebê-la em profundidade — ou "ponto futuro" — espaço vazio para onde um atacante deveria se deslocar para receber a bola — causavam confusão e até viraram motivo de piada. Apesar da teoria excessiva, na prática houve resultados suficientes para que o Brasil se classificasse sem sustos para a Copa de 1978.

Com Coutinho no comando, as portas se abriram novamente para Marinho Chagas e Paulo César Caju. Mas por pouco tempo. Coutinho achava que Brandão tinha razão quando os deixava de fora e que ambos mais atrapalhavam que ajudavam. Conta-se que o treinador teria excluído Marinho porque achava que ele era tudo, menos um atleta, e que via em Paulo César Caju uma influência negativa para o grupo — Caju disse, em entrevista à revista *Playboy*, que ficou de fora da seleção porque ousou contestar o prêmio que a CBD pagaria pela classificação à Copa. A ausência de Marinho Chagas fez Coutinho cometer uma esquisitice tática na lateral-esquerda: ele desistiu de escalar um especialista — como Júnior, que foi seu comandado no Flamengo — e resolveu improvisar no setor o zagueiro de área Edinho.

Chagas e Caju não foram os únicos craques preteridos. O meia Falcão, líder do Internacional no bicampeonato nacional (1975/76), tinha muitas qualidades a seu favor: era polivalente (atuava também como volante), algo que o treinador apreciava, e foi eleito o melhor jogador do Brasileirão de 1978, pouco antes da Copa. Mas o treinador não parecia dar importância para esses fatores e, em seu lugar, levou à Copa o volante Chicão, do São Paulo. A ausência de Falcão em 1978 tornou-se uma das mais questionáveis não apenas na seleção, mas na história do futebol brasileiro. Coutinho nunca deu uma explicação convincente para isso.

Craques para brilhar na Copa, o Brasil tinha. O goleiro Leão era considerado, na época, um dos melhores do mundo. O meio-de-campo tinha o veterano Rivellino, ainda em aceitável forma física. Zico, Reinaldo e Roberto Dinamite poderiam resolver as coisas lá na frente. E havia Dirceu, um polivalente clássico. A única ausência lamentada era o zagueiro Luís Pereira, que não foi liberado pelo Atlético de Madri, onde atuava. Nem mesmo o atacante Nunes e o lateral Zé Maria, cortados de última hora por contusão, fariam tanta falta. Mas, para Coutinho, só ter craques não bastava, era preciso casá-los com o esquema — no esquema de Coutinho, o meia Zico atuava quase como um ponta-esquerda, obviamente sem o mesmo rendimento. A questão era: como casar craques e o esquema? Sem ter a resposta, o Brasil embarcou para a Copa de 1978.

Todos os convocados			
Nº	Goleiros	idade	clube
1	Leão	28	Palmeiras
12	Carlos	22	Ponte Preta
22	Valdir Peres	27	São Paulo
Nº	Zagueiros	idade	clube
3	Oscar	23	Ponte Preta
4	Amaral	23	Corinthians
15	Polozi	22	Ponte Preta
14	Abel	25	Vasco
6	Edinho	22	Fluminense
Nº	Laterais	idade	clube
2	Toninho	29	Flamengo
13	Nelinho	27	Cruzeiro
16	Rodrigues Neto	28	Botafogo
Nº	Meio-campistas	idade	clube
17	Batista	23	Internacional
8	Zico	25	Flamengo
21	Chicão	29	São Paulo
5	Cerezo	22	Atlético Mineiro
10	Rivellino	32	Fluminense
Nº	Atacantes	idade	clube
7	Zé Sérgio	21	São Paulo
9	Reinaldo	21	Atlético-MG
18	Gil	27	Botafogo
11	Dirceu	25	Vasco
19	Jorge Mendonça	23	Palmeiras
20	Roberto Dinamite	24	Vasco

Obs.: Idades computadas até 01/06/1978, data da abertura da Copa

CLÁUDIO COUTINHO
técnico

Jogos da fase de grupos

Grupo A
Argentina França Hungria Itália

- **2/6 Itália 2 x 1 França**
  Gols: Lacombe (Fra, 37s-1ª), Paolo Rossi (Ita, 29-1ª), Zaccarelli (Ita, 7-2ª)
- **2/6 Argentina 2 x 1 Hungria**
  Gols: Csapo (Hun, 10-1ª), Luque (Arg, 15-1ª), Bertoni (Arg, 38-2ª)
- **6/6 Itália 3 x 1 Hungria**
  Gols: Paolo Rossi (Ita, 34-1ª), Bettega (Ita, 36-1ª), Benetti (Ita, 15-2ª), Andréas Toth (Hun, 36-2ª)
- **6/6 Argentina 2 x 1 França**
  Gols: Passarella (Arg, 45-1ª), Platini (Fra, 15-2ª), Luque (Arg, 28-2ª)
- **10/6 França 3 x 1 Hungria**
  Gols: Lopez (Fra, 22-1ª), Berdoll (Fra, 37-1ª), Zombori (Hun, 41-1ª), Rocheteau (Fra, 42-1ª)
- **10/6 Argentina 0 x 1 Itália**
  Gol: Bettega (Ita, 22-2ª)

Classificação	PG	J	V	E	D	GP	GC	SG
Itália	6	3	3	0	0	6	2	4
Argentina	4	3	2	0	1	4	3	1
França	2	3	1	0	2	5	5	0
Hungria	0	3	0	0	3	3	8	-5

Grupo B
Alemanha México Polônia Tunísia

- **1/6 Alemanha 0 x 0 Polônia**
- **2/6 Tunísia 3 x 1 México**
  Gols: Vasquez (Mex, 45-1ª), Kaabi (Tun, 10-2ª), Ghommidh (Tun, 34-2ª), Dhouib (Tun, 42-2ª)
- **6/6 Polônia 1 x 0 Tunísia**
  Gol: Lato (Pol, 43-1ª)
- **6/6 Alemanha 6 x 0 México**
  Gols: Dieter Müller (Ale, 15-1ª), Hansi Müller (Ale, 30-1ª), Rummenigge (Ale, 38-1ª), Flohe (Ale, 44-1ª), Rummenigge (Ale, 28-2ª), Flohe (Ale, 44-2ª)
- **10/6 Polônia 3 x 1 México**
  Gols: Boniek (Pol, 43-1ª), Rangel (Mex, 7-2ª), Deyna (Pol, 11-2ª), Boniek (Pol, 43-2ª)
- **10/6 Alemanha 0 x 0 Tunísia**

Classificação	PG	J	V	E	D	GP	GC	SG
Polônia	5	3	2	1	0	4	1	3
Alemanha	4	3	1	2	0	6	0	6
Tunísia	3	3	1	1	1	3	2	1
México	0	3	0	0	3	2	12	-10

Os argentinos, donos da casa, fizeram duas partidas nervosas. Primeiro, derrotaram a Hungria somente depois que o atacante Torocsik foi expulso, aos 37 minutos da etapa final. Depois, bateram a França graças a um pênalti em que o árbitro flagrou um toque de mão do zagueiro Trésor, dentro da área — Passarella converteu o pênalti — e graças a um gol espírita de Luque. Por fim, o time da casa perdeu para os italianos e terminou em segundo do grupo. Com isso, teria que jogar a segunda fase em Rosario, e não em Buenos Aires. Curiosamente, a *Azzurra* havia chegado à Copa sob uma saraivada de críticas, mas foi a única a terminar a primeira fase com três vitórias em três jogos.

> **Mico**
> Antes do jogo de abertura da Copa, entre Alemanha e Polônia, algum "gênio" sugeriu que se pegasse água do mar para irrigar o gramado do estádio Monumental de Nuñez. A grama ficou arruinada e teve que ser substituída de última hora. A cada jogada, tufos se soltavam, prejudicando o toque de bola.

A Tunísia pregou a grande surpresa da Copa de 1978. Estreante em Mundiais, a equipe derrotou o México por 3 a 1, de virada, e se tornou a primeira seleção da África a vencer uma partida na história das Copas. Está certo que o México só tinha um alto número de participações (jogou sete das 10 Copas anteriores) e não impunha muito respeito. Tanto que depois acabou surrado pela Polônia e principalmente pela Alemanha — nesse jogo, o goleiro Reyes se machucou ao sofrer o terceiro gol, e o reserva, Soto, levou os outros três. A Tunísia ainda surpreendeu ao arrancar um empate sem gols contra os alemães e vendeu caro a derrota para os poloneses. No fim das contas, as vagas ficaram com as cascudas Polônia e Alemanha.

Jogos da fase de grupos

Grupo C

Áustria Brasil Espanha Suécia

3/6 Brasil 1 x 1 Suécia
Gols: Sjoberg (Sue, 38-1º), Reinaldo (Bra, 46-1º)

3/6 Espanha 1 x 2 Áustria
Gols: Schachner (Aus, 9-1º), Dani (Esp, 21-1º), Krankl (Aus, 31-2º)

7/6 Áustria 1 x 0 Suécia
Gol: Krankl (Aus, 42-1º)

7/6 Brasil 0 x 0 Espanha

11/6 Brasil 1 x 0 Áustria
Gol: Roberto Dinamite (Bra, 40-1º)

11/6 Espanha 1 x 0 Suécia
Gol: Asensi (Esp, 30-2º)

Classificação	PG	J	V	E	D	GP	GC	SG
Áustria	4	3	2	0	1	3	2	1
Brasil	4	3	1	2	0	2	1	1
Espanha	3	3	1	1	1	2	2	0
Suécia	1	3	0	1	2	1	3	-2

Grupo D

Escócia Holanda Irã Peru

3/6 Holanda 3 x 0 Irã
Gols: Rensenbrink (Hol, 40-1º), Rensenbrink (Hol, 17-2º), Rensenbrink (Hol, 34-2º)

3/6 Peru 3 x 1 Escócia
Gols: Jordan (Esc, 14-1º), Cueto (Per, 43-1º), Cubillas (Per, 27-2º), Cubillas (Per, 32-2º)

7/6 Peru 0 x 0 Holanda

7/6 Escócia 1 x 1 Irã
Gols: Eskandarian (contra, p/Esc, 43-1º), Danaiyfar (Irã, 15-2º)

11/6 Escócia 3 x 2 Holanda
Gols: Rensenbrink (Hol, 34-1º), Dalglish (Esc, 44-1º), Gemmill (Esc, 2-2º), Gemmill (Esc, 23-2º), Rep (Hol, 26-2º)

11/6 Peru 4 x 1 Irã
Gols: Velasquez (Per, 2-1º), Cubillas (Per, 36-1º), Cubillas (Per, 39-1º), Nazari (Irã, 41-1º), Cubillas (Per, 34-2º)

Classificação	PG	J	V	E	D	GP	GC	SG
Peru	5	3	2	1	0	7	2	5
Holanda	3	3	1	1	1	5	3	2
Escócia	3	3	1	1	1	5	6	-1
Irã	1	3	0	1	2	2	8	-6

A estreia do Brasil decepcionou. Não apenas porque o time jogou mal, mas também porque o árbitro, o galês Clive Thomas, anulou o que seria o gol da vitória brasileira: Zico mandou a bola para dentro após escanteio cobrado por Nelinho, mas o árbitro alegou que havia apitado o fim de jogo quando a bola ainda estava no ar. No jogo seguinte, o Brasil quase perdeu para a Espanha — Amaral salvou um gol certo em cima da risca. Isso fez com que o almirante Heleno Nunes impusesse mudanças contra a Áustria. Saíram o zagueiro Edinho (que atuava como lateral-esquerdo), o meia Zico e o atacante Reinaldo. Entraram Rodrigues Neto, Jorge Mendonça e Roberto Dinamite. Dinamite, ao menos, fez o gol da vitória e da classificação.

> **Jogaço**
> Escócia e Holanda duelaram pela vaga em um jogo sensacional. Rensenbrink abriu o placar — foi o milésimo gol em Copas. A Escócia teve um gol anulado e depois virou para 3 a 1. Àquela altura, garantiria a classificação com mais um gol. Mas o holandês Rep marcou e jogou água no uísque escocês.

A Escócia havia sido apontada pelo presidente da Fifa, João Havelange, como uma provável finalista. Mas a sensação de "agora vai" murchou diante do Peru — Masson errou um pênalti e depois disso o time perdeu de virada — e quase acabou de vez quando a equipe empatou com o Irã. A vitória sobre a Holanda, na última rodada, foi brilhante, mas inútil. A cotação alta da Holanda, por sinal, não se justificou. O time até se classificou, mas ficou atrás do Peru. No duelo entre os dois, o goleiro Quiroga — que já havia aparado um pênalti diante dos escoceses — defendeu 13 bolas. Com isso, estabeleceu um recorde, o de defesas em uma única partida, que só seria quebrado pelo norte-americano Tim Howard, em 2014.

Quartas de final

QUARTAS DE FINAL GRUPO 2

14/6 Brasil 3 x 0 Peru
Gols: Dirceu (Bra, 15-1º), Dirceu (Bra, 28-1º), Zico (Bra, 28-2º)

14/6 Argentina 2 x 0 Polônia
Gols: Kempes (Arg, 16-1º), Kempes (Arg, 26-2º)

18/6 Argentina 0 x 0 Brasil

18/6 Polônia 1 x 0 Peru
Gol: Szarmach (Pol, 20-2º)

21/6 Brasil 3 x 1 Polônia
Gols: Nelinho (Bra, 12-1º), Lato (Pol, 46-1º), Roberto Dinamite (Bra, 17-2º), Roberto Dinamite (Bra, 18 2º)

21/6 Argentina 6 x 0 Peru
Gols: Kempes (Arg, 21-1º), Tarantini (Arg, 43-1º), Kempes (Arg, 1-2º), Luque (Arg, 5-2º), Houseman (Arg, 22-2º), Luque (Arg, 27-2º)

Classificação	PG	J	V	E	D	GP	GC	SG
Argentina	5	3	2	1	0	8	0	8
Brasil	5	3	2	1	0	6	1	5
Polônia	2	3	1	0	2	2	5	-3
Peru	0	3	0	0	3	0	10	-10

QUARTAS DE FINAL GRUPO 1

14/6 Itália 0 x 0 Alemanha

14/6 Holanda 5 x 1 Áustria
Gols: Brandts (Hol, 7-1º), Rensenbrink (Hol, 35-1º), Rep (Hol, 37-1 º), Rep (Hol, 8-2º), Obermayer (Aus, 34-2º), Willy Van de Kerkhof (Hol, 38-2º)

18/6 Holanda 2 x 2 Alemanha
Gols: Abramczik (Ale, 3-1º), Haan (Hol, 27-1º), Dieter Müller (Ale, 25-2º), Rene Van de Kerkhof (Hol, 39-2º)

18/6 Áustria 0 x 1 Itália
Gol: Paolo Rossi (Ita, 14-1º)

21/6 Alemanha 2 x 3 Áustria
Gols: Rummenigge (Ale, 19-1º), Vogts (contra, p/Aus, 14-2º), Krankl (Aus, 21-2º), Hölzenbein (Ale, 27-2º), Krankl (Aus, 42-2º)

21/6 Itália 1 x 2 Holanda
Gols: Brandts (contra, p/Ita, 18-1º), Brandts (Hol, 5-2º), Haan (Hol, 30-2º)

Classificação	PG	J	V	E	D	GP	GC	SG
Holanda	5	3	2	1	0	9	4	5
Itália	3	3	1	1	1	2	2	0
Alemanha	2	3	0	2	1	4	5	-1
Áustria	2	3	1	0	2	4	8	-4

Brasil e Argentina venceram seus adversários na primeira rodada e empataram o confronto direto entre eles. Assim, a vaga à final seria decidida na última rodada. A Argentina teve a vantagem de poder jogar três horas após a partida do Brasil e, com isso, saberia do que precisava. Como os brasileiros derrotaram a Polônia por 3 a 1, os argentinos precisariam de uma vitória sobre o Peru de pelo menos quatro gols de vantagem. Mas os donos da casa, que penetravam na área peruana com impressionante facilidade, marcaram seis vezes. O Brasil reclamou do regulamento sem se ligar que, se houve conspiração, tudo poderia ter sido acertado bem antes das partidas.

Tensão

Na madrugada do jogo entre Brasil e Argentina, a polícia de Rosario permitiu que torcedores buzinassem à vontade em frente ao hotel Libertador, onde os brasileiros estavam hospedados. O clima tenso se repetiu na partida. A Argentina cometeu a primeira falta com 10 segundos de bola rolando.

A Holanda mostrou evolução nas quartas de final. Goleou a Áustria por 5 a 1 e depois empatou com a Alemanha em 2 a 2. Nesse jogo, o goleiro alemão Maier fez golpe de vista num chute de longe de Haan e levou um gol após 475 minutos invicto em Copas — desde a final de 1974, contra a própria Holanda. Aos holandeses, bastava empatar com a Itália no último jogo para ir à decisão da Copa. Os italianos, porém, abriram o placar e dominavam, até que o técnico Enzo Bearzot resolveu fechar o time, trocando Causio por Claudio Sala. A Holanda virou e se classificou.

DECISÃO DO TERCEIRO LUGAR

24/6 Brasil 2 x 1 Itália
Gols: Causio (Ita, 38-1º), Nelinho (Bra, 19-2º), Dirceu (Bra, 25-2º)

O Brasil saiu atrás e ainda levou três bolas na trave. Mas Rivellino entrou e, em seguida, o Brasil empatou, numa bomba sobrenatural de Nelinho. Depois, Rivellino iniciou a jogada do gol da vitória, marcado por Dirceu.

A final da Copa

Argentinos festejam o gol de Kempes na prorrogação

ARGENTINA	3
HOLANDA	1

Gols: Kempes (Arg, 38-1º), Nanninga (Hol, 37-2º)
Os gols da prorrogação:
Kempes (Arg, 15-1º),
Bertoni (Arg, 11-2º)
Data: 25/06/1978
Horário: 19h15
Local: Estádio Monumental de Núñez (Buenos Aires)
Público: 71.483
Árbitro: Sergio Gonella (ITA)
Cartões amarelos:
Krol, Ardiles, Larrosa, Suurbier, Neeskens

A polêmica em torno da chiadeira brasileira com a goleada de 6 a 0 da Argentina sobre o Peru foi útil para o Ente Autárquico Mundial (EAM). Com o foco das atenções desviado, o Ente vetou o árbitro israelense Abraham Klein para a decisão da Copa. A Uefa não teve coragem de contestar e o presidente da entidade, o italiano Artemio Franchi, indicou o compatriota Sergio Gonella. O árbitro italiano criou polêmica antes mesmo de o jogo começar, ao mandar o holandês René Van de Kerkhof tirar o gesso do braço — ele havia atuado outras vezes com o gesso sem problema nenhum. Com a bola rolando, o árbitro amarrou o jogo no meio de campo — até o fim, ele marcou mais de 50 faltas contra os holandeses. No primeiro tempo, a Argentina fez 1 a 0, com Kempes. Na etapa final, de tanto lutar, a Holanda empatou a oito minutos do fim, com Nanninga. No último lance, Krol ergueu a bola para a área da Argentina, Neeskens ganhou pelo alto de Passarella e Rensenbrink, cara a cara com Fillol, tocou para o gol, mas acertou a trave. O jogo foi para a prorrogação. Aos 15 minutos, Kempes deu um arrancada de 20 metros, recuperou a bola quase perdida duas vezes e marcou o segundo gol, o que fez a torcida encher o estádio Monumental de Nuñez com uma chuva de papel picado. A quatro minutos do fim, Bertoni fez o terceiro gol, contando com nova ajuda de Gonella, que ignorou um toque de mão de Kempes na jogada. A raçuda Argentina festejava o título mundial.

Argentina
Técnico: César Luiz Menotti

Holanda
Técnico: Ernst Happel

Os melhores da Copa

Numeralha

Maior público: 71.712 (Argentina x Itália)

Menor público: 7.938 (Escócia x Irã)

Gols pró: 99
Gols contra: 3
Média por jogo: 2,68

Melhor ataque: Argentina e Holanda, 15 gols

Goleiro menos vazado: Leão (Brasil), 3 gols em 7 jogos (0,4 por jogo)

Maior goleada:
Argentina 6 x 0 Peru e
Alemanha 6 x 0 México

Quilômetros que o Brasil viajou durante a Copa: 4.659

ARTILHEIRO

KEMPES
Nome: Mario Alberto Kempes Chiodi
Seleção: Argentina
6 gols em 7 jogos
Idade: 23 anos
Nascimento: 15/07/1954, em Bell Ville
Altura: 1,82 m
Peso: 80 kg
Clube: Valencia (ESP)

6 gols
Kempes (Argentina)
5 gols
Rensenbrink (Holanda) e Cubillas (Peru)
4 gols
Luque (Argentina) e Krankl (Áustria)
3 gols
Rummenigge (Alemanha), Roberto Dinamite e Dirceu (Brasil), Rep (Holanda) e Paolo Rossi (Itália)

O CRAQUE

KEMPES
Argentina | meia

Mario Kempes pode não ter sido uma sumidade na história do futebol, mas tornou-se o primeiro a ser campeão mundial, artilheiro isolado e escolhido como melhor jogador em uma Copa. Ele passou em branco na primeira fase e, depois, marcou dois gols contra a Polônia, dois diante do Peru e mais dois na decisão frente à Holanda. Com isso, superou o holandês Rensenbrink (5 gols) na artilharia.

Colocações finais	PG	J	%	V	E	D	GP	GC	SG		
1º Argentina	11	7	79	5	1	1	15	4	11	5	0
2º Holanda	8	7	57	3	2	2	15	10	5	8	1
3º Brasil	11	7	79	4	3	0	10	3	7	9	0
4º Itália	9	7	64	4	1	2	9	6	3	6	0
5º Polônia	7	6	58	3	1	2	6	6	0	3	0
6º Alemanha	6	6	50	1	4	1	10	5	5	4	0
7º Áustria	6	6	50	3	0	3	7	10	-3	2	0
8º Peru	5	6	42	2	1	3	7	12	-5	7	0
9º Tunísia	3	3	50	1	1	1	3	2	1	1	0
10º Espanha	3	3	50	1	1	1	2	2	0	1	0
11º Escócia	3	3	50	1	1	1	5	6	-1	1	0
12º França	2	3	33	1	0	2	5	5	0	3	0
13º Suécia	1	3	17	0	1	2	1	3	-2	1	0
14º Irã	1	3	17	0	1	2	2	8	-6	3	0
15º Hungria	0	3	0	0	0	3	3	8	-5	4	2
16º México	0	3	0	0	0	3	2	12	-10	1	0

Moral

Depois que o Brasil terminou a Copa invicto e em 3º lugar, o técnico Cláudio Coutinho proclamou: "Somos os campeões morais". "Eu felicito meu colega por seu campeonato moral e desejaria, também, que ele me felicitasse por meu campeonato real", devolveu César Luis Menotti, técnico da Argentina.

Gêmeos

Os holandeses Rene e Willy van der Kerkhof entraram para a história como o primeiro caso de irmãos gêmeos a estarem em campo simultaneamente em um Mundial. Os dois foram convocados em 1974, mas apenas Rene jogou.

Polêmicas das Copas

> "Se me perguntarem se a Junta Militar fez algo, eu vou dizer que não sei, mas essa gente estava preparada para absolutamente tudo"

Do meia Ardiles, da Argentina, sobre a influência dos militares argentinos em 1978

Bronze?
Os jogadores brasileiros nunca receberam a medalha de bronze pelo terceiro lugar na Copa de 1978. A história foi revelada pelo portal UOL em 2017. Segundo o volante Batista, eles não saíram do hotel para ir à cerimônia de premiação por questões de segurança.

A facilidade com que a Argentina derrotou o Peru por 6 a 0, placar que a levou à final da Copa do Mundo, gerou todo tipo de polêmica desde sempre. Principalmente no Brasil, porque quem se prejudicou na história foi a seleção brasileira. Uma das reclamações era que a Argentina iria jogar contra o Peru horas após a partida do Brasil com a Polônia. Assim, os argentinos saberiam do que precisariam para ir à final. Contudo, a tabela da Copa já previa que os jogos não aconteceriam no mesmo horário antes dos países integrantes do grupo serem definidos.

A conspiração que envolveu o jogo foi muito além do futebol. Trinta anos depois da Copa, o livro *El hijo del Ajedrecista 2* revelou que o Cartel de Cáli teria bancado o suborno à seleção peruana para ajudar a Argentina — e, por tabela, a ditadura de Jorge Rafael Videla. O autor do livro é Fernando Rodríguez Mondragón, filho de Gilberto Rodríguez Orejuela e sobrinho de Miguel Rodríguez Orejuela, na época líderes do Cartel de Cáli. Fernando diz que seu pai, em reunião com representantes da seleção peruana e de entidades de futebol do país, decidiu os valores que o governo do Peru e os jogadores receberiam pela derrota de pelo menos quatro gols de saldo: US$ 50 mil para jogadores que soubessem do suborno, US$ 250 mil para integrantes da comissão técnica e US$ 100 milhões para o governo peruano em carregamentos de trigo.

Segundo o livro, apenas quatro jogadores, além do técnico Marcos Calderón, sabiam do esquemão, mas o autor não revela os nomes. O goleiro Quiroga, argentino de nascimento, sempre foi apontado como um dos suspeitos. Ele sempre se defendeu das acusações, declarando ser peruano de coração e afirmando que o país sempre pôde confiar nele. Quiroga chegou a apontar que três dos jogadores "contaminados" seriam os defensores Manzo, Rojas e Gorriti.

Em 2017, o diário argentino *La Izquierda* publicou um levantamento sobre a Copa de 1978 e rechaçou a história do carregamento de trigo. Segundo o portal, a doação nunca existiu. Seria uma versão desconstrutivista de um jornal do país para minimizar um fato negro na história desse mesmo país? Ou não houve carregamento de trigo porque o governo militar argentino deu calote?

Os cabeludos

HIGUITA — Colômbia, 1990, GK
Autor da "defesa do escorpião"; saltou e defendeu com os calcanhares

BREITNER — Alemanha, 1974, DF
Em protesto contra a ditadura argentina, decidiu não jogar em 1978

DAVID LUIZ — Brasil, 2014, DF
Apesar de ser defensor, marcou dois gols na Copa de 2014

LALAS — EUA, 1994, DF
Além de jogador, era roqueiro bem na época do movimento grunge

TARANTINI — Argentina, 1978, DF
Caso raro de jogador que é ídolo nos rivais Boca Juniores e River Plate

JONES — EUA, 2014, MC
Filho de pai afro-americano e mãe alemã

GULLIT — Holanda, 1990, MC
Um dos primeiros boleiros a usar um cabelão rastafari

VALDERRAMA — Colômbia, 1990, MC
Com sua cabeleira, virou galã de filmes na Colômbia após parar de jogar

JAIRZINHO — Brasil, 1974, AT
Furacão da Copa de 1970, aderiu ao "black power" em 1974

CANIGGIA — Argentina, 1990, AT
Virou sinônimo de jogador cabeludo nascido na Argentina

LARSSON — Suécia, 1994, AT
Filho de mãe sueca e pai nascido em Cabo Verde, na África

GK: Goleiro
DF: Defensor
MC: Meio-campista
AT: Atacante

Espanha 1982

Em 1964, durante um congresso em Tóquio (Japão), a Fifa decidiu que a Espanha seria sede da Copa de 1982. Era um prêmio de consolação, já que há tempos o país queria receber o Mundial. Naquele congresso, a entidade deu ao México o Mundial de 1970 e à Alemanha o torneio de 1974. A Espanha, no caso, ficaria com a Copa seguinte em solo europeu.

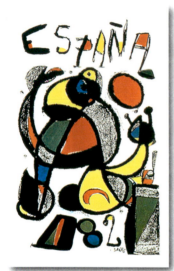

Com 18 anos para se preparar, a Espanha criou um comitê organizador, chefiado por Raimundo Saporta. E houve um grande paradoxo no país. O Mundial serviu como primeiro passo para reduzir o desemprego, modernizar hotéis e linhas de comunicação, construir escolas, asfaltar estradas. Por outro lado, houve muitos atropelos na organização. Um deles, por causa de uma situação política: a ditadura de Francisco Franco, vigente desde os anos 1930 e que parecia interminável, terminou. O líder morreu em 20 de novembro de 1975, não sem antes passar o controle total do país ao príncipe Juan Carlos, que ascendeu ao trono de rei em 27 de novembro.

Outro ponto foi o inchaço do Mundial, determinado pela Fifa no dia 17 de maio de 1979, três anos antes da Copa. Assim, Havelange cumpria a promessa feita junto às confederações africanas e asiáticas. Desde que assumiu a presidência, em 1974, o dirigente falava em uma Copa com 20 times. Mas a Fifa determinou 24. África, Ásia/Oceania e Américas Central e do Norte, que até então só classificavam um país cada, ficaram com duas vagas. A América do Sul passaria a ter pelo menos quatro equipes. A Europa, que classificava oito ou nove países, ganhou 14 vagas. O brasileiro foi eleito com facilidade para mais quatro anos de mandato.

> "Eles parecem ter deixado tudo para a última hora e não sabem agora o que fazer"
>
> Do jornalista Arnaldo Chiorino, que na época trabalhava na Folha de S.Paulo, ao analisar as obras para a Copa de 1982, na Espanha

Cidades e estádios

Como teria que receber outras 23 delegações (além da dela mesma), a Espanha espalhou a Copa em 14 cidades (recorde para um único país) e disponibilizou 17 estádios para o Mundial — um recorde que perdurou até 2002, quando Japão e Coreia do Sul lançaram mão de dez estádios cada. O Santiago Bernabéu, do Real Madrid, na capital, receberia a decisão da Copa. O rival Barcelona ficaria com o jogo de abertura, no Camp Nou.

Eliminatórias

O aumento de vagas não impediu que, dentre as 107 seleções inscritas para as Eliminatórias, algumas equipes tradicionais fi-

A BOLA
Tango España

cassem de fora. Na América do Sul, o Uruguai caiu diante do Peru — com direito a uma derrota em Montevidéu, por 2 a 1 — e viu o rival se garantir na Copa. Na Europa, a Holanda decepcionou. Por outro lado, cinco seleções estreariam em Mundiais, um recorde desde 1934.

Sorteio e Fórmula

Com 24 seleções, a Fifa criou uma fórmula de seis grupos com quatro times cada. Os dois primeiros seguiriam para a fase seguinte, que teria 12 equipes distribuídas em quatro grupos de três cada. Apenas o primeiro avançaria às semifinais. Em 16 de janeiro de 1982, no Palácio dos Congressos, em Madri, a entidade definiu Itália, Alemanha, Argentina, Inglaterra, Brasil e a anfitriã Espanha como cabeças de chave. Os cinco novatos e El Salvador ficaram cada um em uma chave diferente. Por causa deles, havia receio de que a Copa tivesse uma queda de qualidade técnica.

Depois do sorteio, percebeu-se que várias combinações diferentes para a final seriam impossíveis. Uma delas, por exemplo, entre Brasil e Argentina. Na prática, a fórmula dividiu as equipes ao meio. Seleções do Grupo A, por exemplo, nunca poderiam jogar a final contra equipes dos grupos C e F.

Cidade	Estádio	Capacidade
Alicante	José Rico Pérez	35.886
Barcelona	Camp Nou	97.679
Barcelona	Sarriá	40.000
Bilbao	San Mames	46.223
Elche	Nuevo Estadio	33.290
Gijón	El Molinón	45.153
La Coruña	Riazor	34.190
Madri	Santiago Bernabéu	90.800
Madri	Vicente Calderón	65.695
Málaga	La Rosaleda	34.411
Oviedo	Carlos Tartiere	28.421
Sevilha	Benito Villamarín	50.253
Sevilha	Ramón Sánchez Pizjuán	68.110
València	Luis Casanva	47.542
Valladolid	José Zorrilla	29.990
Vigo	Balaidos	56.790
Zaragoza	La Romareda	41.806

Estreantes em Copas
- Argélia
- Camarões
- Honduras
- Kuwait
- Nova Zelândia

Os favoritos

A Copa estaria recheada de craques, dentre os quais pode-se citar Antognoni (Itália), Cubillas (Peru), Boniek e Lato (Polônia), Rummenigge e Breitner (Alemanha), Krankl (Áustria), Platini (França), Keegan (Inglaterra), Juanito (Espanha), Dalglish (Escócia), Sócrates (Brasil) e Blokhin (União Soviética).

Dois deles, porém, despontavam acima dos demais: o brasileiro Zico e o argentino Maradona. Por causa deles, as duas equipes compunham a trinca dos grandes favoritos, ao lado da Alemanha, campeã europeia de 1980. Em um segundo bloco, apareciam França, Inglaterra, Polônia, União Soviética e a anfitriã Espanha. A Itália, apesar da tradição, foi ignorada. O futebol do país remendava-se de um escândalo no Totocalcio, a loteria esportiva italiana, comandado pela máfia e que estourou em 1980. Um dos envolvidos, o atacante Paolo Rossi, pegou três anos de suspensão, mas em maio de 1982 ganhou anistia e pôde ser convocado.

Ausência
O México foi um fiasco nas Américas Central e do Norte. A fase final da Eliminatória, com seis equipes, foi toda disputada em Honduras. Em casa, o país garantiu vaga com uma rodada de antecedência. Na última rodada, era só o México vencer o time da casa. Mas o jogo terminou 0 a 0 e quem se classificou foi El Salvador.

145

A preparação do Brasil

Competições disputadas pelo Brasil entre 1978 e 1982	
Copa América 1979	
1F	Bolívia 2 x 1 Brasil
1F	Brasil 2 x 1 Argentina
1F	Brasil 2 x 0 Bolívia
1F	Argentina 2 x 2 Brasil
SF	Paraguai 2 x 1 Brasil
SF	Brasil 2 x 2 Paraguai
Brasil foi eliminado na semifinal	
Eliminatórias da Copa de 1982	
Venezuela 0 x 1 Brasil	
Bolívia 1 x 2 Brasil	
Brasil 3 x 1 Bolívia	
Brasil 5 x 0 Venezuela	
Brasil classificou-se em 1º lugar	

1F: Primeira fase
SF: Semifinal

Pela primeira vez desde 1930, um treinador da seleção brasileira foi mantido no cargo no ano seguinte após não ter conquistado a Copa do Mundo. Esse era Cláudio Coutinho, o "campeão moral" em 1978. Em 1979, ele resolveu que o meia Falcão e o lateral Júnior serviam, sim, para jogar na seleção. Também chamou o meia Sócrates para amistosos e para a Copa América. Mas o time caiu diante do Paraguai nas semifinais. E assim encerrou-se a era Cláudio Coutinho na seleção.

Mas não por falta de títulos. Em 1979, o Brasil, presidido pelo general João Figueiredo, caminhava da ditadura dos anos 1970 para uma democracia. No esporte, o governo decidiu descentralizar o poder, concentrado nas mãos da CBD, e criou organizações próprias para cada modalidade. Assim, nascia a CBF (Confederação Brasileira de Futebol), cujo estatuto foi aprovado em 24 de setembro de 1979. O primeiro presidente da CBF, o empresário Giulite Coutinho, chamou Telê Santana para o cargo. Na prática, saíram de cena os esquemas táticos, o ponto futuro e o *overlapping*. Entraram em cena os conceitos de Telê, que privilegiava os craques, a partir de quem as jogadas deveriam nascer.

Os primeiros resultados não entusiasmaram muito. O Brasil derrotou o México por 2 a 0 e caiu diante da União Soviética, em pleno Maracanã. Zico perdeu um pênalti quando o Brasil vencia por 1 a 0, e o time acabou superado pela aplicação tática dos europeus, que viraram para 2 a 1. Em janeiro de 1981, a equipe foi ao Uruguai disputar o Mundialito, torneio que marcaria os 50 anos da conquista uruguaia em 1930 e os 30 anos do título de 1950. Nesse torneio, a seleção fez sua primeira grande exibição, ao golear a Alemanha, campeã europeia, por 4 a 1, mas no fim das contas perdeu o título para o Uruguai.

A partir daí, Telê Santana desistiu de escalar Sócrates como centroavante e passou a colocá-lo em seu lugar, no meio-de-campo. Para isso, utilizaria dois atacantes de ofício, num esquema 4-4-2. O meio-de-campo tinha Batista, Sócrates, Zico e Paulo Isidoro ou Tita — desses dois, quem jogasse seria um falso ponta pelo lado direito. No ataque, o centroavante Reinaldo e o ponta-esquerda Zé Sérgio. A defesa tinha os laterais Getúlio (ou Edevaldo) e Júnior e os zagueiros Oscar e Luizinho. No gol, Valdir Peres. Telê sempre se recusou a convocar Leão, por convicções pessoais, e descartou Raul após um bate-boca em um treino. Com essa formação, o Brasil passou sem sustos pelas Eliminatórias.

Os críticos diziam que derrotar Bolívia e Venezuela nas Eliminatórias era moleza, muito diferente de encarar as potências europeias. A seleção de Telê Santana provou o contrário. Com duas alterações no time titular — Cerezo no lugar de Batista e Éder como ponta-esquerda, em vez de Zé Sérgio (envolvido em um confuso caso de *doping*) —, o time derrotou a Inglaterra em Wembley pela primeira vez na história. Bateu a França por 3 a 1 no Parc des Princes. Venceu a Alemanha por 2 a 1 em Stuttgart. De volta ao Brasil, ainda derrotou a Espanha por 1 a 0. Ou seja, venceu todos os europeus mais aclamados. Ainda em 1981, Telê resolveu que não chamaria mais Reinaldo. O atacante chegou a acusar o treinador de não convocá-lo por posições políticas. "Eu sou liberal e ele é reacionário", alfinetou. Curiosamente, o disciplinador Telê planejava escalar o polêmico Serginho como centroavante.

Em 1982, o Brasil aumentou a cotação de favorito para a Copa, apesar de duas más atuações em amistosos: os empates em 1 a 1 com a Tchecoslováquia — que custou as vagas do lateral Perivaldo e do atacante Roberto Dinamite — e com a Suíça. Esse jogo foi o primeiro do volante Falcão sob o comando de Telê. Na partida seguinte, Falcão abriu o placar na goleada de 7 a 0 sobre a Irlanda. Suas atuações nos dois últimos jogos mostravam que ele acrescentava muito ao time. Como Telê insistia com Cerezo, até em detrimento de um jogador mais viril (como Batista), resolveu sacrificar o falso ponta-direita (no caso, Paulo Isidoro). Para compensar a ausência pelo lado direito, Telê passou a instruir os jogadores a se revezarem pelo setor. Poderia ser Sócrates, Zico, Falcão ou o lateral Leandro, do Flamengo, que ganhou a posição e chamava a atenção pela maneira com que apoiava o ataque.

Apesar das críticas pela falta de um ponta de ofício e pela preparação física excessiva, Telê manteve-se firme em duas convicções. Ele só não contava com a perda do atacante Careca, vítima de uma lesão muscular a três dias da estreia na Copa. Serginho virou titular e Roberto Dinamite acabou recrutado de última hora. Dinamite, resignado, embarcou decidido a ter em Telê Santana um eterno desafeto. Nada que atrapalhasse o bom clima vivido pela equipe. Tão bom que os jogadores tinham até um tema para a campanha: o samba *Voa Canarinho*, composto por Memeco e Nonô e que ganhou a voz do lateral Júnior.

Todos os convocados

Nº	Goleiros	idade	clube
1	Valdir Peres	31	São Paulo
22	Carlos	26	Ponte Preta
12	Paulo Sérgio	27	Botafogo

Nº	Zagueiros	idade	clube
3	Oscar	27	São Paulo
4	Luisinho	25	Atlético-MG
16	Edinho	27	Fluminense
14	Juninho	25	Ponte Preta

Nº	Laterais	idade	clube
2	Leandro	23	Flamengo
6	Júnior	27	Flamengo
13	Edevaldo	24	Internacional
17	Pedrinho	24	Vasco

Nº	Meio-campistas	idade	clube
15	Falcão	28	Roma (ITA)
18	Batista	27	Grêmio
10	Zico	29	Flamengo
5	Cerezo	26	Atlético Mineiro
8	Sócrates	28	Corinthians
19	Renato	25	São Paulo

Nº	Atacantes	idade	clube
9	Serginho	28	São Paulo
11	Éder	25	Atlético Mineiro
7	Paulo Isidoro	28	Grêmio
21	Dirceu	29	Atlético de Madri (ESP)
20	Roberto Dinamite	28	Vasco

Obs.: Idades computadas até 13/06/1982, data da abertura da Copa

TELÊ SANTANA
técnico

Jogos da fase de grupos

Grupo A
Camarões Itália Peru Polônia

- 14/6 **Itália 0 x 0 Polônia**
- 15/6 **Peru 0 x 0 Camarões**
- 18/6 **Itália 1 x 1 Peru**
  Gols: Bruno Conti (Ita, 18-1º), Díaz (Per, 38-2º)
- 19/6 **Polônia 0 x 0 Camarões**
- 22/6 **Peru 1 x 5 Polônia**
  Gols: Smolarek (Pol, 10-2º), Lato (Pol, 13-2º), Boniek (Pol, 16-2º), Buncol (Pol, 23-2º), Ciolek (Pol, 31-2º), La Rosa (Per, 38-2º)
- 23/6 **Camarões 1 x 1 Itália**
  Gols: Graziani (Ita, 15-2º), M'Bida (Cam, 16-2º)

Grupo B
Alemanha Argélia Áustria Chile

- 16/6 **Alemanha 1 x 2 Argélia**
  Gols: Madjer (Agl, 9-2º), Rummenigge (Ale, 22-2º), Belloumi (Agl, 23-2º)
- 17/6 **Áustria 1 x 0 Chile**
  Gol: Schachner (Aus, 21-1º)
- 20/6 **Alemanha 4 x 1 Chile**
  Gols: Rummenigge (Ale, 9-1º), Rummenigge (Ale, 12-2º), Rummenigge (Ale, 21-2º), Reinders (Ale, 36-2º), Moscoso (Chi, 45-2º)
- 21/6 **Argélia 0 x 2 Áustria**
  Gols: Schachner (Aus, 10-2º), Krankl (Aus, 22-2º)
- 24/6 **Argélia 3 x 2 Chile**
  Gols: Assad (Agl, 8-1º), Assad (Agl, 31-1º), Bensaoula (Agl, 35-1º), Neira (Chi, 14-2º), Letelier (Chi, 28-2º)
- 25/6 **Alemanha 1 x 0 Áustria**
  Gol: Hrubesch (Ale, 10-1º)

Classificação	PG	J	V	E	D	GP	GC	SG
Polônia	4	3	1	2	0	5	1	4
Itália	3	3	0	3	0	2	2	0
Camarões	3	3	0	3	0	1	1	0
Peru	1	3	0	1	2	0	3	-3

Classificação	PG	J	V	E	D	GP	GC	SG
Alemanha	4	3	2	0	1	6	3	3
Áustria	4	3	2	0	1	3	1	2
Argélia	4	3	2	0	1	5	5	0
Chile	0	3	0	0	3	3	8	-5

Itália e Polônia eram as favoritas no grupo A, mas não jogaram nada nas duas primeiras rodadas — nesse período, o grupo registrou quatro empates e apenas dois gols. O único momento de bom futebol do grupo inteiro foi no segundo tempo entre Peru e Polônia, quando Lato, Smolarek e Boniek detonaram os peruanos em jogadas de velocidade e fizeram cinco gols, garantindo o primeiro lugar. No dia seguinte, a Itália jogava pelo empate contra Camarões, por ter feito um gol a mais que o adversário. E, apesar do susto — saiu na frente, mas cedeu o empate numa falha da defesa —, conseguiu o que queria. Com o futebol feinho da primeira fase, ninguém apostava um tostão furado na *Azzurra*.

Garfada
Um lance no jogo entre Peru e Camarões poderia ter mudado o futuro da Copa. O camaronês Roger Milla marcou um gol legítimo, mas o árbitro viu impedimento (inexistente) e anulou. Se confirmado esse gol, a vitória por 1 a 0 deixaria Camarões com a vantagem do empate contra a Itália, na última rodada.

O grupo B ficou marcado pela maior zebra da Copa — a poderosa Alemanha caiu diante da estreante Argélia — e pela maior marmelada da competição. Na última rodada, os argelinos derrotaram o Chile, foram a 4 pontos e ficaram no aguardo da partida entre Alemanha (2 pontos) e Áustria (4 pontos) no dia seguinte. Para esse jogo, um placar de um gol de diferença a favor dos alemães classificava os dois vizinhos europeus e eliminava a Argélia. Não deu outra. O alemão Hrubesch marcou o único gol aos 10 minutos e nos outros 80 minutos os 22 jogadores ficaram tocando a bola sem nenhuma objetividade. A torcida vaiou e até o árbitro Robert Valentine pediu que os dois times jogassem um mínimo de futebol. Mas eles nem quiseram saber.

Jogos da fase de grupos

Grupo C — Argentina, Bélgica, El Salvador, Hungria

13/6 Argentina 0 x 1 Bélgica
Gol: Vandenbergh (Bel, 17-2º)

15/6 Hungria 10 x 1 El Salvador
Gols: Nyilasi (Hun, 4-1º), Pölöskei (Hun, 11-1º), Fazekas (Hun, 23-1º), Toth (Hun, 5-2º), Fazekas (Hun, 9-2º), Ramirez (ES, 19-2º), Kiss (Hun, 24-2º), Szentes (Hun, 27-2º), Kiss (Hun, 27-2º), Kiss (Hun, 31-2º), Nyilasi (Hun, 38-2º)

18/6 Argentina 4 x 1 Hungria
Gols: Bertoni (Arg, 26-1º), Maradona (Arg, 28-1º), Maradona (Arg, 12-2º), Ardiles (Arg, 15-2º), Pölöskei (Hun, 31-2º)

19/6 Bélgica 1 x 0 El Salvador
Gol: Coeck (Bel, 19-1º)

22/6 Bélgica 1 x 1 Hungria
Gols: Varga (Hun, 27-1º), Czerniatynski (Bel, 31-2º)

23/6 Argentina 2 x 0 El Salvador
Gols: Passarela (Arg, 22-1º), Bertoni (Arg, 7-2º)

Classificação	PG	J	V	E	D	GP	GC	SG
Bélgica	5	3	2	1	0	3	1	2
Argentina	4	3	2	0	1	6	2	4
Hungria	3	3	1	1	1	12	6	6
El Salvador	0	3	0	0	3	1	13	-12

Grupo D — França, Inglaterra, Kuwait, Tchecosl.

16/6 Inglaterra 3 x 1 França
Gols: Robson (Ing, 29s-1º), Soler (Fra, 24-1º), Robson (Ing, 22-2º), Marine (Ing, 38-2º)

17/6 Tchecoslováquia 1 x 1 Kuwait
Gols: Panenka (Tch, 21-1º), Al Dakhil (Kuw, 12-2º)

20/6 Inglaterra 2 x 0 Tchecoslováquia
Gols: Francis (Ing, 17-2º), Mariner (Ing, 21-2º)

21/6 França 4 x 1 Kuwait
Gols: Genghini (Fra, 31-1º), Platini (Fra, 43-1º), Six (Fra, 5-2º), Al Bulouchi (Kuw, 30-2º), Bossis (Fra, 44-2º)

24/6 França 1 x 1 Tchecoslováquia
Gols: Six (Fra, 21-2º), Panenka (Tch, 39-2º)

25/6 Inglaterra 1 x 0 Kuwait
Gol: Francis (Ing, 27-1º)

Classificação	PG	J	V	E	D	GP	GC	SG
Inglaterra	6	3	3	0	0	6	1	5
França	3	3	1	1	1	6	5	1
Tchecoslováquia	2	3	0	2	1	2	4	-2
Kuwait	1	3	0	1	2	2	6	-4

Todos os olhos estavam voltados para o argentino Diego Maradona, 21 anos. Havia quem dissesse que ele já era o melhor jogador do mundo. A expectativa aumentava porque "El Pibe" havia sido contratado pelo Barcelona dias antes e iria estrear na Copa exatamente no estádio Camp Nou. Mas, assim como todo o time da Argentina, Maradona decepcionou na estreia contra a Bélgica. O time europeu venceu por 1 a 0 e, com os resultados posteriores, ficou em primeiro lugar no grupo. Os argentinos recuperaram um pouco do orgulho perdido ao derrotar Hungria e El Savador. Os húngaros, por sua vez, aplicaram a maior goleada da história — 10 a 1 sobre El Salvador —, mas o resultado foi inútil; o time acabou eliminado.

Marra
A partir da segunda fase da Copa, o argentino Maradona passou a cobrar US$ 5 mil para cada entrevista concedida. E ainda atacou Pelé, o maior jogador de todos os tempos: "Pelé precisa estar no time e enfrentar a marcação constante de quatro defensores para depois opinar", afirmou ele.

A França era uma seleção bem cotada, mas sua única partida decente na primeira fase ficou marcada por um bizarro acontecimento extracampo. O time vencia o Kuwait (treinado pelo brasileiro Carlos Alberto Parreira) por 3 a 1 quando, aos 35 minutos do segundo tempo, Giresse anotou o quarto gol. Antes da saída de bola, o xeque Fahid Al-Ahmad Sabah, chefe da delegação do Kuwait, entrou em campo dizendo que Giresse estava impedido (não estava) e ordenou o time a deixar o gramado se o lance não fosse anulado. O árbitro, o soviético Miroslav Stupar, cedeu. Mesmo assim, depois a França fez o 4º gol. O time avançou de fase, mas ficou atrás da Inglaterra — que venceu os três jogos e levou apenas um gol.

Jogos da fase de grupos

Grupo E

Espanha Honduras Irl. Norte Iugoslávia

16/6 Espanha 1 x 1 Honduras
Gols: Zelaya (Hon, 7-1º), Lopez Ufarte (Esp, 20-2º)

17/6 Iugoslávia 0 x 0 Irlanda do Norte

20/6 Espanha 2 x 1 Iugoslávia
Gols: Gudelj (Iug, 10-1º), Juanito (Esp, 14-1º), Saura (Esp, 21-2º)

21/6 Irlanda do Norte 1 x 1 Honduras
Gols: Armstrong (IrN, 9-1º), Laing (Hon, 15-2º)

24/6 Honduras 0 x 1 Iugoslávia
Gol: Petrovic (Iug, 43-2º)

25/6 Espanha 0 x 1 Irlanda do Norte
Gol: Armstrong (IrN, 2-2º)

Classificação	PG	J	V	E	D	GP	GC	SG
Irlanda do Norte	4	3	1	2	0	2	1	1
Espanha	3	3	1	1	1	3	3	0
Iugoslávia	3	3	1	1	1	2	2	0
Honduras	2	3	0	2	1	2	3	-1

Grupo F

Brasil Escócia N. Zelândia U. Soviética

14/6 Brasil 2 x 1 União Soviética
Gols: Bal (URS, 34-1º), Sócrates (Bra, 29-2º), Éder (Bra, 43-2º)

15/6 Escócia 5 x 2 Nova Zelândia
Gols: Dalglish (Esc, 18-1º), Wark (Esc, 28-1º), Wark (Esc, 32-1º), Sumner (NZ, 9-2º), Woodin (NZ, 19-2º), Robertson (Esc, 28-2º), Archibald (Esc, 33-2º)

18/6 Brasil 4 x 1 Escócia
Gols: Narey (Esc, 18-1º), Zico (Bra, 33-1º), Oscar (Bra, 3-2º), Éder (Bra, 18-2º), Falcão (Bra, 42-2º)

19/6 União Soviética 3 x 0 Nova Zelândia
Gols: Gavrilov (URS, 24-1º), Blokhin (URS, 3-2º), Baltacha (URS, 24-2º)

22/6 União Soviética 2 x 2 Escócia
Gols: Jordan (Esc, 15-1º), Chivadze (URS, 14-2º), Shengelia (URS, 39-2º), Souness (Esc, 41-2º)

23/6 Brasil 4 x 0 Nova Zelândia
Gols: Zico (28-1º e 31-1º), Falcão (19-2º), Serginho (25-2º)

Classificação	PG	J	V	E	D	GP	GC	SG
Brasil	9	3	3	0	0	10	2	8
União Soviética	3	3	1	1	1	6	4	2
Escócia	3	3	1	1	1	8	8	0
Nova Zelândia	0	3	0	0	3	2	12	-10

País-sede da Copa, a Espanha decepcionou no grupo. Primeiro, empatou com Honduras. Depois, venceu a Iugoslávia graças a um erro duplo do árbitro. O dinamarquês Henning Sorensen apitou um pênalti para os donos da casa em uma jogada na qual a falta aconteceu fora da área. E, depois que Lopez Ufarte bateu para fora, Sorensen mandou voltar o lance, alegando que o goleiro iugoslavo Pantelic havia se adiantado e, com isso, prejudicado o batedor; na nova cobrança, Juanito marcou. Por fim, o time da casa perdeu para a Irlanda do Norte (que ficou em 1º no chave). Pelo futebol apresentado, o 2º lugar no grupo até que foi lucro. O diário *Marca* chamou a equipe de "a pior que a Espanha já levou a uma Copa".

Inusitado
Os irlandeses não acreditavam em um triunfo sobre os espanhóis. Tanto que a comissão técnica já havia reservado o voo de volta no dia seguinte à partida. Depois que viram o time vencer o jogo, os dirigentes irlandeses tiveram que correr ao aeroporto para remarcar os bilhetes.

O Brasil teve uma estreia nervosa diante da União Soviética. O goleiro Valdir Peres levou um frango, o zagueiro Luisinho cometeu dois pênaltis (não marcados pelo árbitro), e fazer gol no goleiro Dassaev parecia impossível até que Sócrates e Éder acertaram dois petardos de fora da área, decretando a vitória por 2 a 1. Nas duas partidas seguintes, com grandes atuações de Falcão, Sócrates, Zico e Éder, a seleção goleou Escócia e Nova Zelândia, mostrando um futebol vistoso que encantou a torcida em Sevilha. Na decisão da segunda vaga, a União Soviética jogava pelo empate contra a Escócia. Os soviéticos saíram atrás no placar, mas aproveitaram as bobeiras do adversário e depois Dassaev segurou a pressão.

Segunda fase e mata-matas

QUARTAS DE FINAL GRUPO 1

28/6 Polônia 3 x 0 Bélgica
Gols: Boniek (Pol, 4-1º), Boniek (Pol, 26-1º), Boniek (Pol, 8-2º).

01/7 União Soviética 1 x 0 Bélgica
Gol: Oganesian (URS, 4-2º)

4/7 União Soviética 0 x 0 Polônia

Classificação	PG	J	V	E	D	GP	GC	SG
Polônia	3	2	1	1	0	3	0	3
União Soviética	3	2	1	1	0	1	0	1
Bélgica	0	2	0	0	2	0	4	-4

A União Soviética jamais havia perdido para a Polônia, mas os poloneses nem precisaram vencer para avançar.

QUARTAS DE FINAL GRUPO 2

29/6 Alemanha 0 x 0 Inglaterra

2/7 Espanha 1 x 2 Alemanha
Gols: Littbarski (Ale, 5-2º), Fischer (Ale, 30-2º), Zamora (Esp, 37-2º).

5/7 Espanha 0 x 0 Inglaterra

Classificação	PG	J	V	E	D	GP	GC	SG
Alemanha	3	2	1	1	0	2	1	1
Inglaterra	2	2	1	0	1	0	0	0
Espanha	1	2	0	1	1	1	2	-1

Após bater os anfitriões, a Alemanha teve que esperar o desfecho de Espanha x Inglaterra para se garantir nas semifinais.

QUARTAS DE FINAL GRUPO 4

28/6 França 1 x 0 Áustria
Gol: Genghini (Fra, 39-1º)

1/7 Áustria 2 x 2 Irlanda do Norte
Gols: Hamilton (IrN, 27-1º), Pezzey (Aus, 5-2º), Hintermaier (Aus, 23-2º), Hamilton (IrN, 30-2º)

4/7 França 4 x 1 Irlanda do Norte
Gols: Giresse (Fra, 33-1º), Rocheteau (Fra, 1-2º), Rocheteau (Fra, 23-2º), Armstrong (IrN, 30-2º), Giresse (Fra, 35-2º)

Classificação	PG	J	V	E	D	GP	GC	SG
França	4	2	2	0	0	5	0	5
Áustria	1	2	0	1	1	2	3	-1
Irlanda do Norte	1	2	0	1	1	2	6	-4

A França superou os dois adversários e algumas brigas internas, principalmente entre os meias Platini e Larios.

QUARTAS DE FINAL GRUPO 3

29/6 Itália 2 x 1 Argentina
Gols: Tardelli (Ita, 10-2º), Cabrini (Ita, 22-2º), Passarella (Arg, 38-2º)

2/7 Brasil 3 x 1 Argentina
Gols: Zico (Bra, 11-1º), Serginho (Bra, 21-2º), Júnior (Bra, 30-2º), Ramon Diaz (Arg, 44-2º)

5/7 Brasil 2 x 3 Itália
Gols: Paolo Rossi (Ita, 5-1º), Sócrates (Bra, 12-1º), Paolo Rossi (Ita, 25-1º), Falcão (Bra, 23-2º), Paolo Rossi (Ita, 29-2º)

Classificação	PG	J	V	E	D	GP	GC	SG
Itália	4	2	2	0	0	5	3	2
Brasil	2	2	1	0	1	5	4	1
Argentina	0	2	0	0	2	2	5	-3

Depois de três empates na primeira fase, a Itália conseguiu vencer a Argentina. No jogo seguinte, o Brasil arregaçou os rivais portenhos sem dó — no fim, Maradona perdeu a cabeça, deu uma solada em Batista e foi expulso. No último duelo, o Brasil tinha vantagem do empate contra a Itália, mas falhou muito na defesa. Paolo Rossi aproveitou, marcou três gols e eliminou a seleção de Telê, para tristeza geral. Até os donos da casa lamentaram.

SEMIFINAIS

8/7 Itália 2 x 0 Polônia
Gols: Paolo Rossi (Ita, 22-1º), Paolo Rossi (Ita, 20-2º)

8/7 Alemanha 3 x 3 França
Gols: Littbarski (Ale, 17-1º), Platini (Fra, 26-1º)
Os gols na prorrogação: Trésor (Fra, 2-1º), Giresse (Fra, 8-1º), Rummenigge (Ale, 12-1º), Fischer (Ale, 3-2º)
Nos pênaltis, Alemanha 5 x 4 França

Paolo Rossi voltou a decidir e levou a Itália à final. A Alemanha eliminou a França após um jogo épico e uma vitória na primeira decisão por pênaltis da história das Copas.

DECISÃO DO TERCEIRO LUGAR

10/7 Polônia 3 x 2 França
Gols: Girard (Fra, 13-1º), Szarmach (Pol, 40-1º), Majewski (Pol, 44-1º), Kupcewicz (Pol, 1-2º), Couriol (Fra, 27-2º)

Diante de uma França com um time reserva e um goleiro que falhou em três gols, a Polônia deitou, rolou e ficou em 3º na Copa.

A final da Copa

Paolo Rossi marca o primeiro gol da Itália na final

ITÁLIA	3
ALEMANHA	1

Gols: Paolo Rossi (Ita, 12-2º),
Tardelli (Ita, 24-2º),
Altobelli (Ita, 36-2º),
Breitner (Ale, 38-2º)
Data: 11/07/1982
Horário: 20 horas
Local: Santiago Bernabéu (Madri)
Público: 90.000
Árbitro: Arnaldo Cézar Coelho (BRA)
Cartões amarelos:
Bruno Conti
Dremmler
Oriali
Stielike
Littbarski

A final da Copa iria consagrar um novo tricampeão — Itália ou Alemanha — e também o craque do Mundial: Paolo Rossi ou Rummenigge, que haviam marcado cinco gols cada. A diferença moral pesava a favor dos italianos, que haviam despachado Argentina e Brasil. Os alemães vinham desgastados de uma prorrogação contra a França. Mas quem sofreu baixas foi a Itália. O criativo meia Antognoni, machucado, foi cortado de última hora e o técnico Enzo Bearzot escalou o zagueiro Bergomi, de apenas 18 anos. Com isso, a Itália entrou com cinco defensores. Para piorar, o time perdeu Graziani, que caiu sobre o ombro e foi substituído por Altobelli logo aos 7 minutos. No primeiro tempo, a melhor chance de gol foi da Itália. Briegel trombou com Bruno Conti na área e o árbitro, o brasileiro Arnaldo Cézar Coelho, marcou pênalti. Cabrini, porém, cobrou para fora. Na etapa final, a Alemanha acusou o cansaço. Aos 12 minutos, Paolo Rossi fez 1 a 0 e, com isso, tornou-se o artilheiro da Copa — do outro lado, Rummenigge mancava e ainda era marcado pelo implacável Gentile. Depois do gol, os alemães perderam duas boas chances de empatar e pagaram. Aos 24, Tardelli fez 2 a 0, após linha de passes na área germânica. A nove minutos do fim, Altobelli marcou o terceiro gol e iniciou a festa italiana — o gol dos alemães, marcado por Breitner dois minutos depois, mal foi percebido. Contra tudo e contra todos, ao melhor estilo Itália, a *Azzurra* festejou o tricampeonato.

Itália
Técnico: Enzo Bearzot

Alemanha
Técnico: Jupp Derwall

Os melhores da Copa

Numeralha

Maior público: 95.000 (Argentina x Bélgica)

Menor público: 11.000 (Peru x Camarões)

Gols pró: 145
Gols contra: 1
Média por jogo: 2,80

Melhor ataque: França, 16 gols
Goleiro menos vazado: Shilton (Inglaterra), 1 gol em 5 jogos (0,2 por jogo)

Maior goleada: Hungria 10 x 1 El Salvador

Altura do travessão do estádio Ramón Sánchez Pijzuán: 2,415 m (2,5 cm abaixo da regra oficial)

ARTILHEIRO

PAOLO ROSSI
Nome: Paolo Rossi
Seleção: Itália
6 gols em 7 jogos
Posição: atacante
Idade: 25 anos
Nascimento: 23/09/1956, em Prato
Altura: 1,74 m
Peso: 66 kg
Clube: Juventus (ITA)

6 gols
Paolo Rossi (Itália)
5 gols
Rummenigge (Alemanha)
4 gols
Zico (Brasil) e Boniek (Polônia)
3 gols
Falcão (Brasil), Giresse (França), Kiss (Hungria), Armstrong (Irlanda do Norte)

O CRAQUE

PAOLO ROSSI
Itália | atacante

Paolo Rossi fez barba, cabelo e bigode na Copa – ou melhor, foi campeão, artilheiro e escolhido como melhor jogador pela Fifa. Além disso, o atacante tem uma história peculiar. Em 1980, ele foi suspenso por três anos pelo envolvimento na máfia da loteria esportiva italiana. Antes da Copa, a punição caiu para dois anos. Ele só havia jogado três partidas antes do Mundial e estava abaixo do peso.

	Colocações finais	PG	J	%	V	E	D	GP	GC	SG	
1º	Itália	11	7	79	4	3	0	12	6	6	11	0
2º	Alemanha	8	7	57	3	2	2	12	10	2	8	0
3º	Polônia	9	7	64	3	3	1	11	5	6	10	0
4º	França	8	7	57	3	2	2	16	12	4	6	0
5º	Brasil	8	5	80	4	0	1	15	6	9	2	0
6º	Inglaterra	8	5	80	3	2	0	6	1	5	3	0
7º	União Soviética	6	5	60	2	2	1	7	4	3	4	0
8º	Áustria	5	5	50	2	1	2	5	4	1	6	0
9º	Irlanda do Norte	5	5	50	1	3	1	5	7	-2	4	1
10º	Bélgica	5	5	50	2	1	2	3	5	-2	3	0
11º	Argentina	4	5	40	2	0	3	8	7	1	7	2
12º	Espanha	4	5	40	1	2	2	4	5	-1	6	0
13º	Argélia	4	3	67	2	0	1	5	5	0	2	0
14º	Hungria	3	3	50	1	1	1	12	6	6	2	0
15º	Escócia	3	3	50	1	1	1	8	8	0	3	0
16º	Iugoslávia	3	3	50	1	1	1	2	2	0	3	0
17º	Camarões	3	3	50	0	3	0	1	1	0	4	0
18º	Honduras	2	3	33	0	2	1	2	3	-1	1	1
19º	Tchecoslováquia	2	3	33	0	2	1	2	4	-2	2	1
20º	Peru	2	3	33	0	2	1	2	6	-4	2	0
21º	Kuwait	1	3	17	0	1	2	2	6	-4	3	0
22º	Chile	0	3	0	0	0	3	3	8	-5	4	0
23º	Nova Zelândia	0	3	0	0	0	3	2	12	-10	0	0
24º	El Salvador	0	3	0	0	0	3	1	13	-12	5	0

Vilão

O goleiro alemão Schumacher foi eleito o vilão da Copa, pela entrada que deu no francês Battiston, no jogo das semifinais. Com uma "voadora", ele acertou o adversário, que entrava na área sem marcação. Não foi advertido, nem o árbitro deu pênalti. O francês desmaiou, sofreu concussão e perdeu dois dentes. Mas Battiston perdoou Schumacher, a ponto de convidá-lo para o seu casamento.

Jogos históricos
Hungria 10 x 1 El Salvador (1982)

Hungria 10, El Salvador 1: a maior goleada em Copas

HUNGRIA	10
EL SALVADOR	1

Gols: Nyilasi (Hun, 4-1º), Pölöskei (Hun, 11-1º), Fazekas (Hun, 23-1º), Toth (Hun, 5-2º), Fazekas (Hun, 9-2º) Ramirez (ES, 19-2º), Kiss (Hun, 24-2º), Szentes (Hun, 27-2º), Kiss (Hun, 27-2º), Kiss (Hun, 31-2º), Nyilasi (Hun, 38-2º)
Data: 15/06/1982
Horário: 21 horas
Local: Nuevo Estadio (Elche)
Público: 23.000
Árbitro: Ebrahim Al Doy (BAH)
Cartões amarelos: Nyilasi, Fazekas

Em 1982, a Hungria não era mais uma força do futebol, mas ao menos na estreia contra El Salvador fez uma partida que relembrou o lendário esquadrão de Czibor, Puskas e Kocsis, na Copa de 1954. O time abriu o placar logo aos 4 minutos, com Nyilasi, de cabeça. Aos 11, Pölöskei entrou na área e chutou cruzado. Aos 23, Fazekas acertou o ângulo. O placar de 3 a 0 até impressionou. Mas foi a a etapa final que virou um pesadelo interminável para o goleiro de El Salvador, Luis Ricardo Guevara Mora. Aos 5 minutos, a defesa falhou e Toth não perdoou. Aos 9, Fazekas driblou um marcador e bateu no canto. Aos 19, mais um gol, mas de El Salvador, com Ramirez. Aos 24 minutos, Kiss (que havia entrado no decorrer do jogo) chutou no meio do gol, e a bola entrou. Aos 27, a Hungria marcou dois gols, com Szentes (a bola desviou nele e entrou) e Kiss (por cobertura). Aos 31, Mora cortou mal um cruzamento e Kiss emendou. Aos 38, Nyilasi fechou a conta, de cabeça: 10 a 1. O placar tornou-se a goleada recorde na história das Copas, batendo os 9 a 0 que a própria Hungria havia imposto à Coreia do Sul, em 1954. Kiss tornou-se o primeiro a entrar durante uma partida e assinalar em *hat-trick* (três ou mais gols). A favor dos salvadorenhos, diga-se uma coisa: mesmo surrados no placar, não tentaram dar o troco sob a forma de pontapés. Tanto que nem levaram cartão amarelo. E ainda transformaram em documentário o solitário gol de Ramirez.

Hungria
Técnico: Kalman Meszoly

El Salvador
Técnico: Mauricio Rodriguez

Jogos históricos
Brasil 2 x 3 Itália (1982)

Zico reclama de pênalti em que a camisa foi rasgada

BRASIL 2
ITÁLIA 3

Gols: Paolo Rossi (Ita, 5-1º),
Sócrates (Bra, 12-1º),
Paolo Rossi (Ita, 25-1º),
Falcão (Bra, 23-2º),
Paolo Rossi (Ita, 29-2º)
Data: 05/07/1982
Horário: 17h15
Local: Estádio Sarriá (Barcelona)
Público: 44.000
Árbitro: Abraham Klein (ISR)
Cartões amarelos:
Gentile
Oriali

No duelo entre Brasil e Itália, valendo vaga para a semifinal, a obrigação de vencer estava do lado italiano. O Brasil precisava apenas de um empate, porém sofreu adversidades inéditas, como a marcação individual de Gentile em Zico e as falhas defensivas em série. Aos 5 minutos, Cabrini avançou pela esquerda e, sem ser incomodado por Leandro, cruzou. Paolo Rossi correu até o bico da pequena área e cabeceou: 1 a 0. Minutos depois, Serginho atravessou à frente de Zico na área e chutou bisonhamente para fora. Em seguida, Sócrates recebeu passe de Zico e empatou: 1 a 1. O jogo estava controlado, até que Cerezo deu um passe na intermediária. Luisinho e Falcão esperavam pela bola, mas Paolo Rossi estava livre entre eles, dominou, avançou e fuzilou: 2 a 1. No fim do primeiro tempo, Zico foi agarrado por Gentile dentro da área. A camisa até rasgou, mas o árbitro, o israelense Abraham Klein, nem deu bola. Na etapa final, Klein compensou e ignorou um pênalti de Luisinho em Paolo Rossi. Aos 23 minutos, Falcão empatou: 2 a 2. Mas, aos 29 minutos, houve um escanteio para a Itália. O Brasil estava com 10 jogadores na área e Zico saindo dela. Mesmo assim, Paolo Rossi ficou livre e desempatou. Aí sim o Brasil sentiu o golpe. Klein ainda deu uma ajuda, ao anular um gol legítimo de Antognoni. Aos 44 minutos, na última chance brasileira, Oscar cabeceou à queima-roupa, e Zoff defendeu ao pé da trave. A Itália seguia no torneio. E passou a tratar a partida como "a ressurreição de Paolo Rossi".

Brasil
Técnico: Telê Santana

Itália
Técnico: Enzo Bearzot

Em cima da hora

BALLESTRERO — Uruguai, 1930, GK
Virou titular em 1930 porque Mazzalli brigou com o treinador

JOSIMAR — Brasil, 1986, DF
Chamado de última hora com a recusa de Leandro em ir à Copa, brilhou em 86

JÚLIO CÉSAR — Brasil, 1986, DF
Quase foi cortado, mas tomou o lugar de Oscar e jogou muito em 1986

UPSON — Inglaterra, 2010, DF
Quinta opção para a zaga, até marcou gol sobre a Alemanha em 2010

BRANCO — Brasil, 1994, DF
Com a suspensão de Leonardo, voltou ao time e foi decisivo em 1994

KLÉBERSON — Brasil, 2002, MC
Entrou contra a Bélgica em 2002 e consertou o meio-campo

FALCÃO — Brasil, 1982, MC
Jogou só duas vezes com Telê antes da Copa de 1982. Tornou-se titular

GHIGGIA — Uruguai, 1950, AT
Estreou na seleção três meses antes da Copa de 50, na qual foi decisivo

PAOLO ROSSI — Itália, 1982, AT
Antes da Copa de 1982, esteve suspenso por 2 anos e jogou apenas 3 jogos

FONTAINE — França, 1958, AT
Chamado em 1958 por causa do corte de Ciskowski, fez 13 gols na Copa

RAHN — Alemanha, 1954, AT
Começou na reserva, virou titular e foi o herói da final de 1954

GK: Goleiro
DF: Defensor
MC: Meio-campista
AT: Atacante

Os ausentes

RODOLFO RODRIGUEZ — Uruguai, 1986, GK
Ficou na reserva. Insinuou que o técnico Omar Borrás era covarde

AÍRTON — Brasil, 1962, DF
Cortado por Aymoré Moreira porque resolveu recuar uma bola "de letra"

HUMBERTO COELHO — Portugal, 1982, DF
Destaque na história de Portugal, nunca sobreviveu a uma Eliminatória

GARETH BALE — Gales, 2014, DF
Chegou a ser o jogador mais caro da história. Mas Gales não foi à Copa

SCHUSTER — Alemanha, 1982, MC
Pediu dispensa antes da Copa de 1982. Preferiu ficar com a mulher, Gabi

GIGGS — Gales, 2006, MC
Papador de títulos (35), iria a várias Copas se fosse inglês. Mas é galês

PETKOVIC — Sérvia, 2010, MC
Podia ter jogado pela Iugoslávia (98), Sérvia Montenegro (2006) e Sérvia (2010)

CABAÑAS — Paraguai, 2010, AT
Era a estrela do time, mas levou um tiro na cabeça seis meses antes da Copa

GEORGE BEST — Irl. Norte, 1982, AT
Estava com 36 anos em 1982, mas a indisciplina pesou contra ele

DI STEFANO — Argentina, 1962, AT
Não jogou nem pela Argentina nem pela Espanha (1954, 1958 e 1962)

FRIEDENREICH — Brasil, 1930, AT
Foi vítima do fogo cruzado dos cartolas, que só levaram cariocas à Copa

GK: Goleiro
DF: Defensor
MC: Meio-campista
AT: Atacante

Jogos históricos
Alemanha 3 x 3 França (1982)

O goleiro Schumacher salta e atinge o francês Battiston

ALEMANHA	3
FRANÇA	3

Gols: Littbarski (Ale, 17-1º), Platini (Fra, 26-1º)
Na prorrogação: Trésor (Fra, 2-1º), Giresse (Fra, 8-1º), Rummenigge (Ale, 12-1º), Fischer (Ale, 3-2º)
Pênaltis: França 4 (Giresse, Amoros, Rocheteau e Platini; Six e Bossis perderam) x Alemanha 5 (Kaltz, Breitner, Littbarski, Rummenigge e Hrubesch; Stielike perdeu)
Data: 08/07/1982, às 21 horas
Local: R. Sánchez Pizjuán (Sevilha)
Público: 70.000
Árbitro: Charles Corver (HOL)
Cartões amarelos: Giresse, Genghini, Bernd Forster

A Alemanha estava na semifinal após ter feito uma Copa irregular. A França estava embalada e havia ganho o rótulo de herdeira do futebol-arte após a eliminação do Brasil. Os alemães abriram o placar com Littbarski. A França empatou com Platini, cobrando pênalti. No segundo tempo, aos 13 minutos, o lateral Battiston foi lançado e saiu livre na cara do gol. O goleiro Schumacher saiu em cima dele e o acertou com uma "voadora" na cabeça, na risca da área. Era caso de dar pênalti e expulsar Schumacher, mas o árbitro, o holandês Charles Corver, deu apenas tiro de meta. Enquanto Schumacher esperava para cobrar, Battiston era retirado de campo, sem dois dentes e com concussão — ele chegou até a tomar oxigênio no vestiário. O jogo terminou empatado e a partir daí as emoções aumentaram exponencialmente. Na prorrogação, a França abriu 2 a 1. Em desvantagem, o técnico Jupp Derwall mandou Rummenigge aquecer. Ele mal havia pisado no campo quando Giresse fez 3 a 1. Mas Rummenigge puxou a reação, e a Alemanha igualou. O placar de 3 a 3 levou o jogo à decisão por pênaltis, a primeira da história. O alemão Stielike foi o primeiro a perder uma cobrança. Mas Schumacher (aquele) defendeu o chute seguinte, de Six. A decisão ficou em 4 a 4 e levou aos tiros alternados. Se um perdesse e outro marcasse, acabava. Bossis perdeu para a França, parando no goleiro Schumacher (aquele). Hrubesch marcou e colocou a Alemanha na final.

Alemanha
Técnico: Jupp Derwall

França
Técnico: Michel Hidalgo

159

México 1986

Em 1966, a Fifa decidiu que a Copa de 1986 seria na Colômbia. Em tese, haveria 20 anos para se preparar. Na prática, os colombianos viviam problemas políticos e sociais. Além da violência instaurada pelo tráfico de drogas, comandado pelos cartéis de Bogotá, Cáli e Medellín, havia ainda as Forças Armadas Revolucionárias da Colômbia (Farc), um grupo guerrilheiro que poderia incomodar em pleno Mundial. No dia 29 de setembro de 1982, o presidente colombiano, Belisário Betancurt, anunciou que o país abriria mão da Copa, alegando "insuperáveis dificuldades" econômicas e sociais.

Imediatamente, Inglaterra, Alemanha e Espanha levantaram a mão pedindo para receber a Copa. Holandeses e belgas, numa candidatura conjunta, fizeram a mesma coisa. Mas a Fifa queria manter o revezamento entre os continentes, o que significava uma Copa em solo americano. O Brasil se prontificou, mas o presidente João Figueiredo barrou. Os Estados Unidos também mostraram interesse, mas a Fifa não os levou a sério. Entre os candidatos restantes, Canadá e México, ganhou aquele com mais experiência em Copas. A entidade nem se importou em criar um precedente ao definir um país que já havia recebido um Mundial (o México foi sede em 1970) e confirmou a decisão em 20 de maio de 1983.

Cidades e estádios

Mas a Copa no México sofreu um abalo. Ou melhor, dois. No dia 19 de setembro de 1985, um terremoto de 8,1 graus na escala Richter (que vai de 0 a 9) atingiu o país. Um dia depois, houve outro tremor de terra, de 7,3 graus. Milhares de construções ficaram destruídas em Guadalajara, Colima, Guerrero, Michoacán, Morelos, Veracruz e, principalmente, Cidade do México. O número oficial de mortos chegou a 9.500 — algumas fontes chegaram a falar em 35 mil —, além dos 30 mil feridos e 100 mil desabrigados. Apesar de tudo, o México garantiu a Copa. As edificações prioritárias (como hotéis) não foram afetadas, nem os 12 estádios selecionados — em nove cidades diferentes.

> **"O México segue vivo! Faremos o Mundial"**
>
> Do mexicano Guillermo Cañedo, ex-vice-presidente da Fifa e diretor da Televisa, poderosa rede de televisão do país, sobre as condições do México receber a Copa de 1986 mesmo tendo sofrido um terremoto em 1985

Eliminatórias

As Eliminatórias tiveram 119 países inscritos e algumas desistências posteriores — a Jamaica, que deu calote nas taxas exigidas pela Fifa, e o Irã, que se recusou a jogar apenas fora de casa. A classificação mais dramática foi a da Escócia. A equipe precisava ao menos empatar com o País de Gales, fora de casa,

A BOLA
Azteca

na última rodada do grupo 7, para ir à repescagem contra o campeão da Oceania. O jogo em Cardiff terminou 1 a 1, e o treinador escocês, Jock Stein, 62 anos, não resistiu. Seu coração parou naquele dia 10 de setembro. Alex Ferguson (que depois fez história no Manchester United) foi recrutado para a repescagem contra os australianos. E classificou a equipe.

Sorteio e fórmula

A fórmula de disputa sofreu uma mudança significativa. Na Copa de 1982, apenas os dois primeiros de cada um dos seis grupos avançavam. A partir de 1986, os quatro melhores terceiros colocados também se classificariam, totalizando 16 times — número ideal para os mata-matas até a decisão do título. Uma tabela pré-programada encaixava os quatro times repescados nos confrontos das oitavas de final. Além disso, a Fifa determinou que os dois jogos finais de cada chave ocorressem simultaneamente, para evitar marmeladas como de Alemanha e Áustria, em 1982.

Cidade	Estádio	Capacidade
Cidade do México	Azteca	114.600
Cidade do México	Olímpico	72.449
Guadalajara	3 de Marzo	30.015
Guadalajara	Jalisco	63.163
Irapuato	Irapuato	33.000
León	Nou Camp	33.943
Monterrey	Tecnologico	32.500
Monterrey	Universitario	43.000
Nezahualcoyoti	Neza 86	28.000
Puebla	Cuauhtemóc	42.649
Querétaro	Corregidora	40.000
Toluca	La Bombonera	30.000

Em 15 de dezembro de 1985, a Fifa realizou o sorteio dos grupos e definiu como cabeças de chave o México e os times mais bem colocados no Mundial anterior — Itália, Alemanha, Polônia, França e Brasil. O problema é que, com essa distribuição, as chaves ficaram desequilibradas. O grupo B, o do México, parecia fraco demais, com Paraguai, Bélgica e o estreante Iraque. Já o grupo E virou o "grupo da morte", por emparelhar Alemanha, Uruguai, Escócia e Dinamarca. Esta, apesar de estreante, vinha mostrando um futebol que impressionava, a ponto de ganhar o apelido de "Dinamáquina" e comparações com a Holanda dos tempos de Cruyff.

Estreantes em Copas
- Canadá
- Dinamarca
- Iraque

Os favoritos

A França, campeã europeia de 1984, entrou na Copa como a grande favorita. Os franceses projetavam uma final contra o Brasil. A revista espanhola *Don Balon*, baseada num ranking de resultados de 1983 a 1986, sugeria uma final entre França e Inglaterra. Na Dinamarca, apostava-se que os franceses decidiriam o título mundial contra a União Soviética. Já a Itália achava que faria a final com o Brasil. No México, o jornalista Carlos Ramirez, do *La Afición*, chamou Brasil e Itália de "envelhecidos" e afirmou que Polônia e Hungria seriam os dois finalistas. A Inglaterra via Brasil e Argentina liderarem as bolsas de apostas.

Ausência
Nas Eliminatórias da Copa de 1986, a Holanda tinha apenas um remanescente dos vice-campeonatos de 1974 e 1978, o meia Willy Van de Kerkhof. Por outro lado, a renovação trazia nomes como Gullit, Rijkaard e Koeman. O time disputou uma repescagem com a Bélgica. Perdeu a vaga no critério do gol fora de casa.

A preparação do Brasil

Competições disputadas pelo Brasil entre 1982 e 1986	
Copa América 1983	
1F	Equador 0 x 1 Brasil
1F	Argentina 1 x 0 Brasil
1F	Brasil 5 x 0 Equador
1F	Brasil 0 x 0 Argentina
SF	Paraguai 1 x 1 Brasil
SF	Brasil 0 x 0 Paraguai
F	Uruguai 2 x 0 Brasil
F	Brasil 1 x 1 Uruguai
Brasil ficou com o vice	
Eliminatórias da Copa de 1986	
Bolívia 0 x 2 Brasil	
Paraguai 0 x 2 Brasil	
Brasil 1 x 1 Paraguai	
Brasil 1 x 1 Bolívia	
Brasil classificou-se em 1º lugar	

1F: Primeira fase
SF: Semifinal
F: Final

Ao fim de 1982, Telê Santana deixou o cargo. No ano seguinte, a CBF resolveu chamar Carlos Alberto Parreira, 40 anos. Estudioso do futebol e ex-preparador físico da seleção na Copa de 1970, ele pela primeira vez seria o técnico. Na teoria, parecia promissor. Parreira não apenas chamou a maioria dos craques utilizados por Telê Santana na Copa, mas também consertou aquilo que os críticos viam como defeitos naquela equipe. No gol, voltava Leão, então o melhor em atividade no país. No meio-campo, Cerezo deu lugar a Batista, um marcador mais viril. No ataque, havia um centroavante melhor (Careca) e um jogador para atuar como ponta-direita: Tita, que entrou em lugar de Falcão, preso ao futebol italiano.

Na prática, o resultado foi outro. A seleção nunca jogou a contento, muito menos encantou. Para piorar, o futebol italiano seduziu os principais jogadores com ofertas financeiras irrecusáveis. Zico, aos 30 anos, trocou o Flamengo pela Udinese, que pagou US$ 4 milhões — no imaginário popular, um valor capaz de saldar a dívida externa brasileira. Também saíram Cerezo (para a Roma) e Batista (Lazio), entre outros. A seleção obviamente ficou enfraquecida. Fez uma Copa América pífia. Nos oito jogos da campanha, apenas duas vitórias — e apenas uma delas convincente: 5 a 0 sobre o Equador. Por incrível que pareça, o time chegou à final, depois de eliminar o Paraguai em um sorteio, nas semifinais. Na final, não houve como bater o Uruguai.

Em 1984, já sem Parreira no comando, a seleção foi treinada por Edu Coimbra (irmão de Zico) e só jogou três vezes. Uma delas, histórica: uma derrota de 2 a 0 para a Inglaterra em pleno Maracanã. No ano seguinte, foi a vez de Evaristo de Macedo comandar a equipe, mas ele acabou demitido após três derrotas em seis jogos. Duas delas, históricas: para o Peru em casa (1 a 0) e diante da Colômbia, pela primeira vez (1 a 0, em Bogotá).

Com dois anos seguidos de mau desempenho na seleção, a CBF resolveu se dobrar à vontade da torcida brasileira e chamou Telê Santana para ser o técnico a partir das Eliminatórias, contra Bolívia e Paraguai. Telê não queria, mas também se dobrou à vontade popular. E classificou a equipe sem dificuldade.

Um dos motivos que fez Telê voltar ao cargo foi a sensação de injustiça com a derrota de 1982. Assim, ele criou uma espécie de pacto de justiça com os jogadores que estiveram na Copa da Espanha e tentou chamar o maior número deles para o Mundial de 1986. O problema é que os veteranos estavam não apenas quatro anos mais velhos, mas também cheios de lesões.

Zico, por exemplo, tinha sido atingido no joelho esquerdo pelo lateral Márcio Nunes, do Bangu, e sofreu múltiplas lesões de ligamentos e meniscos. Isso fez com que o treinador estabelecesse um plano de chamar 29 jogadores para a primeira fase de treinos, meses antes da Copa: os goleiros Carlos, Gilmar, Leão e Paulo Vítor; os laterais Édson Boaro, Leandro, Branco, Dida e Júnior; os zagueiros Edinho, Júlio César, Mauro Galvão, Mozer e Oscar; os meio-campistas Alemão, Cerezo, Falcão, Elzo, Silas, Sócrates e Zico; e os atacantes Careca, Casagrande, Dirceu, Éder, Marinho, Müller, Renato Gaúcho e Sidney.

Durante a preparação, Telê se viu obrigado a cortar Éder — que agrediu um adversário e foi substituído por Edivaldo — e Sidney (machucado). Além disso, depois de uma noite de folga da concentração, o lateral Leandro e o ponta Renato Gaúcho foram flagrados altas horas, voltando de uma farra. Por esse motivo, Telê cortou Renato, mas Leandro não. Para enxugar a lista a 22 nomes, também foram limados o goleiro Gilmar, o zagueiro Mauro Galvão, o lateral Dida e o ponta Marinho. Para piorar, Zico voltou a sentir o joelho e Telê resolveu adicionar o meia Valdo.

Na noite do embarque para o México, em 8 de maio, Leandro não apareceu no aeroporto. Ficou firme na decisão de não ir à Copa, em solidariedade ao amigo Renato Gaúcho. Sem Leandro, Telê cogitou reconvocar Dida — que jogava nas duas laterais —, mas preferiu Josimar, que estava sem contrato (e sem jogar há três meses) no Botafogo.

No México, a situação não melhorou. Os novos cartolas da CBF — Otávio Pinto Guimarães havia sido eleito presidente em janeiro de 1986 — não tinham um plano de preparação, e a seleção ficou até sem campo para treinar. E vários jogadores estavam machucados. Um deles, Mozer, acabou cortado no dia 15 de maio, dando lugar ao reconvocado Mauro Galvão. Os últimos excluídos foram Cerezo, com distensão na coxa, e Dirceu, clinicamente recuperado do joelho, mas que não havia se empenhado nos treinos. Mesmo com os 22 definidos, Telê tinha muitas dúvidas para escalar a equipe. Por isso, isolou-se de todos, não discutia ideias com ninguém, até fazia as refeições sozinho. Assim era o clima do Brasil pouco antes da estreia no Mundial.

Todos os convocados

Nº	Goleiros	idade	clube
1	Carlos	30	Corinthians
12	Paulo Victor	28	Fluminense
22	Leão	36	Palmeiras

Nº	Zagueiros	idade	clube
3	Oscar	31	São Paulo
4	Edinho	30	Udinese (ITA)
14	Júlio César	23	Guarani
16	Mauro Galvão	24	Internacional

Nº	Laterais	idade	clube
2	Édson	26	Corinthians
13	Josimar	24	Botafogo
17	Branco	22	Fluminense

Nº	Meio-campistas	idade	clube
5	Falcão	32	São Paulo
6	Júnior	31	Torino (ITA)
10	Zico	33	Flamengo
15	Alemão	24	Botafogo
18	Sócrates	32	Flamengo
19	Elzo	25	Atlético-MG
20	Silas	20	São Paulo
21	Valdo	22	Grêmio

Nº	Atacantes	idade	clube
7	Müller	20	São Paulo
8	Casagrande	23	Corinthians
9	Careca	25	São Paulo
11	Edivaldo	24	Atlético-MG

Obs.: Idades computadas até 31/05/1986, data da abertura da Copa

TELÊ SANTANA
técnico

Jogos da fase de grupos

Grupo A Argentina Bulgária Coreia do Sul Itália

31/5 Itália 1 x 1 Bulgária
Gols: Altobelli (Ita, 43-1º), Sirakov (Bul, 40-2º)

2/6 Argentina 3 x 1 Coreia do Sul
Gols: Valdano (Arg, 6-1º), Ruggeri (Arg, 18-1º), Valdano (Arg, 1-2º), Park Chang-Sun (Cor, 28-2º)

5/6 Itália 1 x 1 Argentina
Gols: Altobelli (Ita, 6-1º), Maradona (Arg, 34-1º)

5/6 Bulgária 1 x 1 Coreia do Sul
Gols: Getov (Bul, 11-1º), Kim Jong-Boo (Cor, 25-2º)

10/6 Argentina 2 x 0 Bulgária
Gols: Valdano (Arg, 3-1º), Burruchaga (Arg, 34-2º)

10/6 Coreia do Sul 2 x 3 Itália
Gols: Altobelli (Ita, 17-1º), Choi Soon-Ho (Cor, 17-2º), Altobelli (Ita, 28-2º), Cho Kwang-Rae (contra, p/Ita, 37-2º), Huh Jung-Moo (Cor, 39-2º)

Grupo B Bélgica Iraque México Paraguai

3/6 México 2 x 1 Bélgica
Gols: Quirarte (Mex, 3-1º), Sánchez (Mex, 39-1º), Vandenbergh (Bel, 45-1º)

4/6 Paraguai 1 x 0 Iraque
Gols: Romerito (Par, 35-1º)

7/6 México 1 x 1 Paraguai
Gols: Flores (Mex, 3-1º), Romerito (Par, 40-2º)

8/6 Bélgica 2 x 1 Iraque
Gols: Scifo (Bel, 16-1º), Claesen (Bel, 19-1º), Rhadi Amaiesh (Irq, 14-2º)

11/6 México 1 x 0 Iraque
Gol: Quirarte (Mex, 9-2º)

11/6 Paraguai 2 x 2 Bélgica
Gols: Vercauteren (Bel, 30-1º), Cabañas (Par, 5-2º), Veyt (Bel, 14-2º), Cabañas (Par, 31-2º)

Classificação	PG	J	V	E	D	GP	GC	SG
Argentina	5	3	2	1	0	6	2	4
Itália	4	3	1	2	0	5	4	1
Bulgária	2	3	0	2	1	2	4	-2
Coreia do Sul	1	3	0	1	2	4	7	-3

Classificação	PG	J	V	E	D	GP	GC	SG
México	5	3	2	1	0	4	2	2
Paraguai	4	3	1	2	0	4	3	1
Bélgica	3	3	1	1	1	5	5	0
Iraque	0	3	0	0	3	1	4	-3

Num grupo em que a Itália decepcionou, ao empatar com a Bulgária na partida de abertura da Copa, começou a brilhar a figura do argentino Diego Maradona. Ele deu os passes para todos os gols na vitória (3 a 1) em cima da Coreia do Sul, marcou ele mesmo o gol de empate diante da Itália (1 a 1) e fez a jogada do segundo gol na vitória de 2 a 0 sobre a Bulgária. Os argentinos se classificaram em primeiro na chave. Já a Itália suou para derrotar a Coreia do Sul, resultado que a garantiu em segundo. Os búlgaros, que nunca tinham vencido um jogo em Copas, acharam que iriam quebrar o tabu diante da Coreia do Sul, mas não conseguiram. Contra as próprias expectativas, avançaram graças à repescagem.

História
Dois velhos conhecidos dos brasileiros estreavam em Copas na partida entre Paraguai e Iraque. A seleção iraquiana era treinada por Evaristo de Macedo — que, apesar de ter sido um craque, nunca sequer foi convocado para um Mundial. No Paraguai, brilhava o meia Romerito, ídolo no Fluminense.

Os mexicanos fizeram uma bela festa depois que a seleção do país local derrotou a Bélgica, mas tudo mudou no jogo seguinte. Contra o Paraguai, o mexicano Hugo Sánchez perdeu um pênalti, defendido pelo goleiro "Gato" Fernandez, no último minuto de jogo. E a torcida, irritada com o empate em 1 a 1, promoveu um quebra-quebra nas ruas da Cidade do México. Antes do jogo com o Iraque, os reservas Manzo e Hermosillo trocaram sopapos em um treino e os titulares nem deram bola para a ausência de Hugo Sánchez, suspenso por ter levado dois cartões amarelos. Apesar de tudo, o México classificou-se em primeiro no grupo, um fato inédito para o país, deixando Paraguai em segundo e Bélgica na repescagem.

Jogos da fase de grupos

Grupo C Canadá França Hungria U.Soviética

- **1/6 França 1 x 0 Canadá**
  Gol: Papin (Fra, 34-2º)
- **2/6 União Soviética 6 x 0 Hungria**
  Gols: Yakovenko (URS, 2-1º), Aleinikov (URS, 4-1º), Belanov (URS, 24-1º), Yaremchuk (URS, 21-2º), Yaremchuk (URS, 30-2º), Rodionov (URS, 35-2º)
- **5/6 França 1 x 1 União Soviética**
  Gols: Rats (URS, 8-2º), Fernandez (Fra, 15-2º)
- **6/6 Hungria 2 x 0 Canadá**
  Gols: Esterhazy (Hun, 2-1º), Detari (Hun, 30-2º)
- **9/6 União Soviética 2 x 0 Canadá**
  Gols: Blokhin (URS, 13-2º), Zavarov (URS, 29-2º)
- **9/6 França 3 x 0 Hungria**
  Gols: Stopyra (Fra, 29-1º), Tigana (Fra, 17-2º), Rocheteau (Fra, 39-2º)

Classificação	PG	J	V	E	D	GP	GC	SG
União Soviética	5	3	2	1	0	9	1	8
França	5	3	2	1	0	5	1	4
Hungria	2	3	1	0	2	2	9	-7
Canadá	0	3	0	0	3	0	5	-5

Grupo D Argélia Brasil Espanha Irl. Norte

- **1/6 Brasil 1 x 0 Espanha**
  Gol: Sócrates (Bra, 16-2º)
- **3/6 Argélia 1 x 1 Irlanda do Norte**
  Gols: Whiteside (IrN, 6-1º), Zidane (Agl, 14-2º)
- **6/6 Brasil 1 x 0 Argélia**
  Gol: Careca (Bra, 21-2º)
- **7/6 Espanha 2 x 1 Irlanda do Norte**
  Gols: Butragueño (Esp, 1-1º), Julio Salinas (Esp, 18-1º), Clarke (IrN, 1-2º)
- **12/6 Brasil 3 x 0 Irlanda do Norte**
  Gols: Careca (Bra, 15-1º), Josimar (Bra, 42-1º), Careca (Bra, 42-2º)
- **12/6 Espanha 3 x 0 Argélia**
  Gols: Caldere (Esp, 15-1º), Caldere (Esp, 23-2º), Eloy (Esp, 25-2º)

Classificação	PG	J	V	E	D	GP	GC	SG
Brasil	6	3	3	0	0	5	0	5
Espanha	4	3	2	0	1	5	2	3
Irlanda do Norte	1	3	0	1	2	2	6	-4
Argélia	1	3	0	1	2	1	5	-4

A União Soviética teve uma estreia impressionante contra a Hungria. Nem tanto pela vitória, e sim pelo tamanho dela: 6 a 0. O placar não foi maior porque Belanov chutou um pênalti por cima do travessão quando o jogo estava 5 a 0. Depois, surgiu a piada que os soviéticos estavam dopados com radiação. Pouco antes da Copa, houve um acidente radioativo na usina nuclear de Chernobil, perto de Kiev. E o Dínamo de Kiev tinha 11 jogadores na seleção soviética. A França, embora fosse a favorita do grupo, estava bem mais econômica no ataque, mesmo porque Papin perdia gols em profusão. Como soviéticos e franceses empataram no duelo entre eles, os gols marcados sobre Hungria e Canadá definiram o grupo.

> **Garfada**
> Aos sete minutos da etapa final do jogo com o Brasil, o espanhol Michel chutou de fora da área. A bola bateu no travessão e dentro do gol, mas o árbitro australiano Christopher Bambridge e o bandeira holandês Jan Keizer não validaram o lance. Até ali, o jogo estava zero a zero.

Os dois primeiros jogos do Brasil foram apertados. Sócrates decidiu contra a Espanha, ao aproveitar a sobra de uma chute de Careca que havia batido no travessão. E Careca decidiu contra a Argélia ao aproveitar uma indecisão da defesa adversária. O Brasil estava classificado, mas não convencia. Até que veio a partida contra a Irlanda do Norte. Duas mudanças contestadas — o obscuro Josimar na lateral-direita, em vez de Edson, e o jovem Müller no ataque, em vez de Casagrande — levaram a equipe a fazer sua melhor exibição na primeira fase. Josimar, que nunca sequer havia atuado pela seleção, marcou um golaço num chute de fora da área. O Brasil venceu por 3 a 0 e se classificou em 1º, com a Espanha em 2º.

Jogos da fase de grupos

4/6 Uruguai 1 x 1 Alemanha
Gols: Alzamendi (Uru, 4-1º), Allofs (Ale, 39-2º)

4/6 Escócia 0 x 1 Dinamarca
Gol: Elkjaer (Din, 12-2º)

8/6 Alemanha 2 x 1 Escócia
Gols: Strachan (Esc, 18-1º), Völler (Ale, 23-1º), Allofs (Ale, 4-2º)

8/6 Dinamarca 6 x 1 Uruguai
Gols: Elkjaer (Din, 11-1º), Lerby (Din, 41-1º), Francescoli (Uru, 45-1º), Laudrup (Din, 7-2º), Elkjaer (Din, 22-2º), Elkjaer (Din, 35-2º), Jesper Olsen (Din, 43-2º)

13/6 Uruguai 0 x 0 Escócia

13/6 Alemanha 0 x 2 Dinamarca
Gols: Jesper Olsen (Din, 43-1º), Eriksen (Din, 17-2º)

2/6 Polônia 0 x 0 Marrocos

3/6 Inglaterra 0 x 1 Portugal
Gol: Carlos Manuel (Por, 31-2º)

6/6 Inglaterra 0 x 0 Marrocos

7/6 Portugal 0 x 1 Polônia
Gol: Smolarek (Pol, 23-2º)

11/6 Inglaterra 3 x 0 Polônia
Gols: Lineker (Ing, 9-1º), Lineker (Ing, 14-1º), Lineker (Ing, 34-1º)

11/6 Marrocos 3 x 1 Portugal
Gols: Khairi (Mar, 19-1º), Khairi (Mar, 26-1º), Krimau (Mar, 17-2º), Diamantino (Por, 35-2º)

Classificação	PG	J	V	E	D	GP	GC	SG
Dinamarca	6	3	3	0	0	9	1	8
Alemanha	3	3	1	1	1	3	4	-1
Uruguai	2	3	0	2	1	2	7	-5
Escócia	1	3	0	1	2	1	3	-2

Classificação	PG	J	V	E	D	GP	GC	SG
Marrocos	4	3	1	2	0	3	1	2
Inglaterra	3	3	1	1	1	3	1	2
Polônia	3	3	1	1	1	1	3	-2
Portugal	2	3	1	0	2	2	4	-2

Antes da Copa, a Dinamarca era considerada uma das favoritas ao título, devido ao futebol apresentado nos dois anos anteriores. Contra a Escócia, o time dominou, mas pecou em vários lances e venceu por 1 a 0. Depois, o time goleou o Uruguai por 6 a 1 e bateu uma desinteressada Alemanha por 2 a 0. Os alemães, a essa altura, já estavam classificados — graças a um empate suado com os uruguaios e a uma vitória magrinha sobre os escoceses — e nem ligaram de ficar em segundo no grupo. Assim, Uruguai e Escócia decidiram, em confronto direto, a vaga na repescagem. Os uruguaios tiveram o lateral Batista expulso aos 55 segundos (a expulsão mais rápida da história), mas seguraram um empate sem gols e se classificaram.

Massacre
O Uruguai se deu mal contra a Dinamarca. No 1º tempo, levou dois gols e perdeu o volante Bossio, expulso após falta violenta. Aos 45 minutos, Francescoli descontou, de pênalti. Na etapa final, a Celeste (que nesse dia estava de branco) foi atropelada nos contragolpes. O placar de 6 a 1 saiu barato.

Nos quatro primeiros jogos, apenas dois gols foram marcados: definiram a vitória de Portugal sobre a Inglaterra e a derrota lusa para a Polônia. Na última rodada, os ingleses precisavam vencer os poloneses e desencantaram, graças a três gols do atacante Lineker em 35 minutos de jogo. Com esse resultado, um empate classificaria Marrocos e Portugal na outra partida. O técnico dos africanos, o brasileiro José Faria, sabia disso. Mas o português José Torres não, e mandou o time à frente. Resultado: foi surpreendido pela velocidade dos marroquinos que venceram por 3 a 1. Ao fim do jogo, Faria alfinetou o colega de Portugal: "Ele (José Torres) não sabe que futebol é matemática. Bastaria um empate e os dois estariam classificados".

Os mata-matas

OITAVAS DE FINAL

15/6 México 2 x 0 Bulgária
Gols: Negrete (Mex, 34-1º), Servin (Mex, 16-2º)

15/6 União Soviética 3 x 4 Bélgica
Gols: Belanov (URS, 27-1º), Scifo (Bel, 11-2º), Belanov (URS, 25-2º), Ceulemans (Bel, 32-2º)
Gols na prorrogação: Demol (Bel, 12-1º), Claesen (Bel, 5-2º), Belanov (URS, 6-2º)

16/6 Brasil 4 x 0 Polônia
Gols: Careca (Bra, 30-1º), Josimar (Bra, 10-2º), Edinho (Bra, 34-2º), Careca (Bra, 38-2º)

16/6 Argentina 1 x 0 Uruguai
Gol: Pasculli (Arg, 41-1º)

17/6 França 2 x 0 Itália
Gols: Platini (Fra, 15-1º), Stopyra (Fra, 12-2º)

17/6 Marrocos 0 x 1 Alemanha
Gols: Matthäus (Ale, 43-2º)

18/6 Inglaterra 3 x 0 Paraguai
Gols: Lineker (Ing, 31-1º), Beardsley (Ing, 11-2º), Lineker (Ing, 28-2º)

18/6 Dinamarca 1 x 5 Espanha
Gols: Jesper Olsen (Din, 33-1º), Butragueño (Esp, 43-1º), Butragueño (Esp, 11-2º), Goicoechea (Esp, 23-2º), Butragueño (Esp, 35-2º), Butragueño (Esp, 43-2º)

Duas surpresas marcaram as oitavas de final. A Bélgica eliminou a União Soviética na prorrogação — depois de ter feito dois gols em impedimento no tempo normal. E a Dinamarca virou carniça para a Espanha do atacante Emilio "El Buitre" Butragueño, autor de quatro gols na goleada por 5 a 1. Já Marrocos quase segurou a Alemanha; perdeu graças a um gol de falta em que a barreira estava mal-armada. Nos outros confrontos, os favoritos fizeram o serviço. O México passou pela Bulgária. A França derrotou a Itália. A Argentina despachou o Uruguai numa partida em que Maradona teve um gol legítimo mal anulado, por impedimento. A Inglaterra cansou de cruzar bolas para a área do Paraguai e aproveitou três delas. Ainda foi beneficiada pela arbitragem, que ignorou um pênalti claro em Romerito. O Brasil, por fim, goleou a Polônia por 4 a 0, com mais um gol de Josimar, que a essa altura já havia virado um herói nacional ao estilo Macunaíma.

QUARTAS DE FINAL

21/6 Brasil 1 x 1 França
Gols: Careca (Bra, 17-1º), Platini (Fra, 40-1º)
Nos pênaltis: Brasil 3 x 4 França

21/6 Alemanha 0 x 0 México
Nos pênaltis: Alemanha 4 x 1 México

22/6 Argentina 2 x 1 Inglaterra
Gols: Maradona (Arg, 6 e 9-2º), Lineker (Ing, 36-2º)

22/6 Espanha 1 x 1 Bélgica
Gols: Ceulemans (Bel, 35-1º), Señor (Esp, 40-2º)
Nos pênaltis, Espanha 4 x 5 Bélgica

Jogaço
O duelo entre Brasil e França teve 2 gols, duas bolas na trave (Müller e Careca) e um lance que doeu no coração brasileiro: Zico cobrou um pênalti e o goleiro Bats defendeu, aos 28 do 2º tempo. A decisão foi para os pênaltis. Bats salvou o chute de Sócrates, e Júlio César mandou na trave. A França avançou.

Três confrontos foram decididos nos pênaltis. França, Alemanha e Bélgica superaram Brasil, México e Espanha, respectivamente. Já o duelo entre Argentina e Inglaterra foi decidido em duas jogadas de Maradona. Primeiro, marcou um gol com a mão — e disse que o gol "foi feito com a mão de Deus". Três minutos depois, anotou o gol mais bonito da Copa, ao passar por seis adversários.

SEMIFINAIS

25/6 Alemanha 2 x 0 França
Gols: Brehme (Ale, 6-1º), Völler (Ale, 44-2º)

25/6 Argentina 2 x 0 Bélgica
Gols: Maradona (Arg, 6-2º), Maradona (Arg, 18-2º)

O goleiro francês Bats, herói nos pênaltis contra o Brasil, foi vilão contra a Alemanha ao levar um frango logo no começo, num chute de Brehme. A França não conseguiu reagir. Maradona, herói diante da Inglaterra, foi herói de novo ao marcar dois golaços na Bélgica.

DECISÃO DO TERCEIRO LUGAR

28/6 França 4 x 2 Bélgica
Gols: Ceulemans (Bel, 11-1º), Ferreri (Fra, 27-1º), Papin (Fra, 43-1º), Claesen (Bel, 28-2º)
Gols na prorrogação: Bellone (Fra, 14-1º), Amoros (Fra, 6-2º)

A final da Copa

Maradona disputa jogada com a defesa da Alemanha

ARGENTINA	3
ALEMANHA	2

Gols: Brown (Arg, 23-1ª), Valdano (Arg, 10-2ª), Rummenigge (Ale, 29-2ª), Völler (Ale, 35-2ª), Burruchaga (Arg, 38-2ª)
Data: 29/06/1986
Horário: 12 horas
Local: Estádio Azteca (Cid. México)
Público: 114.600
Árbitro: Romualdo Arppi Filho (BRA)
Cartões amarelos:
Maradona
Matthäus
Briegel
Olarticoechea
Enrique
Pumpido

Se Maradona jogasse o que havia mostrado nas partidas anteriores, o título estaria no papo para a Argentina. Mas a Alemanha, que se arrastou na Copa, havia eliminado a favorita França e impunha respeito. Principalmente porque, nos primeiros minutos, a equipe do técnico Franz Beckenbauer tomou a iniciativa. Maradona, por sua vez, sofria marcação individual do meia Matthäus. Quando ele escapava, algum outro alemão o colocava no chão. Mas isso teve preço. Aos 15 minutos, Maradona foi derrubado perto do bico da área. Na cobrança da falta, Cuciuffo acabou barrado quase no mesmo lugar. Burruchaga cobrou essa falta para a área, Schumacher saiu mal do gol pelo alto e Brown fez 1 a 0, de cabeça. Maradona teve duas boas chances para ampliar, mas em ambas parou no goleiro. Os alemães, por sua vez, reclamaram de um pênalti, no fim da etapa, mas o árbitro, o brasileiro Romualdo Arppi Filho, marcou (corretamente) fora da área, a 10 cm da risca. Na etapa final, a Argentina fez 2 a 0 aos 10 minutos, com Valdano tocando na saída do goleiro. Mas os argentinos deram mole. E a Alemanha empatou, em duas cobranças de escanteio de Brehme que terminaram em finalizações de Rummenigge e Völler. A dez minutos do fim, o jogo estava 2 a 2. E Maradona entrou em ação de novo. De seu campo, ele lançou Burruchaga, que ganhou na corrida de Briegel e tocou na saída de Schumacher, aos 38 minutos. Era o gol do título da Argentina.

Argentina
Técnico: Carlos Bilardo

Alemanha
Técnico: Franz Beckenbauer

Os melhores da Copa

Numeralha

Maior público: 114.600 (Argentina x Alemanha e México x Paraguai)

Menor público: 13.800 (Hungria x Canadá)

Gols pró: 131
Gols contra: 1
Média por jogo: 2,54

Melhor ataque: Argentina, 14 gols
Goleiro menos vazado: Carlos (Brasil), 1 gol em 5 jogos (0,2 por jogo)

Maior goleada: União Soviética 6 x 0 Hungria

Pênaltis perdidos nas três decisões: Brasil (2), México (2), França (1) e Espanha (1)

ARTILHEIRO

LINEKER
Nome: Gary Winston Lineker
Seleção: Inglaterra
6 gols em 5 jogos
Posição: atacante
Idade: 25 anos
Nascimento: 30/11/1960, em Leicester
Altura: 1,77 m
Peso: 74 kg
Clube: Everton

6 gols
Lineker (Inglaterra)
5 gols
Maradona (Argentina), Careca (Brasil) Butragueño (Espanha)
4 gols
Valdano (Argentina), Elkjaer (Dinamarca) Altobelli (Itália), Belanov (União Soviética)
3 gols
Völler (Alemanha), Ceulemans, Claesen (Bélgica), Jesper Olsen (Dinamarca)

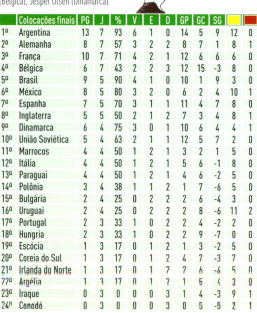

O CRAQUE

MARADONA
Argentina | meia

Maradona foi tão fundamental para a Argentina que muitos dizem que ele "ganhou o título sozinho", o que não corresponde à verdade em um esporte coletivo como o futebol. O certo é que, desde 1962, um jogador não desequilibrava tanto. Uma conquista de Copa do Mundo pesa muito. Por causa disso, o Pibe d'Oro é hoje um dos melhores de todos os tempos — e, em seu país, melhor que Pelé.

Colocações finais	PG	J	%	V	E	D	GP	GC	SG		
1ª Argentina	13	7	93	6	1	0	14	5	9	12	0
2ª Alemanha	8	7	57	3	2	2	8	7	1	8	1
3ª França	10	7	71	4	2	1	12	6	6	6	0
4ª Bélgica	6	7	43	2	2	3	12	15	-3	6	0
5ª Brasil	9	5	90	4	1	0	10	1	9	3	0
6ª México	8	5	80	3	2	0	6	2	4	10	1
7ª Espanha	7	5	70	3	1	1	11	4	7	8	0
8ª Inglaterra	5	5	50	2	1	2	7	3	4	8	1
9ª Dinamarca	6	4	75	3	0	1	10	6	4	4	1
10ª União Soviética	5	4	63	2	1	1	12	5	7	2	0
11ª Marrocos	4	4	50	1	2	1	3	2	1	5	0
12ª Itália	4	4	50	1	2	1	5	6	-1	8	0
13ª Paraguai	4	4	50	1	2	1	4	6	-2	5	0
14ª Polônia	3	4	38	1	1	2	1	7	-6	5	0
15ª Bulgária	2	4	25	0	2	2	2	6	-4	3	0
16ª Uruguai	2	4	25	0	2	2	2	8	-6	11	2
17ª Portugal	2	3	33	1	0	2	2	4	-2	2	0
18ª Hungria	2	3	33	1	0	2	2	9	-7	0	0
19ª Escócia	1	3	17	0	1	2	1	3	-2	5	0
20ª Coreia do Sul	1	3	17	0	1	2	4	7	-3	7	0
21ª Irlanda do Norte	1	3	17	0	1	2	2	6	-4	5	0
22ª Argélia	1	3	17	0	1	2	1	5	-4	2	0
23ª Iraque	0	3	0	0	0	3	1	4	-3	9	1
24ª Canadá	0	3	0	0	0	3	0	5	-5	2	1

Camisa

Assim como o Brasil em 1958, a Argentina foi às compras atrás de uniformes de jogo em plena Copa. Os jogadores reclamaram que a camisa azul usada contra o Uruguai era muito pesada, e sabia-se que teriam que vestir azul diante da Inglaterra. Os roupeiros acharam um jogo em tons de azul-escuro, mais leve e da mesma fornecedora, a Le Coq. "Com essa camisa, seremos campeões", declarou Maradona.

Reis de Copas Maradona

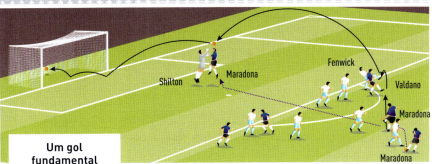

Um gol fundamental

O segundo gol do argentino Maradona na partida contra a Inglaterra virou o mais bonito da história das Copas. Mas o primeiro gol foi mais "divino".

Ele arrancou em direção à área, passou por dois marcadores e tocou para Valdano. Ao desarmar o passe, o inglês Fenwick deu um chutão para cima, em direção ao goleiro Shilton. Maradona percebeu e correu em direção ao goleiro. Com um toque sutil com a mão, desviou a bola para as redes. O árbitro, o tunisiano Ali Bennaceur validou o gol. Questionado sobre o lance, Maradona falou que fez o gol "com a mão de Deus".

1) Nasceu em 30/10/1960, em Lanús (província de Buenos Aires).
2) Estreou na seleção argentina aos 16 anos, em 27 de fevereiro de 1977, contra a Hungria. A Argentina venceu o amistoso por 5 a 1.
3) Sua ausência para a Copa de 1978, aos 17 anos, gerou celeuma na Argentina. O meia foi preterido para a convocação de Norberto Alonso. Ao que consta, Alonso era o preferido dos dirigentes da Asociación Del Fútbol Argentino, incluindo o general Carlos Alberto Lacoste.
4) Pela seleção, fez 91 jogos e 34 gols entre 1977 e 1994. Na carreira, foram 679 jogos e 480 gols.
5) Foi o craque maior da Copa de 1986.
6) Jogou duas finais. Foi campeão em 1986 e vice em 1990. Nas duas ocasiões, era capitão da equipe.
7) Na Copa de 1994, foi acusado de *doping* após a segunda partida e nunca mais jogou pela seleção argentina.
8) Começou no Argentinos Juniors, em 1976, aos 15 anos. Jogou por um ano no Boca Juniors. Viveu altos e baixos no Barcelona. Virou Deus no Nápoli, mas saiu de lá após uma acusação de *doping*, em 1991. Perambulou por Sevilla e Newell's Old Boys até encerrar a carreira no Boca Juniors, em 1997.
9) Voltou a aparecer em Copas do Mundo ao se tornar o técnico da seleção da Argentina, em 2010.
10) Seu nome batiza o estádio Diego Armando Maradona, do Argentinos Juniors, em Buenos Aires.

Maradona em Copas	J	V	E	D	G
1982	5	2	0	3	2
1986	7	6	1	0	5
1990	7	2	2	3	0
1994	2	2	0	0	1
Total	21	12	3	6	8

Esquadrões sem título

Holanda 1974/78

CRUYFF
Holanda | atacante

NEESKENS
Holanda | meia

Os dois times tiveram uma segunda chance. E não venceram

Brasil 1982/86

SÓCRATES
Brasil | meia

ZICO
Brasil | meia

O Ajax, vencedor da Liga dos Campeões da Europa em 1971, 72 e 73, apresentava uma forma de jogar futebol até então nunca vista. À exceção do goleiro, ninguém guardava posição. Zagueiros subiam ao ataque, atacantes voltavam para marcar e o time atuava nessa constante rotatividade. O esquema tático foi criado pelo técnico Rinus Michels, que saiu do time em 1971. O romeno Stefan Kovacs o aperfeiçoou nos dois anos seguintes, tornando o time mais técnico. A seleção holandesa passou a atuar da mesma forma, o que lhe valeu os apelidos de "Carrossel" e "Laranja Mecânica". Para melhorar, havia talentos como Krol (um defensor polivalente), Neeskens (um meia de chute forte) e Cruyff (lépido e dono de impressionante consciência tática). Meses antes da Copa de 1974, Michels largou o Barcelona e assumiu a seleção holandesa, que mostrou nos gramados da Alemanha o revolucionário Carrossel. Os adversários, ainda presos a táticas mais conservadoras, eram pegos de surpresa com a movimentação dos jogadores (com a bola) e a marcação em bloco e até violenta (sem a bola). Mas o time não conseguiu superar os alemães na final. A Holanda teve uma segunda chance, em 1978. Mas, sem Cruyff e sem a magia de quatro anos antes, não resistiu à garra argentina.

Em 1981, Telê Santana conseguiu reunir uma geração de craques como Zico (o Galinho de Quintino), Sócrates (o Doutor) e Júnior (o Capacete). O Brasil ganhou moral em uma excursão na Europa, na qual derrotou Inglaterra, França e Alemanha — e, já em território brasileiro, a Espanha. Na época, Telê tinha como filosofia o jogo bonito e não deixava seus comandados darem botinadas. A seleção entrou em 1982 como favorita ao título mundial e, no mês anterior à Copa, ganhou o acréscimo de Falcão (o Rei de Roma). Os jogadores de meio-campo tocavam a bola com precisão e elegância, mas também sabiam chutar a gol. O estilo de jogo encantou a torcida nos gramados da Espanha e inspirou, entre outros, o Barcelona de Guardiola (2009-2011). Mas a defesa não se portava tão bem, e o time acabou perdendo uma partida decisiva para a Itália, por 3 a 2. Os italianos dizem que, se houvesse outros 10 jogos, os brasileiros venceriam nove. Mas a derrota foi a partida que valeu. Quatro anos depois, Telê estava de novo no comando na seleção brasileira. E lá estavam Zico, Sócrates, Júnior e Falcão. Mas apenas Sócrates e Júnior estavam em boas condições físicas. Mais pragmático, mas menos brilhante, o time caiu nos pênaltis ante a França.

Lendas das Américas

FILLOL — Argentina, 1978, GK, #1
Tinha o apelido de "El Pato" e foi fundamental no título da Argentina

ARCE — Paraguai, 2002, DF, #12
Exímio cobrador de faltas, fez um golaço em 2002

GAMARRA — Paraguai, 1998, DF, #3
Jogou quatro partidas, uma prorrogação e não cometeu nenhuma falta

FIGUEROA — Chile, 1982, DF, #4
Tinha 35 anos na Copa de 1982. Atuou também em 1966 e 1974

RINCÓN — Colômbia, 1994, MC, #5
Começou como meia ofensivo e virou volante com o passar dos anos

CUBILLAS — Peru, 1970, MC, #6
Um dos maiores artilheiros em Copas, com 10 gols

FRANCESCOLI — Uruguai, 1986, MC, #8
Meia clássico, inspirou ninguém menos que o francês Zidane

RIVALDO — Brasil, 2002, MC, #10
Eleito o melhor jogador do mundo em 1999, disputou duas finais de Copas

AGUINAGA — Equador, 2002, MC, #7
Comoveu o Equador quando conseguiu disputar a Copa de 2002

KEMPES — Argentina, 1978, AT, #11
Fez os gols que levaram a Argentina ao título de 1978

HUGO SANCHEZ — México, 1986, AT, #9
Disputou três Copas (1978, 1986 e 1994) e é o maior jogador do México

GK: Goleiro
DF: Defensor
MC: Meio-campista
AT: Atacante

Itália 1990

Com o título mundial de 1982 e o crescimento do futebol italiano, que passou o rodo e levou os melhores jogadores do mundo para disputar o campeonato do país, os políticos se mostraram interessados em sediar a próxima Copa do Mundo a ser disputada na Europa — no caso, a de 1990. A princípio, a Fifa tinha resistência em repetir um país-sede, o que em tese dificultava as coisas para alemães, franceses, ingleses e italianos — e deixava os soviéticos como favoritos. Mas o precedente criado em 1983, quando o México assumiu a Copa de 1986 após a desistência da Colômbia, recolocou no páreo aqueles que já haviam recebido o Mundial em anos anteriores. Um a um, os pretendentes foram eliminados até que a Fifa chegou a dois nomes: Itália e União Soviética. No dia 18 de outubro de 1984, a Itália foi escolhida, por 11 votos contra cinco dos soviéticos.

Sem querer, a Fifa evitou uma dor de cabeça incrível para ela mesma. Em 1985, a Europa começou a passar pelas transformações mais profundas desde a Segunda Guerra Mundial. Mikhail Gorbatchov foi eleito líder da União Soviética e promoveu uma reestruturação gradual no país, num processo conhecido como Perestroika. Em 1989, a Hungria abriu as fronteiras com a Áustria. Esses dois acontecimentos trouxeram consequências para Hungria, Romênia, Polônia, Bulgária, Albânia, Alemanha Oriental, Iugoslávia, Tchecoslováquia e, principalmente, União Soviética — e inevitavelmente traria reflexos para a organização da Copa.

Cidades e estádios

Em 3 de dezembro de 1984, a Itália criou o Col-Itália 90, comitê organizador do torneio, presidido por Franco Ferraro. Somente em 6 de março de 1987 saiu a verba para melhorias na infraestrutura das 12 cidades-sede e nos estádios. Alguns deles, existentes desde a Copa de 1934, como o de Florença, passaram por profundas reformas (inclusive no nome). Nove das doze praças, como o estádio Olímpico de Roma e o San Siro, em Milão, receberam melhorias. O Luigi Ferraris, de Gênova, foi demolido e reconstruído. As cidades de Turim e Bari acabaram premiadas com estádios novinhos, o Delle Alpi e o San Nicola.

Eliminatórias

Ao todo, 111 países disputaram as Eliminatórias. Seis desistiram: Bahrein, Iêmen do Sul, Índia, Lesoto, Ruanda e Togo.

> "**Nessum dorma**"
>
> Principal canção de ópera no concerto dos três tenores — o italiano Luciano Pavarotti e os espanhóis Placido Domingo e Jooó Carreras — nas termas de Caracala, marcado para a véspera da final da Copa. O concerto, além de abrilhantar o Mundial, teve valor filantrópico. O dinheiro arrecadado foi doado para a Fundação Internacional José Carreras para a luta contra a leucemia — ele havia vencido a doença, anos antes.

A BOLA
Etrusco

O México não pôde disputar devido a uma punição imposta pela Fifa. O país havia usado jogadores além do limite da idade no Mundial Sub-20. Já o Chile tentou forjar um acidente com o goleiro Rojas em uma partida contra o Brasil e abandonou o campo. A Fifa detectou a fraude e não só confirmou a seleção brasileira como vencedora da partida, por 2 a 0 — o jogo estava 1 a 0 quando foi paralisado — como também proibiu os chilenos de disputarem as Eliminatórias para o Mundial de 1994.

Cidade	Estádio	Capacidade
Bari	San Nicola	56.875
Bologna	Renato Dall'Ara	37.285
Cagliari	Sant'Elia	40.117
Florença	Communale	41.300
Gênova	Luigi Ferraris	35.921
Milão	San Siro	76.398
Nápoles	San Paolo	74.090
Palermo	Della Favorita	36.982
Roma	Olímpico	80.258
Turim	Delle Alpi	67.411
Udine	Friuli	38.685
Verona	Marco Bentegodi	40.976

Sorteio e fórmula

A Fifa confirmou a fórmula de disputa adotada em 1986 — seis grupos de quatro times cada, classificando-se os dois primeiros de cada chave e os quatro melhores terceiros colocados para os jogos em mata-mata até sobrarem dois para a decisão do título. E realizou o sorteio dos grupos em 9 de dezembro de 1989, tendo Itália, Argentina, Brasil, Alemanha, Bélgica e Inglaterra como cabeças de chave.

A principal preocupação era com os *hooligans*, torcedores que se embriagam e promovem quebra-quebras antes, durante e após os jogos — principalmente se o time perder. Os mais perigosos eram ingleses e holandeses, e o sorteio direcionado pela Fifa colocou os países no mesmo grupo: o F. Eles jogariam nas ilhas da Sardenha (na cidade de Cagliari) e da Sicília (em Palermo), onde teoricamente ficaria mais fácil isolar os baderneiros. O sorteio também evitou que os grupos ficassem muito desequilibrados. A chave de maior equilíbrio era a B, que tinha Argentina (campeã mundial), União Soviética (campeã olímpica de 1988), a emergente Romênia e o time de Camarões, de quem se esperava uma surpresa igual à de 1982.

Estreantes em Copas
Costa Rica
Emirados Árabes
Irlanda

Os favoritos

Apesar de ser a campeã mundial, a Argentina não figurava entre os favoritos, e sim num grupo de segundo escalão, ao lado de União Soviética, Alemanha e Inglaterra. Os favoritos eram a Itália, o Brasil e a Holanda. Esse triunvirato aparecia inclusive em um "bolão" informal feito entre os 24 treinadores presentes no Mundial. Metade deles cravou a Itália como futura campeã, seis deles apostaram no Brasil e dois, na Holanda. Nas bolsas de apostas pelo mundo, o palpite mais seguro apontava que italianos e brasileiros fariam a final.

Ausência
Em abril de 1987, o francês Michel Platini aposentou-se da seleção. Em julho, encerrou a carreira, aos 32 anos. Em 1988, Platini voltou à seleção, mas como treinador. Com ele na casamata, e não no campo, a equipe 3ª colocada na Copa de 1986 não sobreviveu a um grupo que tinha Iugoslávia e Escócia e acabou fora da Copa.

175

A preparação do Brasil

Competições disputadas pelo Brasil entre 1986 e 1990	
Copa América 1987	
1F	Brasil 5 x 0 Venezuela
1F	Brasil 0 x 4 Chile
Brasil foi eliminado na primeira fase	
Copa América 1989	
1F	Brasil 3 x 1 Venezuela
1F	Brasil 0 x 0 Peru
1F	Brasil 0 x 0 Colômbia
1F	Brasil 2 x 0 Paraguai
FF	Brasil 2 x 0 Argentina
FF	Brasil 3 x 0 Paraguai
FF	Brasil 1 x 0 Uruguai
Brasil sagrou-se campeão	
Eliminatórias da Copa de 2002	
Venezuela 0 x 4 Brasil	
Chile 1 x 1 Brasil	
Brasil 6 x 0 Venezuela	
Brasil 1 x 0 Chile	
Obs.: O Brasil foi considerado vencedor pelo placar de 2 a 0, já que o Chile deixou o campo	
Brasil classificou-se em 1º lugar	

1F: Primeira fase
QF: Quartas de final
SF: Semifinal
D3: Decisão do 3º lugar
F: Final

A saída de Telê Santana após a Copa de 1986 era irreversível, e a CBF praticamente desativou a seleção por quase um ano. Mas o treinador veio antes disso: Carlos Alberto Silva. Não era o primeiro nome na lista da CBF — que antes dele tentou Jair Pereira e Rubens Minelli —, mas foi quem aceitou. Seu primeiro teste foi o Pré-Olímpico de 1987, entre abril e maio. Apesar do desempenho irregular, o Brasil foi campeão e conseguiu vaga na Olimpíada de Seul, em 1988. Isso alavancou o treinador para a seleção principal. Sob seu comando, foram lançados na seleção jogadores como o goleiro Taffarel, o lateral Jorginho, o zagueiro Ricardo Rocha, o volante Dunga, o meia Raí e os atacantes Bebeto e Romário. Vários deles tinham condição de jogar a Olimpíada e tentar a inédita medalha de ouro. Apesar dos talentos emergentes, o Brasil deu vexame na Copa América de 1987 — levou uma goleada de 4 a 0 do Chile — e pifou na hora da decisão olímpica: perdeu a medalha de ouro para a União Soviética, na prorrogação.

Carlos Alberto Silva foi poupado de críticas, mas mesmo assim deixou o cargo. Em janeiro de 1989, Otávio Pinto Guimarães deixou a presidência da CBF e em seu lugar entrou Ricardo Teixeira, na época genro de João Havelange. Teixeira ejetou Carlos Alberto Silva e chamou Sebastião Lazaroni, que tinha pouca idade (38 anos) e um tricampeonato carioca — 1986, com o Flamengo, e 1987/88 com o Vasco — no currículo.

Num primeiro momento, Lazaroni causou polêmica. Não só não aproveitou a base deixada pelo antecessor, mas também passou a dizer que o Brasil precisava atuar como os europeus, com marcação forte, preparo físico e um esquema 3-5-2 com um líbero. Em sua primeira excursão à Europa, o Brasil somou três derrotas seguidas pela primeira vez na história, para Suécia (2 a 1), Dinamarca (4 a 0) e Suíça (1 a 0). Depois disso, veio a Copa América, em solo brasileiro. O time começou mal, mas se ajeitou durante a competição e faturou o título — pela primeira vez em 40 anos — ao vencer o Uruguai por 1 a 0, gol de Romário.

Com o título, o esquema 3-5-2 de Lazaroni parou de receber críticas. Nas Eliminatórias para a Copa de 1990, houve duas vitórias tranquilas sobre a Venezuela e dois jogos tensos contra o Chile. Em Santiago, houve empate em 1 a 1 — o gol chileno saiu a sete minutos do fim, após uma polêmica falta em dois lances dentro da área brasileira. No Maracanã, o Brasil só precisava de um empate. O time vencia por 1 a 0 quando, aos 24 minutos da etapa final, um foguete sinalizador, disparado pela torcedora Rosenery

Melo, caiu a um metro de distância do goleiro Roberto Rojas. Ele fingiu ter sido atingido, caiu e cortou a própria testa com uma lâmina escondida premeditadamente na luva. Os chilenos saíram de campo, alegando falta de segurança. Mas a Fifa descobriu a fraude de Rojas e, além de aplicar severas punições a ele e à seleção chilena, confirmou a classificação brasileira. No fim do ano, uma pesquisa feita pela revista *Placar* mostrava que a escalação-base de Lazaroni — Taffarel; Aldair, Ricardo Gomes e Mauro Galvão (o líbero); Jorginho e Branco; Dunga, Alemão e Valdo; Bebeto e Romário — era quase a mesma que o povo queria. O povo pedia apenas Silas no lugar de Valdo.

Os bons resultados, porém, não convenciam os analistas. Alguns tinham dúvidas se a seleção seria capaz de reverter um placar adverso. Outros afirmavam que faltava um jogador talentoso no meio-campo, como Neto (Corinthians), Raí (São Paulo) ou até Zico, que havia deixado o futebol em janeiro. "Zico é perfeccionista e aceitaria uma nova convocação", garantia Edu Antunes, irmão do jogador. Mas Lazaroni não deu ouvidos e manteve-se fiel aos convocados Bismarck e Tita.

Para piorar, Romário sofreu uma fratura no tornozelo, em fevereiro, e só estaria recuperado pouco antes da Copa. E a seleção vivia uma polêmica nos bastidores: o dinheiro. Pouco antes do embarque para a Copa, os jogadores entraram em atrito com os dirigentes por discordarem dos valores da premiação. Na foto oficial da equipe, eles apareciam com a mão no peito. O que parecia ser um gesto de patriotismo era, na verdade, um protesto. Eles apenas tampavam a logomarca da Pepsi (uma das patrocinadoras da seleção) que estava estampada no agasalho. Até os familiares dos jogadores davam palpite.

A desunião e a falta de comprometimento da equipe ficaram escancaradas depois de um amistoso em que a seleção perdeu (1 a 0) para o combinado da Umbria, formado por jogadores da quarta divisão italiana. Apesar disso, Lazaroni mantinha o otimismo e o discurso do futebol tático. Por isso, o símbolo da seleção acabou se tornando o volante Dunga, um jogador aplicado, bom em vários fundamentos, mas longe de ser um artista da bola. Mas a "Era Dunga", um conceito criado pelo próprio treinador, só teria futuro se a seleção fosse campeã.

Todos os convocados

Nº	Goleiros	idade	clube
1	Taffarel	24	Internacional
12	Acácio	31	Vasco
22	Zé Carlos	28	Flamengo

Nº	Zagueiros	idade	clube
3	Ricardo Gomes	25	Benfica (POR)
13	Mozer	29	Olympique (FRA)
14	Aldair	24	Benfica (POR)
19	Ricardo Rocha	27	São Paulo
21	Mauro Galvão	28	Botafogo

Nº	Laterais	idade	clube
2	Jorginho	25	Bayer Leverkusen (ALE)
6	Branco	26	Genoa (ITA)
18	Mazinho	24	Vasco

Nº	Meio-campistas	idade	clube
4	Dunga	26	Fiorentina (ITA)
5	Alemão	28	Napoli (ITA)
7	Bismarck	20	Vasco
8	Valdo	26	Benfica (POR)
10	Silas	24	Sporting (POR)
20	Tita	32	Vasco

Nº	Atacantes	idade	clube
9	Careca	29	Napoli (ITA)
11	Romário	24	PSV (HOL)
15	Muller	24	Torino (ITA)
16	Bebeto	26	Vasco
17	Renato Gaúcho	27	Flamengo

Obs.: Idades computadas até 08/06/1994, data da abertura da Copa

SEBASTIÃO LAZARONI
técnico

Jogos da fase de grupos

Grupo A — Áustria, Est. Unidos, Itália, Tchecoslováquia

9/6 **Itália 1 x 0 Áustria**
Gol: Schillaci (Ita, 33-2º)

10/6 **Tchecoslováquia 5 x 1 Est. Unidos**
Gols: Skuhravy (Tch, 25-1º), Bilek (Tch, 39-1º), Hasek (Tch, 5-2º), Caligiuri (EUA, 16-2º), Skuhravy (Tch, 33-2º), Luhovy (Tch, 45-2º)

14/6 **Itália 1 x 0 Estados Unidos**
Gol: Giannini (Ita, 11-1º)

15/6 **Tchecoslováquia 1 x 0 Áustria**
Gol: Bilek (Tch, 30-1º)

19/6 **Áustria 2 x 1 Estados Unidos**
Gols: Ogris (Aus, 7-2º), Rodax (Aus, 20-2º), Murray (EUA, 40-2º)

19/6 **Itália 2 x 0 Tchecoslováquia**
Gols: Schillaci (Ita, 9-1º), Roberto Baggio (Ita, 33-2º)

Grupo B — Argentina, Camarões, Romênia, U. Soviética

8/6 **Argentina 0 x 1 Camarões**
Gol: Oman Biyick (Cam, 22-2º)

9/6 **União Soviética 0 x 2 Romênia**
Gols: Lacatus (Rom, 42-1º), Lacatus (Rom, 12-2º)

13/6 **Argentina 2 x 0 União Soviética**
Gols: Troglio (Arg, 27-1º), Burruchaga (Arg, 34-2º)

14/6 **Camarões 2 x 1 Romênia**
Gols: Milla (Cam, 31-2º), Milla (Cam, 41-2º), Balint (Rom, 43-2º)

18/6 **Romênia 1 x 1 Argentina**
Gols: Monzon (Arg, 18-2º), Balint (Rom, 23-2º)

18/6 **União Soviética 4 x 0 Camarões**
Gols: Protasov (URS, 20-1º), Zygmantovich (URS, 29-1º), Zavarov (URS, 10-2º), Dobrovolski (URS, 18-2º)

Classificação	PG	J	V	E	D	GP	GC	SG
Itália	6	3	3	0	0	4	0	4
Tchecoslováquia	4	3	2	0	1	6	3	3
Áustria	2	3	1	0	2	2	3	-1
Estados Unidos	0	3	0	0	3	2	8	-6

Classificação	PG	J	V	E	D	GP	GC	SG
Camarões	4	3	2	0	1	3	5	-2
Romênia	3	3	1	1	1	4	3	1
Argentina	3	3	1	1	1	3	2	1
União Soviética	2	3	1	0	2	4	4	0

A Itália mostrou na estreia uma defesa sólida e um ataque pouco inspirado. A solução para esse caso, no entanto, estava no banco de reservas: Totó Schillaci. Ele entrou aos 31 minutos do 2º tempo com a Áustria e, aos 33, marcou o gol da vitória, de cabeça. Contra os Estados Unidos, os italianos fizeram apenas um gol, perderam um pênalti (Vialli chutou na trave) e correram risco de sofrer o empate. Como a Tchecoslováquia goleou os norte-americanos com folga e também venceu a Áustria, poderia empatar com o time da casa, num jogo que valia o 1º lugar do grupo. Mas a Itália tirou outro "coelho" do banco: Roberto Baggio, reserva nos dois primeiros jogos. Ele e Schillaci marcaram os gols do triunfo por 2 a 0.

Garfada
O árbitro sueco Erik Frederiksson "operou" a União Soviética contra a Argentina. Quando o jogo estava 0 x 0, Maradona usou a mão para salvar um gol certo dos soviéticos. O árbitro não deu o pênalti. O 2º gol argentino saiu depois que Troglio agarrou a bola com as duas mãos, após sofrer falta.

A Argentina estava com um time pior que no título de quatro anos antes, mas tinha fé em Maradona. Como ele não funcionou bem, a classificação foi um drama. O time caiu diante de Camarões na estreia e depois perdeu o goleiro Pumpido, que se machucou diante da União Soviética. Ao menos, os argentinos venceram, com ajuda da arbitragem. Na última rodada, um empate com a Romênia serviu para classificar as duas equipes. Quem brilhou no grupo foi Camarões, que ficou em primeiro lugar graças às inesperadas vitórias sobre Argentina e Romênia. E o time apresentou um candidato a destaque da Copa: Roger Milla, que estava semiaposentado, aos 38 anos. Contra os romenos, ele entrou no segundo tempo e fez 2 gols.

Jogos da fase de grupos

Grupo **C**
Brasil Costa Rica Escócia Suécia

10/6 Brasil 2 x 1 Suécia
Gols: Careca (Bra, 40-1º), Careca (Bra, 18-2º), Brolin (Sue, 34-2º)

11/6 Costa Rica 1 x 0 Escócia
Gol: Cayasso (CR, 4-2º)

16/6 Brasil 1 x 0 Costa Rica
Gol: Müller (Bra, 33-1º)

16/6 Suécia 1 x 2 Escócia
Gols: McCall (Esc, 10-1º), Johnston (Esc, 35-2º), Strömberg (Sue, 41-2º)

20/6 Brasil 1 x 0 Escócia
Gol: Müller (Bra, 37-2º)

20/6 Costa Rica 2 x 1 Suécia
Gols: Ekström (Sue, 32-1º), Flores (CR, 30-2º), Medford (CR, 43-2º)

Classificação	PG	J	V	E	D	GP	GC	SG
Brasil	6	3	3	0	0	4	1	3
Costa Rica	4	3	2	0	1	3	2	1
Escócia	2	3	1	0	2	2	3	-1
Suécia	0	3	0	0	3	3	6	-3

Grupo **D**
Alemanha Em. Árabes Colômbia Iugoslávia

09/6 Colômbia 2 x 0 Emirados Árabes
Gols: Redin (Col, 5-2º), Valderrama (Col, 41-2º)

10/6 Alemanha 4 x 1 Iugoslávia
Gols: Matthäus (Ale, 28-1º), Klinsmann (Ale, 39-1º), Jozic (Iug, 10-2º), Matthäus (Ale, 20-2º), Völler (Ale, 26-2º)

14/6 Iugoslávia 1 x 0 Colômbia
Gol: Jozic (Iug, 30-2º)

15/6 Alemanha 5 x 1 Emirados Árabes
Gols: Völler (Ale, 35-1º), Klinsmann (Ale, 36-1º), Khalid Mubarak (EA, 1-2º), Matthäus (Ale, 2-2º), Bein (Ale, 14-2º), Völler (Ale, 30-2º)

19/6 Iugoslávia 4 x 1 Emirados Árabes
Gols: Susic (Iug, 5-1º), Pancev (Iug, 9-1º), Jumaa (EA, 22-1º), Pancev (Iug, 1-2º), Prosinecki (Iug, 45-2º)

19/6 Alemanha 1 x 1 Colômbia
Gols: Littbarski (Ale, 45-2º), Rincón (Col, 47-2º)

Classificação	PG	J	V	E	D	GP	GC	SG
Alemanha	5	3	2	1	0	10	3	7
Iugoslávia	4	3	2	0	1	6	5	1
Colômbia	3	3	1	1	1	3	2	1
Emirados Árabes	0	3	0	0	3	2	11	-9

O Brasil fez uma primeira fase demasiadamente apoiada no esquema 3-5-2. As críticas não diminuíram nem depois que o time venceu Suécia e Costa Rica. Tanto que, após a segunda partida, o técnico Sebastião Lazaroni bateu boca com um jornalista que pedia a escalação de três atacantes. Para a última partida, ele até colocou mais um atacante, Romário. Mas tirou um atacante, Müller. Ficou sem o entrosamento da dupla Müller-Careca e sem Romário, que não havia recobrado a boa forma física. Quem resolveu a partida foi Müller, que entrou no segundo tempo e fez o gol da vitória. Para surpresa geral, a outra vaga ficou com a Costa Rica, que venceu escoceses e suecos graças a defesas milagrosas do goleiro Conejo.

Inusitado
Dono de um chute muito forte, o lateral Branco acertou uma bolada na cabeça do meia escocês Murdo McLeod, que desmaiou e teve que ser substituído, aos 39 do 1º tempo. Correram até boatos de que ele teria morrido por causa disso. McLeod, porém, jogou até 1996 e encerrou a carreira aos 37 anos.

A Alemanha impressionou na estreia. Diante da Iugoslávia, uma equipe bem cotada, os comandados de Franz Beckenbauer aplicaram 4 a 1, baseando-se em tabelas rápidas pelo meio de campo e em jogadas pela esquerda com o lateral Brehme. Na segunda partida, os alemães pouparam energia, não mostraram eficiência nas finalizações e golearam os Emirados Árabes — treinados pelo brasileiro Carlos Alberto Parreira — por "apenas" 5 a 1. Já a Iugoslávia derrotou a Colômbia — Hadzibegic ainda perdeu um pênalti, defendido pelo goleiro Higuita — e os Emirados Árabes, para garantir a segunda posição. Os colombianos ganharam uma vaga na repescagem ao empatarem com a Alemanha na última partida.

Jogos da fase de grupos

Grupo E: Bélgica, Coreia do Sul, Espanha, Uruguai

Grupo F: Egito, Holanda, Irlanda, Inglaterra

12/6 Bélgica 2 x 0 Coreia do Sul
Gols: Degryse (Bel, 8-2º), De Wolf (Bel, 19-2º)

13/6 Uruguai 0 x 0 Espanha

17/6 Espanha 3 x 1 Coreia do Sul
Gols: Michel (Esp, 22-1º), Hwang Bo-Kwan (Cor, 42-1º), Michel (Esp, 16-2º), Michel (Esp, 36-2º)

17/6 Bélgica 3 x 1 Uruguai
Gols: Clijsters (Bel, 16-1º), Scifo (Bel, 22-1º), Ceulemans (Bel, 3-2º), Bengoechea (Uru, 29-2º)

21/6 Bélgica 1 x 2 Espanha
Gols: Michel (Esp, 20-1º), Vervoort (Bel, 28-1º), Gorriz (Esp, 37-1º)

21/6 Coreia do Sul 0 x 1 Uruguai
Gol: Fonseca (Uru, 47-2º)

11/6 Inglaterra 1 x 1 Irlanda
Gols: Lineker (Ing, 8-1º), Sheedy (Irl, 28-2º)

12/6 Holanda 1 x 1 Egito
Gols: Kieft (Hol, 13-2º), Abdelghani (Egi, 38-2º)

16/6 Inglaterra 0 x 0 Holanda

17/6 Egito 0 x 0 Irlanda

21/6 Inglaterra 1 x 0 Egito
Gol: Wright (Ing, 14-2º)

21/6 Holanda 1 x 1 Irlanda
Gols: Gullit (Hol, 10-1º), Quinn (Irl, 26-2º)

Classificação	PG	J	V	E	D	GP	GC	SG
Espanha	5	3	2	1	0	5	2	3
Bélgica	4	3	2	0	1	6	3	3
Uruguai	3	3	1	1	1	2	3	-1
Coreia do Sul	0	3	0	0	3	1	6	-5

Classificação	PG	J	V	E	D	GP	GC	SG
Inglaterra	4	3	1	2	0	2	1	1
Irlanda	3	3	0	3	0	2	2	0
Holanda	3	3	0	3	0	2	2	0
Egito	2	3	0	2	1	1	2	-1

Bélgica, Espanha e Uruguai prometiam uma disputa equilibrada no grupo. Mas os uruguaios ficaram abaixo da expectativa. Desperdiçaram um pênalti no empate contra a Espanha — Ruben Sosa mandou um foguete para fora —, levaram uma surra da Bélgica e venceram a incipiente Coreia do Sul graças a um gol que, pelas regras da época, era irregular: Fonseca estava na mesma linha do penúltimo marcador (hoje, o gol seria considerado legal). Graças a esse golzinho, o Uruguai foi à repescagem. Na decisão do primeiro lugar do grupo, a Espanha — que precisava vencer — derrotou a Bélgica por 2 a 1, numa partida em que o belga Scifo chutou um pênalti no travessão e o goleiro Zubizarreta fez grandes defesas.

Sorteio
Como Holanda e Irlanda empataram em todos os critérios possíveis, a segunda vaga foi decidida em sorteio. A Irlanda venceu e pegaria a Romênia. A Holanda perdeu e avançou via repescagem. Como "castigo", teria que encarar a Alemanha. Foi o último sorteio da história das Copas.

O grupo F apresentou uma característica que, como o tempo veio a mostrar, marcaria a Copa inteira: pouquíssimos gols e pouca vontade de ganhar. Em seis partidas, houve apenas uma vitória (Inglaterra 1 x 0 Egito) e cinco empates, sendo dois deles sem gols. Por ter sido a única vencedora, a equipe inglesa ficou em primeiro lugar. E a Holanda decepcionou. Primeiro, porque empatou com o fraco Egito. Segundo, porque deu apenas um chute a gol contra os ingleses — que, por sua vez, tiveram dois gols anulados. Terceiro, porque esfriou o jogo contra a Irlanda, já que o empate classificava ambas. Nem adiantou o árbitro Michel Vautrot pedir aos capitães Gullit e McCarthy que jogassem um pouquinho de futebol.

Os mata-matas

OITAVAS DE FINAL

23/6 Camarões 2 x 1 Colômbia
Gols na prorrogação: Milla (Cam, 1-2º),
Milla (Cam, 4-2º), Redín (Col, 10-2º)

23/6 Tchecoslováquia 4 x 1 Costa Rica
Gols: Skuhravy (Tch, 12-1º), González (CR, 10-2º),
Skuhravy (Tch, 17-2º), Kubik (Tch, 33-2º),
Skuhravy (Tch, 37-2º)

24/6 Brasil 0 x 1 Argentina
Gol: Caniggia (Arg, 35-2º)

24/6 Alemanha 2 x 1 Holanda
Gols: Klinsmann (Ale, 6-2º), Brehme (Ale, 37-2º),
Ronald Koeman (Hol, 44-2º)

25/6 Romênia 0 x 0 Irlanda
Nos pênaltis: Romênia 4 x 5 Irlanda

25/6 Itália 2 x 0 Uruguai
Gols: Schillaci (Ita, 20-2º), Serena (Ita, 40-2º)

26/6 Espanha 1 x 2 Iugoslávia
Gols: Stojkovic (Iug, 33-2º), Salinas (Esp, 38-2º)
Gol na prorrogação: Stojkovic (Iug, 2-1º)

26/6 Bélgica 0 x 1 Inglaterra
Gol na prorrogação: Platt (Ing, 14-2º)

QUARTAS DE FINAL

30/6 Argentina 0 x 0 Iugoslávia
Nos Pênaltis: Argentina 3 x 2 Iugoslávia

30/6 Itália 1 x 0 Irlanda
Gol: Schillaci (Ita, 38-1º)

1/7 Alemanha 1 x 0 Tchecoslováquia
Gol: Matthäus (Ale, 25-1º)

1/7 Camarões 2 x 3 Inglaterra
Gols: Platt (Ing, 25-1º), Kunde (Cam, 16-2º),
Ekéké (Cam, 20-2º), Lineker (Ing, 38-2º)
Gol na prorrogação: Lineker (Ing, 15-1º)

Camarões e Colômbia reservaram as emoções para o segundo tempo da prorrogação. Milla fez 1 a 0 logo no 1º minuto e depois anotou outro gol que virou antológico. O goleiro Higuita tentou driblá-lo fora da área e perdeu a bola para o camaronês, que não perdoou. Redín descontou, mas era tarde. A Tchecoslováquia goleou a Costa Rica (que não tinha seu goleiro titular, Conejo) com três gols de cabeça de Skuhravy. O Brasil fez sua melhor partida na Copa diante da Argentina, mas Maradona fez sua melhor jogada na Copa ao passar por Dunga, Alemão, Ricardo Rocha e Mauro Galvão e dar a bola para Caniggia marcar o gol da vitória. A Alemanha passou pela Holanda num jogo tenso, com duas expulsões ainda no primeiro tempo. A Irlanda despachou a Romênia nos pênaltis e avançou às quartas sem vencer nenhum jogo. A Itália só derrotou o Uruguai depois que Aldo Serena, aniversariante do dia, entrou no jogo: ele deu o passe para o gol de Schillaci e fez o dele. Iugoslávia e Inglaterra eliminaram Espanha e Bélgica na prorrogação.

Jogaço
Camarões e Inglaterra fizeram o melhor jogo do Mundial. Os ingleses saíram na frente, mas os cameroneses viraram, mas abusaram das firulas e sofreram o empate. Na prorrogação, Lineker fez, de pênalti, o gol que classificou a Inglaterra. Das três viradas de placar vistas na Copa inteira, duas foram nesta partida.

A Irlanda, como sempre, se fechou na defesa. Mas a Itália fez um gol numa bola mal rebatida pelo goleiro Bonner. A ofensiva Tchecoslováquia se encolheu diante da Alemanha e não resistiu. A Argentina segurou a Iugoslávia e, nos pênaltis, contou com o goleiro Goycochea, que defendeu duas cobranças. No único jogo movimentado das quartas de final, a Inglaterra eliminou Camarões.

SEMIFINAIS

3/7 Itália 1 x 1 Argentina
Gols: Schillaci (Ita, 28-1º), Caniggia (Arg, 22-2º)
Nos pênaltis: Itália 3 x 4 Argentina

4/7 Alemanha 1 x 1 Inglaterra
Gols: Brehme (Ale, 14-2º), Lineker (Ing, 35-2º)
Nos pênaltis: Alemanha 4 x 3 Inglaterra

Alemanha e Argentina se classificaram para a final da mesma maneira: após empates em 1 a 1, venceram nos pênaltis sem errar nenhuma cobrança, enquanto as eliminadas Inglaterra e Itália perderam duas cada.

DECISÃO DO TERCEIRO LUGAR

7/7 Itália 2 x 1 Inglaterra
Gols: Roberto Baggio (Ita, 26-2º), Platt (Ing, 36-2º),
Schillaci (Ita, 41-2º)

A final da Copa

Brehme cobra o pênalti e marca o gol da Alemanha

ALEMANHA	1
ARGENTINA	0

Gol: Brehme (Ale, 40-2º)
Data: 08/07/1990
Horário: 20 horas
Local: Estádio Olímpico (Roma)
Público: 73.603
Árbitro: Edegardo Codesal (México)
Cartões amarelos:
Dezotti
Völler
Troglio
Maradona
Expulsões:
Monzón (Arg, 20-2º)
Dezotti (Arg, 42-2º)

Finalistas em 1986, Alemanha e Argentina decidiriam também o Mundial de 1990, num jogo que consagraria um novo tricampeão. Os alemães eram favoritos não só pelo que haviam apresentado no Mundial, mas também porque os sul-americanos tinham quatro desfalques: Olarticoechea, Batista, Giusti e Caniggia, todos suspensos. Além disso, a torcida em Roma era contra os argentinos, a ponto de vaiar o hino — nesse momento nem era preciso uma leitura labial evoluída para perceber Maradona respondendo "hijos de puta". No campo, só a Alemanha procurou jogar, mas não aproveitava as chances que criava. Aos 12 minutos do 2º tempo, a primeira polêmica: o goleiro Goycochea puxou o pé de Augenthaler na área e o árbitro Edegardo Codesal deixou passar. Oito minutos depois, Monzón deu um carrinho violento em Klinsmann e levou cartão vermelho — foi a primeira expulsão em finais de Copas na história. A supremacia alemã foi premiada aos 40 minutos, quando Codesal marcou um pênalti controverso de Sensini em Völler. Matthaus, normalmente o cobrador, deu a bola para Brehme executar. O goleiro Goycochea, que fez fama como pegador de pênaltis, sabia que a bola iria no canto direito dele e pulou certinho, mas a cobrança de Brehme foi perfeita e entrou. No fim, Dezotti ainda acabou expulso. Enquanto a Alemanha comemorava o título, a Argentina choramingava e Maradona dizia que a arbitragem havia "posto la mano" na equipe.

Alemanha
Técnico: Franz Beckenbauer

Argentina
Técnico: Carlos Bilardo

Os melhores da Copa

GOYCOCHEA — Argentina | goleiro
BARESI — Itália | zagueiro
BUCHWALD — Alemanha | zagueiro
TATAW — Camarões | lateral
BREHME — Alemanha | lateral
AUGENTHALER — Alemanha | meia
GASCOIGNE — Inglaterra | meia
MATTHÄUS — Alemanha | meia
MILLA — Camarões | atacante
SCHILLACI — Itália | atacante
KLINSMANN — Alemanha | atacante

Obs.: Seleção do autor. Em 2010, a Fifa publicou a seguinte lista:
Goleiro: Goycochea (Argentina)
Defesa: Baresi (Itália), Maldini (Itália) e Brehme (Alemanha)
Meio-campo: Gascoigne (Inglaterra), Matthäus (Alemanha), Stojkovic (Iugoslávia) e Maradona (Argentina)
Ataque: Schillaci (Itália), Milla (Camarões) e Klinsmann (Alemanha).

Numeralha

Maior público: 74.765
(Alemanha x Iugoslávia)
Menor público: 27.833
(Iugoslávia x Em. Árabes)

Gols pró: 115
Gols contra: 0
Média por jogo: 2,21

Melhor ataque:
Alemanha, 15 gols
Goleiro menos vazado:
Zenga (Itália), 2 gols em
7 jogos (0,28 por jogo)

Maior goleada:
Alemanha 5 x 1 Emirados
Árabes
Tchecoslováquia 5 x 1
Estados Unidos

Vitórias da Irlanda em
cinco jogos na Copa: zero

ARTILHEIRO

SCHILLACI
Nome: Salvatore "Totó" Schillaci
Seleção: Itália
6 gols em 7 jogos
Posição: atacante
Idade: 25 anos
Nascimento: 01/12/1964, em Palermo
Altura: 1,75 m
Peso: 70 kg
Clube: Juventus

6 gols
Schillaci (Itália)
5 gols
Skuhravy (Tchecoslováquia)
4 gols
Matthäus (Alemanha)
Milla (Camarões)
Michel (Espanha)
Lineker (Inglaterra)

O CRAQUE

MATTHÄUS
Alemanha | meia

O meia alemão Lothar Matthäus disputava sua terceira Copa seguida e, em 1990, era peça-chave da equipe. Naquele mesmo ano, foi considerado o melhor futebolista do planeta pela revista inglesa *World Soccer*, em 1991, tornou-se o primeiro "melhor do mundo" eleito pela Fifa. "Nunca fui um artista da bola, apenas um obcecado por eficiência", dizia. Ele ainda disputaria as Copas de 1994 e 1998.

Colocações finais	PG	J	%	V	E	D	GP	GC	SG	🟨	🟥
1º Alemanha	12	7	86	5	2	0	15	5	10	8	1
2º Argentina	7	7	50	2	3	2	5	4	1	22	3
3º Itália	13	7	93	6	1	0	10	2	8	6	0
4º Inglaterra	9	7	64	3	3	1	8	6	2	6	0
5º Iugoslávia	7	5	70	3	1	1	8	6	2	8	1
6º Tchecoslováquia	6	5	60	3	0	2	10	5	5	13	1
7º Camarões	6	5	60	3	0	2	7	9	-2	14	2
8º Irlanda	4	5	40	0	4	1	2	3	-1	4	0
9º Brasil	6	4	75	3	0	1	4	2	2	7	1
10º Espanha	5	4	63	2	1	1	6	4	2	4	0
11º Bélgica	4	4	50	2	0	2	6	4	2	1	1
12º Romênia	4	4	50	1	2	1	4	3	1	7	0
13º Costa Rica	4	4	50	2	0	2	4	6	-2	6	0
14º Colômbia	3	4	38	1	1	2	4	4	0	5	0
15º Holanda	3	4	38	0	3	1	3	4	-1	5	1
16º Uruguai	3	4	38	1	1	2	2	5	-3	9	0
17º União Soviética	2	3	33	1	0	2	4	4	0	3	1
18º Áustria	2	3	33	1	0	2	2	3	-1	9	1
19º Escócia	2	3	33	1	0	2	2	3	-1	3	0
20º Egito	2	3	33	0	2	1	1	2	-1	4	0
21º Suécia	0	3	0	0	0	3	3	6	-3	4	0
22º Coreia do Sul	0	3	0	0	0	3	1	6	-5	7	1
23º Estados Unidos	0	3	0	0	0	3	2	8	-6	7	0
24º Emirados Árabes	0	3	0	0	0	3	2	11	-9	6	1

Vilão

Quando o lateral Branco se queixou que os argentinos tinham dado a ele uma água "suspeita" na partida, não foi levado a sério. Somente 15 anos depois, Maradona confessou que a água tinha anestésicos, e que ele mesmo a teria oferecido para Branco. Quando um argentino foi beber, Maradona falou "dessa aí, não! Da outra". Em seu programa 'A Noite do 10', o craque admitiu o "pecadinho", mas negou a autoria.

184

Kung Fu FC

SCHUMACHER — Alemanha, 1982, GK
Nocauteou Battiston (FRA) com uma "voadora". O árbitro não fez nada.

BATISTA — Uruguai, 1986, DF
Expulso aos 55 segundos de jogo ao dar uma rasteira em Strachan (ESC).

RIJKAARD — Holanda, 1990, DF
Cuspiu em Voeller (ALE), foi expulso e suspenso por 4 jogos.

MATERAZZI — Itália, 2006, DF
Deu um carrinho feroz em Wilkshire (AUS) e levou cartão vermelho.

LEONARDO — Brasil, 1994, DF
Quebrou a cara de Tab Ramos (EUA) com uma cotovelada no queixo.

DE JONG — Holanda, 2010, MC
Decalcou as travas da chuteira no peito de Xabi Alonso (ESP).

FELIPE MELO — Brasil, 2010, MC
Deu um pisão nada meloso em Robben (HOL) e acabou expulso.

ZIDANE — França, 2006, MC
Acertou uma cabeçada no peito de Materazzi (ITA) em plena final de Copa.

LEONEL SANCHEZ — Chile, 1962, AT
Deu um soco no nariz de Maschio (ITA). Não foi expulso.

SUÁREZ — Uruguai, 2014, AT
Mordeu o zagueiro Chiellini (ITA). Não foi expulso na hora.

HENRY — França, 2002, AT
Expulso após um carrinho sobre Romero (URU) ainda no 1º tempo.

GK: Goleiro
DF: Defensor
MC: Meio-campista
AT: Atacante

Média de gols por Copa

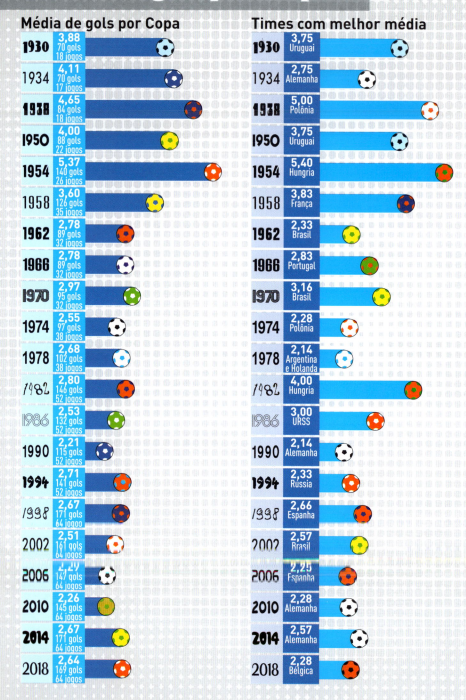

186

Os ataques por Copa

Ano		Gols
1930	Campeão: Uruguai	15
	Melhor ataque: Argentina	18
1934	Campeão: Itália	12
	Melhor ataque: Itália	12
1938	Campeão: Itália	11
	Melhor ataque: Hungria	15
1950	Campeão: Uruguai	15
	Melhor ataque: Brasil	22
1954	Campeão: Alemanha	25
	Melhor ataque: Hungria	27
1958	Campeão: Brasil	16
	Melhor ataque: França	23
1962	Campeão: Brasil	14
	Melhor ataque: Brasil	14
1966	Campeão: Inglaterra	11
	Melhor ataque: Portugal	17
1970	Campeão: Brasil	19
	Melhor ataque: Brasil	19
1974	Campeão: Alemanha	13
	Melhor ataque: Polônia	16
1978	Campeão: Argentina	15
	Melhor ataque: Arg./Hol.	15
1982	Campeão: Itália	12
	Melhor ataque: França	16
1986	Campeão: Argentina	14
	Melhor ataque: Argentina	14
1990	Campeão: Alemanha	15
	Melhor ataque: Alemanha	15
1994	Campeão: Brasil	11
	Melhor ataque: Suécia	15
1998	Campeão: França	15
	Melhor ataque: França	15
2002	Campeão: Brasil	18
	Melhor ataque: Brasil	18
2006	Campeão: Itália	12
	Melhor ataque: Alemanha	14
2010	Campeão: Espanha	8
	Melhor ataque: Alemanha	16
2014	Campeão: Alemanha	18
	Melhor ataque: Alemanha	18
2018	Campeão: França	14
	Melhor ataque: Bélgica	16

Estados Unidos 1994

Desde sempre, os Estados Unidos nunca foram chegados ao futebol. Tanto que nem o chamam de futebol, e sim de "soccer", ou de "english football". Mas, quando o país se propôs seriamente a receber a Copa do Mundo, levou de barbada. No dia 4 de julho de 1988, dia significativo para os norte-americanos, por marcar a declaração da independência, o Comitê Executivo da Fifa anunciou o vencedor. Logo na primeira rodada de votos, os Estados Unidos obtiveram maioria absoluta: 10 dos 19 votos possíveis, contra sete de Marrocos e dois do Brasil. O Chile não levou a candidatura adiante.

A Copa de 1994 iria inaugurar uma série de mudanças nas quase imutáveis leis do futebol. A principal delas: o goleiro não poderia mais pegar com a mão uma bola recuada por um companheiro, sob pena de ter contra si um tiro em dois lances. Além disso, em 1993, a Fifa e a International Board estabeleceram que cada vitória passaria a valer três pontos a partir da Copa — até então, valia apenas dois. E foi autorizada a terceira substituição, desde que um dos jogadores fosse o goleiro — a liberação de três trocas para quaisquer posições só viria em 1995.

Cidades e estádios

Os Estados Unidos podem não entender nada de futebol, mas entendem de promover eventos, inclusive desportivos. O governo norte-americano deu amplo apoio à Copa, mas nem precisou desembolsar nada. Com estádios praticamente prontos e uma poderosa infraestrutura estabelecida, apenas algumas melhorias foram necessárias. Mesmo assim, a um custo de US$ 200 milhões (em valores da época), vindos da iniciativa privada.

O problema foi escolher nove cidades dentre 26 candidatas: Atlanta, Boston, Charlotte, Chicago, Columbus, Dallas, Denver, Detroit, Honolulu (no Havaí), Houston, Kansas City, Knoxville, Las Vegas, Los Angeles, Miami, Nova Haven, Nova Orleans, Nova York, Orlando, Filadélfia, Phoenix, Portland, San Francisco, Seattle, Tampa e Washington. Em 23 de março de 1992, o comitê organizador fechou com Boston, Chicago, Dallas, Detroit, Los Angeles, Orlando, San Francisco, Nova York e Washington. Os estádios, a rigor, eram todos de futebol americano, e os que contavam com piso sintético teriam que colocar grama natural, uma exigência da Fifa.

A definição das nove cidades-sede gerou um problema. Por causa da extensão territorial, haveria diferença de fuso horário

> **"Com as mudanças, o futebol vai ficar mais dinâmico"**
>
> Expectativa da Fifa e da International Board quando resolveram alterar alguns itens das 17 regras do futebol

A BOLA
Questra

entre as partidas. Para não transmitir jogos durante a madrugada na Europa, alguns deles seriam realizados debaixo do tórrido sol do meio-dia em pleno verão norte-americano. Na época, jogadores como o alemão Matthäus e o argentino Maradona reclamaram disso, mas os dirigentes não deram importância.

Eliminatórias

Cientes de que as regras do Mundial de 1994 seriam diferentes, 138 países se inscreveram para as Eliminatórias. A Argentina, vice-campeã mundial, quase não foi à Copa. Na última rodada, o time precisava vencer a Colômbia em Buenos Aires, mas acabou goleado por vergonhosos 5 a 0. A vaga só veio após dois jogos suados contra a Austrália na repescagem continental. Na Europa, as tradicionais França e Inglaterra ficaram de fora. A Iugoslávia rachou e foi banida pela Fifa. E a União Soviética, rival dos Estados Unidos nos tempos da Guerra Fria, fragmentou-se. Letônia, Estônia e Lituânia concorreram às Eliminatórias de 1994 como nações independentes, e muitos jogadores ucranianos, como o meia Mikhailichenko, recusaram-se a defender o que sobrou da União Soviética. O espólio soviético foi à Copa apenas como Rússia.

Cidade	Estádio	Capacidade
Boston	Foxboro	61.000
Chicago	Soldier's Field	66.946
Dallas	Cotton Bowl	67.600
Detroit	Pontiac Silverdome	80.435
Los Angeles	Rose Bowl	102.083
Nova York	Giants Stadium	76.891
Orlando	Citrus Bowl	70.188
São Francisco	Stanford	86.019
Washington	RFK Memorial	56.500

Estreantes em Copas
Arábia Saudita
Grécia
Nigéria

Sorteio e fórmula

No sorteio dos grupos, realizado em 19 de dezembro de 1993, Alemanha, Brasil, Argentina, Holanda e Itália ganharam a companhia dos Estados Unidos entre os cabeças de chave. Isso colaborou para que o grupo dos norte-americanos, preenchido com Romênia, Suíça e Colômbia, ficasse sem nenhuma seleção de primeira linha. O regulamento seguia o padrão estabelecido em 1986, com seis grupos e 16 times classificáveis — os dois primeiros de cada chave mais os quatro melhores terceiros colocados. A única diferença era nos duelos mata-matas, dispostos de modo que dois times de um mesmo grupo não teriam como se encontrar na final.

Favoritos

Em 1993, foi criado o Ranking da Fifa. Na lista, antes da Copa de 1994, a Alemanha liderava, seguida pelo Brasil. A expectativa era de que os dois duelassem na final. Mas havia quem apontasse outras equipes. Pelé, por exemplo, cravava que a Colômbia teria grandes chances de chegar ao título.

Ausência
A separação em seis nações causou uma guerra civil na Iugoslávia. Em 1993, o país acabou excluído do grupo 5 das Eliminatórias. Uma pena. Juntos, sérvios, croatas e eslovenos teriam uma equipe irresistível, provavelmente a mais forte da Copa de 1994. França e Inglaterra não sobreviveram às Eliminatórias.

189

A preparação do Brasil

Competições disputadas pelo Brasil entre 1990 e 1994	
Copa América 1991	
1F	Brasil 2 x 1 Bolívia
1F	Brasil 1 x 1 Uruguai
1F	Brasil 0 x 2 Colômbia
1F	Brasil 3 x 1 Equador
FF	Brasil 2 x 3 Argentina
FF	Brasil 2 x 0 Colômbia
FF	Brasil 2 x 0 Chile
Brasil ficou com o vice	
Copa América 1993	
1F	Brasil 0 x 0 Peru
1F	Brasil 2 x 3 Chile
1F	Brasil 3 x 0 Paraguai
QF	Brasil 1 x 1 Argentina Nos pênaltis, Brasil 5 x 6 Argentina
Brasil foi eliminado nas quartas	
Eliminatórias da Copa de 1994	
	Equador 0 x 0 Brasil
	Bolívia 2 x 0 Brasil
	Venezuela 1 x 5 Brasil
	Uruguai 1 x 1 Brasil
	Brasil 2 x 0 Equador
	Brasil 6 x 0 Bolívia
	Brasil 4 x 0 Venezuela
	Brasil 2 x 0 Uruguai
Brasil classificou-se em 1º lugar	

1F: Primeira fase
QF: Quartas de final
FF: Fase final (todos contra todos)

Depois da passagem de Sebastião Lazaroni pela seleção, a CBF resolveu fazer a mesma coisa que a Alemanha campeã mundial: chamar alguém como Beckenbauer, ou seja, um ex-jogador, de preferência craque, inteligente e elegante. Esse alguém era Paulo Roberto Falcão. A CBF não se importou que Falcão não tivesse experiência como treinador. No fim das contas, Falcão acumulou números negativos. Na estreia, o Brasil perdeu para a Espanha (3 a 0) pela primeira vez desde 1934. Além disso, o time só fez gol (e foi de pênalti, com Neto, no empate em 1 a 1 com o Paraguai) em sua quinta partida contra outras seleções. Só fez gol de bola rolando na 6ª partida, com Renato Gaúcho (no empate em 3 a 3 com a Argentina). Só venceu na 7ª partida: 1 a 0 sobre a Romênia, gol de Moacir, em 17 de abril de 1991. E capengou na Copa América: quase caiu na primeira fase. Ainda acabou como vice, atrás da Argentina. Falcão caiu e seu substituto interino, Ernesto Paulo, perdeu seu único jogo na equipe principal: 0 a 1 para a seleção do País de Gales.

Ainda em 1991, a CBF chamou Carlos Alberto Parreira para o comando e deu ao ex-técnico Zagallo uma função de coordenador. Até o fim de 1992, Parreira viveu um período de calmaria, com oito vitórias e apenas duas derrotas em 11 amistosos. O último amistoso — vitória sobre a Alemanha por 3 a 1, em Porto Alegre — chamou atenção, mas não por causa do resultado. Romário, goleador do PSV (Holanda), reclamou de ter viajado 12 horas, da Holanda ao Rio Grande do Sul, para ficar no banco de reservas e atuar só 20 minutos. Disse que entendia a posição do técnico, mas que não era obrigado a apreciá-la. Segundo Romário, a resposta de Zagallo foi: "Problema seu. Na seleção, as coisas agora são assim". E Zagallo mandou Parreira colocá-lo no limbo.

A calmaria foi para o espaço em 1993. O time recebeu questionamentos na US Cup — vencia a Alemanha por 3 a 0 até os 20 minutos do segundo tempo, mas sofreu três gols, amargou o empate e perdeu o título. E também na Copa América, ao cair diante da Argentina nos pênaltis, nas quartas de final. Tudo piorou exponencialmente nas Eliminatórias para a Copa de 1994. O Brasil caiu num grupo fácil, com Bolívia, Uruguai, Equador e Venezuela. Fora o Uruguai, ninguém assustava. Mas, no dia 25 de julho, em La Paz, a 3.660 metros de altitude, o Brasil perdeu para a Bolívia por 2 a 0. Com isso, sofria sua primeira derrota na história do classificatório. Pela primeira vez, o fator altitude deixou de ser uma desculpa esfarrapada restrita aos times que disputavam a Copa Libertadores. Até especulou-se que o jogo seria anulado porque o exame *antidoping* do lateral boliviano Cristaldo deu positivo para cocaína. Só que ele apenas tinha tomado o chá de coca, bebida comum na Bolívia para aliviar os efeitos da altitude. O jogo não foi anulado.

Apesar de tudo, a seleção conseguiu se recuperar nas Eliminatórias. Chegou à última rodada precisando de um empate contra o Uruguai, no Maracanã, para ir à Copa. Mas o temor de um novo *Maracanazo* era tão grande que o atacante Romário foi tirado do limbo — anos depois, o jogador falou em um programa de TV que a convocação havia sido imposta pelo presidente da CBF, Ricardo Teixeira. Romário, ao menos, fez os dois gols na vitória de 2 a 0 que garantiu o Brasil na Copa.

O jogo praticamente fechou o grupo que viajaria aos Estados Unidos. Nos últimos testes antes do embarque para a Copa, apenas três jogadores conseguiram carimbar o passaporte de última hora: os atacantes Viola, do Corinthians, e Ronaldo, então com 17 anos, do Cruzeiro, e o zagueiro Aldair, que substituía Mozer, cortado devido a uma contusão. Até a estreia, Parreira conseguiu blindar os jogadores e manteve-se fiel à filosofia de jogo, ressaltando que o Brasil sempre tinha mais posse de bola que os adversários. "O importante é que estamos criando chances. O gol é um detalhe", chegou a afirmar. Parreira queria dizer que o gol era uma consequência das chances criadas, mas a expressão "o gol é um detalhe" municiou os críticos. Dizia-se que o Brasil poderia perder a Copa por "um detalhe a zero".

Os críticos reconheciam que a defesa era forte, mas atacavam quase todos os outros setores. Algumas vezes, com fundamento. Raí, que era para ser o cérebro do time, estava em má forma. E Parreira (com a insistência de Zagallo) bancava Zinho, alegando que ele desempenhava uma função tática importante, mas sem explicar qual — Zinho era o jogador que mais errava passes na equipe. Os críticos também diziam que o goleiro Taffarel estava encostado no Reggina (Itália). Diziam que os laterais Jorginho e Branco deveriam dar lugar a Cafu e Leonardo, mesmo que Cafu não fosse um lateral efetivo no São Paulo de Telê Santana. E diziam que, com defensivismo de mais e criatividade de menos, Bebeto e Romário é que teriam que resolver as coisas.

Todos os convocados		
Nº	Goleiros	idade	clube
1	Taffarel	28	Reggina (ITA)
12	Zetti	29	São Paulo
22	Gilmar	35	Flamengo
Nº	Zagueiros	idade	clube
3	Ricardo Rocha	31	Vasco
4	Ronaldão	28	São Paulo
13	Aldair	28	Roma (ITA)
15	Márcio Santos	24	Bordeaux (FRA)
Nº	Laterais	idade	clube
2	Jorginho	31	Bayern Munique (ALE)
6	Branco	30	Fluminense
14	Cafu	23	São Paulo
16	Leonardo	24	São Paulo
Nº	Meio-campistas	idade	clube
5	Mauro Silva	26	La Coruña (ESP)
8	Dunga	30	Stuttgart (ALE)
9	Zinho	27	Palmeiras
10	Raí	29	Paris S. Germain (FRA)
17	Mazinho	28	Palmeiras
18	Paulo Sérgio	25	Bayer Leverkusen (ALE)
Nº	Atacantes	idade	clube
7	Bebeto	30	La Coruña (ESP)
11	Romário	28	Barcelona (ESP)
19	Müller	28	São Paulo
20	Ronaldo	17	Cruzeiro
21	Viola	25	Corinthians

Obs.: Idades computadas até 17/06/1994, data da abertura da Copa

CARLOS A. PARREIRA
técnico

Jogos da fase de grupos

Grupo A — Colômbia, Est. Unidos, Romênia, Suíça

Grupo B — Brasil, Camarões, Rússia, Suécia

18/6 Estados Unidos 1 x 1 Suíça
Gols: Bregy (Sui, 39-1º), Wynalda (EUA, 44-1º)

18/6 Romênia 3 x 1 Colômbia
Gols: Raducioiu (Rom, 15-1º), Hagi (Rom, 34-1º), Valencia (Col, 43-1º), Raducioiu (Rom, 44-2º)

22/6 Suíça 4 x 1 Romênia
Gols: Sutter (Sui, 16-1º), Hagi (Rom, 36-1º), Chapuisat (Sui, 7-2º), Knup (Sui, 20-2º), Knup (Sui, 27-2º)

22/6 Estados Unidos 2 x 1 Colômbia
Gols: Escobar (contra, p/EUA, 35-1º), Stewart (EUA, 7-2º), Valencia (Col, 45-2º)

26/6 Estados Unidos 0 x 1 Romênia
Gol: Petrescu (Rom, 18-1º)

26/6 Colômbia 2 x 0 Suíça
Gols: Gaviria (Col, 44-1º), Lozano (Col, 45-2º)

19/6 Camarões 2 x 2 Suécia
Gols: Ljung (Sue, 8-1º), Embe (Cam, 31-1º), Omam-Biyick (Cam, 2-2º), Dahlin (Sue, 30-2º)

20/6 Brasil 2 x 0 Rússia
Gols: Romário (Bra, 27-1º), Raí (Bra, 8-2º)

24/6 Brasil 3 x 0 Camarões
Gols: Romário (Bra, 39-1º), Márcio Santos (Bra, 21-2º), Bebeto (Bra, 28-2º)

24/6 Suécia 3 x 1 Rússia
Gols: Salenko (Rus, 4-1º), Brolin (Sue, 39-1º), Dahlin (Sue, 14-2º), Dahlin (Sue, 36-2º)

28/6 Brasil 1 x 1 Suécia
Gols: K. Andersson (Sue, 23-1º), Romário (Bra, 1-2º)

28/6 Rússia 6 x 1 Camarões
Gols: Salenko (Rus, 16-1º), Salenko (Rus, 41-1º), Salenko (Rus, 45-1º), Milla (Cam, 1-2º), Salenko (Rus, 27-2º), Salenko (Rus, 30-2º), Radchenko (Rus, 37-2º)

Classificação	PG	J	V	E	D	GP	GC	SG
Romênia	6	3	2	0	1	5	5	0
Suíça	4	3	1	1	1	5	4	1
Estados Unidos	4	3	1	1	1	3	3	0
Colômbia	3	3	1	0	2	4	5	-1

Classificação	PG	J	V	E	D	GP	GC	SG
Brasil	7	3	2	1	0	6	1	5
Suécia	5	3	1	2	0	6	4	2
Rússia	3	3	1	0	2	7	6	1
Camarões	1	3	0	1	2	3	11	-8

Se o Rei Pelé falou, está falado: a Colômbia era uma das favoritas para ganhar a Copa. Mas os colombianos subiram num salto alto e de lá foram derrubados pela Romênia. Enquanto isso, Estados Unidos e Suíça empataram naquela que foi a primeira partida em Copas disputada em um estádio totalmente coberto — o Pontiac Silverdome, em Detroit. Na rodada seguinte, os ianques fizeram 2 a 1 na Colômbia e venceram um jogo de Copa do Mundo pela primeira vez desde a zebra em cima da Inglaterra, em 1950. A Romênia, apesar de ter levado uma goleada de 4 a 1 diante da Suíça, terminou o grupo em primeiro lugar ao derrotar os donos da casa na última rodada. Suíços e norte-americanos também avançaram.

Morte
O zagueiro colombiano Andrés Escobar, que fez um gol contra diante dos EUA, foi assassinado com 12 tiros à queima-roupa em um bar de Medellín, no dia 2 de julho de 1994. Há quem diga que era uma questão envolvendo o tráfico de drogas. Há quem diga que ele foi morto por apostadores descontentes.

Ao entrarem em campo de mãos dadas para a partida contra a Rússia, os jogadores do Brasil iniciaram um ritual que se estendeu até a Copa de 1998. Segundo o técnico Carlos Alberto Parreira, era um sinal de que o grupo estava unido. Com Romário marcando gols em todos os jogos, a seleção derrotou Rússia e Camarões e empatou com a Suécia. Brasileiros e suecos se classificaram, mas os eliminados russos e camaroneses fizeram história. No duelo entre eles, o russo Oleg Salenko marcou cinco gols, estabelecendo um recorde em uma única partida de Mundial. O gol de honra dos africanos foi anotado por Roger Milla, 42 anos, que se tornou o mais velho jogador a marcar em uma Copa.

Jogos da fase de grupos

Grupo C Alemanha Bolívia Coreia do Sul Espanha

- **17/6 Alemanha 1 x 0 Bolívia**
  Gol: Klinsmann (Ale, 16-2º)
- **17/6 Espanha 2 x 2 Coreia do Sul**
  Gols: Salinas (Esp, 6-2º), Goikoetxea (Esp, 10-2º), Hong Myung-Bo (Cor, 40-2º), Seo Jung-Won (Cor, 45-2º)
- **21/6 Alemanha 1 x 1 Espanha**
  Gols: Goikoetxea (Esp, 14-1º), Klinsmann (Ale, 3-2º)
- **23/6 Bolívia 0 x 0 Coreia do Sul**
- **27/6 Alemanha 3 x 2 Coreia do Sul**
  Gols: Klinsmann (Ale, 12-1º), Riedle (Ale, 20-1º), Klinsmann (Ale, 37-1º), Hwang Sun-Hong (Cor, 7-2º), Hong Myung-Bo (Cor, 18-2º)
- **27/6 Espanha 3 x 1 Bolívia**
  Gols: Guardiola (Esp, 19-1º), Caminero (Esp, 21-2º), Erwin Sanchez (Bol, 22-2º), Caminero (Esp, 25-2º)

Classificação	PG	J	V	E	D	GP	GC	SG
Alemanha	7	3	2	1	0	5	3	2
Espanha	5	3	1	2	0	6	4	2
Coreia do Sul	2	3	0	2	1	4	5	-1
Bolívia	1	3	0	1	2	1	4	-3

Grupo D Argentina Bulgária Grécia Nigéria

- **21/6 Argentina 4 x 0 Grécia**
  Gols: Batistuta (Arg, 2-1º), Batistuta (Arg, 44-1º), Maradona (Arg, 15-2º), Batistuta (Arg, 46-2º)
- **21/6 Nigéria 3 x 0 Bulgária**
  Gols: Yekini (Nig, 21-1º), Amokachi (Nig, 43-1º), Amunike (Nig, 10-2º)
- **25/6 Argentina 2 x 1 Nigéria**
  Gols: Siasia (Nig, 8-1º), Caniggia (Arg, 22-1º), Caniggia (Arg, 29-1º)
- **26/6 Bulgária 4 x 0 Grécia**
  Gols: Stoichkov (Bul, 5-1º), Stoichkov (Bul, 10-2º), Letchkov (Bul, 20-2º), Borimirov (Bul, 45-2º)
- **30/6 Argentina 0 x 2 Bulgária**
  Gols: Stoichkov (Bul, 16-2º), Sirakov (Bul, 45-2º)
- **30/6 Nigéria 2 x 0 Grécia**
  Gols: Finidi (Nig, 45-1º), Amokachi (Nig, 45-2º)

Classificação	PG	J	V	E	D	GP	GC	SG
Nigéria	6	3	2	0	1	6	2	4
Bulgária	6	3	2	0	1	6	3	3
Argentina	6	3	2	0	1	6	3	3
Grécia	0	3	0	0	3	0	10	-10

Desde 1974, o campeão mundial abria a Copa do Mundo seguinte e desde 1974 o campeão tropeçava. Mas a Alemanha quebrou esse tabu, ao fazer 1 a 0 na Bolívia. A partida teve uma das expulsões mais rápidas da história: o boliviano Marco "El Diablo" Etcheverry entrou aos 34 minutos do 2º tempo e levou o cartão vermelho aos 37, após falta violenta em Matthäus. Depois, os alemães empataram com a Espanha e derrotaram a Coreia do Sul no jogo mais quente da história: os termômetros marcaram 46º C no campo do Cotton Bowl, em Dallas. A Espanha pagou dois micos: cedeu um empate para a Coreia do Sul e levou o único gol que a Bolívia marcou desde 1930. Mas os espanhóis venceram os bolivianos e se classificaram.

> **Superjogo**
> Até o surgimento do VAR, em 2018, o jogo entre Bolívia e Coreia do Sul era o maior da história das Copas. Pelo menos em tempo decorrido. O árbitro escocês Lee Mottram deu 5 minutos de descontos no primeiro tempo e mais 6 na etapa final — ou seja, o tempo normal totalizou 101 minutos. E terminou 0 a 0.

Com Maradona em campo, a Argentina estava vivíssima: goleou a Grécia por 4 a 0 (um gol dele e três de Batistuta) e derrotou a Nigéria por 2 a 1 (Maradona deu os passes para os dois gols de Caniggia). Enquanto isso, a Nigéria surpreendeu a Bulgária, que por sua vez também goleou a Grécia. Mas Maradona foi pego no exame *antidoping* e isso desestabilizou a equipe. A Argentina poderia até perder por um gol na última rodada que ainda assim garantiria o primeiro lugar na chave. Mas levou dois da Bulgária, sendo o segundo aos 47 minutos da etapa final. Com isso, o time sul-americano caiu para o terceiro lugar, na repescagem, atrás de Nigéria (no saldo de gols) e da Bulgária (no confronto direto).

Jogos da fase de grupos

Grupo E Irlanda Itália México   Noruega

Grupo F Arábia   Bélgica   Holanda   Marrocos

18/6 Itália 0 x 1 Irlanda
Gol: Houghton (Irl, 11-1º)

19/6 Noruega 1 x 0 México
Gol: Rekdal (Nor, 39-2º)

23/6 Itália 1 x 0 Noruega
Gol: Dino Baggio (Ita, 24-2º)

24/6 México 2 x 1 Irlanda
Gols: Luis Garcia (Mex, 42-1º), Luis Garcia (Mex, 20-2º), Aldridge (Irl, 39-2º)

28/6 Noruega 0 x 0 Irlanda

28/6 Itália 1 x 1 México
Gols: Massaro (Ita, 3-2º), Bernal (Mex, 12-2º)

19/6 Bélgica 1 x 0 Marrocos
Gol: Degryse (Bel, 11-1º)

20/6 Holanda 2 x 1 Arábia
Gols: Amin (Ara, 18-1º), Jonk (Hol, 5-2º), Taument (Hol, 41-2º)

25/6 Bélgica 1 x 0 Holanda
Gol: Albert (Bel, 20-2º)

25/6 Arábia 2 x 1 Marrocos
Gols: Al Jaber (Ara, 7-1º), Chaouch (Mar, 26-1º), Amin (Ara, 45-1º)

29/6 Bélgica 0 x 1 Arábia
Gol: Owairan (Ara, 5-1º)

29/6 Holanda 2 x 1 Marrocos
Gols: Bergkamp (Hol, 43-1º), Nader (Mar, 2-2º), Roy (Hol, 32-2º)

Classificação	PG	J	V	E	D	GP	GC	SG
México	4	3	1	1	1	3	3	0
Irlanda	4	3	1	1	1	2	2	0
Itália	4	3	1	1	1	2	2	0
Noruega	4	3	1	1	1	1	1	0

Classificação	PG	J	V	E	D	GP	GC	SG
Holanda	6	3	2	0	1	4	3	1
Arábia	6	3	2	0	1	4	3	1
Bélgica	6	3	2	0	1	2	1	1
Marrocos	0	3	0	0	3	2	5	-3

A Itália escreveu mais um capítulo de histórias dramáticas. Na estreia, caiu diante da Irlanda. Na segunda partida, perdeu o goleiro Pagliuca — expulso aos 21 minutos de jogo ao tocar a bola com a mão fora da área para evitar um gol de Leonhardsen. Perdeu também Roberto Baggio (sacrificado para a entrada do goleiro reserva, Marchegiani) e Baresi — que, machucado, foi substituído no 2º tempo. Mesmo assim, o time bateu a Noruega. No fim das contas, as quatro seleções terminaram com a mesma pontuação (4) e o mesmo saldo de gols (0). A classificação foi decidida nos gols pró — o México ficou em primeiro e a Noruega, em último — e depois no confronto direto: aquela derrota para a Irlanda deixou a Itália em 3º.

Desfalque
O zagueiro italiano Baresi, capitão da equipe, saiu aos 4 minutos do segundo tempo contra a Noruega, com uma lesão no joelho. Ele teve que passar por uma cirurgia no menisco. Foi operado nos Estados Unidos mesmo. A previsão mais otimista era de que ele ficaria um mês sem poder jogar.

O nome do grupo nas duas primeiras rodadas foi o goleiro belga Michel Preud'homme, autor de duas coleções de defesas sensacionais diante de Marrocos e, principalmente, Holanda. Nos dois jogos, a Bélgica venceu por 1 a 0. Preud'homme só foi vazado na terceira partida, pelo árabe Owairan — que percorreu 70 metros desde seu campo, passou por quatro belgas e tocou com estilo, por cobertura, na saída do goleiro. Por ter levado esse gol (e por não ter feito nenhum), a Bélgica, que até então liderava o grupo, acabou em 3º lugar, atrás da Arábia Saudita e da Holanda. Os holandeses venceram duas partidas no sufoco e ficaram em primeiro, para delírio do técnico Dick Advocaat, que calou críticos como o ex-jogador Cruyff.

Os mata-matas

OITAVAS DE FINAL

2/7 Alemanha 3 x 2 Bélgica
Gols: Völler (Ale, 6-1º), Grun (Bel, 8-1º), Klinsmann (Ale, 11-1º), Völler (Ale, 40-1º), Albert (Bel, 45-2º)

2/7 Espanha 3 x 0 Suíça
Gols: Hierro (Esp, 15-1º), Luis Enrique (Esp, 29-2º), Beguiristain (Esp, 41-2º)

3/7 Suécia 3 x 1 Arábia
Gols: Dahlin (Sue, 6-1º), Kennet Andersson (Sue, 6-2º), Al Gheshayan (Ara, 40-2º), Kennet Andersson (Sue, 43-2º)

3/7 Romênia 3 x 2 Argentina
Gols: Dumitrescu (Rom, 11-1º), Batistuta (Arg, 16-1º), Dumitrescu (Rom, 18-1º), Hagi (Rom, 13-2º), Balbo (Arg, 30-2º)

4/7 Holanda 2 x 0 Irlanda
Gols: Bergkamp (Hol, 11-1º), Jonk (Hol, 41-1º)

4/7 Brasil 1 x 0 Estados Unidos
Gol: Bebeto (Bra, 27-2º)

5/7 Nigéria 1 x 2 Itália
Gols: Amunike (Nig, 5-1º), Roberto Baggio (Ita, 43-2º)
Gol na prorrogação: Roberto Baggio (Ita, 10-1º)

5/7 México 1 x 1 Bulgária
Gols: Stoichkov (Bul, 6-1º), G. Aspe (Mex, 18-1º)
Nos pênaltis: México 1 x 3 Bulgária

QUARTAS DE FINAL

9/7 Itália 2 x 1 Espanha
Gols: Dino Baggio (Ita, 25-1º), Caminero (Esp, 13-2º), Roberto Baggio (Ita, 42-2º)

9/7 Brasil 3 x 2 Holanda
Gols: Romário (Bra, 8-2º), Bebeto (Bra, 18-2º), Bergkamp (Hol, 19-2º), Winter (Hol, 31-2º), Branco (Bra, 36-2º)

10/7 Alemanha 1 x 2 Bulgária
Gols: Matthäus (Ale, 2-2º), Stoichkov (Bul, 30-2º), Letchkov (Bul, 33-2º)

10/7 Suécia 2 x 2 Romênia
Gols: Brolin (Sue, 33-2º), Raducioiu (Rom, 43-2º)
Gols na prorrogação: Raducioiu (Rom, 11-1º), Kennet Andersson (Sue, 10-2º)
Nos pênaltis: Suécia 5 x 4 Romênia

A Alemanha jogou apenas no primeiro tempo, o suficiente para fazer três gols na Bélgica. Os belgas reagiram na etapa final e reclamaram de um pênalti de Helmer em Weber aos 45 minutos. No fim, até o goleiro Preud'homme foi à área tentar o gol, numa atitude jamais vista em Copas. A Espanha passou o trator na Suíça. A Suécia suportou o calor de Dallas e bateu a Arábia Saudita. A Romênia despachou a Argentina naquele que foi considerado o melhor jogo da Copa. A Holanda venceu a Irlanda. O Brasil enfrentou os Estados Unidos no emblemático feriado de 4 de julho e só jogou melhor depois que Leonardo foi expulso, após dar uma cotovelada na têmpora de Tab Ramos. A Itália quase foi eliminada pela Nigéria, mas Roberto Baggio fez um gol no finzinho e o duelo foi para a prorrogação. Nela, Roberto Baggio fez mais um gol, e a Itália avançou. No jogo Bulgária x México, o mexicano Bernal se apoiou na rede e quebrou a trave, que foi trocada em 8 minutos. Nos pênaltis, deu Bulgária.

Garfada
Perdendo para a Itália por 2 a 1, a Espanha foi para cima. No fim, o italiano Tassoti arrebentou o nariz de Luis Enrique com uma cotovelada, dentro da área. O pênalti foi ignorado pelo árbitro, mesmo com todo o sangue jorrando do nariz do espanhol. Com base nas imagens de TV, Tassoti foi suspenso por 4 jogos.

A Espanha jogou como nunca, mas a Itália venceu como sempre. O Brasil derrotou a Holanda num dos melhores jogos da Copa. A partida foi decidida num gol de falta de Branco, no qual Romário fez um malabarismo para desviar da bola. Bulgária e Suécia resistiram melhor ao sol do meio-dia em seus jogos e surpreenderam ao eliminar Alemanha e Romênia.

SEMIFINAIS

13/7 Itália 2 x 1 Bulgária
Gols: Roberto Baggio (Ita, 21 e 25-1º), Stoichkov (Bul, 44-1º)

13/7 Brasil 1 x 0 Suécia
Gols: Romário (Bra, 35-2º)

Romário e Roberto Baggio fizeram os gols que colocaram seus países na final e chegaram a cinco gols cada na Copa. Quem vencesse seria o grande nome do Mundial.

DECISÃO DO TERCEIRO LUGAR

16/7 Suécia 4 x 0 Bulgária
Gols: Brolin (Sue, 8-1º), Mild (Sue, 30-1º), Larsson (Sue, 37-1º), Kennet Andersson (Sue, 40-1º)

A final da Copa

Roberto Baggio lamenta e os brasileiros comemoram

BRASIL	0
ITÁLIA	0

Pênaltis: Brasil 3 (Romário, Branco e Dunga; Márcio Santos parou no goleiro Pagliuca) x Itália 2 (Albertini e Evani; Massaro parou no goleiro Taffarel e Baresi e Roberto Baggio cobraram por cima)
Data: 17/07/1994
Horário: 12h30
Local: Estádio Rose Bowl (Los Angeles)
Público: 94.194
Árbitro: Sandor Puhl (HUN)
Cartões amarelos:
Mazinho
Apolloni
Albertini
Cafu

Tecnicamente, Brasil e Itália estavam disputando não apenas a final da Copa, mas a "final do século", já que dela sairia o primeiro tetracampeão da história. Os italianos tinham duas dúvidas: o artilheiro Roberto Baggio, com lesão na coxa, e o zagueiro Baresi, que se recuperou de uma cirurgia no joelho em tempo recorde. Os dois foram escalados. No lado do Brasil, o lateral Jorginho teve que sair aos 22 minutos de jogo, com lesão muscular — e seu reserva, Cafu, tinha como ponto fraco os cruzamentos. Durante toda a partida, o Brasil tentou jogar, e a Itália tentou se defender. Nesse ponto, a escalação de Baresi valeu a pena, já que ele impediu a maioria dos ataques brasileiros. Mesmo assim, foi do Brasil a melhor chance do jogo: Mauro Silva chutou, o goleiro Pagliuca soltou a bola e ela bateu mansamente na trave. Na prorrogação, Taffarel evitou um gol certo de Roberto Baggio; Pagliuca, um de Bebeto. No segundo tempo, Romário, quase em cima da risca, errou a bola após cruzamento rasteiro. No fim da etapa, Dunga deu uma entrada dura exatamente na coxa machucada de Roberto Baggio. Como o placar não se mexeu, veio a hora dos pênaltis. Para os brasileiros, foi uma redenção. Dunga, símbolo de uma era fracassada, e Branco, o mais criticado do grupo, converteram. E Taffarel defendeu o chute de Massaro. Do lado da Itália, foi uma maldição: Baresi e Roberto Baggio bateram por cima do gol. E o Brasil pôde gritar: "é tetraaaaaaaaa".

Brasil
Técnico: Carlos A. Parreira

Itália
Técnico: Arrigo Sacchi

Os melhores da Copa

Numeralha

Maior público: 94.194 (Brasil x Itália)
Menor público: 44.132 (Nigéria x Bulgária)

Gols pró: 140
Gols contra: 1
Média por jogo: 2,71

Melhor ataque: Suécia, 15 gols

Goleiro menos vazado: Thorstvedt (Noruega), 1 gol em 3 jogos (0,33 por jogo)

Maior goleada: Rússia 6 x 1 Camarões

Maior público médio da história das Copas: 68.413 pessoas por jogo

O CRAQUE

ROMÁRIO
Brasil | atacante

Romário havia prometido conduzir o Brasil ao título e cumpriu. Na Copa, fez cinco gols, deu passes diretos para dois gols de Bebeto (contra EUA e Holanda) e participou das jogadas de outros três gols (diante de Rússia, Camarões e no gol de Branco frente aos holandeses). Ou seja, 10 dos 11 gols do Brasil na Copa. Seu único erro ter perdido uma chance clara na prorrogação contra a Itália, quase em cima da risca.

ARTILHEIROS

SALENKO
Nome: Oleg Salenko
Seleção: Rússia
6 gols em 3 jogos
Posição: atacante
Idade: 24 anos
Nascimento: 25/10/1969, em São Petersburgo
Altura: 1,81 m | Peso: 72 kg
Clube: Logroñes (ESP)

STOICHKOV
Nome: Hristo Stoichkov
Seleção: Bulgária
6 gols em 7 jogos
Posição: atacante
Idade: 28 anos
Nascimento: 08/02/1966, em Plovdiv
Altura: 1,78 m
Peso: 85 kg
Clube: Barcelona (ESP)

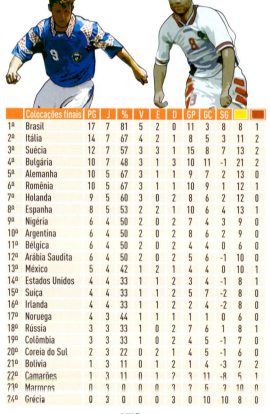

Colocações finais	PG	J	%	V	E	D	GP	GC	SG	
1ª Brasil	17	7	81	5	2	0	11	3	8	1
2ª Itália	14	7	67	4	2	1	8	5	3	11	2
3ª Suécia	12	7	57	3	3	1	15	8	7	13	2
4ª Bulgária	10	7	48	3	1	3	10	11	-1	21	2
5ª Alemanha	10	5	67	3	1	1	9	7	2	13	0
6ª Romênia	10	5	67	3	1	1	10	9	1	12	1
7ª Holanda	9	5	60	3	0	2	8	6	2	12	0
8ª Espanha	8	5	53	2	2	1	10	6	4	13	1
9ª Nigéria	6	4	50	2	0	2	7	4	3	9	0
10ª Argentina	6	4	50	2	0	2	8	6	2	9	0
11ª Bélgica	6	4	50	2	0	2	2	4	0	6	0
12ª Arábia Saudita	6	4	50	2	0	2	5	6	-1	10	0
13ª México	5	4	42	1	2	1	4	4	0	10	1
14ª Estados Unidos	4	4	33	1	1	2	3	4	-1	8	1
15ª Suíça	4	4	33	1	1	2	5	7	-2	8	0
16ª Irlanda	4	4	33	1	1	2	2	4	-2	8	0
17ª Noruega	4	3	44	1	1	1	1	0	6	0
18ª Rússia	3	3	33	1	0	2	7	6	1	8	1
19ª Colômbia	3	3	33	1	0	2	4	5	-1	7	0
20ª Coreia do Sul	2	3	22	0	2	1	4	5	-1	6	0
21ª Bolívia	1	3	11	0	1	2	1	4	-3	7	2
22ª Camarões	1	3	11	0	1	2	3	11	-8	5	1
23ª Marrocos	0	3	0	0	0	3	2	5	-3	10	0
24ª Grécia	0	3	0	0	0	3	0	10	10	8	0

Vilão

O avião que trouxe a delegação brasileira de volta dos Estados Unidos estava bastante "recheado". Jogadores, comissão técnica e convidados da CBF portavam, ao todo, 17 toneladas de bagagem — em sua maioria, compras que deveriam ser taxadas. Porém, o presidente da CBF, Ricardo Teixeira, ameaçou cancelar o desfile da seleção caso a carga fosse vistoriada pela Receita Federal, e ficou por isso mesmo.

Jogos históricos
Romênia 3 x 2 Argentina (1994)

O romeno Hagi contra a Argentina

ROMÊNIA	3
ARGENTINA	2

Gols: Dumitrescu (Rom, 11-1º),
Batistuta (Arg, 16-1º),
Dumitrescu (Rom, 18-1º),
Hagi (Rom, 13-2º),
Balbo (Arg, 30-2º)
Data: 03/07/1994
Horário: 13h30
Local: Rose Bowl (Los Angeles)
Público: 90.469
Árbitro: Pierluigi Pairetto (ITA)
Cartões amarelos:
Ruggeri, Popescu, Redondo,
Chamot, Selymes, Cáceres,
Dumitrescu

A Argentina havia impressionado nos dois primeiros jogos da Copa e achava-se que somente uma bomba iria parar o time. A bomba veio. O meia Maradona, que estava voando na Copa, foi flagrado no exame antidoping. Ele tinha cinco substâncias proibidas no organismo: efedrina, norefedrina, pseudoefedrina, norpseudoefedrina e metaefedrina. Todas estimulam batimentos cardíacos e dão fôlego e lucidez, além de causar perda de peso — o craque ficou 12 kg mais magro em dois meses. O julgamento do caso ficou para depois da Copa, o que significava que ele não jogaria mais no Mundial. Assim, a Argentina não tinha Maradona para as oitavas de final. Já a Romênia tinha o seu Maradona, Hagi, chamado de "Maradona dos Cárpatos". Quem desfalcava a equipe romena era o atacante Raducioiu, suspenso. O duelo das oitavas foi eletrizante. Logo no primeiro minuto, o argentino Simeone perdeu um gol cara a cara com o goleiro Prunea. Aos 11 minutos, Dumitrescu cobrou uma falta do bico da área e encobriu o goleiro Islas: 1 a 0. Cinco minutos depois, Batistuta cavou um pênalti, cobrou e empatou. Aos 18, Hagi fez a jogada para outro gol de Dumitrescu. E o craque romeno anotou o terceiro gol da equipe, aos 13 minutos da etapa final. Depois disso, só deu Argentina, mas a equipe fez apenas um gol, com Balbo, aos 30 minutos, e acabou derrotada. Nas cabines de TV, estava Maradona. Ele chorou durante o jogo e mais ainda com a eliminação.

Romênia
Técnico: Anghel Iordanescu

Argentina
Técnico: Alfio Basile

Esquadrões sem título

França 1986

PLATINI
França | meia

ROCHETEAU
França | atacante

Os dois times deram azar em suas melhores gerações

Iugoslávia 1994

STOJKOVIC
Iugoslávia | meia

PROSINECKI
Iugoslávia | meia

Em 1978, a França voltava a um Mundial após 12 anos com uma geração que tinha jovens como Platini (um meia cerebral e craque na bola parada) e Rocheteau (um atacante veloz e goleador). Não foi mal, mas acabou de fora porque ficou atrás de Itália e Argentina no grupo. Em 1982, a equipe ganhou os acréscimos de Tigana (um volante elegante), Giresse (um meia dinâmico) e Amoros (um lateral polivalente). Acabou em quarto lugar, após ser eliminada pela Alemanha nos pênaltis, na semifinal. Em 1984, conquistou a Eurocopa, com o meia Platini tendo marcado nove gols nos cinco jogos da reta final — incluindo um na vitória por 2 a 0 sobre a Espanha, na decisão. Em 1986, a França parecia no ponto. Até porque tinha o acréscimo do goleiro Bats, que não pôde ir ao Mundial de 1982 porque lutava contra um câncer nos testículos. Por tudo isso, a França era considerada favorita ao título na Copa do México. Mas no meio do caminho havia de novo a Alemanha. Os franceses bem que tentaram, mas levaram um gol no começo, outro no fim e caíram nas semifinais. A geração de Platini, Giresse e Tigana se despediu e fez tanta falta que o país demorou outros 12 anos para voltar a disputar uma Copa do Mundo.

Em 1987, a Iugoslávia mostrou ao mundo uma geração que conquistou o Mundial Sub-20. Nela brilhavam os laterais Stimac e Jarni, os meias Boban e Prosinecki e os atacantes Mijatovic e Suker. Prosinecki foi eleito o melhor jogador da competição. Em 1990, alguns dos jogadores já estavam na seleção iugoslava que foi à Copa — ainda havia os acréscimos do zagueiro Mihajlovic, do volante Katanec, do atacante Savicevic e do meia Stojkovic, o principal astro do país na época. Na Copa, faltou experiência diante da Argentina, para quem os iugoslavos perderam nos pênaltis. Em 1991, o Estrela Vermelha, base da seleção, foi campeão europeu e mundial. E a Iugoslávia sobrou na eliminatória da Eurocopa. Mas o país fragmentou-se em uma guerra civil. Acabou impedido de disputar a Eurocopa, na qual aparecia como favorito — a Dinamarca tomou seu lugar e sagrou-se campeã. A geração de 1987 estaria no auge na Copa de 1994, mas por problemas políticos não pôde disputá-la. Em 1998, metade daquele time defendia a seleção da Croácia, que ficou em 3º lugar na Copa. E o meia Prosinecki tornou-se o primeiro jogador a marcar gols por duas seleções diferentes. A outra metade daquela geração estava naquela mesma Copa, mas com a seleção da Iugoslávia.

Foram mal nos pênaltis

CARLOS — Brasil, 1986, GK
Contra a França, fez um "gol contra" no chute de Stopyra.

MARIO FERNANDES — Rússia, 2018, DF
Brasileiro naturalizado russo, bateu fora ante a Croácia. A Rússia caiu.

STIELIKE — Alemanha, 1982, DF
Primeiro a errar em decisões por pênaltis. Ettori, da França, pegou.

BARESI — Itália, 1994, DF
Chutou por cima do travessão na final contra o Brasil. A Itália perdeu a taça.

LIZARAZU — França, 1998, DF
Bateu fraco, no meio do gol, e o italiano Pagliuca defendeu.

LAMPARD — Inglaterra, 2006, MC
Parou no goleiro Ricardo, de Portugal. Os ingleses erraram mais dois.

STOJKOVIC — Iugoslávia, 1990, MC
Iniciou a série e acertou o travessão da Argentina. A Iugoslávia caiu.

PLATINI — França, 1986, MC
Chutou por cima diante do Brasil. Mesmo assim, a França venceu.

ROBERTO BAGGIO — Itália, 1994, MC
Mandou um pênalti "na lua" e o lance deu o título de 1994 para o Brasil.

ALEXIS SANCHEZ — Chile, 2014, AT
Um dos três chilenos a errar contra o Brasil. Parou em Júlio César.

SHEVCHENKO — Ucrânia, 2006, AT
Viu o suíço Zuberbühler defender o chute. Ao menos a Ucrânia venceu.

GK: Goleiro
DF: Defensor
MC: Meio-campista
AT: Atacante

Um time rimadinho

CASTILHO — Brasil, 1954, GK
Apelidado de "Leiteria", por ser considerado sortudo

NELINHO — Brasil, 1978, DF
Tinha um dos chutes mais potentes da história do futebol

LUISINHO — Brasil, 1982, DF
Cometeu 2 pênaltis contra a União Soviética, não anotados pelo juiz

EDINHO — Brasil, 1986, DF
Jogou três mundiais, foi capitão em 1986. Atuou como lateral em 1978

JORGINHO — Brasil, 1994, DF
Jogava nas duas laterais. Começou na esquerda e depois mudou

ZIZINHO — Brasil, 1950, MC
Um dos maiores craques do Brasil antes dos títulos mundiais

ZINHO — Brasil, 1994, MC
Ganhou o apelido de "enceradeira" por prender demais a bola na Copa

RONALDINHO — Brasil, 2006, MC
Eleito duas vezes o melhor jogador do mundo

JULINHO — Brasil, 1954, AT
Recusou convocação para a Copa de 1958 porque atuava fora do país

ROBINHO — Brasil, 2010, AT
Reserva em 2006, era um dos principais jogadores do Brasil em 2010

PREGUINHO — Brasil, 1930, AT
Multiatleta nos anos 1930, foi autor do primeiro gol do Brasil em Copas

GK: Goleiro
DF: Defensor
MC: Meio-campista
AT: Atacante

Comemorações marcantes (II)

KLOSE
Alemanha 2 x 2 Gana, 2014
Quando marcou seu 15º gol em Copas, o que o igualava ao brasileiro Ronaldo, o alemão Klose deu uma cambalhota no ar. Isso foi visto na partida contra Gana.

MARADONA
Argentina 4 x 0 Grécia, 1994
Depois de marcar o terceiro gol da Argentina sobre a Grécia, Maradona correu até uma câmera de TV com uma cara alucinada e raivosa.

BEBETO
Brasil 3 x 2 Holanda, 1994
Ao marcar o segundo gol diante da Holanda, Bebeto correu até a linha lateral com os braços posicionados como quem carrega uma criança. Ao parar, embalou os braços para os dois lados. Era a comemoração "nana neném", em homenagem ao filho Mateus, nascido dois dias antes. O gesto depois virou febre entre os jogadores.

C. RONALDO
Portugal 3 x 3 Espanha, 2018
Cristiano Ronaldo criou duas comemorações de gol. Uma é o salto para cima, com um giro de 180 graus no ar e a queda com os braços estendidos. Outra é o "eu estou aqui", vista desde as Eliminatórias para a Copa de 2014, diante da Suécia.

YEKINI
Nigéria 3 x 0 Bulgária, 1994
Yekini marcou o primeiro gol da história da Nigéria em Copas do Mundo. Emocionado, entrou no gol e celebrou sacudindo a rede.

França 1998

Desde 1983, a França sonhava em receber novamente uma Copa do Mundo. Num primeiro momento, os franceses tinham outros sete concorrentes: Brasil, Inglaterra, Suíça, Chile, Índia, Marrocos e Portugal. Mas, na reta final, a lista de candidatos ficou restrita a França, Marrocos e Suíça. Os suíços acabaram excluídos da decisão final. No dia 2 de julho de 1992, em votação na sede da Fifa, os franceses levaram a melhor: receberam 12 votos, contra sete a favor dos marroquinos. Para organizar o torneio, a federação francesa chamou o ex-jogador Michel Platini, craque dos *bleus* nos anos 80.

O Mundial de 1998 seria o primeiro com 32 seleções, oito a mais que nas quatro Copas anteriores. Se dependesse do presidente da Fifa, João Havelange, a Copa teria 40 times, mas 32 era um número mais razoável. Havelange recebeu críticas pelo inchaço, já que o aumento nas vagas beneficiava diretamente as federações da Ásia e da África, eleitoras do dirigente brasileiro.

A Copa com 32 países foi o último legado de Havelange na Fifa. Ele não concorreria a um novo mandato, e a entidade escolheria o sucessor pouco antes da Copa. Quem ganhou foi o candidato apoiado por ele, o suíço Joseph Blatter, secretário da Fifa desde 1981. Por 111 votos a 80, ele derrotou o sueco Lennart Johansson.

Cidades e estádios

O crescimento da Copa não chegou a ser problema para a França, dona de boa infraestrutura turística e muitos estádios em boas condições. Tanto que só precisou construir um: o Stade de France, em Saint-Denis, nas cercanias de Paris, com capacidade para 80 mil torcedores e custo de US$ 430 milhões. Os outros nove estádios — alguns deles ativos desde a Copa de 1938 — passaram por reformas e ampliações. Um deles chamou a atenção: o Félix Bollaërt, de Lens. Erguido em 1932, foi ampliado para poder comportar 41 mil torcedores. O detalhe é que o município só tinha 35 mil habitantes na época. Ao todo, o Mundial custou US$ 1,6 bilhão, dos quais US$ 340 milhões bancados pelo governo. O resto foi pago pela Fifa e pelos 43 patrocinadores oficiais do evento, entre outros investidores da iniciativa privada.

Eliminatórias

Com o aumento de vagas (30) e o aumento no número de países no mundo, não foi de se estranhar que 161 países tivessem se

> **"Quarenta países em uma Copa é um absurdo. Aliás, 32 já é demais"**
>
> Do ex-jogador Michel Platini, presidente do Comitê Organizador da Copa de 1998, sobre o inchaço no número de vagas no Mundial — o então presidente da Fifa, João Halevange, chegou a sugerir 40 participantes

A BOLA
Tricolore

inscrito para as Eliminatórias do Mundial, um novo recorde. Dois, Bahamas e Bermuda, acabaram desistindo. O classificatório para 1998 foi o primeiro para a maioria dos "filhotes" de Tchecoslováquia (República Tcheca e Eslováquia), Iugoslávia (Iugoslávia, Bósnia-Herzegovina, Croácia, Eslovênia e Macedônia) e União Soviética (Rússia, Ucrânia, Letônia, Estônia, Lituânia, Geórgia, Moldávia, Azerbaijão, Bielorússia e Armênia na Europa e Quirguistão, Uzbequistão, Cazaquistão, Tajiquistão e Turcomenistão na Ásia). De todas essas nações, apenas Iugoslávia e Croácia foram à Copa. A maior surpresa foi a queda da Suécia, 3ª colocada em 1994, que não conseguiu chegar nem à repescagem europeia.

Cidade	Estádio	Capacidade
Bordeaux	Parc Lescure	35.200
Lens	Félix Bollaërt	41.275
Lyon	Gerland	44.000
Marselha	Velodrome	60.000
Montpellier	La Mosson	35.500
Nantes	Atlantique	39.500
Paris	Parc des Princes	49.000
Paris (St. Denis)	Stade de France	80.000
Saint-Ettiene	Geoffroy Guichard	36.000
Toulouse	Municipal	37.000

Sorteio e fórmula

Com 32 equipes, a fórmula de disputa teve que ser alterada em relação aos mundiais anteriores. As seleções acabaram divididas em oito grupos de quatro, com os dois melhores de cada chave avançando às oitavas de final, totalizando 16 classificados. O sorteio, em 4 de dezembro de 1997, foi benevolente com as pretensões francesas. O país pegou um grupo fácil, com Dinamarca, a estreante África do Sul e a fraca Arábia Saudita. Assim, seria possível sonhar com uma final contra o Brasil, se este também terminasse em primeiro no Grupo A (contra Noruega, Escócia e Marrocos). Os espanhóis reclamaram bastante do sorteio: caíram no chamado "grupo da morte", com Nigéria, Paraguai e Bulgária. Nos mata-matas, a novidade era a adoção do "gol de ouro" (um eufemismo para "morte súbita") nas prorrogações. Caso um jogo eliminatório terminasse empatado, venceria a equipe que fizesse o primeiro gol no tempo extra.

Estreantes em Copas
- África do Sul
- Croácia
- Jamaica
- Japão

Favoritos

Campeão mundial, da Copa América e da Copa das Confederações, o Brasil entrava na Copa como a equipe a ser batida. A Alemanha ostentava o título da Eurocopa, mas o clima interno não era dos melhores. Na Espanha, o otimismo imperava. "Nunca estivemos tão bem", dizia a imprensa do país. Argentina, Inglaterra e Itália apostavam mais na tradição que na força de suas equipes. A França estava cotada apenas por ser o país-sede. Além da ausência de atacantes confiáveis, dizia-se que o time "tinha medo de ser feliz", já que trazia um histórico de se acovardar em momentos decisivos.

Ausência
O Uruguai deu um vexame de envergonhar as tradições futebolísticas do país. Entre as nove equipes que disputaram quatro vagas nas Eliminatórias da América do Sul (o Brasil não precisou jogar), a Celeste ficou em sétimo lugar, atrás de babas como Equador e Peru e à frente apenas de Bolívia e Venezuela.

A preparação do Brasil

Competições disputadas pelo Brasil entre 1994 e 1998	
Copa América 1995	
1F	Brasil 1 x 0 Equador
1F	Brasil 2 x 0 Peru
1F	Brasil 3 x 0 Colômbia
QF	Brasil 2 x 2 Argentina Nos pênaltis, Brasil 4 x 2 Argentina
SF	Brasil 1 x 0 EUA
F	Brasil 1 x 1 Uruguai Nos pênaltis, Brasil 3 x 5 Uruguai
Brasil ficou com o vice	
Copa América 1997	
1F	Brasil 5 x 0 Costa Rica
1F	Brasil 3 x 2 México
1F	Brasil 2 x 0 Colômbia
QF	Brasil 2 x 0 Paraguai
SF	Brasil 7 x 0 Peru
F	Brasil 3 x 1 Bolívia
Brasil sagrou-se campeão	
Copa das Confederações 1997	
1F	Brasil 3 x 0 Arábia Saudita
1F	Brasil 0 x 0 Austrália
1F	Brasil 3 x 2 México
SF	Brasil 2 x 0 Rep. Tcheca
F	Brasil 6 x 0 Austrália
Brasil sagrou-se campeão	

1F: Primeira fase
QF: Quartas de final
SF: Semifinal
F: Final

Parreira saiu por cima quando deixou o cargo de técnico da seleção, após a Copa de 1994. Quem o substituiu foi Zagallo. Coordenador na campanha do tetra, ele voltou ao posto no qual comandou a seleção nas Copas de 1970 e 1974. Mas sua primeira obsessão não foi a Copa de 1998, e sim a Olimpíada de 1996. O Velho Lobo mirava o único título que faltava à seleção brasileira. Os deuses do futebol deram a ele uma excelente safra de jogadores sub-23, como o goleiro Dida, o lateral Roberto Carlos e o atacante Ronaldo. Com mais três veteranos do tetracampeonato, a equipe que iria à Olimpíada de Atlanta ficaria consideravelmente forte. As opções mais citadas eram Dunga, capitão de 1994, e Romário, que em 1996 marcava três gols a cada dois jogos pelo Flamengo. Mas Zagallo levou o zagueiro Aldair, o atacante Bebeto e o meia Rivaldo — que não havia ido à Copa.

O projeto olímpico deu errado. Ronaldo, que era o melhor jogador do time, começou na reserva. Só virou titular a partir do segundo jogo. Contra a Nigéria, nas semifinais, todos os veteranos falharam decisivamente. O Brasil chegou a abrir 3 a 1 e teve a chance de liquidar o jogo, mas Bebeto preferiu tentar sozinho em vez de tocar para Ronaldo, que estava livre, e errou o lance. Rivaldo perdeu uma bola que gerou o segundo gol nigeriano. E, após falha de Aldair, Kanu empatou. O jogo foi para a morte súbita. O narrador Galvão Bueno sintetizou bem: "Olha a sobra. Kanu. Ele é perigoso. Entrou, bateeeu... acabou".

Após o fracasso na Olimpíada, Zagallo passou a desfilar o conceito tático do "jogador número um": um jogador capaz de dar combate na defesa e seguir com a bola dominada para criar chances no ataque. Só que, na época, nenhum jogador desempenhava essa função no futebol brasileiro. Ao mesmo tempo, o Velho Lobo promoveu o retorno do líder Dunga e do artilheiro Romário, deixados de lado na Olimpíada. Com Romário e Ronaldo, o ataque ficou irresistível, mas de resto a defesa pecava demais, principalmente contra os europeus. Em 1997, a seleção foi atropelada pela Noruega (4 a 2) e o trabalho de Zagallo foi, pela primeira vez, questionado. A campanha no Torneio da França, um quadrangular com França, Itália e Inglaterra, não ajudou. A seleção empatou com franceses (1 a 1) e italianos (3 a 3) exibindo muitas falhas defensivas e ficou alijada do título antes de derrotar a Inglaterra (que foi a campeã) por 1 a 0.

Na Copa América, disputada na Bolívia, a defesa voltou a se mostrar insegura, mas o ataque voltou a funcionar. E o time foi campeão com seis vitórias e 22 gols pró em seis jogos. Com o título, Zagallo desabafou, em frente a uma câmera de TV: "Vocês vão ter que me engolir". A conquista, porém, mascarou um problema tático. Zagallo ainda não tinha o tal "número um". Todos os testados apresentavam dificuldades ou para defender, ou para armar, ou para atacar. Leonardo, Giovanni, Djalminha, Denílson, Amoroso, Edmundo, Juninho Paulista, Emerson, Rodrigo Fabri, até Zinho e Rivaldo ganharam chance, mas ninguém convenceu. Zagallo foi procurando seu jogador ideal, até chegar à Copa das Confederações, disputada no fim de 1997, na Arábia Saudita. O Brasil foi campeão — curiosamente, todos os jogadores haviam raspado a cabeça na competição — e Zagallo cravou que seu "número um" para a Copa seria Juninho Paulista. Mas Juninho sofreu uma fratura de tíbia e perônio em fevereiro de 1998 e não se recuperou a tempo.

No ano da Copa, o Brasil teve um desempenho pífio na Copa Ouro. Para os analistas, a comissão técnica carecia de alguém que estudasse os adversários e de um coordenador para a seleção, capaz de blindar a equipe de críticas. A CBF percebeu isso e convenceu Zagallo a aceitar alguém, e esse alguém foi o ex-jogador Zico. Mesmo assim, Zagallo se contradizia nas convocações — dizia que Müller, 32 anos, estava velho para a seleção, mas que Bebeto, 34 anos, não — e insistia com a ideia do "jogador número um". Nos últimos amistosos antes da Copa, testou (e descartou) Raí. Não testou (e levou à Copa) Giovanni.

Já na França, na concentração de Lésigny, Zagallo teve que cortar, por lesão, o volante Flávio Conceição, que também atuava na lateral-direita (deu lugar a Zé Carlos, um obscuro lateral do São Paulo) e o zagueiro Márcio Santos (trocado por André Cruz). Por fim, a oito dias da estreia, Romário sofreu uma lesão muscular. Segundo o médico Lídio Toledo, o atacante não poderia disputar os três primeiros jogos, mas estaria pronto para os mata-matas. Zagallo não fez força para bancá-lo e chamou o meia Emerson para completar o grupo. E Bebeto virou titular. Zagallo não mostrou temor de que o ataque Bebeto-Ronaldo repetisse os erros de 1996. E não se empenhou em tentar consertar falhas na defesa. Mesmo assim, o otimismo estava inabalável. "Vocês vão ter que me engolir de novo", dizia.

Todos os convocados		
Nº	Goleiros	idade	clube
1	Taffarel	32	Atlético-MG
12	Carlos Germano	27	Vasco
22	Dida	24	Cruzeiro
Nº	Zagueiros	idade	clube
3	Aldair	32	Roma (ITA)
4	Júnior Baiano	28	Flamengo
14	Gonçalves	32	Botafogo
15	André Cruz	29	Milan (ITA)
Nº	Laterais	idade	clube
2	Cafu	27	Roma (ITA)
6	Roberto Carlos	25	Real Madrid (ESP)
13	Zé Carlos	29	São Paulo
16	Zé Roberto	23	Real Madrid (ESP)
Nº	Meio-campistas	idade	clube
5	César Sampaio	30	Yokohama Flugels (JAP)
7	Giovanni	26	Barcelona (ESP)
8	Dunga	34	Jubilo Iwata (JAP)
10	Rivaldo	26	Barcelona (ESP)
11	Émerson	22	Bayer Leverkusen (ALE)
17	Doriva	26	Porto (POR)
18	Leonardo	28	Milan (ITA)
Nº	Atacantes	idade	clube
9	Ronaldo	21	Internazionale (ITA)
19	Denílson	20	São Paulo
20	Bebeto	34	Botafogo
21	Edmundo	27	Fiorentina (ITA)

Obs.: Idades computadas até 10/06/1998, data da abertura da Copa

ZAGALLO
técnico

Jogos da fase de grupos

Grupo **A** Brasil Escócia Marrocos Noruega

Grupo **B** Áustria Camarões Chile Itália

10/6 Brasil 2 x 1 Escócia
Gols: César Sampaio (Bra, 5-1º), Collins (Esc, 38-1º), Boyd (contra, p/Bra, 28-2º)

10/6 Marrocos 2 x 2 Noruega
Gols: Hadji (Mar, 38º), Chippo (contra, p/Nor, 46-1º), Hadda (14-2º), Eggen (Nor, 15-2º)

16/6 Escócia 1 x 1 Noruega
Gols: Havard Flo (Nor, 1-2º), Burley (Esc, 21-2º)

16/6 Brasil 3 x 0 Marrocos
Gols: Ronaldo (Bra, 9-1º), Rivaldo (Bra, 45-1º), Bebeto (Bra, 5-2º)

23/6 Escócia 0 x 3 Marrocos
Gols: Bassir (Mar, 22-1º), Hadda (Mar, 1-2º), Bassir (Mar, 39-2º),

23/6 Brasil 1 x 2 Noruega
Gols: Bebeto (Bra, 33-2º), Tore Andre Flo (Nor, 38-2º), Rekdal (Nor, 44-2º)

11/6 Itália 2 x 2 Chile
Gols: Vieri (Ita, 10-1º), Salas (Chi, 45-1º), Salas (Chi, 4-2º), Roberto Baggio (40-2º)

11/6 Camarões 1 x 1 Áustria
Gols: Njanka (Cam, 32-2º), Polster (Aus, 46-2º)

17/6 Chile 1 x 1 Áustria
Gols: Salas (Chi, 25-2º), Vastic (Aus, 45-2º)

17/6 Itália 3 x 0 Camarões
Gols: Di Biagio (Ita, 7-1º), Vieri (Ita, 30-2º e 44-2º)

23/6 Itália 2 x 1 Áustria
Gols: Vieri (Ita, 4-2º), Roberto Baggio (Ita, 44-2º), Herzog (Aus, 47-2º)

23/6 Chile 1 x 1 Camarões
Gols: Sierra (Chi, 20-1º), M'Boma (Cam, 10-2º)

Classificação	PG	J	V	E	D	GP	GC	SG
Brasil	6	3	2	0	1	6	3	3
Noruega	5	3	1	2	0	5	4	1
Marrocos	4	3	1	1	1	5	5	0
Escócia	1	3	0	1	2	2	6	-4

Classificação	PG	J	V	E	D	GP	GC	SG
Itália	7	3	2	1	0	7	3	4
Chile	3	3	0	3	0	4	4	0
Áustria	2	3	0	2	1	3	4	-1
Camarões	2	3	0	2	1	2	5	-3

Na estreia contra a Escócia, o Brasil conseguiu vencer e fazer dois gols — algo inédito em uma partida de abertura de Copa desde 1962. Depois, derrotou o Marrocos por 3 a 0. Mas nem tudo eram rosas. Dunga e Bebeto quase se agrediram nessa partida. Dunga (e apenas ele) acabou criticado por isso e resolveu ficar em silêncio na última partida, contra a Noruega. Sem seu comando, o Brasil não se encontrou em campo, sofreu para fazer um gol e bateu cabeça nos minutos finais, ao levar dois gols. O resultado acabou classificando os noruegueses, que haviam empatado os dois jogos anteriores. Marrocos, que dependia de um tropeço da Noruega para se classificar, ficou sem a vaga e chorou em campo após vencer a Escócia.

Garfada?
O gol da vitória da Noruega sobre o Brasil saiu depois que o árbitro Esfandiar Baharmast deu pênalti de Júnior Baiano em Flo. Quase todos classificaram o pênalti como inexistente. No dia seguinte, uma imagem de um cinegrafista suíço mostrava o zagueiro agarrando Flo na área. Aí o pênalti ficou claro.

A Itália passou sufoco diante do Chile e só arrancou um empate (em 2 a 2) porque o meia Roberto Baggio descolou um pênalti no fim da partida, ao chutar propositalmente a bola na mão do volante Rojas, posicionado dentro da área. O próprio Baggio converteu. Nos dois jogos seguintes, contra Camarões e Áustria, os italianos ganharam com facilidade e se garantiram em primeiro no grupo. Já os chilenos empataram os três jogos com dificuldade — sofreram um gol no fim do jogo com a Áustria e contaram com a ajuda do árbitro diante de Camarões, que teve dois gols legítimos anulados pelo árbitro, o húngaro Laszlo Wagner. A eliminada Áustria conseguiu uma proeza: só marcou gol nos descontos de cada uma das partidas.

Jogos da fase de grupos

Grupo C
África do Sul Arábia Dinamarca França

12/6 Arábia Saudita 0 x 1 Dinamarca
Gol: Rieper (Din, 23-2º).

12/6 França 3 x 0 África do Sul
Gols: Dugarry (Fra, 36-1º), Issa (contra, p/Fra, 32-2º), Henry (Fra, 45-2º).

18/6 Dinamarca 1 x 1 África do Sul
Gols: Nielsen (Din, 12-1º), McCarthy (AfS, 7-2º).

18/6 França 4 x 0 Arábia Saudita
Gols: Henry (Fra, 36-1º), Trézéguet (Fra, 24-2º), Henry (Fra, 34-2º), Lizarazu (Fra, 40-2º).

24/6 França 2 x 1 Dinamarca
Gols: Djorkaeff (Fra, 12-1º), Michael Laudrup (Din, 42-1º), Petit (Fra, 11-2º).

24/6 África do Sul 2 x 2 Arábia Saudita
Gols: Bartlett (AfS, 19-1º), Al-Jaber (Ara, 45-1º), Al-Thunayan (Ara, 28-2º), Bartlett (AfS, 49-2º).

Classificação	PG	J	V	E	D	GP	GC	SG
França	9	3	3	0	0	9	1	8
Dinamarca	4	3	1	1	1	3	3	0
África do Sul	2	3	0	2	1	3	6	-3
Arábia Saudita	1	3	0	1	2	2	7	-5

Grupo D
Bulgária Espanha Nigéria Paraguai

12/6 Paraguai 0 x 0 Bulgária

13/6 Espanha 2 x 3 Nigéria
Gols: Hierro (Esp, 21-1º), Adepoju (Nig, 24-1º), Raúl (Esp, 2-2º), Lawal (Nig, 28-2º), Oliseh (Nig, 32-2º).

19/6 Nigéria 1 x 0 Bulgária
Gol: Ikpeba (Nig, 26-1º).

19/6 Espanha 0 x 0 Paraguai

24/6 Nigéria 1 x 3 Paraguai
Gols: Ayala (Par, 1-1º), Oruma (Nig, 11-1º), Benitez (Par, 14-2º), Cardozo (Par, 41-2º).

24/6 Espanha 6 x 1 Bulgária
Gols: Hierro (Esp, 6-1º), Luis Enrique (Esp, 19-1º), Morientes (Esp, 8-2º), Kostadinov (Bul, 12-2º), Morientes (Esp, 36-2º), Kiko (Esp, 43-2º), Kiko (Esp, 45-2º).

Classificação	PG	J	V	E	D	GP	GC	SG
Nigéria	6	3	2	0	1	5	5	0
Paraguai	5	3	1	2	0	3	1	2
Espanha	4	3	1	1	1	8	4	4
Bulgária	1	3	0	1	2	1	7	-6

Num grupo fácil, a França venceu os três jogos e se classificou em primeiro lugar, mas não entusiasmou ninguém. Segundo os críticos, o triunfo sobre a África do Sul saiu devido a uma partida ridícula do zagueiro Issa, que fez um gol contra e falhou ao tentar evitar o gol de Henry. E a goleada sobre a Arábia Saudita não era mais que obrigação — para piorar, nesse jogo o meia Zidane pisou em Amin, foi expulso e pegou dois jogos de suspensão. Por fim, os franceses escalaram seis reservas e derrotaram a Dinamarca. "A França ainda acha que uma turnê do balé Bolshoi é um evento mais importante que a Copa", disparou Michel Platini, presidente do comitê organizador do Mundial. A segunda vaga ficou com a Dinamarca.

Inusitado
Após o segundo jogo, os dirigentes da Arábia resolveram mandar embora o técnico da equipe, o brasileiro Carlos Alberto Parreira — pela primeira vez um treinador era demitido em plena Copa. Depois, o polonês Henry Kasperczak (Tunísia) e o coreano Cha Bum-Kum também foram dispensados.

A Nigéria quase foi à Copa sem treinador. O presidente do país, o general Sani Abacha, queria no comando o holandês Jo Bonfrere — que havia levado o time ao ouro na Olimpíada de 1996. Três dias antes da estreia, porém, o general morreu, de ataque cardíaco. Assim, o técnico da equipe, o sérvio Bora Milutinovic, ganhou uma sobrevida. E o time fez bonito nos dois primeiros jogos, ao derrotar Espanha e Bulgária, e obter a classificação com antecedência. Na última rodada, a equipe africana foi derrotada pelo Paraguai, que vinha de dois empates sem gols. A vitória por 3 a 1 garantiu aos paraguaios o segundo lugar. Enquanto isso, a goleada sobre a Bulgária de nada serviu para a Espanha, que acabou eliminada.

Jogos da fase de grupos

Grupo E — Bélgica, Coreia do Sul, Holanda, México

13/6 Coreia do Sul 1 x 3 México
Gols: Ha Seok-Ju (Cor, 28-1º), Peláez (Mex, 6-2º), Hernández (Mex, 29-2º), Hernández (Mex, 39-2º)

13/6 Holanda 0 x 0 Bélgica

20/6 Bélgica 2 x 2 México
Gols: Wilmots (Bel, 43-1º), Wilmots (Bel, 3-2º), García Aspe (Mex, 10-2º), Blanco (Mex, 17-2º).

20/6 Holanda 5 x 0 Coreia do Sul
Gols: Cocu (Hol, 37-1º), Overmars (Hol, 41-1º), Bergkamp (Hol, 26-2º), Van Hooijdonk (Hol, 34-2º), Ronald de Boer (Hol, 38-2º)

25/6 Holanda 2 x 2 México
Gols: Cocu (Hol, 4-1º), Ronald de Boer (Hol, 19-1º), Peláez (Mex, 30-2º), Hernández (Mex, 49-2º)

25/6 Bélgica 1 x 1 Coreia do Sul
Gols: Nilis (Bel, 7-1º), Yoo Sang-Chul (Cor, 26-2º)

Classificação	PG	J	V	E	D	GP	GC	SG
Holanda	5	3	1	2	0	7	2	5
México	5	3	1	2	0	7	5	2
Bélgica	3	3	0	3	0	3	3	0
Coreia do Sul	1	3	0	1	2	2	9	-7

Grupo F — Alemanha, Est. Unidos, Irã, Iugoslávia

14/6 Iugoslávia 1 x 0 Irã
Gol: Mihajlovic (Iug, 27-2º)

15/6 Alemanha 2 x 0 Estados Unidos
Gols: Möller (Ale, 8-1º), Klinsmann (Ale, 19-2º)

21/6 Alemanha 2 x 2 Iugoslávia
Gols: Mijatovic (Iug, 12-1º), Stojkovic (Iug, 9-2º), Mihajlovic (contra, p/Ale, 28-2º), Bierhoff (Ale, 35-2º)

21/6 Irã 2 x 1 Estados Unidos
Gols: Estili (Ira, 40-1º), Mahdavikia (Ira, 39-2º), McBride (EUA, 423-2º)

25/6 Estados Unidos 0 x 1 Iugoslávia
Gol: Komljenovic (Iug, 4-1º)

25/6 Alemanha 2 x 0 Irã
Gols: Bierhoff (Ale, 5-2º), Klinsmann (Ale, 12-2º)

Classificação	PG	J	V	E	D	GP	GC	SG
Alemanha	7	3	2	1	0	6	2	4
Iugoslávia	7	3	2	1	0	4	2	2
Irã	3	3	1	0	2	2	4	-2
Estados Unidos	0	3	0	0	3	1	5	-4

Holandeses, belgas e mexicanos empataram os confrontos entre eles. Assim, as duas vagas seriam de quem fizesse mais gols na Coreia do Sul — e a vantagem, nesse caso, era holandesa. Isso teoricamente. Na prática, a última rodada foi um caldeirão de emoções. Os belgas marcaram 1 a 0 sobre os coreanos logo aos 7 minutos e depois pecaram nas finalizações. Acabaram castigados com o gol de empate na etapa final. Enquanto isso, o México perdia para a Holanda por 2 a 0 e se conformava com a eliminação, até que veio a notícia do gol da Coreia. Assim, o time latino-americano reagiu e chegou ao empate — o segundo gol, aos 49 minutos, fez os mexicanos se amontoarem em uma pirâmide humana para celebrar.

> **História**
> A Bélgica, com três empates em três jogos, terminou a Copa invicta, mas eliminada na fase de grupos — curiosamente, os chilenos também empataram três vezes e passaram de fase. Os belgas repetiram o feito de Camarões (em 1982). Em 2010, a Nova Zelândia também caiu após três empates.

Alemanha e Iugoslávia fizeram o esperado e ficaram com as duas vagas do grupo. Irã e Estados Unidos, por sua vez, fizeram história. Depois de anos de tensão entre os dois países, as duas seleções se enfrentaram na Copa. E a Fifa aproveitou o duelo para fazer a maior propaganda possível de *fair play* no futebol. O importante era festejar a paz entre os rivais, e não tomar partido por causas nacionalistas — em que pese um narrador brasileiro ter declarado, no ar, a frase "o mundo inteiro torcendo para os Estados Unidos", tipo de comentário parcial que nunca vale a pena fazer. Os jogadores entenderam o recado da Fifa: trocaram presentes, posaram juntos para a foto oficial e fizeram um jogo limpo. O Irã venceu por 2 a 1.

Jogos da fase de grupos

Grupo
Colômbia Inglaterra Romênia Tunísia

15/6 Inglaterra 2 x 0 Tunísia
Gols: Shearer (Ing, 43-1º), Scholes (Ing, 45-2º)
15/6 Romênia 1 x 0 Colômbia
Gol: Ilie (Rom, 46-1º)
22/6 Colômbia 1 x 0 Tunísia
Gol: Preciado (Col, 37-2º)
22/6 Romênia 2 x 1 Inglaterra
Gols: Moldovan (Rom, 2-2º), Owen (Ing, 38-2º), Petrescu (Rom 45-2º)
26/6 Colômbia 0 x 2 Inglaterra
Gols: Anderton (Ing, 20-1º), Beckham (Ing, 30-1º)
26/6 Romênia 1 x 1 Tunísia
Gols: Souayah (Tun, 10-1º), Moldovan (Rom, 27-2º)

Grupo
Argentina Croácia Jamaica Japão

14/6 Argentina 1 x 0 Japão
Gol: Batistuta (Arg, 28-1º)
14/6 Jamaica 1 x 3 Croácia
Gols: Stanic (Cro, 27-1º), Earle (Jam, 45-1º), Prosinecki (Cro, 8-2º), Suker (Cro, 24-2º)
20/6 Japão 0 x 1 Croácia
Gol: Suker (Cro, 32-2º)
21/6 Argentina 5 x 0 Jamaica
Gols: Ortega (Arg, 32-1º), Ortega (Arg, 10-2º), Batistuta (Arg , 27-2º), Batistuta (Arg , 35-2º), Batistuta (Arg , 38-2º)
26/6 Argentina 1 x 0 Croácia
Gol: Pineda (Arg, 36-1º)
26/6 Japão 1 x 2 Jamaica
Gols: Whitmore (Jam, 39-1º), Whitmore (Jam, 9-2º), Nakayama (Jap, 29-2º)

Classificação	PG	J	V	E	D	GP	GC	SG
Romênia	7	3	2	1	0	4	2	2
Inglaterra	6	3	2	0	1	5	2	3
Colômbia	3	3	1	0	2	1	3	-2
Tunísia	1	3	0	1	2	1	4	-3

Classificação	PG	J	V	E	D	GP	GC	SG
Argentina	9	3	3	0	0	7	0	7
Croácia	6	3	2	0	1	4	2	2
Jamaica	3	3	1	0	2	3	9	-6
Japão	0	3	0	0	3	1	4	-3

Dois goleiros se destacaram no grupo G. O colombiano Mondragón foi o que executou o maior número de defesas na primeira fase da Copa, 24 ao todo. Já o tunisiano El Ouaer também colecionou defesas nas três partidas. Mesmo assim, os dois não evitaram que suas respectivas equipes acabassem eliminadas. Romênia e Inglaterra ficaram com as duas vagas do grupo. No confronto entre eles, os romenos estiveram melhores e chegaram a mandar uma bola no travessão. Na etapa final, Hagi deu um toque genial para o gol de Moldovan. Os ingleses empataram aos 38 minutos, com um gol do garoto Michael Owen, 18 anos. Mas, aos 45, Petrescu tocou entre as pernas do goleiro Seaman e deu a vitória à Romênia.

Inusitado
Classificada para as oitavas de final após a vitória sobre a Inglaterra, a Romênia resolveu comemorar de um jeito bem peculiar: todos os jogadores pintaram o cabelo de amarelo. A exceção era o goleiro Stelea, totalmente calvo. Curiosamente, depois disso o time não venceu mais na Copa.

A Argentina perdeu força para a Copa porque o técnico Daniel Passarella tinha dado uma ordem bizarra: não aceitaria jogadores cabeludos. Com isso, o volante Redondo, do Real Madrid, não foi à Copa. Já o atacante Batistuta aceitou a ordem do treinador e cortou a cabeleira. Foi a sorte de Passarella, já que Batistuta decidiu a partida contra o Japão, mais dura do que se esperava, e encheu de gols as redes da Jamaica, treinada pelo brasileiro René Simões. Na última rodada, Passarella pôde se dar o luxo de usar uma equipe reserva, que mesmo assim derrotou a Croácia e terminou a fase de grupos sem sofrer um gol sequer. Os croatas ficaram em segundo lugar na chave, ao bater os outros dois adversários.

Os mata-matas

OITAVAS DE FINAL

27/6 Itália 1 x 0 Noruega
Gol: Vieri (Ita, 18-1ª)

27/6 Brasil 4 x 1 Chile
Gols: César Sampaio (Bra, 11-1ª), César Sampaio (Bra, 27-1ª), Ronaldo (Bra, 45-1ª), Salas (Chil, 23-2ª), Ronaldo (Bra, 24-2ª)

28/6 França 1 x 0 Paraguai
Gol na prorrogação: Blanc (Fra, 9-1ª)

28/6 Nigéria 1 x 4 Dinamarca
Gols: Moller (Din, 3-1ª), Brian Laudrup (Din, 12-1ª), Sand (Din, 15-2ª), Helveg (Din, 31-2ª), Babangida (Nig, 33-2ª)

29/6 Alemanha 2 x 1 México
Gols: Hernández (Mex, 2-2ª), Klinsmann (Ale, 30-2ª), Bierhoff (Ale, 41-2ª)

29/6 Holanda 2 x 1 Iugoslávia
Gols: Bergkamp (Hol, 38-1ª), Komljenovic (Iug, 3-2ª), Davids (Hol, 47-2ª)

30/6 Romênia 0 x 1 Croácia
Gol: Suker (Cro, 47-1ª)

30/6 Argentina 2 x 2 Inglaterra
Gols: Batistuta (Arg, 5-1ª), Shearer (Ing, 9-1ª), Owen (Ing, 16-1ª), Zanetti (Arg, 46-1ª)
Nos pênaltis: Argentina 4 x 3 Inglaterra

QUARTAS DE FINAL

3/7 França 0 x 0 Itália
Nos pênaltis: França 4 x 3 Itália

3/7 Brasil 3 x 2 Dinamarca
Gols: Jorgensen (Din, 2-1ª), Bebeto (Bra, 11-1ª), Rivaldo (Bra, 27-1ª), Brian Laudrup (Din, 5-2ª), Rivaldo (Bra, 15-2ª)

4/7 Holanda 2 x 1 Argentina
Gols: Kluivert (Hol, 12-1 ª), Claudio Lopez (Arg, 17-1 ª), Bergkamp (Hol, 44-2 ª)

4/7 Alemanha 0 x 3 Croácia
Gols: Jarni (Cro, 45-1 ª), Vlaovic (Cro, 35-2 ª), Suker (Cro, 40-2 ª)

A França teve o retorno de Zidane, mas esbarrou na defesa italiana e só conseguiu marcar gol na hora dos pênaltis. O Brasil esteve muito mal na defesa diante da Dinamarca, mas o ataque resolveu as coisas. Holanda e Argentina fizeram um jogo equilibrado até os cinco minutos finais, quando Ortega levou dois cartões em dois minutos — um por simular um pênalti e outro por agredir o goleiro Van der Sar. Depois, Bergkamp decidiu o jogo com um golaço. E a Croácia surpreendeu a Alemanha, com dois gols de contra-ataque nos últimos 10 minutos.

A primeira vítima da "morte súbita" foi o Paraguai. O time segurou a França até o momento em que o zagueiro Gamarra deslocou o ombro e teve que ir para o sacrifício. Faltando seis minutos, Blanc fez o gol que matou os paraguaios. Brasil e Dinamarca aplicaram goleadas incontestáveis sobre Chile e Nigéria. Já Itália e Croácia venceram Noruega e Romênia pelo placar mínimo.

A Alemanha bateu o México de virada. A Iugoslávia teve chance de derrotar a Holanda, mas Mijatovic chutou um pênalti no travessão quando o placar era de 1 a 1 — e os holandeses marcaram o gol da vitória nos descontos. No melhor confronto das oitavas, a Argentina passou pela Inglaterra.

Jogaço
A Argentina fez dois gols jogando como time europeu. A Inglaterra fez dois gols jogando como time sul-americano. Já no primeiro tempo. Na etapa final, Beckham levou uma entrada dura de Simeone, revidou e foi expulso. Campbell chegou a marcar um gol, que foi anulado. Nos pênaltis, deu Argentina.

SEMIFINAIS

7/7 Brasil 1 x 1 Holanda
Gols: Ronaldo (Bra, 2-2ª), Kluivert (Hol, 42-2ª)
Nos pênaltis: Brasil 4 x 2 Holanda

8/7 França 2 x 1 Croácia
Gols: Suker (Cro, 1-2ª), Thuram (Fra, 2-2ª), Thuram (Fra, 24-2ª)

Brasil e Holanda fizeram 120 minutos de jogo aberto. Nos pênaltis, os brasileiros acertaram todos, e o goleiro Taffarel espalmou os chutes de Cocu e Ronald de Boer. No outro jogo, a França imaginava enfrentar a Alemanha, mas recebeu a Croácia. E venceu.

DECISÃO DO TERCEIRO LUGAR

11/7 Croácia 2 x 1 Holanda
Gols: Prosinecki (Cro, 13-1ª), Zenden (Hol, 21-1ª), Suker (Cro, 35-1ª)

A final da Copa

Zidane conduz a bola, perseguido por César Sampaio

FRANÇA	3
BRASIL	0

Gols: Zidane (Fra, 27 e 46-1º),
Petit (Fra, 47-2º)
Data: 12/07/1998
Horário: 21 horas
Local: Stade de France (St.Denis)
Público: 80.000
Árbitro: Said Belquola (MAR)
Cartões amarelos:
Júnior Baiano
Deschamps
Desailly
Karembeu
Expulsão:
Desailly (23-2º)

Na ótica do Brasil, a final de 1998 foi perdida de véspera. Ou melhor, de horas antes, quando Ronaldo teve uma convulsão no quarto da concentração, assustando toda a delegação. Jornalistas presentes ao Stade de France chegaram a noticiar que Edmundo jogaria a decisão da Copa no lugar do Fenômeno. Ronaldo só foi confirmado momentos antes de começar a partida. Mas estava sem condições físicas depois da convulsão e sua presença, ao contrário de dar ânimo, deixou os jogadores ainda mais nervosos. Na ótica da França, a final foi vencida de véspera. O técnico Aimé Jacquet havia estudado bem a seleção de Zagallo e mudou o esquema que vinha usando na Copa: em vez do 4-4-2, usou um 4-5-1, com três volantes, para marcar os ofensivos laterais brasileiros. Assim, na primeira etapa a França passeou — com direito a uma "caneta" de Zidane em Aldair — e perdeu quatro chances claríssimas. Mas nem tudo foi desperdício: o time da casa fez dois gols, ambos com Zidane, ambos de cabeça, ambos após cobranças de escanteio. No segundo tempo, o Brasil criou duas boas chances de diminuir, uma com Ronaldo e outra com Bebeto, e ponto. O time se arrastava em campo, mesmo após a expulsão de Desailly, após falta dura em Cafu. Se os franceses não emplacaram uma goleada inesquecível, foi por causa da má pontaria de Guivarc'h e de seu substituto, Dugarry. Mesmo assim, Petit fechou a conta em 3 a 0, aos 47 minutos. Pela primeira vez, a França era campeã mundial.

França
Técnico: Aimé Jacquet

Brasil
Técnico: Zagallo

Os melhores da Copa

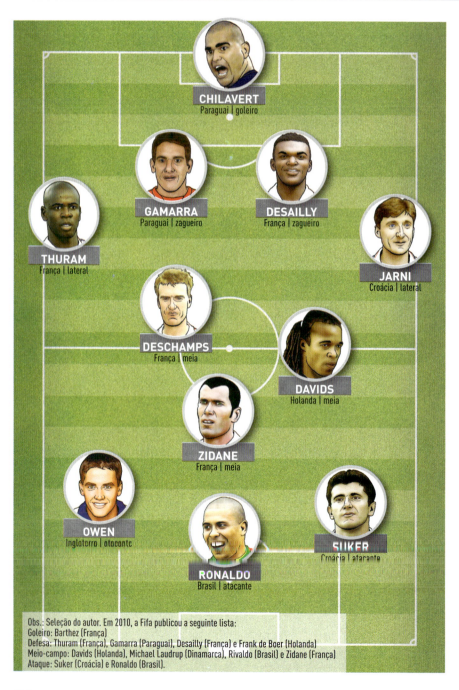

Obs.: Seleção do autor. Em 2010, a Fifa publicou a seguinte lista:
Goleiro: Barthez (França)
Defesa: Thuram (França), Gamarra (Paraguai), Desailly (França) e Frank de Boer (Holanda)
Meio-campo: Davids (Holanda), Michael Laudrup (Dinamarca), Rivaldo (Brasil) e Zidane (França)
Ataque: Suker (Croácia) e Ronaldo (Brasil).

Numeralha

Maior público: 80.000
(Brasil 2 x 1 Escócia,
França 4 x 0 Arábia,
Itália 2 x 1 Áustria e
França 3 x 0 Brasil)

Menor público: 27.650
(Paraguai x Bulgária)

Gols pró: 167
Gols contra: 4
Média por jogo: 2,67

Melhor ataque: França,
15 gols

Goleiro menos vazado:
Barthez (França),
2 gols em 7 jogos (0,28
por jogo)

Maior goleada:
Espanha 6 x 1 Bulgária

ARTILHEIRO

SUKER
Nome: Davor Suker
Seleção: Croácia
6 gols em 7 jogos
Posição: atacante
Idade: 30 anos
Nascimento: 01/01/1968, em Osijek
Altura: 1,83 m | Peso: 78 kg
Clube: Real Madrid (ESP)

6 gols
Suker (Croácia)
5 gols
Batistuta (Argentina)
Vieri (Itália)
4 gols
Ronaldo (Brasil), Hernandez (México),
Salas (Chile)
3 gols
Bierhoff, Klinsmann (Alemanha),
Bebeto, César Sampaio, Rivaldo (Brasil),
Henry (França), Bergkamp (Holanda)

O CRAQUE

ZIDANE
França | meia

Numa Copa em que ficou difícil apontar "o" melhor jogador, a Fifa acabou dando o prêmio a Ronaldo. Ficou com um clima de consolo malfeito pelo que o atacante havia passado. A verdade é que Zidane, e não Ronaldo, foi o jogador decisivo no momento em que mais se precisava. Tanto que, essencialmente pelo desempenho na final, o meia francês acabou eleito pela Fifa o melhor jogador do mundo em 1998.

Colocações finais	PG	J	%	V	E	D	GP	GC	SG	🟨	🟥
1º França	19	7	90	6	1	0	15	2	13	12	3
2º Brasil	13	7	62	4	1	2	14	10	4	12	0
3º Croácia	15	7	71	5	0	2	11	5	6	19	0
4º Holanda	12	7	57	3	3	1	13	7	6	10	2
5º Itália	11	5	73	3	2	0	8	3	5	11	0
6º Argentina	11	6	61	3	2	1	10	4	6	11	1
7º Alemanha	10	5	67	3	1	1	8	6	2	12	1
8º Dinamarca	7	5	47	2	1	2	9	7	2	12	2
9º Inglaterra	7	4	58	2	1	1	7	4	3	5	1
10º Iugoslávia	7	4	58	2	1	1	5	4	1	7	0
11º Romênia	7	4	58	2	1	1	4	3	1	10	0
12º Nigéria	6	4	50	2	0	2	6	9	-3	8	0
13º México	5	4	42	1	2	1	8	7	1	11	2
14º Paraguai	5	4	42	1	2	1	3	2	1	8	0
15º Noruega	5	4	42	1	2	1	5	5	0	7	0
16º Chile	3	4	25	0	3	1	5	8	-3	13	0
17º Espanha	4	3	44	1	1	1	8	4	4	7	0
18º Marrocos	4	3	44	1	1	1	5	5	0	4	0
19º Irã	3	3	33	1	0	2	2	4	-2	3	0
20º Colômbia	3	3	33	1	0	2	1	3	-2	5	0
21º Jamaica	3	3	33	1	0	2	3	9	-6	5	1
22º Bélgica	3	3	33	0	3	0	3	3	0	4	1
23º Áustria	2	3	22	0	2	1	3	4	-1	6	0
24º África do Sul	2	3	22	0	2	1	3	6	-3	7	1
25º Camarões	2	3	22	0	2	1	2	5	-3	5	3
26º Tunísia	1	3	11	0	1	2	1	4	-3	7	0
27º Escócia	1	3	11	0	1	2	2	6	-4	4	1
28º Arábia Saudita	1	3	11	0	1	2	2	7	-5	4	1
29º Bulgária	1	3	11	0	1	2	1	7	-6	7	1
30º Coreia do Sul	1	3	11	0	1	2	2	9	-7	7	1
31º Japão	0	3	0	0	0	3	1	4	-3	7	0
32º Estados Unidos	0	3	0	0	0	3	1	5	-4	4	0

Polêmicas das Copas

> "A única coisa que aconteceu foi a indisposição. Não fiquei com medo de jogar. A questão é que toda a equipe jogou mal; e, de repente, arrumaram em mim, por causa de um problema que aconteceu antes do jogo, a desculpa para a nossa derrota"
>
> Do atacante Ronaldo

Replay
O mesmíssimo texto de Gunther Schweizer foi replicado para "explicar", entre outros casos, a conquista da Libertadores pelo Corinthians em 2012, à derrota da Espanha para a Holanda em 2014, os infames 7 a 1 do Brasil e a ausência de Lady Gaga no Rock in Rio 2017. Só mudaram os nomes.

Sete horas antes da final contra a França, Ronaldo começou a passar mal dentro do quarto do hotel. Roberto Carlos, seu companheiro de quarto, saiu para pedir ajuda. O dr. Lídio Toledo, médico da seleção, chegou ao quarto e viu Ronaldo babando, deitado e trêmulo. Havia tido uma convulsão. O atacante foi levado a uma clínica francesa para exames mais apurados, que não detectaram nada de anormal. Nesse meio-tempo, emissoras de rádio e TV anunciavam que Edmundo iria jogar em lugar de Ronaldo, sem explicar por quê. Primeiro, especulou-se um problema no tornozelo. Depois, falou-se na convulsão. A essa altura, Ronaldo já estava no estádio e pediu ao técnico Zagallo para ser escalado. Os médicos alertaram que o atacante mal teria condições de andar, muito menos de jogar em alto nível, mas o treinador concordou com a ideia de colocá-lo em campo. Deu no que deu. Para o povo brasileiro, a culpa da perda do título estaria para sempre vinculada à convulsão de Ronaldo e à teimosia de Zagallo em escalá-lo. "Se ele não entrasse, iriam falar também. Tem que ter peito para falar na hora. A decisão foi minha. Faria de novo", declarou Zagallo, dias depois.

Dois anos depois da final, Ronaldo até teve que se explicar em um depoimento à CPI da CBF-Nike na Câmara dos Deputados. Um dos deputados chegou a perguntar quem deveria marcar Zidane — autor de dois gols — na final da Copa. A resposta de Ronaldo: "Isso é muito importante para a CPI?". Em 2001, a CPI terminou em pizza.

O caso de Ronaldo gerou toda sorte de teorias da conspiração. A mais famosa (e maluca) delas é assinada por um sujeito chamado Gunther Schweizer, que dizia ser da TV Globo, e começava com "se as pessoas soubessem o que aconteceu na Copa do Mundo, ficariam enojadas". Segundo essa teoria, o Brasil havia se vendido à Fifa em troca de um título numa Copa futura e de ser aclamado como país-sede de um Mundial. Ronaldo teria se recusado a entrar no esquema e foi dado como "fora de combate" porque a Nike, que estaria envolvida, teria ameaçado cortar seu patrocínio. Tudo seria provado pelos jornais *Wall Street Journal of Americas* e *Gazzeta dello Sport*. Schweizer, na verdade, tinha 26 anos na época, era estagiário de uma empresa do ramo de automóveis e disse à ESPN que nunca escreveu nada a respeito.

Reis de Copas Zidane

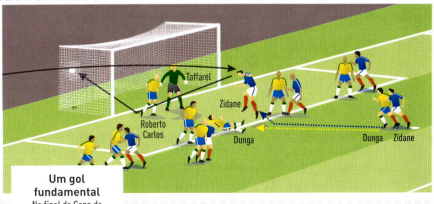

Um gol fundamental

Na final da Copa de 1998, contra o Brasil, Zidane havia aberto o placar, ao ganhar no alto de Leonardo. Desta vez, aos 45 minutos do primeiro tempo, Zidane estava na risca da área, novamente marcado por Leonardo. Quando Djorkaeff cobrou o escanteio, Zidane saiu correndo e Leonardo ficou parado. Dunga saiu atrás dele, mas acabou arrastado e caiu no chão enquanto o francês subia perto da risca da pequena área para cabecear. O detalhe cruel: a bola passou entre as pernas de Roberto Carlos, que protegia a primeira trave.

1) Nasceu em 23/6/1972, em Marselha.
2) Estreou na seleção francesa aos 22 anos, em 17 de agosto de 1994, contra a República Tcheca. Marcou os dois gols no empate em 2 a 2.
3) Pela seleção, fez 108 jogos e 31 gols entre 1994 e 2006. Na carreira, foram 832 jogos e 185 gols.
4) Foi o craque maior da Copa de 1998.
5) Jogou duas finais. Foi campeão em 1998 e vice em 2006. Nesta última, era o capitão do time.
6) É o maior algoz da seleção brasileira em Copas. Em 1998, fez dois gols na final em que a França venceu por 3 a 0. Em 2006, deu o passe apara Henry marcar o gol do triunfo dos Bleus por 1 a 0.
7) Em 2006, declarou que encerraria a carreira ao fim da Copa. Conseguiu levar a França à decisão do título. Em sua última partida, a final contra a Itália, deu uma cabeçada no peito do zagueiro Materazzi, na prorrogação. Acabou expulso — o quarto árbitro viu a agressão e comunicou ao árbitro Horacio Elizondo.
8) Começou no Cannes, aos 16 anos, em 1988. Ainda atuou pelo Bordeaux (1992 a 1996), Juventus de Turim (1996 a 2001) e Real Madrid (2001 a 2006).
9) Virou treinador por acaso. Comandava o time B do Real Madrid quando foi chamado para substituir Rafa Benítez no time principal do Real, no começo de 2016. Ganhou duas Ligas dos Campeões em sequência.
10) Seu nome não batiza nenhum estádio.

Zidane em Copas	J	V	E	D	G
1998	5	4	1	0	2
2002	1	0	0	1	0
2006	6	3	3	0	3
Total	12	7	4	1	5

Novas regras, Copa a Copa

1930	Árbitros escalados para jogos internacionais devem ser neutros
1934	Primeira Copa com reversão no arremesso lateral
1938	Aparece a meia-lua, criada em 1937 para manter todos os jogadores a 9,15 m de distância na cobrança do pênalti
1950	Primeira Copa com números nas camisas dos jogadores, obrigação criada em 1939
1954	Os jogadores passam a ter números de 1 a 22, independentemente de ser escalado
1958	O goleiro pode ser substituído, em caso de contusão
1962	
1966	
1970	Primeira Copa com cartões amarelo (advertência) e vermelho (expulsão). Além disso, as substituições, permitidas em partidas amistosas das seleções, passam a valer em Copas do Mundo
1974	
1978	
1982	Para distinguir tiro livre direto do indireto, o árbitro passa a levantar o braço na hora da cobrança
1986	A substituição só estará consumada quando o substituído sair completamente do gramado e o substituto entrar nele
1990	Pouco depois da Copa, o impedimento de um jogador na mesma linha do penúltimo adversário passou a ser desconsiderado. A caneleira passa a ser um item obrigatório
1994	A Copa inaugura mudanças nas regras, determinadas nos anos anteriores. Os goleiros são proibidos de agarrar bolas recuadas por seus companheiros com os pés. É criada a área técnica à beira do campo. A terceira substituição é liberada, mas só para goleiros. As vitórias passam a valer três pontos, e não mais dois
1998	Primeira Copa com permissão de três substituições por equipe, para qualquer posição. É criada a "morte súbita", ou "gol de ouro", na prorrogação. Ganha quem marcar o primeiro gol. Passa a valer o conceito do impedimento passivo: se um jogador estiver impedido, mas não participar da jogada, ou não tirar proveito da posição irregular, o árbitro deixará o lance correr. Carrinho por trás dará expulsão. O tempo de acréscimo de cada tempo passa a ser anunciado pelo árbitro reserva.
2002	É cancelada a punição ao jogador que tirar a camisa para comemorar um gol
2006	A "morte súbita" na prorrogação é extinta
2010	É readotada a punição (com cartão amarelo) ao jogador que tirar a camisa para comemorar um gol
2014	É adotado o GoalControl 4D, uma tecnologia para confirmar se a bola entrou mesmo no gol. Além disso, os árbitros passam a usar um spray no gramado para demarcar a distância que os jogadores devem ficar afastados nas cobranças de falta
2018	É adotado o árbitro de vídeo (VAR) para rever lances de gols, impedimentos, pênaltis polêmicos e expulsões. A Fifa muda o critério de gol contra; se a bola desviar decisivamente em um defensor, o gol é creditado a ele, contra

Lendas da Europa

SCHMEICHEL — Dinamarca, 1998, GK
Chegou a ser considerdo o melhor goleiro do mundo (em 1992)

PUYOL — Espanha, 2010, DF
Jogou de lateral e de zagueiro e era conhecido por mostrar garrra

MATTLER — França, 1938, DF
Em 1938, compunha a "linha Maginot" na defesa da França

SCIREA — Itália, 1982, DF
Reinventou a função de líbero na Itália antes da ascensão de Baresi

STAUNTON — Irlanda, 2002, DF
Jogador com maior número de partidas pela Irlanda em Copas

IGOR NETTO — URSS, 1958, MC
Mais renomado jogador de linha da União Soviética nos anos 50 e 60

DALGLISH — Escócia, 1982, MC
Maior craque do futebol escocês

HAGI — Romênia, 1994, MC
Chamado de "Maradona dos Cárpatos" na Romênia

WILMOTS — Bélgica, 2002, AT
Disputou quatro Copas pela Bélgica, virou senador e depois treinador

KOCSIS — Hungria, 1954, AT
Fez 11 gols em cinco jogos em 1954, uma média de 2,2 gols por jogo

STOICHKOV — Bulgária, 1994, AT
Maior artilheiro da Bulgária em Copas (6 gols) e foi o goleador em 1994

GK: Goleiro
DF: Defensor
MC: Meio-campista
AT: Atacante

Japão e Coreia do Sul 2002

Depois que João Havelange foi eleito presidente da Fifa, em 1974, a entidade estudava a possibilidade de levar a Copa do Mundo para outros países que não os europeus ou os americanos. Fazia sentido. Primeiro, porque o futebol estava se globalizando cada vez mais. Segundo, porque os grandes redutos eleitorais de Havelange eram as federações de países fora do eixo Europa-Américas. Na Ásia, surgiram dois candidatos — Japão e Coreia do Sul — para o Mundial que a Fifa planejava realizar em outro continente. O problema é que cada um queria receber uma Copa sozinho. E os dois não se entendiam.

Eis que surgiu uma solução bem política: dividir a Copa entre os dois. Só que, quando o assunto vinha à tona, a Coreia desconversava, e o Japão não queria nem saber. Foi a Confederação Asiática quem convenceu os rivais. No dia 31 de maio de 1996, a Fifa decidiu colocar os dois como sede da Copa do Mundo de 2002. Mesmo assim, Japão e Coreia não se entendiam sobre itens como o jogo de abertura, a final ou o número de estádios para cada país. Até que, em 6 de novembro de 1996, João Havelange chamou os presidentes das federações coreana e japonesa para uma conversinha. Só aí as briguinhas pararam.

A Copa da "Japeia" forçou mudanças de hábitos entre os torcedores. Acostumados a jogos à tarde ou à noite, eles veriam as partidas sempre de manhã ou até de madrugada. A diferença de fuso horário dava sete a oito horas na Europa e doze horas na América do Sul.

2002 FIFA WORLD CUP
KOREA/JAPAN
31 MAY – 30 JUNE

> "Por que não dividir a organização da Copa entre eles?"
>
> Frase atribuída ao presidente da UEFA, o sueco Lennart Johansson, sobre o impasse entre Japão e Coreia do Sul, que disputavam a condição de país-sede do Mundial de 2002. A sugestão foi levada adiante pela Fifa e pela Confederação Asiática de Futebol

Cidades e estádios

Japão e Coreia do Sul são países pequenos e dotados de boa infraestrutura. Todos os 20 estádios tinham no máximo seis anos de existência na Copa de 2002. Mas isso era detalhe. Os estádios não eram apenas estádios; traziam consigo restaurantes, shopping centers e museus. Além disso, muitos tinham projetos arrojados. No Japão, o Sapporo Dome era totalmente coberto e o gramado saía do estádio para tomar sol. O Kobe Wing prometia ser capaz de suportar terremotos. A Coreia não deixou por menos: o Suwon era um pioneiro em preocupação ecológica. E o Seogwipo protegia o torcedor dos ventos.

Eliminatórias

Ao todo, 194 países se inscreveram para as Eliminatórias — sem contar Japão, Coreia do Sul e França, campeã mundial de

A BOLA
Fevernova

1998. Mas a Guiana foi suspensa pela Fifa. E Guiné, acusada de fraudar um jogador no Mundial Sub-20 de 1999, acabou limada.

O classificatório teve um recorde. Em 9 de abril de 2001, a Austrália goleou Tonga por 22 a 0, na Oceania. O resultado virou a maior goleada não apenas na história das Eliminatórias, mas também entre seleções na Era Fifa. Mas isso durou pouco. No dia 11 de abril, os australianos quebraram o próprio recorde ao massacrar Samoa Americana por 31 a 0. A Austrália, contudo, não foi ao Mundial; acabou eliminada pelo Uruguai na repescagem intercontinental.

Sorteio e fórmula

Com 32 seleções, a Copa de 2002 tinha o mesmo regulamento de 1998, mas com uma diferença na disposição dos grupos. Os times ficaram divididos em duas chaves principais. De um lado, os grupos A, C, F e H; do outro, os grupos B, D, E e G. Eles não se cruzariam até a decisão. Isso impediria, por exemplo, uma final entre França (Grupo A) e Brasil (C), como ocorreu em 1998.

Cidade	Estádio	Capacidade
Busan (COR)	Busan Asiad	53.926
Daegu (COR)	Daegu	65.857
Daejeon (COR)	Daejeon WC Stadium	41.024
Gwangju (COR)	Gwangju	43.121
Incheon (COR)	Incheon Munhak	50.256
Jeonju (COR)	Jeonju	42.477
Seogwipo (COR)	Jeju Stadium	42.256
Seul (COR)	Seoul WC Stadium	64.677
Suwon (COR)	Suwon	43.138
Ulsan (COR)	Munsu	43.512
Ibaraki (JAP)	Ibaraki Kashima	41.800
Kobe (JAP)	Kobe Wing	42.020
Miyagi (JAP)	Miyagi Stadium	49.133
Niigata (JAP)	Niigata Big Swan	42.300
Oita (JAP)	Oita Big Eye	43.000
Osaka (JAP)	Osaka Nagai	50.326
Saitama (JAP)	Saitama 2002	63.700
Sapporo (JAP)	Sapporo Dome	42.831
Shizuoka (JAP)	Ecopa	51.349
Yokohama (JAP)	International	70.366

Ao menos o Brasil teve sorte de cair em um grupo fácil, com Turquia, Costa Rica e China. Mesmo assim, o técnico da seleção, Luiz Felipe Scolari, disse que não gostou do sorteio. Quem não devia ter gostado mesmo foi a Argentina, que ficou no grupo mais difícil, o F, com Inglaterra, Nigéria e Suécia.

Estreantes em Copas
- China
- Equador
- Eslovênia
- Senegal

Os favoritos

Mesmo em um grupo difícil, a Argentina era considerada uma das principais forças da Copa, ao lado da França. Os argentinos fizeram uma campanha impecável nas Eliminatórias, com 13 vitórias, quatro empates e apenas uma derrota (para o Brasil). Os franceses mantinham a base de 1998, tinham um *upgrade* no ataque — Henry virou titular indiscutível e Trezeguet era bem melhor que Guivarc'h — e foram campeões europeus em 2000. Outro que surgia com força era a Itália, vice-campeã europeia.

Alemanha e Brasil, por sua vez, estavam desacreditados. Por isso, uma conversa de pé de ouvido no Congresso dos treinadores, pouco antes da Copa, tornou-se emblemática. Scolari arriscou ao colega alemão Rudi Völler: "Quem sabe a gente não deixa essa turma para trás e acaba fazendo a final?"

Ausência
A Holanda foi quarta colocada em 1998 com uma geração de jovens, casos dos volantes Seedorf e Davids, do meia Cocu e do atacante Kluivert. Eles estariam em uma boa idade para 2002, todos na faixa dos 27 anos. Mesmo assim, o time não passou pela Irlanda na Eliminatória para o Mundial.

221

A preparação do Brasil

Competições disputadas pelo Brasil entre 1998 e 2002	
Copa América 1999	
1F	Brasil 7 x 0 Venezuela
1F	Brasil 2 x 1 México
1F	Brasil 1 x 0 Chile
QF	Brasil 2 x 1 Argentina
SF	Brasil 2 x 0 México
F	Brasil 3 x 0 Uruguai
Brasil sagrou-se campeão	
Copa das Confederações 1999	
1F	Brasil 4 x 0 Alemanha
1F	Brasil 1 x 0 Estados Unidos
1F	Brasil 2 x 0 Nova Zelândia
SF	Brasil 8 x 2 Arábia Saudita
F	Brasil 3 x 4 México
Brasil ficou com o vice	
Copa das Confederações 2001	
1F	Brasil 2 x 0 Camarões
1F	Brasil 0 x 0 Canadá
1F	Brasil 0 x 0 Japão
SF	Brasil 1 x 2 França
D3	Brasil 0 x 1 Austrália
Brasil ficou em 4º lugar	
Copa América 2001	
1F	Brasil 0 x 1 México
1F	Brasil 2 x 0 Peru
1F	Brasil 3 x 1 Paraguai
QF	Brasil 0 x 2 Honduras
Brasil foi eliminado nas quartas	
Eliminatórias da Copa de 2002	
	Colômbia 0 x 0 Brasil
	Brasil 3 x 2 Equador
	Peru 0 x 1 Brasil
	Brasil 1 x 1 Uruguai
	Paraguai 2 x 1 Brasil
	Brasil 3 x 1 Argentina
	Chile 3 x 0 Brasil
	Brasil 5 x 0 Bolívia
	Venezuela 0 x 6 Brasil
	Brasil 1 x 0 Colômbia
	Equador 1 x 0 Brasil
	Brasil 1 x 1 Peru
	Uruguai 1 x 0 Brasil
	Brasil 2 x 0 Paraguai
	Argentina 2 x 1 Brasil
	Brasil 2 x 0 Chile
	Bolívia 3 x 1 Brasil
	Brasil 3 x 0 Venezuela
Brasil classificou-se em 3º lugar	

1F: Primeira fase
QF: Quartas de final
SF: Semifinal
F: Final

Depois do que aconteceu na Copa do Mundo de 1998, ninguém cogitou a continuidade de Zagallo à frente da seleção. Nem ele mesmo, uma vez que havia prometido deixar o cargo após o Mundial. O Velho Lobo era visto como ultrapassado, e a CBF queria alguém com ideias modernas. Escolheu Vanderlei Luxemburgo, na época a escolha mais óbvia.

Junto com Luxemburgo, veio a tiracolo um pacote de polêmicas. O treinador só aceitou o convite com a condição de poder acumular os cargos no Corinthians e na seleção, algo que fez a CBF engolir em seco. Luxemburgo, ao menos, iniciou um trabalho promissor na seleção e, ao mesmo tempo, sagrou-se campeão brasileiro com o time paulista em 1998. Depois disso, deixou o time paulista e dedicou-se exclusivamente à seleção. Para a Copa América de 1999, tomou uma decisão controversa: cortou o atacante Edílson, do Corinthians, que se envolveu em uma briga generalizada na decisão do Campeonato Paulista, contra o Palmeiras. Para seu lugar, convocou o então promissor Ronaldinho Gaúcho. Na competição, o Brasil sagrou-se campeão com seis vitórias em seis jogos. Mas o prestígio ficou arranhado semanas depois, quando a seleção perdeu a Copa das Confederações para o México.

As polêmicas acompanharam Luxemburgo em duas frentes no ano 2000. Na seleção principal, houve instabilidade nas Eliminatórias para a Copa de 2002, além de problemas de relacionamento com alguns jogadores. No âmbito particular, recaíram um escândalo de assédio sexual, uma acusação de falsidade ideológica e uma suspeita de sonegação de impostos. Mas o que o derrubou foi o fracasso na Olimpíada de Sydney. O treinador decidiu não levar nenhum jogador com mais de 23 anos e viu seu time ser eliminado pela seleção de Camarões, que estava com dois jogadores a menos em campo.

O substituto de Luxemburgo foi o ex-goleiro Emerson Leão, que foi convidado após as recusas de Luiz Felipe Scolari e Antônio Lopes — e também porque o próprio Leão declarou-se disponível em um programa de TV. Mas também ele teve problemas. O treinador levou à seleção jogadores como o obscuro volante Leomar, do Sport — em 2013, o então presidente do Sport, Luciano Bivar, disse ter pago um lobista para conseguir a convocação do volante. Além disso, sob seu comando, o Brasil perdeu para o Equador pela primeira vez na história e fracassou na Copa das Confederações de 2001, para a qual levou um "time B". Leão foi demitido antes mesmo de retornar ao Brasil.

222

A um ano da Copa, a CBF tentou Luiz Felipe Scolari de novo, e ele aceitou. Mas nem por isso as polêmicas acabaram. Ele decidiu ressuscitar o esquema 3-5-2, sepultado na seleção desde a passagem de Sebastião Lazaroni, em 1990. Desentendeu-se com o atacante Romário, que pediu dispensa antes da Copa América de 2001 para fazer um tratamento no olho. Nessa competição, o Brasil caiu diante de Honduras, nas quartas de final, com Antônio Lopes na casamata — Scolari havia sido expulso no jogo anterior e cumpria suspensão. Nas Eliminatórias, o treinador testou quase todas as opções possíveis. E, como os resultados não ajudavam muito, a seleção chegou à última rodada correndo risco de não ir à Copa. Isso poderia acontecer em caso de derrota para a Venezuela. Mas o Brasil venceu por 3 a 0 e garantiu vaga.

Não bastassem as críticas pelo aperto no classificatório, Scolari também era criticado por não chamar Romário. Em 2002, o treinador revelou o motivo pelo qual deixava Romário de fora: o pedido de dispensa na Copa América. Principalmente porque o atacante, em vez de defender a seleção ou fazer o declarado tratamento no olho, foi para o México em uma excursão com o Vasco da Gama.

Não adiantou Romário chorar e pedir desculpas em uma entrevista coletiva, em abril. Ele ficou de fora mesmo. Scolari tinha outros planos. Desde que assumiu o cargo, apostava no retorno de Ronaldo, que havia sofrido uma lesão grave no joelho em 2000. E apostava também em Ronaldinho Gaúcho, que havia caído no esquecimento. Além disso, fez do meia Rivaldo seu homem de confiança em campo, ignorando as críticas que o jogador recebia por não repetir, na seleção, o futebol vistoso do Barcelona. E ainda consolidou a união dos jogadores. Para isso, até criou-se um termo: "família Scolari".

Mesmo assim, os problemas não acabaram até a Copa. Dias antes da estreia, o volante Emerson, capitão do time, sofreu uma luxação no ombro num treino em que era o goleiro. De última hora, o técnico convocou o meia Ricardinho, nunca chamado antes. Foi criticado por ter "testado" Emerson como goleiro e por ter levado à Copa um jogador que jamais havia aparecido em listas anteriores. Scolari estrearia na Copa acumulando recordes de pressão para um treinador da seleção brasileira.

Todos os convocados			
Nº	Goleiros	idade	clube
1	Marcos	28	Palmeiras
12	Dida	28	Corinthians
22	Rogério Ceni	29	São Paulo
Nº	Zagueiros	idade	clube
3	Lúcio	24	Bayer Lev. (ALE)
4	Roque Júnior	25	Milan (ITA)
5	Edmílson	25	Lyon (FRA)
14	Ânderson Polga	23	Grêmio
Nº	Laterais	idade	clube
2	Cafu	31	Roma (ITA)
6	Roberto Carlos	29	Real Madrid (ESP)
13	Belletti	25	São Paulo
16	Júnior	28	Parma (ITA)
Nº	Meio-campistas	idade	clube
8	Gilberto Silva	25	Atlético-MG
15	Kléberson	22	Atlético-PR
10	Rivaldo	30	Barcelona (ESP)
18	Vampeta	28	Corinthians
7	Ricardinho	26	Corinthians
19	Juninho Paulista	29	Flamengo
23	Kaká	20	São Paulo
Nº	Atacantes	idade	clube
9	Ronaldo	25	Internazionale (ITA)
11	Ronaldinho Gaúcho	22	PSG (FRA)
17	Denílson	24	Betis (ESP)
20	Edílson	31	Cruzeiro
21	Luizão	26	Grêmio

Obs.: Idades computadas até 31/05/2002, data da abertura da Copa

LUIZ FELIPE SCOLARI
técnico

223

Jogos da fase de grupos

Grupo A

Dinamarca   França   Senegal   Uruguai

31/5 França 0 x 1 Senegal
Gol: Bouba Diop (Sen, 31-1ª)

1/6 Dinamarca 2 x 1 Uruguai
Gols: Tomasson (Din, 45-1ª), Dario Rodriguez (Uru, 2-2ª), Tomasson (Din, 38-2ª)

6/6 Dinamarca 1 x 1 Senegal
Gols: Tomasson (Din, 16-1ª), Diao (Sen, 7-2ª)

6/6 Uruguai 0 x 0 França

11/6 Dinamarca 2 x 0 França
Gols: Rommedahl (Din, 22-1ª), Tomasson (Din, 22-2ª)

11/6 Senegal 3 x 3 Uruguai
Gols: Fadiga (Sen, 20-1ª), Bouba Diop (Sen, 26-1ª), Bouba Diop (Sen, 38-1ª), Morales (Uru, 1-2ª), Forlán (Uru, 24-2ª), Recoba (Uru, 43-2ª)

Classificação	PG	J	V	E	D	GP	GC	SG
Dinamarca	7	3	2	1	0	5	2	3
Senegal	5	3	1	2	0	5	4	1
Uruguai	2	3	0	2	1	4	5	-1
França	1	3	0	1	2	0	3	-3

Grupo B

África do Sul   Eslovênia   Espanha   Paraguai

2/6 Paraguai 2 x 2 África do Sul
Gols: Santa Cruz (Par, 39-1ª), Arce (Par, 10-2ª), Teboho Mokoena (AfS, 18-2ª), Fortunc (AfS, 46 2ª)

2/6 Espanha 3 x 1 Eslovênia
Gols: Raúl (Esp, 44-1ª), Valerón (Esp, 29-2ª), Cimirotic (Esl, 37-2ª), Hierro (Esp, 43-2ª)

7/6 Espanha 3 x 1 Paraguai
Gols: Puyol (contra, p/Par, 10-1ª), Morientes (Esp, 8-2ª), Moriestes (Esp, 24-2ª), Hierro (Esp, 38-2ª)

8/6 África do Sul 1 x 0 Eslovênia
Gol: Nomvethe (AfS, 4-1ª)

12/6 África do Sul 2 x 3 Espanha
Gols: Raúl (Esp, 4-1ª), McCarthy (AfS, 31-1ª), Mendieta (Esp, 46-1ª), Radebe (AfS, 8-2ª), Raúl (Esp, 11-2ª)

12/6 Paraguai 3 x 1 Eslovênia
Gols: Acimovic (Esl, 46-1ª), Cuevas (Par, 20-2ª), Campos (Par, 28-2ª), Cuevas (Par, 39-2ª)

Classificação	PG	J	V	E	D	GP	GC	SG
Espanha	9	3	3	0	0	9	4	5
Paraguai	4	3	1	1	1	6	6	0
África do Sul	4	3	1	1	1	5	5	0
Eslovênia	0	3	0	0	3	2	7	-5

A França era a grande favorita do grupo. Campeã europeia e mundial, parecia ainda mais forte que no título de 1998, graças à dupla de ataque Henry-Trezeguet. Mas o time perdeu o meia Zidane, que se machucou cinco dias antes da Copa. E deu fiasco: na abertura do Mundial, perdeu para a estreante seleção de Senegal (1 a 0). Depois, empatou sem gols com o Uruguai, num jogo em que Henry foi expulso no primeiro tempo. Zidane voltou na última rodada, mas não salvou o time de uma nova derrota, agora para a Dinamarca (2 a 0). Os dinamarqueses, que já haviam vencido o Uruguai, ficaram em primeiro na chave. Senegal se classificou em segundo, graças a um empate no sufoco com os uruguaios.

Jogaço
Senegal decidiu a 2ª vaga do grupo contra o Uruguai, que precisava vencer. No primeiro tempo, os senegaleses abriram fáceis 3 a 0 e abusaram das firulas. Na etapa final, a Celeste empatou. Só não marcou o quarto gol porque, nos descontos, Morales perdeu um gol na pequena área.

O goleiro paraguaio Chilavert, que prometia até fazer gol na Copa, foi um personagem de peso no grupo. Ausente na estreia, devido a uma suspensão, ele viu o reserva Tavarelli permitir o empate contra a África do Sul. Diante da Espanha, Chilavert, que estava com mais de 100 kg, não conseguiu sair do chão para cortar uma bola alta e deixou o gol livre para Morientes marcar — até ali, o jogo estava empatado em 1 a 1 e o lance colocou os espanhóis à frente. Na partida final, o Paraguai precisava bater a Eslovênia por 2 gols de diferença, mas Chilavert levou um frango ao fim do primeiro tempo. Para sorte dele, o Paraguai virou para 3 a 1 e se classificou. A Espanha ficou com a primeira vaga, ao vencer os três adversários.

Jogos da fase de grupos

Grupo C

Brasil · China · Costa Rica · Turquia

3/6 Brasil 2 x 1 Turquia
Gols: Sas (Tur, 47-1ª), Ronaldo (Bra, 5-2ª), Rivaldo (Bra, 42-2ª)

4/6 Costa Rica 2 x 0 China
Gols: Ronald Gomez (CR, 16-2ª), Wright (CR, 20-2ª)

8/6 Brasil 4 x 0 China
Gols: Roberto Carlos (Bra, 15-1ª), Rivaldo (Bra, 32-1ª), Ronaldinho Gaúcho (Bra, 45-1ª), Ronaldo (Bra, 10-2ª)

9/6 Costa Rica 1 x 1 Turquia
Gols: Belozoglu (Tur, 11-2ª), Parks (CR, 41-2ª)

13/6 Costa Rica 2 x 5 Brasil
Gols: Ronaldo (Bra, 10-1ª), Ronaldo (Bra, 13-1ª), Edmilson (Bra, 38-1ª), Wanchope (CR, 39-1ª), R. Gomez (CR, 11-2ª), Rivaldo (Bra, 17-2ª), Júnior (Bra, 19-2ª)

13/6 Turquia 3 x 0 China
Gols: Sas (Tur, 6-1ª), Korkmaz (Tur, 9-1ª), Davala (Tur, 40-2ª)

Classificação	PG	J	V	E	D	GP	GC	SG
Brasil	9	3	3	0	0	11	3	8
Turquia	4	3	1	1	1	5	3	2
Costa Rica	4	3	1	1	1	5	6	-1
China	0	3	0	0	3	0	9	-9

Grupo D

Coreia · Est. Unidos · Polônia · Portugal

4/6 Coreia do Sul 2 x 0 Polônia
Gols: Hwang Sun-Hong (Cor, 26-1ª), Yoo Sang-Chul (Cor, 8-2ª)

5/6 Estados Unidos 3 x 2 Portugal
Gols: O'Brien (EUA, 4-1ª), Jorge Costa (contra, p/EUA, 29-1ª), McBride (EUA, 36-1ª), Beto (Por, 39-1ª), Agoos (contra, p/Por, 26-2ª)

10/6 Coreia do Sul 1 x 1 Estados Unidos
Gols: Mathis (EUA, 24-1ª), Ahn Jung-Hwan (Cor, 33-2ª)

10/6 Portugal 4 x 0 Polônia
Gols: Pauleta (Por, 14-1ª), Pauleta (Por, 20-2ª), Pauleta (Por, 31-2ª), Rui Costa (Por, 42-2ª)

14/6 Coreia do Sul 1 x 0 Portugal
Gol: Park Ji-Sung (Cor, 25-2ª)

14/6 Polônia 3 x 1 Estados Unidos
Gols: Olisadebe (Pol, 3-1ª), Kryszalowicz (Pol, 5-1ª), Marcin Zewlakow (Pol, 21-2ª), Donovan (EUA, 38-2ª)

Classificação	PG	J	V	E	D	GP	GC	SG
Coreia do Sul	7	3	2	1	0	4	1	3
Estados Unidos	4	3	1	1	1	5	6	-1
Portugal	3	3	1	0	2	6	4	2
Polônia	3	3	1	0	2	3	7	-4

O Brasil esteve nervoso na estreia e perdeu muitas chances diante da Turquia, que contou com boas defesas do goleiro Rüstü. O time de Luiz Felipe Scolari saiu atrás no primeiro tempo, empatou na etapa final, gol de Ronaldo, e venceu graças a um erro do árbitro Young Joo Kim. Ele marcou pênalti em uma falta que Luizão sofreu na meia-lua. Rivaldo cobrou o pênalti e marcou o gol da vitória por 2 a 1. Os sustos acabaram nos jogos seguintes, e os brasileiros golearam China (4 a 0) e Costa Rica (5 a 2). Como os chineses perderam todas as partidas, a segunda vaga foi decidida entre Costa Rica e Turquia. Os turcos levaram a melhor: perderam de pouco para o Brasil e venceram os chineses com um saldo melhor.

> **Polêmica**
> Nos descontos do jogo com a Turquia, o brasileiro Rivaldo levou uma bolada na coxa, perto da linha lateral, e desabou em campo, com a mão no rosto. O árbitro Young Joo-Kim caiu no teatro e expulsou o turco Unsal, autor da bolada. Rivaldo, posteriormente, foi multado em US$ 7,5 mil pela Fifa.

Embora fosse país-sede, a Coreia do Sul não era favorita a uma das vagas do grupo. Mas na estreia o time fez 2 a 0 na Polônia — foi a sua primeira vitória na história das Copas do Mundo — e embalou. Só não derrotou os Estados Unidos no jogo seguinte porque o goleiro Friedel pegou um pênalti, cobrado por Lee Eul-Yong. Os coreanos garantiram a vaga ao bater Portugal por 1 a 0, fazendo a festa da torcida da casa, apelidada de "maré vermelha". Os lusos, que tinham o melhor jogador do mundo em 2001, o meia Figo, decepcionaram. A defesa falhou demais contra os Estados Unidos, e a derrota custou a classificação. Os americanos ficaram em 2º no grupo, apesar da derrota para a Polônia.

Jogos da fase de grupos

Grupo E

Alemanha Arábia Camarões Irlanda

- **1/6** Irlanda 1 x 1 Camarões
  Gols: M'Boma (Cam, 39-1º), Holland (Irl, 7-2º)
- **1/6** Alemanha 8 x 0 Arábia Saudita
  Gols: Klose (Ale, 20-1º e 25-1º), Ballack (Ale, 40-1º), Jancker (Ale, 46-1º), Klose (Ale, 24-2º), Linke (Ale, 27-2º), Bierhoff (Ale, 39-2º), Schneider (Ale, 47-2º)
- **5/6** Alemanha 1 x 1 Irlanda
  Gols: Klose (Ale, 18-1º), Robbie Keane (Irl, 47-2º)
- **6/6** Camarões 1 x 0 Arábia Saudita
  Gol: Eto'o (Cam, 20-2º)
- **11/6** Irlanda 3 x 0 Arábia Saudita
  Gols: Robbie Keane (Irl, 7-1º), Breen (Irl, 16-2º), Duff (Irl, 42-2º)
- **11/6** Camarões 0 x 2 Alemanha
  Gols: Bode (Ale, 5-2º), Klose (Ale, 34-2º)

Classificação	PG	J	V	E	D	GP	GC	SG
Alemanha	7	3	2	1	0	11	1	10
Irlanda	5	3	1	2	0	5	2	3
Camarões	4	3	1	1	1	2	3	-1
Arábia Saudita	0	3	0	0	3	0	12	-12

Grupo F

Argentina Inglaterra Nigéria Suécia

- **2/6** Argentina 1 x 0 Nigéria
  Gols: Batistuta (Arg, 18-2º)
- **2/6** Inglaterra 1 x 1 Suécia
  Gols: Campbell (Ing, 24-1º), Alexandersson (Sue, 14-2º)
- **7/6** Suécia 2 x 1 Nigéria
  Gols: Aghahowa (Nig, 27-1º), Larsson (Sue, 35-1º), Larsson (Sue, 18-2º)
- **7/6** Argentina 0 x 1 Inglaterra
  Gol: Beckham (Ing, 44-1º)
- **12/6** Suécia 1 x 1 Argentina
  Gols: Anders Svensson (Sue, 14-2º), Crespo (Arg, 43-2º)
- **12/6** Nigéria 0 x 0 Inglaterra

Classificação	PG	J	V	E	D	GP	GC	SG
Suécia	5	3	1	2	0	4	3	1
Inglaterra	5	3	1	2	0	2	1	1
Argentina	4	3	1	1	1	2	2	0
Nigéria	1	3	0	1	2	1	3	-2

O descrédito com a seleção da Alemanha era tanto que ninguém acreditou quando o time goleou a Arábia Saudita por 8 a 0, com quatro gols em cada tempo. No jogo seguinte, o time quase venceu a Irlanda. O goleiro Kahn defendeu tudo, menos a última bola, de Robbie Keane, já nos descontos. Camarões, de quem se esperava bastante, tropeçou nos irlandeses — cedeu o empate em 1 a 1 —, venceu os árabes por apenas 1 a 0 e chegou à última rodada precisando derrotar os alemães para avançar. Num jogo tenso, com 14 cartões amarelos e uma expulsão de cada lado (Ramelow e Suffo), a Alemanha triunfou por 2 a 0. Sem badalação, a Irlanda ficou com a segunda vaga, ao fazer 3 a 0 na Arábia.

Tensão
Pelo menos três seleções do grupo F não tiveram climas tranquilos na Ásia. Os suecos Mellberg e Ljungberg trocaram sopapos em um treino. O argentino Verón incitou e ofendeu os ingleses antes do confronto entre ambos na Copa. Caniggia chegou a ser expulso do banco de reservas.

A Argentina ostentava 17 jogos de invencibilidade antes da Copa e era uma das grandes favoritas, mesmo no grupo considerado o mais difícil do Mundial. A estratégia de jogo, baseada em jogadas pelas laterais e cruzamentos para a área, funcionou diante da Nigéria (vitória por 1 a 0, gol de Batistuta de cabeça), mas emperrou contra Inglaterra e Suécia, sempre bons no jogo aéreo. Na partida mais esperada da primeira fase, os argentinos perderam para os ingleses (gol de Beckham) e a bola aérea não surtiu efeito. No empate (1 a 1) contra os suecos, foram 57 cruzamentos e um gol irregular de Crespo, após pênalti (inexistente) cobrado por Ortega e defendido pelo goleiro Hedman. Suécia e Inglaterra avançaram.

Jogos da fase de grupos

Grupo G
Croácia Equador Itália México

Grupo H
Bélgica Japão Rússia Tunísia

3/6 Croácia 0 x 1 México
Gols: Blanco (Mex, 16-2º)

3/6 Itália 2 x 0 Equador
Gols: Vieri (Ita, 7-1º), Vieri (Ita, 27-1º)

8/6 Itália 1 x 2 Croácia
Gols: Vieri (Ita, 10-2º), Olic (Cro, 28-2º), Rapaic (Cro, 31-2º)

9/6 México 2 x 1 Equador
Gols: Delgado (Equ, 5-1º), Borgetti (Mex, 28-1º), Torrado (Mex, 11-2º)

13/6 Equador 1 x 0 Croácia
Gol: Mendez (Equ, 3-2º)

13/6 México 1 x 1 Itália
Gols: Borgetti (Mex, 34-1º), Del Piero (Ita, 40-2º)

4/6 Japão 2 x 2 Bélgica
Gols: Wilmots (Bel, 12-2º), Suzuki (Jap, 14-2º), Inamoto (Jap, 23-2º), Van der Heyden (Bel, 30-2º)

5/6 Rússia 2 x 0 Tunísia
Gols: Titov (Rus, 14-2º), Karpin (Rus, 19-2º)

9/6 Japão 1 x 0 Rússia
Gols: Inamoto (Jap, 5-2º)

10/6 Bélgica 1 x 1 Tunísia
Gols: Wilmots (Bel, 13-1º), Bouzaiene (Tun, 17-1º)

14/6 Japão 2 x 0 Tunísia
Gols: Morishima (Jap, 3-2º), Hidetoshi Nakata (Jap, 30-2º)

14/6 Rússia 2 x 3 Bélgica
Gols: Walem (Bel, 7-1º), Bestchastnykh (Rus, 7-2º), Sonck (Bel, 33-2º), Wilmots (Bel, 37-2º), Sychov (Rus, 43-2º)

Classificação	PG	J	V	E	D	GP	GC	SG
México	7	3	2	1	0	4	2	2
Itália	4	3	1	1	1	4	3	1
Croácia	3	3	1	0	2	2	3	-1
Equador	3	3	1	0	2	2	4	-2

Classificação	PG	J	V	E	D	GP	GC	SG
Japão	7	3	2	1	0	5	2	3
Bélgica	5	3	1	2	0	6	5	1
Rússia	3	3	1	0	2	4	4	0
Tunísia	1	3	0	1	2	1	5	-4

Vice-campeã europeia, a Itália confirmou o favoritismo diante do Equador, que estreava em Copas. Contra a Croácia, a *Azzurra* teve dois gols anulados. No primeiro deles, o árbitro inglês Graham Poll marcou um impedimento inexistente de Vieri. No segundo, já no fim da partida, Materazzi chutou de seu campo e a bola entrou direto, mas o árbitro deu falta inexistente de Inzaghi no goleiro Pletikosa. Antes disso, os croatas marcaram dois gols e saíram vencedores por 2 a 1. Os italianos só se classificaram quando Del Piero empatou, a cinco minutos do fim, o duelo contra o México — e também porque a Croácia perdeu para os equatorianos. Os mexicanos, que haviam vencido Croácia e Equador, avançaram em 1º lugar.

> **Inusitado**
> A Itália teve nada menos que quatro gols anulados durante a fase de grupos. Contra a Croácia, foram dois. Diante de Equador e México, um em cada jogo, mas esses foram corretamente invalidados. Como se veria mais tarde, esses quatro gols não foram os únicos a pesar contra os italianos...

Num grupo sem nenhuma seleção com camisa pesada, havia o temor de que o país-sede Japão caísse ainda na primeira fase. Mas o time surpreendeu ao empatar com a Bélgica (2 a 2) e bater a Rússia (1 a 0). Estava virtualmente classificado quando recebeu (e venceu) a Tunísia na última partida. Com isso, deixou belgas e russos se matarem atrás da outra vaga. A Bélgica, que precisava vencer, abriu vantagem no primeiro tempo. A Rússia, que dependia de um empate, lançou mão do jovem Sychov, 18 anos, e igualou. Mas os belgas reagiram e fizeram dois gols em quatro minutos. No fim, Sychov, diminuiu e Kerzhakov perdeu um gol feito, desperdiçando a vaga dos russos. Os belgas se classificaram em 2º.

227

Os mata-matas

OITAVAS DE FINAL

15/6 Alemanha 1 x 0 Paraguai
Gol: Neuville (Ale, 43-2º)

15/6 Dinamarca 0 x 3 Inglaterra
Gols: Rio Ferdinand (Ing, 5-1º), Owen (Ing, 22-1º), Heskey (Ing, 44-1º)

16/6 Suécia 1 x 2 Senegal
Gols: Larsson (Sue, 11-1º), Henri Camara (Sen, 37-1º)
Na prorrogação: Henri Camara (Sen, 14-1º)

16/6 Espanha 1 x 1 Irlanda
Gols: Morientes (Esp, 8-1º), Robbie Keane (Irl, 45-2º)
Nos pênaltis: Espanha 3 x 2 Irlanda

17/6 México 0 x 2 Estados Unidos
Gols: McBride (EUA, 8-1º), Donovan (EUA, 25-2º)

17/6 Brasil 2 x 0 Bélgica
Gols: Rivaldo (Bra, 22-2º), Ronaldo (Bra, 42-2º)

18/6 Coreia do Sul 2 x 1 Itália
Gols: Vieri (Ita, 18-1º), Seol Ki-Hyeon (Cor, 45-2º)
Na prorrogação: Ahn Jung-Hwan (Cor, 13-2º)

18/6 Japão 0 x 1 Turquia
Gol: Davala (Tur, 12-1º)

A única seleção que passou sem dificuldade para as quartas de final foi a Inglaterra, que eliminou a Dinamarca ao marcar três gols ainda no primeiro tempo. O Brasil derrotou a Bélgica por 2 a 0, mas teve uma pequena ajuda: quando o jogo estava 0 a 0, o árbitro anulou um gol belga numa situação controversa — Wilmots teria feito falta em Roque Júnior antes de cabecear para dentro, mas ninguém viu. Os Estados Unidos passaram pelo México numa partida em que os mexicanos reclamaram um pênalti no qual O'Brien deu um soco na bola dentro da área. Mas nada se comparou ao festival de erros de arbitragem que beneficiou a Coreia do Sul diante da Itália. Na prorrogação, Totti sofreu pênalti e foi expulso porque o árbitro achou que ele estava simulando. E Tommasi teve um gol incorretamente anulado. A Espanha avançou porque a Irlanda se mostrou incompetente nos pênaltis — errou um no tempo normal, com Harte, e três na disputa por tiros livres. Senegal (com um gol de ouro), Alemanha e Turquia completaram a lista de classificados.

QUARTAS DE FINAL

21/6 Inglaterra 1 x 2 Brasil
Gols: Owen (Ing, 23-1º), Rivaldo (Bra, 47-1º), Ronaldinho Gaúcho (Bra, 5-2º)

21/6 Alemanha 1 x 0 Estados Unidos
Gol: Ballack (Ale, 39-1º)

22/6 Espanha 0 x 0 Coreia do Sul
Nos pênaltis: Espanha 3 x 5 Coreia do Sul

22/6 Turquia 1 x 0 Senegal
Gol na prorrogação: Mansiz (Tur, 4-1º)

Brasil e Inglaterra fizeram o jogo mais emocionante das quartas de final. Os ingleses saíram na frente, gol de Owen, mas os brasileiros viraram, graças a Ronaldinho Gaúcho — ele fez a jogada para Rivaldo empatar e marcou o segundo gol numa cobrança de falta que encobriu o goleiro Seaman. Ronaldinho acabou expulso, mas o time segurou a vitória. Alemanha e Turquia garantiram vaga graças a um golzinho no fim e às várias defesas de seus goleiros, Kahn e Rüstü. A Coreia do Sul eliminou a Espanha nos pênaltis.

Garfada
O árbitro egípcio Gamal Ghandour abusou dos erros a favor da Coreia do Sul. Ele anulou dois gols legítimos da Espanha, de Baraja e Morientes. Parou um lance de Luís Enrique cara a cara com o goleiro. Nos pênaltis, ignorou que o goleiro Lee Won-Jae estava adiantado ao defender o pênalti de Joaquín.

SEMIFINAIS

25/6 Alemanha 1 x 0 Coreia do Sul
Gol: Ballack (Ale, 30-2º)

26/6 Brasil 1 x 0 Turquia
Gol: Ronaldo (Bra, 4-2º)

Ballack e Ronaldo, os jogadores mais decisivos de Brasil e Alemanha, cumpriram seus papéis nas semifinais. Mas Ballack levou o 2º cartão amarelo e estaria suspenso na final.

DECISÃO DO TERCEIRO LUGAR

29/6 Coreia do Sul 2 x 3 Turquia
Gols: Sükür (Tur, 11s-1º), Lee Eul-Yong (Cor, 9-1º), Mansiz (Tur, 13-1º e 32-1º), Song Chong-Gug (Cor, 47-2º)

A final da Copa

Cafu beija a taça de campeão do mundo

BRASIL	2
ALEMANHA	0

Gols: Ronaldo (Bra, 22 e 34-2º)
Data: 30/06/2002
Horário: 20 horas
Local: Estádio International
(Yokohama, JAP)
Público: 69.029
Árbitro: Pierluigi Collina (ITA)
Cartões amarelos:
Roque Júnior
Klose

Brasil e Alemanha estavam tão desacreditados que a presença de ambos na final até que fazia sentido em uma Copa cheia de zebras, surpresas e erros de arbitragem. O descrédito em relação às equipes, contudo, contrastava com o histórico. O Brasil tinha quatro títulos, seis finais disputadas e 86 jogos em Copas, um recorde. Os alemães, por sua vez, possuíam três títulos, seis finais e 84 partidas. Curiosamente, nunca haviam se enfrentado em Mundiais. Por causa da campanha em 2002, e por contar com o retorno de Ronaldinho Gaúcho, a seleção brasileira despontava como favorita. Até porque a Alemanha havia perdido seu principal jogador de linha, o meia Ballack, suspenso. No primeiro tempo, o Brasil esteve mais presente no ataque, mas esbarrou no travessão e em boas defesas do goleiro Kahn. Na etapa final, porém, o goleiro falhou ao tentar segurar um chute de Rivaldo e deu rebote. Ronaldo não perdoou e fez 1 a 0 aos 22 minutos, exatamente quando os alemães estavam melhores em campo. Aos 34, Kléberson fez boa jogada e cruzou para Rivaldo, que deixou a bola passar. Ronaldo dominou e chutou no canto esquerdo de Kahn. A Alemanha ainda fez uma última tentativa com perigo, mas o goleiro Marcos salvou o chute de Bierhoff. Os alemães terminaram a partida com mais posse de bola (56% ao todo), mas o Brasil terminou com mais gols. E garantiu o pentacampeonato com a melhor campanha da história: sete vitórias em sete jogos.

Brasil
Técnico: Luiz Felipe Scolari

Alemanha
Técnico: Rudi Völler

229

Os melhores da Copa

Numeralha

Maior público: 69.029 (Brasil x Alemanha)

Menor público: 25.176 (Alemanha x Paraguai)

Gols pró: 158
Gols contra: 3
Média por jogo: 2,51

Melhor ataque: Brasil, 18 gols
Goleiro menos vazado: Kahn (Alemanha), 3 gols em 7 jogos (0,42 por jogo, melhor média)

Maior goleada: Alemanha 8 x 0 Arábia Saudita

Gol mais rápido: Hakan Sükür (Turquia), aos 11 segundos de jogo contra a Coreia do Sul

ARTILHEIRO

RONALDO
Nome: Ronaldo Luís Nazário de Lima
Seleção: Brasil
8 gols em 7 jogos
Posição: atacante
Idade: 25 anos
Nascimento: 22/09/1976, no Rio de Janeiro
Altura: 1,83 m | Peso: 90 kg
Clube: Internazionale (ITA)

8 gols
Ronaldo (Brasil)
5 gols
Klose (Alemanha) e Rivaldo (Brasil)
4 gols
Tomasson (Dinamarca) e Vieri (Itália)
3 gols
Ballack (Alemanha), Wilmots (Bélgica), Morientes, Raúl (Espanha), Robbie Keane (Irlanda), Pauleta (Portugal), Papa Bouba Diop (Senegal), Larsson (Suécia), Mansiz (Turquia)

O CRAQUE

RONALDO
Brasil | atacante

Antes da final, o goleiro alemão Kahn acabou escolhido pela Fifa como o melhor jogador da Copa. Mas ele falhou na hora H e quem se deu bem foi Ronaldo, autor de dois gols na decisão do Mundial. Graças ao desempenho na Copa, na qual fez 8 gols, Ronaldo foi eleito o melhor do mundo ao fim de 2002. A Fifa jamais admitiu algum arrependimento, mas nunca mais cravou o melhor jogador da Copa antes da final.

Colocações finais	PG	J	%	V	E	D	GP	GC	SG	🟨	🟥
1º Brasil	21	7	100	7	0	0	18	4	14	7	1
2º Alemanha	16	7	76	5	1	1	14	3	11	17	1
3º Turquia	13	7	62	4	1	2	10	6	4	18	2
4º Coreia do Sul	11	7	52	3	2	2	8	6	2	14	0
5º Espanha	11	5	73	3	2	0	10	5	5	7	0
6º Inglaterra	8	5	53	2	2	1	6	3	3	6	0
7º Senegal	8	5	53	2	2	1	7	6	1	14	1
8º Estados Unidos	7	5	47	2	1	2	7	7	0	14	0
9º Japão	7	4	58	2	1	1	5	3	2	6	0
10º Dinamarca	7	4	58	2	1	1	5	5	0	9	0
11º México	7	4	58	2	1	1	4	4	0	8	1
12º Irlanda	6	4	50	1	3	0	6	3	3	4	0
13º Suécia	5	4	42	1	2	1	5	5	0	6	0
14º Bélgica	5	4	42	1	2	1	6	7	-1	6	0
15º Itália	4	4	33	1	1	2	5	5	0	11	1
16º Paraguai	4	4	33	1	1	2	6	7	-1	10	2
17º África do Sul	4	3	44	1	1	1	5	5	0	10	0
18º Argentina	4	3	44	1	1	1	2	2	0	6	1
19º Costa Rica	4	3	44	1	1	1	5	6	-1	6	0
20º Camarões	4	3	44	1	1	1	2	3	-1	9	1
21º Portugal	3	3	33	1	0	2	6	4	2	7	2
22º Rússia	3	3	33	1	0	2	4	4	0	9	0
23º Croácia	3	3	33	1	0	2	2	3	-1	3	1
24º Equador	3	3	33	1	0	2	2	4	-2	9	0
25º Polônia	3	3	33	1	0	2	3	7	-4	9	0
26º Uruguai	2	3	22	0	2	1	4	5	-1	9	0
27º Nigéria	1	3	11	0	1	2	1	3	-2	2	0
28º França	1	3	11	0	1	2	0	3	-3	3	1
29º Tunísia	1	3	11	0	1	2	1	5	-4	8	0
30º Eslovênia	0	3	0	0	0	3	2	7	-5	10	1
31º China	0	3	0	0	0	3	0	9	-9	5	1
32º Arábia Saudita	0	3	0	0	0	3	0	12	-12	3	0

231

Estádios históricos

Maracanã
Maior do mundo para a Copa de 1950, com capacidade de 155 mil, foi tão reformado que só sobrou a casca (e 78 mil lugares) para 2014.

Wembley
Primeiro estádio a ganhar a denominação de "templo do futebol", recebeu a Copa de 1966. Foi demolido no século 21 para dar lugar a uma arena nova.

Centenário
O principal estádio da Copa do Mundo de 1930 foi batizado de Centenário, em homenagem ao 100 anos de independência do Uruguai. Afundado no solo e com arquibancadas assimétricas, ele protege o campo dos ventos pampeiros. Em 1983, a Fifa declarou que o estádio era um "monumento ao futebol mundial".

San Siro
O estádio em Milão, na Itália, tornou-se o mais "ampliado" da história das Copas: de 35 mil pessoas (em 1934) para 76 mil (em 1990). Também é chamado de Giusepe Meazza.

Azteca
O estádio na Cidade do México foi o primeiro na história a receber duas finais de Copa do Mundo. E em alto estilo: em 1970, viu Pelé sagrar-se campeão. Em 1986, foi a vez de Maradona levantar a taça.

Loftus Versfeld
Erguido em 1906 em Pretória, na África do Sul, e palco na Copa de 2010, é o estádio mais antigo já usado em um Mundial.

Pontiac Silverdome
O estádio em Detroit (Estados Unidos) foi o primeiro totalmente coberto em uma Copa. Hoje está desativado e abandonado.

Olímpico
Na Copa de 1974, com a Alemanha dividida, o estádio em Berlim — que por sorte ficava no lado ocidental — recebeu apenas uma partida, a de abertura. Em 2006, já com a Alemanha unificada, recebeu cinco, incluindo a final.

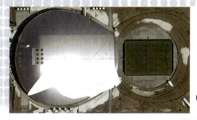

Sapporo Dome
Pináculo dos estádios cheios de tecnologia usados no Japão, em 2002. O gramado saía do estádio (totalmente coberto) para tomar sol.

Os asiáticos

BEIRANVAND — Irã — 2018 — GK — 1
Defendeu um pênalti de Cristiano Ronaldo

MAHDAVIKIA — Irã — 1998 — DF — 2
Um dos primeiros jogadores do Irã a estar em duas Copas (1998 e 2006)

TULIO TANAKA — Japão — 2010 — DF — 3
Nascido no Brasil, foi um dos destaques da defesa do Japão em 2010

HONG MYUNG-BO — Coreia Sul — 2002 — DF — 4
Disputou quatro Copas e foi o treinador da Coreia do Sul em 2014

POOLADI — Irã — 2014 — MC — 6
Chegou a ficar sem clube depois da Copa do Mundo de 2014

PARK JI-SUNG — Coreia Sul — 2002 — DF — 7
Disputou três Copas pela Coreia. Foi cortado em 2014, sem um bom motivo

HONDA — Japão — 2010 — MC — 8
Considerado um dos melhores jogadores japoneses da história

HIDETOSHI NAKATA — Japão — 2002 — MC — 5
Já foi citado como o melhor jogador da Ásia

AL OWAIRAN — Arábia — 1994 — MC — 10
Marcou um dos gols mais bonitos na história das Copas

PAK DOO-IK — Coreia Norte — 1966 — DF — 11
Marcou o gol da vitória da Coreia do Norte sobre a Itália em 1966

AL JABER — Arábia — 1998 — AT — 9
Fez gols em três Copas diferentes (1994, 1998 e 2006)

GK: Goleiro
DF: Defensor
MC: Meio-campista
AT: Atacante

Marcas individuais

ZENGA — Itália, 1990, GK
Detentor da marca de mais minutos sem levar gol (517)

LÚCIO — Brasil, 2006, DF
Zagueiro brasileiro que levou mais tempo para fazer uma falta: 386 minutos.

NAKAZAWA — Japão, 2010, DF
Defensor recordista como o que fez menos faltas — zero em 390 minutos

MALDINI — Itália, 1994, DF
Detém o recorde de mais minutos em campo em Copas, com 2.218

MASCHERANO — Argentina, 2014, MC
Ele, Romero, Zabaleta e Garay são os que têm mais minutos em uma Copa: 764

XAVI — Espanha, 2010, MC
Jogador que acertou mais passes em uma única Copa, com 599

VARALLO — Argentina, 1930, AT
Primeiro jogador de Copa a passar de 100 anos de idade

PATENAUDE — EUA, 1930, AT
Anotou o primeiro hat-trick (3 ou mais gols) em um jogo de Copa

KLOSE — Alemanha, 2014, AT
Maior artilheiro de Copas, com 16 gols, e jogador com mais vitórias (17)

SALENKO — Rússia, 1994, AT
Detém o recorde de gols em um jogo: cinco, em Rússia 6 x 1 Camarões

LEÔNIDAS — Brasil, 1938, AT
Foi a duas Copas (34 e 38) e fez gols em todas as partidas que jogou

Alemanha 2006

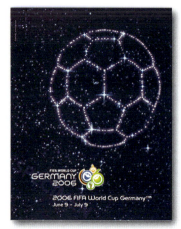

> "Não houve compras de votos"

Do ex-jogador Franz Beckenbauer, em um comunicado em outubro de 2015. Na nota, ele admitiu que cometeu um "erro" durante o processo de candidatura da Alemanha para a Copa do Mundo de 2006 — segundo ele, aceitou propostas que deveriam ter sido rejeitadas — e negou que o país tenha comprado votos para ser eleito sede do Mundial. O caso foi investigado pela Fifa

Para a Copa do Mundo de 2006, a Fifa reforçou a ideia de um revezamento entre continentes. Assim, a África aparecia como a bola da vez, depois de Mundiais nas Américas (1994), Europa (1998) e Ásia (2002). Os candidatos de lá eram África do Sul e Marrocos. Mas, na Europa, Alemanha e Inglaterra também queriam. Com quatro concorrentes, a Fifa promoveu votações secretas entre os 24 delegados do Comitê Executivo da entidade, em Zurique. Na primeira rodada, a Alemanha saiu na frente, e Marrocos acabou eliminado. Na segunda rodada, a Alemanha teve 11 votos, a África do Sul, os mesmos 11, e a Inglaterra, apenas 2. Assim, alemães e sul-africanos iriam para a rodada final.

A Alemanha era favorita dos europeus. Mas a África do Sul era favorita do resto do mundo. Mesmo assim, em 6 de julho de 2000, a Fifa anunciou a Alemanha como país-sede, por um voto de diferença — 12 a 11. Mas não havia 24 delegados? Não naquela hora. O neozelandês Charles Dempsey, que representava a Oceania e era favorável à candidatura dos africanos, misteriosamente deixou a sede da entidade na manhã do dia 6, sem participar da votação final. Se ele confirmasse sua preferência, haveria empate, e o voto de Minerva caberia ao presidente da Fifa, Joseph Blatter, inclinado a escolher a África do Sul.

Em 2015, o comitê organizador da Copa na Alemanha, presidido pelo ex-jogador Franz Beckenbauer, foi investigado. Havia uma suspeita de compra de votos. Beckenbauer escapou de uma punição, mas Wolfgang Niersbach, vice-presidente do comitê, acabou suspenso por não ter alertado a Fifa sobre possíveis conflitos de interesses, segundo o Comitê de Ética da entidade.

Cidades e estádios

Apesar de toda a polêmica, a Copa ficou em boas mãos. A Alemanha tinha experiência — foi sede em 1974 — e possuía excelentes estádios e infraestrutura. Ainda assim, houve investimento pesado em melhorias. Somente nos estádios, foram injetados 6 bilhões de euros. Munique nem precisou usar o estádio Olímpico, palco da final de 1974; ganhou o Allianz Arena. O estádio de Stuttgart foi implodido e reerguido. Gelsenkirchen, Hamburgo e Nuremberg também contavam com locais novos em folha. O estádio de Frankfurt ganhou a primeira cobertura retrátil da história das Copas, feita de um material plástico. O padrão alemão de organização de uma Copa encantou a Fifa, que passou

A BOLA
Teamgeist

a exigi-lo para os Mundiais seguintes, para azar de quem não tivesse as mesmas condições dos alemães.

Eliminatórias

Pela primeira vez, o campeão da Copa anterior — no caso, o Brasil — também iria disputar as Eliminatórias. Assim, havia 31 vagas para 204 inscritos. Mas apenas 193 países jogaram de fato. Na Ásia, houve um caso curioso. Guam deveria enfrentar o Nepal na primeira fase, mas ambos desistiram. Com isso, o Sri Lanka, que havia perdido para o Laos, pôde disputar a fase seguinte — na qual acabou eliminado. A classificação mais dramática foi a da Austrália. O país ganhou o classificatório da Oceania e cruzou com o Uruguai na repescagem. Ambos haviam se enfrentado na eliminatória anterior, com vitória dos uruguaios. Dessa vez, deu Austrália, nos pênaltis.

Cidade	Estádio	Capacidade
Berlim	Olímpico	76.005
Colônia	Rhein Energie	46.000
Dortmund	Westfalenstadion	65.982
Frankfurt	Commerzbank	48.132
Gelsenkirchen	Auf Schalke	53.804
Leipzig	Zentralstadion	44.199
Hamburgo	AOL Arena	51.055
Hannover	AWD Arena	44.652
Kaiserslautern	Fritz Walter Stadion	43.450
Munique	Allianz Arena	66.000
Nuremberg	Frankenstadion	45.500
Stuttgart	Gottlieb Daimler	53.200

Sorteio e fórmula

Em 6 de dezembro de 2015, a Fifa realizou o sorteio dos grupos. Havia sete cabeças de chave veteranos — Alemanha, Inglaterra, Argentina, Itália, França, Brasil e Espanha — e mais o México, que estava nesse rol pela primeira vez numa Copa da qual não era o país-sede. Os grupos mais fortes ficaram o C (Argentina, Holanda, Sérvia e Montenegro e Costa do Marfim) e o E (Itália, República Tcheca, EUA e Gana). O regulamento era quase igual ao de quatro anos antes, apenas com um ajuste que permitia quaisquer combinações de finalistas — algo impossível em 2002.

Estreantes em Copas
Angola
Costa do Marfim
Gana
Togo
Trinidad e Tobago
Ucrânia

Os favoritos

Campeão continental, da Copa das Confederações, com Ronaldinho Gaúcho como o melhor jogador do mundo por dois anos seguidos (2004 e 2005), o Brasil entrava na Copa como grande favorito. República Tcheca, Argentina, França, Espanha e Itália apareciam em seguida. A Alemanha estava desacreditada, principalmente depois de ter tomado uma goleada de 4 a 1 da Itália antes da Copa. Além disso, o técnico Jürgen Klinsmann parecia tão despreocupado que nem foi ao congresso dos treinadores, na própria Alemanha. Preferiu ficar nos Estados Unidos, onde mantinha residência. Klinsmann levou uma bronca pública de Beckenbauer.

Ausência
Três tradicionais seleções africanas perderam vagas para equipes que nunca haviam disputado um Mundial. Camarões terminou um ponto abaixo da Costa do Marfim. A África do Sul, que quase foi a sede da Copa, acabou em 3º no grupo que classificou Gana. E a Nigéria ficou atrás de Angola no critério de confronto direto.

A preparação do Brasil

Competições disputadas pelo Brasil entre 2002 e 2006	
Copa das Confederações 2003	
1F	Brasil 0 x 1 Camarões
1F	Brasil 1 x 0 EUA
1F	Brasil 2 x 2 Turquia
Brasil foi eliminado na primeira fase	
Copa América 2004	
1F	Brasil 1 x 0 Chile
1F	Brasil 4 x 1 Costa Rica
1F	Brasil 1 x 2 Paraguai
QF	Brasil 4 x 0 México
SF	Brasil 1 x 1 Uruguai Nos pênaltis, Brasil 5 x 3 Uruguai
F	Brasil 2 x 2 Argentina Nos pênaltis, Brasil 4 x 2 Argentina
Brasil sagrou-se campeão	
Copa das Confederações 2005	
1F	Brasil 3 x 0 Grécia
1F	Brasil 0 x 1 México
1F	Brasil 2 x 2 Japão
SF	Alemanha 2 x 3 Brasil
F	Brasil 4 x 1 Argentina
Brasil sagrou-se campeão	
Eliminatórias da Copa de 2006	
	Colômbia 1 x 2 Brasil
	Brasil 1 x 0 Equador
	Peru 1 x 1 Brasil
	Brasil 3 x 3 Uruguai
	Paraguai 0 x 0 Brasil
	Brasil 3 x 1 Argentina
	Chile 1 x 1 Brasil
	Brasil 3 x 1 Bolívia
	Venezuela 2 x 5 Brasil
	Brasil 0 x 0 Colômbia
	Equador 1 x 0 Brasil
	Brasil 1 x 0 Peru
	Uruguai 1 x 1 Brasil
	Brasil 4 x 1 Paraguai
	Argentina 3 x 1 Brasil
	Brasil 5 x 0 Chile
	Bolívia 1 x 1 Brasil
	Brasil 3 x 0 Venezuela
Brasil classificou-se em 1º lugar	

1F: Primeira fase
QF: Quartas de final
SF: Semifinal
F: Final

Luiz Felipe Scolari largou a seleção um mês após o pentacampeonato. Mas a seleção ainda tinha um amistoso protocolar no fim do ano, contra a Coreia do Sul. Quem comandou a equipe foi Zagallo, a convite da CBF. E, a pedido da CBF, Zagallo convenceu Carlos Alberto Parreira a reassumir a seleção, com o seguinte argumento: "Vamos repetir a parceria que já foi campeã".

O primeiro ano de trabalho, em 2003, foi pouco empolgante. Aos poucos, Parreira foi relegando heróis do Penta, como o goleiro Marcos e o meia-atacante Rivaldo, e chamando jogadores de sua confiança — o principal deles, o atacante Adriano. Em sua primeira competição oficial, a Copa das Confederações, a seleção caiu ainda na primeira fase, num grupo que tinha Camarões, Estados Unidos e Turquia. A equipe terminou o ano com menos moral que o time sub-23. Essa seleção parecia tão boa que a CBF nem se deu o trabalho de batalhar pela liberação de nomes como o zagueiro Luizão, os meias Kaká e Júlio Baptista e o já citado Adriano, que já atuavam na Europa — e os clubes europeus pretendiam fazer jogo duro para liberá-los. Mas o time, comandado por Ricardo Gomes, deu vexame no Pré-Olímpico e não ganhou a vaga nos Jogos Olímpicos.

A lição era clara. Não bastava ter os melhores jogadores, era preciso que jogassem com vontade. Vontade, pelo menos, não faltou na disputa da Copa América, em julho de 2004. Com uma espécie de "time B", meio aos trancos e barrancos, o Brasil sagrou-se campeão ao derrotar a Argentina nos pênaltis.

Nas Eliminatórias para a Copa de 2006 — o Brasil foi o primeiro campeão mundial que teve que disputar o classificatório —, a seleção de Parreira alternava-se em primeiro lugar com a Argentina. Nessa época, Parreira cedeu às pressões para escalar uma equipe mais ofensiva. Sacou um volante, recuou o meia Zé Roberto e colocou Kaká e Ronaldinho Gaúcho para atuarem juntos no meio-campo, enquanto Ronaldo, Adriano e Robinho disputavam duas vagas no ataque.

Ronaldo e os laterais Cafu e Roberto Carlos acabaram desobrigados de ir à Copa das Confederações de 2005, na Alemanha. Na fase de grupos, a seleção alternou momentos bons — bateu a Grécia por 3 a 0 — e ruins — perdeu para o México e sofreu para empatar em 2 a 2 com o Japão. Mas nos mata-matas o time decolou: fez 3 a 2 na Alemanha, dona da casa, e massacrou a Argentina por 4 a 1, com Kaká, Ronaldinho, Robinho e Adriano muito inspirados. Imediatamente criou-se o apelido "quadrado mágico" para a formação.

Supunha-se que, com Ronaldo, o quadrado ficaria ainda mais irresistível. Parreira, porém, não seguiu a lógica. Tirou Robinho, que dava movimentação à linha de frente, e escalou o Fenômeno para jogar ao lado de Adriano. Com dois atacantes de área, e mais os retornos de Cafu e Roberto Carlos, a seleção perdeu força, embora os resultados da reta final das Eliminatórias pudessem sugerir o contrário. Tanto que o grupo foi fechado ali mesmo.

No planeta todo, não pairavam dúvidas de que Parreira comandava o melhor elenco. O embarque para a Copa foi cercado da certeza de que o Brasil era o time a ser batido, num otimismo que tornou-se exagerado no desembarque na cidade de Weggis, na Suíça, onde haveria uma pré-temporada. A cidade, pacata e com pouco mais de 4 mil habitantes, inchou com torcedores e jornalistas que vieram a reboque da seleção. Cada treino era visto por 5 mil pessoas. Preocupados em dar espetáculo, muitos jogadores e integrantes da comissão técnica faziam com que as atividades fossem de agrado dos espectadores. Treinos secretos, com planejamentos táticos, nem pensar. A segurança era tão pífia que uma torcedora chegou a invadir um treino para se agarrar a Ronaldinho Gaúcho.

Na chegada à Alemanha, o Brasil mantinha o otimismo. Havia vozes dissonantes, mas eram poucas. Uma delas era a revista *Placar*, que em suas matérias apontou que o Brasil poderia quebrar a cara com o quadrado formado com Kaká, Ronaldinho Gaúcho, Adriano e Ronaldo. Afirmou também que o goleiro Dida e os laterais Cafu e Roberto Carlos atravessavam má fase em seus clubes na Europa. Por fim, apostou que Ronaldo, mesmo insistentemente chamado de "gordo", seria o destaque da linha de frente brasileira.

Em meio ao oba-oba dos treinos, Cafu e Roberto Carlos soltaram o verbo. "Seleção boa é a que ganha", disse Cafu, numa referência à equipe de 1982, que brilhou na Copa, mas não levou o título. Ele achava que a de 1994 — da qual era reserva — era melhor, por ter sido campeã. Roberto Carlos, por sua vez, declarou que Cafu tinha mais importância que Pelé na história da seleção. Pelas declarações do grupo, parecia que ninguém seria capaz de superar essa equipe.

Todos os convocados

Nº	Goleiros	idade	clube
1	Dida	32	Milan (ITA)
12	Rogério Ceni	33	São Paulo
22	Júlio César	26	Internazionale (ITA)

Nº	Zaqueiros	idade	clube
3	Lúcio	28	Bayern Munique (ALE)
4	Juan	27	Bayer Leverkusen (ALE)
15	Cris	29	Lyon (FRA)
14	Luisão	25	Benfica (POR)

Nº	Laterais	idade	clube
2	Cafu	36	Milan (ITA)
6	Roberto Carlos	33	Real Madrid (ESP)
13	Cicinho	25	Real Madrid (ESP)
16	Gilberto	30	Hertha Berlim (ALE)

Nº	Meio-campistas	idade	clube
5	Emerson	30	Juventus (ITA)
11	Zé Roberto	31	Bayern Munique (ALE)
17	Gilberto Silva	29	Arsenal (ING)
18	Mineiro	30	São Paulo
8	Kaká	23	Milan (ITA)
10	Ronaldinho Gaúcho	26	Barcelona (ESP)
19	Juninho	31	Lyon (FRA)
20	Ricardinho	30	Santos

Nº	Atacantes	idade	clube
9	Ronaldo	29	Real Madrid (ESP)
7	Adriano	24	Intenazionale (ITA)
23	Robinho	22	Real Madrid (ESP)
21	Fred	22	Lyon (FRA)

Obs.: Idades computadas até 09/06/2006, data da abertura da Copa

CARLOS A. PARREIRA
técnico

Jogos da fase de grupos

Grupo **A** Alemanha Costa Rica Equador Polônia

9/6 Alemanha 4 x 2 Costa Rica
Gols: Lahm (Ale, 6-1º), Wanchope (CR, 12-1º), Klose (Ale, 17-1º), Klose (Ale, 16-2º), Wanchope (CR, 28-2º), Frings (Ale, 42-2º)

9/6 Equador 2 x 0 Polônia
Gols: Carlos Tenorio (Eq, 24-1º), Delgado (Eq, 35-2º)

14/6 Alemanha 1 x 0 Polônia
Gol: Neuville (Ale, 46-2º)

15/6 Equador 3 x 0 Costa Rica
Gols: Carlos Tenorio (Eq, 8-1º), Delgado (Eq, 9-2º), Kaviedes (Eq, 47-2º)

20/6 Costa Rica 1 x 2 Polônia
Gols: Ronald Gómez (CR, 25-1º), Bosacki (Pol, 32-1º), Bosacki (Pol, 21-2º)

20/6 Alemanha 3 x 0 Equador
Gols: Klose (Ale, 4-1º), Klose (Ale, 44-1º), Podolski (Ale, 12-2º)

Classificação	PG	J	V	E	D	GP	GC	SG
Alemanha	9	3	3	0	0	8	2	6
Equador	6	3	2	0	1	5	3	2
Polônia	3	3	1	0	2	2	4	-2
Costa Rica	0	3	0	0	3	3	9	-6

Grupo **B** Inglaterra Paraguai Suécia Tr. Tobago

10/6 Inglaterra 1 x 0 Paraguai
Gol: Gamarra (contra, p/Ing, 3-1º)

10/6 Trinidad e Tobago 0 x 0 Suécia

15/6 Inglaterra 2 x 0 Trinidad e Tobago
Gols: Crouch (Ing, 38-2º), Gerrard (Ing, 45-2º)

15/6 Suécia 1 x 0 Paraguai
Gol: Ljungberg (Sue, 44-2º)

20/6 Paraguai 2 x 0 Trinidad e Tobago
Gols: Sancho (contra, p/ Par, 25-1º), Cuevas (Par, 41-2º)

20/6 Inglaterra 2 x 2 Suécia
Gols: Joe Cole (Ing, 34-1º), Allbäck (Sue, 6-2º), Gerrard (Ing, 39-2º), Larsson (Sue, 45-2º)

Classificação	PG	J	V	E	D	GP	GC	SG
Inglaterra	7	3	2	1	0	5	2	3
Suécia	5	3	1	2	0	3	2	1
Paraguai	3	3	1	0	2	2	2	0
Trinidad e Tobago	1	3	0	1	2	0	4	-4

Em geral, os jogos de abertura de Mundiais têm placares econômicos. Mas Alemanha e Costa Rica quebraram essa escrita. Os alemães torpedearam o adversário e fizeram quatro gols. Porém, o ataque alemão fazia, a defesa colocava em xeque. A Costa Rica marcou duas vezes em falhas de posicionamento da retaguarda germânica. No mesmo dia, o Equador surpreendeu a Polônia. Alemães e equatorianos também venceram na segunda rodada e duelaram apenas para decidir o primeiro lugar. Os equatorianos jogavam pelo empate e a imprensa alemã especulou se era melhor não vencer para evitar um cruzamento com a Argentina nas quartas de final. Mas o time da casa atropelou, com gols de Klose e Podolski.

> **História**
> O gol do sueco Marcus Allbäck, aos 6 minutos do 2º tempo contra a Inglaterra, foi o 2.000º da história das Copas. Quase que a hora não coube a ele. No mesmo horário, o Paraguai jogava com Trinidad e Tobago. No 1º tempo, o paraguaio Caniza anotou o que seria o gol de número 2.000, mas o árbitro anulou, erradamente.

O Paraguai deu azar no grupo. Frente à Inglaterra, o time levou um gol contra, do zagueiro Gamarra, logo aos 3 minutos. Aos 6, perdeu o goleiro Villar, que se machucou ao chutar uma bola fora da área e teve que ser substituído — e não jogou mais na Copa. Perdeu por 1 a 0. Contra a Suécia, o Paraguai sofreu um gol aos 44 minutos do segundo tempo, acabou derrotado de novo e ficou eliminado. Como Trinidad e Tobago não ameaçou ninguém, ingleses e suecos se classificaram.

No jogo que decidiu o primeiro lugar, a Inglaterra jogava pelo empate diante da Suécia e conseguiu: 2 a 2, graças ao volante Gerrard, que entrou no decorrer da partida, marcou um gol e evitou outro ao salvar em cima da risca.

Jogos da fase de grupos

Grupo C	Argentina	C. Marfim	Holanda	Sérvia e Mont.

10/6 Argentina 2 x 1 Costa do Marfim
Gols: Crespo (Arg, 24-1º), Saviola (Arg, 38-1º), Drogba (CM, 37-2º)

11/6 Sérvia e Mont. 0 x 1 Holanda
Gol: Robben (Hol, 17-1º)

16/6 Argentina 6 x 0 Sérvia e Mont.
Gols: Maxi Rodriguez (Arg, 6-1º), Cambiasso (Arg, 31-1º), Maxi Rodriguez (Arg, 41-1º), Crespo (Arg, 33-2º), Tevez (Arg, 36-2º), Messi (Arg, 43-2º)

16/6 Holanda 2 x 1 Costa do Marfim
Gols: Van Persie (Hol, 23-1º), Van Nistelrooy (Hol, 27-1º), Bakary Koné (CM, 38-1º)

21/6 Costa do Marfim 3 x 2 Sérvia e Mont.
Gols: Zigic (Ser, 10-1º), Ilic (Ser, 20-1º), Dindané (CM, 37-1º), Dindané (CM, 22-2º), Kalou (CM, 40-2º)

21/6 Holanda 0 x 0 Argentina

Classificação	PG	J	V	E	D	GP	GC	SG
Argentina	7	3	2	1	0	8	1	7
Holanda	7	3	2	1	0	3	1	2
Costa do Marfim	3	3	1	0	2	5	6	-1
Sérvia Mont.	0	3	0	0	3	2	10	-8

Grupo D	Angola	Irã	México	Portugal

11/6 México 3 x 1 Irã
Gols: Bravo (Mex, 27-1º), Golmohammadi (Ira, 36-1º), Bravo (Mex, 30-2º), Zinha (Mex, 32-2º)

11/6 Portugal 1 x 0 Angola
Gol: Pauleta (Por, 4-1º)

16/6 México 0 x 0 Angola

17/6 Portugal 2 x 0 Irã
Gols: Deco (Por, 18-2º), Cristiano Ronaldo (Por, 34-2º)

21/6 Irã 1 x 1 Angola
Gols: Flávio (Ang, 14-2º), Bakhtiarizadeh (Ira, 29-2º)

21/6 Portugal 2 x 1 México
Gols: Maniche (Por, 6-1º), Simão (Por, 24-1º), Fonseca (Mex, 29-1º)

Classificação	PG	J	V	E	D	GP	GC	SG
Portugal	9	3	3	0	0	5	1	4
México	4	3	1	1	1	4	3	1
Angola	2	3	0	2	1	1	2	-1
Irã	1	3	0	1	2	2	6	-4

O grupo C era considerado um dos mais equilibrados da Copa. Na primeira rodada, a Argentina ganhou de Costa do Marfim na base da experiência. Enquanto isso, a Holanda venceu ao achar a única brecha na defesa de Sérvia e Montenegro. Na rodada seguinte, os argentinos aplicaram sobre os sérvios a maior goleada do Mundial. Cambiasso, Tevez e Messi, que começaram no banco de reservas, marcaram um gol cada. Já a Holanda bateu Costa do Marfim. Já classificados, Argentina e Holanda duelaram em uma partida ruim. Enquanto isso, Costa do Marfim (sem seu craque, Drogba, suspenso) e Sérvia e Montenegro (sem seu craque, Kezman, suspenso) fizeram um jogo movimentado, que terminou com vitória africana.

Polêmica
No clima ruim entre sérvios e montenegrinos, o técnico Ilija Petkovic piorou as coisas quando cortou o atacante Vucinic (montenegrino), por contusão, e convocou em seu lugar o filho, Dusan Petkovic, zagueiro (e sérvio). Pressionado pelo resto do elenco, o defensor deixou o grupo pouco antes da Copa.

A seleção de Portugal, comandada por Luiz Felipe Scolari e que tinha o brasileiro Deco no meio-de-campo, contava também com o atacante Figo, 33 anos, e com o jovem Cristiano Ronaldo, de 21. O time cravou três vitórias em três jogos. Já o México viveu dramas na Copa. Quatro dias antes da estreia, contra o Irã, o goleiro mexicano Oswaldo Sanchez perdeu o pai, deixou a delegação para o funeral e quase não voltou a tempo. Conseguiu ser escalado de última hora. O México venceu, mas na partida o atacante Javier Borgetti se machucou e, sem ele, a equipe não conseguiu mais atacar no Mundial. Tanto que empatou com Angola em 0 a 0 e perdeu para o time misto de Portugal. Apesar disso, acabou se classificando.

Jogos da fase de grupos

Grupo E

Est. Unidos — Gana — Itália — Rep. Tcheca

12/6 Rep. Tcheca 3 x 0 Estados Unidos
Gols: Koller (Tch, 5-1º), Rosicki (Tch, 36-1º), Rosicki (Tch, 31-2º).

12/6 Itália 2 x 0 Gana
Gols: Pirlo (Ita, 40-1º), Iaquinta (Ita, 38-2º).

17/6 Gana 2 x 0 Rep. Tcheca
Gols: Gyan (Gan, 2-1º), Muntari (Gan, 37-2º).

17/6 Itália 1 x 1 Estados Unidos
Gols: Gilardino (Ita, 22-1º), Zaccardo (contra, p/EUA, 27-1º).

22/6 Itália 2 x 0 Rep. Tcheca
Gols: Materazzi (Ita, 26-1º), Inzaghi (Ita, 42-2º).

22/6 Estados Unidos 1 x 2 Gana
Gols: Draman (Gan, 22-1º), Dempsey (EUA, 43-1º), Appiah (P) (Gan, 47-1º).

Classificação	PG	J	V	E	D	GP	GC	SG
Itália	7	3	2	1	0	5	1	4
Gana	6	3	2	0	1	4	3	1
Rep. Tcheca	3	3	1	0	2	3	4	-1
Estados Unidos	1	3	0	1	2	2	6	-4

Grupo F

Austrália — Brasil — Croácia — Japão

12/6 Austrália 3 x 1 Japão
Gols: Nakamura (Jap, 26-1º), Cahill (Aus, 38-2º), Cahill (Aus, 42-2º), Aloisi (Aus, 47-2º).

13/6 Brasil 1 x 0 Croácia
Gol: Kaká (Bra, 43-1º).

18/6 Croácia 0 x 0 Japão

18/6 Brasil 2 x 0 Austrália
Gols: Adriano (Bra, 4-2º), Fred (Bra, 44-2º).

22/6 Croácia 2 x 2 Austrália
Gols: Srna (Cro, 2-1º), Moore (Aus, 39-1º), Niko Kovac (Cro, 11-2º), Kewell (Aus, 33-2º).

22/6 Japão 1 x 4 Brasil
Gols: Tamada (Jap, 34-1º), Ronaldo (Bra, 46-1º), Juninho (Bra, 7-2º), Gilberto (Bra, 14-2º), Ronaldo (Bra, 36-2º).

Classificação	PG	J	V	E	D	GP	GC	SG
Brasil	9	3	3	0	0	7	1	6
Austrália	4	3	1	1	1	5	5	0
Croácia	2	3	0	2	1	2	3	-1
Japão	1	3	0	1	2	2	7	-5

Assim como em 1982, a Itália estreou na Copa com um time posto em xeque pela imprensa. Na estreia, o time jogou bem e venceu Gana. Na segunda partida, o time jogou mal e empatou com os Estados Unidos, num jogo com três expulsões: o italiano De Rossi (arrebentou McBride com uma cotovelada) e os americanos Mastroenni (quase quebrou Pirlo ao meio) e Pope (deu uma solada em Gilardino). Contra a República Tcheca, o time perdeu o zagueiro Nesta, machucado, aos 17 minutos de jogo. Quem entrou foi Materazzi, que fez o 1º gol e começou ali a se tornar um nome proeminente na Copa. Os tchecos eram favoritos a uma das vagas, mas não tiveram pernas para derrotar a seleção de Gana.

Garfada
A Itália não chegou a precisar, mas teve ajuda do árbitro brasileiro Carlos Eugênio Simon na estreia. Gana perdia por 1 a 0 quando, aos 33 da etapa final, Gyan sofreu um pênalti claro ao ser derrubado por De Rossi. Simon ainda fez "não, não, não" com o dedo indicador. Pouco depois, Iaquinta liquidou o jogo.

Por simpatia ao técnico Zico, que dirigia o Japão, os brasileiros pintavam os japoneses como candidatos à segunda vaga do grupo — atrás do Brasil, claro. Mas isso não se confirmou: o Japão não venceu nenhuma partida e só não perdeu para a Croácia porque o goleiro Kawaguchi defendeu um pênalti de Srna. Quem confirmou a segunda vaga foi a Austrália. Já o Brasil terminou em primeiro, como previsto. Mas o "quadrado mágico", com Kaká, Ronaldinho Gaúcho, Ronaldo e Adriano, não mostrou mágica nenhuma. Ronaldinho errou muitos passes, Ronaldo e Adriano mostraram pouca mobilidade e Kaká só foi bem na primeira partida. A única boa atuação foi contra o Japão, em que Adriano não jogou.

Jogos da fase de grupos

Grupo G
Coreia França Suíça Togo

13/6 Coreia do Sul 2 x 1 Togo
Gols: Kader (Tog, 31-1º), Lee Chun-Soo (Cor, 9-2º), Ahn Jung-Hwan (Cor, 27-2º)

13/6 França 0 x 0 Suíça

18/6 França 1 x 1 Coreia do Sul
Gols: Henry (Fra, 8-1º), Park Ji-Sung (Cor, 35-2º)

19/6 Suíça 2 x 0 Togo
Gols: Frei (Sui, 16-1º), Barnetta (Sui, 43-2º)

23/6 Suíça 2 x 0 Coreia do Sul
Gols: Senderos (Sui, 24-1º), Frei (Sui, 32-2º)

23/6 França 2 x 0 Togo
Gols: Vieira (Fra, 10-2º), Henry (Fra, 16-2º)

Grupo H
Arábia Espanha Tunísia Ucrânia

14/6 Espanha 4 x 0 Ucrânia
Gols: Xabi Alonso (Esp, 13-1º), David Villa (Esp, 17-1º), David Villa (Esp, 3-2º), Torres (Esp, 36-2º)

14/6 Tunísia 2 x 2 Arábia Saudita
Gols: Jaziri (Tun, 23-1º), Al Kahtani (Ara, 12-2º), Al Jaber (Ara, 39-2º), Jaidi (Tun, 47-2º)

19/6 Ucrânia 4 x 0 Arábia Saudita
Gols: Rusol (Ucr, 4-1º), Rebrov (Ucr, 36-1º), Shevchenko (Ucr, 1-2º), Kalinichenko (Ucr, 39-2º)

19/6 Espanha 3 x 1 Tunísia
Gols: Mnari (Tun, 8-1º), Raúl (Esp, 26-2º), Torres (Esp, 31-2º), Torres (Esp, 44-2º)

23/6 Ucrânia 1 x 0 Tunísia
Gol: Shevchenko (Ucr, 25-2º)

23/6 Espanha 1 x 0 Arábia Saudita
Gol: Juanito (Esp, 36-1º)

Classificação	PG	J	V	E	D	GP	GC	SG
Suíça	7	3	2	1	0	4	0	4
França	5	3	1	2	0	3	1	2
Coreia do Sul	4	3	1	1	1	3	4	-1
Togo	0	3	0	0	3	1	6	-5

Classificação	PG	J	V	E	D	GP	GC	SG
Espanha	9	3	3	0	0	8	1	7
Ucrânia	6	3	2	0	1	5	4	1
Tunísia	1	3	0	1	2	3	6	-3
Arábia Saudita	1	3	0	1	2	2	7	-5

Cotada como favorita no grupo, a França decepcionou. Lenta e somente com Zidane tentando jogar, não teve força para superar a retranca dos suíços e ali completou quatro jogos sem marcar gols em Copas — incluindo os três em 2002. Na partida seguinte, os franceses fizeram gol (com Henry), mas também não venceram: a Coreia do Sul arrancou o empate. Como Zidane levou dois cartões amarelos nos dois jogos, ele cumpriria suspensão diante de Togo. E Zidane já havia avisado que encerraria a carreira na Copa. Mas o time venceu graças ao meia Vieira, que fez um gol e ajudou no outro. A classificação deu sobrevida à carreira de Zidane. A Suíça, que não levou nenhum gol, avançou em primeiro lugar.

> **Pesado**
> Um dia antes do jogo contra o Japão, o preparador físico Moraci Sant'Anna revelou que o atacante Ronaldo estava com 90,4 kg — e havia se apresentado com 94 kg distribuídos em 1,83 m. Na Copa, era o único que tinha índice de massa corporal superior a 27, ou seja, o mais gordo entre 736 jogadores.

Espanha e Ucrânia eram as favoritas no grupo. A única surpresa foi a facilidade com que os espanhóis derrotaram os ucranianos na primeira rodada. O meio-campo espanhol — incluindo o brasileiro naturalizado Marcos Senna — trocava passes com perfeição e deixava os atacantes constantemente na cara do gol. Os ucranianos reclamaram de dois impedimentos mal assinalados, do pênalti que gerou o terceiro gol espanhol e da expulsão do zagueiro Vashchuk no mesmo lance. Diante da Tunísia, a Espanha saiu atrás e só chegou à vitória com três gols nos últimos 20 minutos. Diante da Arábia Saudita, os reservas espanhóis fizeram o serviço — mas o técnico Luís Aragonés disse que o rival merecia a vitória.

243

Os mata-matas

OITAVAS DE FINAL

24/6 Alemanha 2 x 0 Suécia
Gols: Podolski (Ale, 4-1º), Podolski (Ale, 12-1º)

24/6 Argentina 2 x 1 México
Gols: Rafa Márquez (Mex, 6-1º), Crespo (Arg, 10-1º)
Gol na prorrogação: Maxi Rodríguez (Arg, 8-1º)

25/6 Inglaterra 1 x 0 Equador
Gol: Beckham (Ing, 15-2º)

25/6 Portugal 1 x 0 Holanda
Gol: Maniche (Por, 23-1º)

26/6 Itália 1 x 0 Austrália
Gol: Totti (Ita, 50-2º)

26/6 Suíça 0 x 0 Ucrânia
Nos pênaltis: Suíça 0 x 3 Ucrânia

27/6 Brasil 3 x 0 Gana
Gols: Ronaldo (Bra, 5-1º), Adriano (Bra, 46-1º), Zé Roberto (Bra, 39-2º)

27/6 Espanha 1 x 3 França
Gols: David Villa (Esp, 28-1º), Ribery (Fra, 41-1º), Vieira (Fra, 38-2º), Zidane (Fra, 47-2º)

Embora os placares possam sugerir o contrário, a única equipe que passou fácil pelo adversário foi a Alemanha — não fosse o goleiro Isaksson, a Suécia teria sofrido uma goleada. A Argentina derrotou o México na prorrogação com um golaço de Maxi Rodríguez. A Inglaterra venceu o Equador graças a um gol de falta de Beckham. Portugal bateu a Holanda no jogo mais feroz da história — o árbitro mostrou 16 cartões amarelos e quatro vermelhos. A Itália eliminou a Austrália com um pênalti polêmico. A Suíça não levou nenhum gol em 390 minutos na Copa, mas não acertou nenhum pênalti; deu Ucrânia. O Brasil fez três gols, mas dependeu do goleiro Dida em vários momentos cruciais diante de Gana. E a França virou o jogo sobre a Espanha, contrariando os prognósticos.

> **Jogaço**
> Num 1º tempo estudado e movimentado, a Espanha abriu o placar, com David Villa. A França empatou, com Ribery. Na etapa final, os espanhóis tinham 61% de posse de bola. Mas a França tinha Zidane. Nos 10 minutos finais, ele deu o passe para o gol de Vieira e selou a vitória francesa depois de entortar Puyol.

QUARTAS DE FINAL

30/6 Alemanha 1 x 1 Argentina
Gols: Ayala (Arg, 4-2º), Klose (Ale, 35-2º)
Nos pênaltis: Alemanha 4 x 2 Argentina

30/6 Itália 3 x 0 Ucrânia
Gols: Zambrotta (Ita, 6-1º), Luca Toni (Ita, 14 e 24-2º)

1/7 Portugal 0 x 0 Inglaterra
Nos pênaltis: Portugal 3 x 1 Inglaterra

1/7 Brasil 0 x 1 França
Gol: Henry (Fra, 12-2º)

A Argentina saiu na frente da Alemanha, mas perdeu o goleiro Abbondanzieri, machucado. O reserva, Leo Franco, não deteve nem o gol de empate, de Klose, nem nenhum dos pênaltis, ao passo que Lehmann defendeu dois. Portugal também recorreu aos pênaltis para despachar a Inglaterra. A Itália fez sua melhor partida na Copa diante da Ucrânia. E o Brasil fez sua pior partida desde 1998: perdeu para a França sem esboçar nenhuma reação. A única finalização certa dos brasileiros foi aos 45 minutos do segundo tempo, e Barthez defendeu. Roberto Carlos, que ficou ajeitando a meia durante uma cobrança de falta, enquanto cinco franceses entravam na área (inclusive Henry, que fez o gol), virou o vilão.

SEMIFINAIS

4/7 Alemanha 0 x 2 Itália
Gols na prorrogação: Grosso (Ita, 14-2º), Del Piero (Ita, 16-2º)

5/7 Portugal 0 x 1 França
Gol: Zidane (Fra, 33-1º)

A Itália matou a Alemanha com os dois gols mais tardios na história das Copas, aos 14 e aos 16 minutos do segundo tempo da prorrogação. A França matou Portugal com um gol de Zidane, de pênalti, num jogo em que o português Figo perdeu um gol sem goleiro.

DECISÃO DO TERCEIRO LUGAR

8/7 Alemanha 3 x 1 Portugal
Gols: Schweinsteiger (Ale, 11-2º), Petit (contra, p/ Ale, 16-2º), Schweinsteiger (Ale, 33-2º), Nuno Gomes (Por, 43-2º)

A final da Copa

Zidane dá uma cabeçada no peito de Materazzi

ITÁLIA	1
FRANÇA	1

Gols: Zidane (Fra, 7-1º), Materazzi (Ita, 19-1º)
Pênaltis: Itália 5 (Pirlo, Materazzi, De Rossi, Del Piero, Grosso) x França 3 (Wiltord, Abidal e Sagnol; Trezeguet mandou no travessão)
Data: 09/07/2006, às 20 horas
Local: Olímpico (Berlim)
Público: 69.000
Árbitro: Horacio Elizondo (ARG)
Cartões amarelos: Zambrotta, Sagnol, Makelele, Malouda
Expulsão: Zidane (5-2º da prorrogação)

O italiano Materazzi e o francês Zidane foram os grandes protagonistas da final da Copa de 2006. Isso desde o começo; aos 5 minutos, o árbitro, o argentino Horacio Elizondo, viu pênalti de Materazzi em Malouda. Quem cobrou? Zidane, de cavadinha — a bola ainda deu um susto nos franceses, batendo no travessão antes de entrar. Aos 19, Pirlo ergueu uma de muitas bolas perigosas à área da França. Quem empatou o jogo? Materazzi, que mede 1,93 m e ganhou no alto de Vieira (1,94 m). O zagueiro quase marcou outro gol de cabeça minutos depois — Thuram salvou. Na etapa final, foi a França quem dominou. Só que a Itália se segurou bem, graças a Materazzi, a Cannavaro (35 desarmes e nenhum erro de passe) e ao goleiro Buffon. O jogo foi para a prorrogação e a França manteve o domínio. Quem teve a melhor chance de gol? Zidane, numa cabeçada fulminante, defendida por Buffon. Aos 5 minutos do 2º tempo, o árbitro parou o jogo, correu até Zidane e o expulsou. Por quê? Materazzi havia falado umas "gracinhas" sobre a irmã do francês, que lhe deu uma cabeçada no peito. Materazzi só sentiu cócegas, mas fez um teatro e desabou no chão. Quem alertou Elizondo foi o quarto árbitro, fora do campo. Zidane, que iria encerrar a carreira na Copa, viveu seu último momento em campo descendo as escadas para o chuveiro. Nos pênaltis, a Itália levou a melhor e tornou-se tetracampeã.

Itália
Técnico: Marcello Lippi

França
Técnico: Raymond Domenech

245

Os melhores da Copa

Obs.: Seleção do autor. Em 2010, a Fifa publicou a seguinte lista:
Goleiro: Buffon (Itália)
Defesa: Zambrotta (Itália), Cannavaro (Itália), Ricardo Carvalho (Portugal) e Lahm (Alemanha)
Meio-campo: Vieira (França), Zé Roberto (Brasil), Zidane (França) e Totti (Itália)
Ataque: Henry (França) e Klose (Alemanha).

Numeralha

Maior público: 72.000 (Brasil 1 x 0 Croácia, Suécia 1 x 0 Paraguai, Alemanha 3 x 0 Equador, Ucrânia 1 x 0 Tunísia e Alemanha 1 x 1 Argentina)

Menor público: 38.000 (Irã x Angola)

Gols pró: 143
Gols contra: 4
Média por jogo: 2,29

Melhor ataque: Alemanha, 14 gols
Goleiro menos vazado: Zuberbühler (Suíça), nenhum gol em 4 jogos, melhor índice da história

Maior goleada: Argentina 6 x 0 Sérvia Montenegro

ARTILHEIRO

KLOSE
Nome: Miroslav Klose
Seleção: Alemanha
5 gols em 7 jogos
Posição: atacante
Idade: 28 anos
Nascimento: 09/06/1978, em Opole (Polônia)
Altura: 1,82 m
Peso: 74 kg
Clube: Werder Bremen

5 gols
Klose (Alemanha)
3 gols
Podolski (Alemanha), Crespo, Maxi Rodriguez (Argentina), Ronaldo (Brasil), Fernando Torres, David Villa (Espanha), Henry, Zidane (França)

O CRAQUE

CANNAVARO
Itália | zagueiro

Numa Copa que consagrou a marcação, os volantes e o esquema 4-5-1, o zagueiro italiano Cannavaro foi o grande destaque. No fim do ano, acabou eleito o melhor jogador do mundo. Por outro lado, o meia Zidane foi decisivo para levar a França até a final. E ainda fez um gol na decisão. Mas aquela expulsão na final... para compensar, a Fifa deu ao francês o prêmio de melhor jogador da Copa.

Colocações finais	PG	J	%	V	E	D	GP	GC	SG	🟨	🟥
1º Itália	17	7	81	5	2	0	12	2	10	11	2
2º França	15	7	71	4	3	0	9	3	6	15	1
3º Alemanha	16	7	76	5	1	1	14	6	8	12	0
4º Portugal	13	7	62	4	1	2	7	5	2	23	2
5º Brasil	12	5	80	4	0	1	10	2	8	11	0
6º Argentina	11	5	73	3	2	0	11	3	8	12	1
7º Inglaterra	11	5	73	3	2	0	6	2	4	9	1
8º Ucrânia	7	5	47	2	1	2	5	7	-2	12	1
9º Espanha	9	4	75	3	0	1	9	4	5	6	0
10º Suíça	8	4	67	2	2	0	4	0	4	11	0
11º Holanda	7	4	58	2	1	1	3	2	1	14	2
12º Equador	6	4	50	2	0	2	5	4	1	9	0
13º Gana	6	4	50	2	0	2	4	6	-2	17	1
14º Suécia	5	4	42	1	2	1	3	4	-1	9	1
15º México	4	4	33	1	1	2	5	5	0	12	1
16º Austrália	4	4	33	1	1	2	5	6	-1	10	1
17º Coreia do Sul	4	3	44	1	1	1	3	4	-1	9	0
18º Paraguai	3	3	33	1	0	2	2	2	0	8	0
19º Costa do Marfim	3	3	33	1	0	2	5	6	-1	7	1
20º Rep. Tcheca	3	3	33	1	0	2	3	4	-1	6	2
21º Polônia	3	3	33	1	0	2	2	4	-2	9	1
22º Croácia	2	3	22	0	2	1	2	3	-1	9	1
23º Angola	2	3	22	0	2	1	1	2	-1	9	1
24º Tunísia	1	3	11	0	1	2	3	6	-3	13	1
25º Irã	1	3	11	0	1	2	2	6	-4	8	0
25º Estados Unidos	1	3	11	0	1	2	2	6	-4	4	2
27º Arábia Saudita	1	3	11	0	1	2	2	7	-5	5	0
27º Japão	1	3	11	0	1	2	2	7	-5	7	0
29º Trinidad Tobago	1	3	11	0	1	2	0	4	-4	9	1
30º Costa Rica	0	3	0	0	0	3	3	9	-6	8	0
31º Togo	0	3	0	0	0	3	1	6	-5	9	1
32º Sérvia e Mont.	0	3	0	0	0	3	2	10	-8	11	2

Esquadrões sem título

Brasil 2006

RONALDO
Brasil | atacante

RONALDINHO
Brasil | meia

Os dois times mostraram que é preciso algo mais além de craques

Inglaterra 2006

BECKHAM
Inglaterra | meia

GERRARD
Inglaterra | meia

Segundo analistas, a seleção que o Brasil levou à Copa de 2006 era melhor que a do pentacampeonato em 2002. O miolo de zaga parecia mais seguro. Emerson e Zé Roberto tinham mais prestígio que Gilberto Silva e Kléberson, quatro anos antes. À frente deles, havia Kaká (que viria a ser o melhor do mundo em 2007), Ronaldinho Gaúcho (eleito melhor do mundo em 2004 e 2005), Ronaldo (melhor do mundo três vezes) e Adriano (cujo prestígio no futebol italiano lhe rendeu o apelido de "imperador"). Juntos, os quatro formavam o que se chamava de "quadrado mágico". Contudo, essa formação não deu liga. Ronaldo e Adriano apresentavam pouca mobilidade, Ronaldinho Gaúcho mostrou apenas espasmos do futebol que o consagrara, e Kaká definhou com o passar dos jogos. Para piorar, os renomados laterais Cafu e Roberto Carlos estavam em má fase. Detalhe: na Copa das Confederações 2005, na qual o Brasil levou o título, o técnico Carlos Alberto Parreira não contava com Cafu e Roberto Carlos e, no ataque, Robinho substituía Ronaldo. No Mundial de 2006, o Brasil venceu quatro jogos, sendo três deles com dificuldades. Diante da França, nas quartas de final, perdeu sem esboçar nenhuma reação.

Fora sediar — e vencer de forma polêmica — a Copa do Mundo de 1966, a Inglaterra nunca fez coisas muito relevantes em Mundiais. O prestígio do *English Team* sempre se baseou na fama de o país ter sido o precursor do futebol moderno. As seleções até eram boas, nada mais. Em 2006, a Inglaterra poderia ter mudado de patamar. Desembarcou na Copa com o que a imprensa chamava de "geração de ouro": Beckham (preciso nas bolas paradas e cruzamentos), Gerrard (lenda no Liverpool) e Lampard (segundo melhor jogador do mundo em 2005). Atrás deles, uma dupla de zaga que se completava, Rio Ferdinand e Terry. À frente, havia Rooney em sua primeira Copa. Contudo, o técnico do time, o sueco Sven-Goram Eriksson, não conseguia fazer Gerrard, Lampard e Beckham brilharem lado a lado. O time jogou apenas o suficiente para ficar em 1º no grupo e depois eliminar o Equador. Até que cruzou com Portugal nas quartas de final. Bechkham se machucou. Rooney foi expulso. O jogo terminou sem gols. E a Inglaterra caiu nos pênaltis, graças a erros de Gerrard e Lampard. Invicta, mas eliminada. Em 2017, Gerrard, Lampard e Ferdinand tocaram no assunto em um programa de TV e chegaram à conclusão de que faltava companheirismo aos jogadores.

Os galãs

CASILLAS — Espanha, 2010, GK
Ao ser campeão em 2010, beijou a jornalista Sara Carbonero ao vivo

THURAM — França, 1998, DF
Só fez 2 gols por sua seleção: ambos na semifinal contra a Croácia

BELLINI — Brasil, 1958, DF
Primeiro capitão a erguer uma taça de campeão. O gesto fez escola

PIQUÉ — Espanha, 2010, DF
Defensor da independência da Catalunha, é vaiado quando joga fora dela

CABRINI — Itália, 1982, DF
Anos após encerrar a carreira, foi técnico da seleção feminina da Itália

PIRLO — Itália, 2006, MC
É apelidado de "il architetto" (o arquiteto), pela armação de jogadas

BECKHAM — Inglaterra, 2006, MC
Em três Mundiais, teve três cortes de cabelo diferentes

TOTTI — Itália, 2006, MC
Jogou a carreira inteira na Roma e recusou propostas de clubes mais ricos

KAKÁ — Brasil, 2006, MC
Quase não virou jogador após sofrer um acidente em um parque de águas

GIROUD — França, 2014, AT
Marcou um gol "de escorpião" que foi eleito o mais bonito de 2017

CRISTIANO RONALDO — Portugal, 2018, AT
Eternizou um gesto de olhar para o telão do estádio após cada jogada

GK: Goleiro
DF: Defensor
MC: Meio-campista
AT: Atacante

África do Sul 2010

A organização de uma Copa do Mundo na África começou e terminou cercada de controvérsias. Em 2000, África do Sul e Alemanha disputaram a candidatura para o Mundial de 2006. Os alemães venceram por um voto numa eleição em que um dirigente da Nova Zelândia, que tendia a escolher os sul-africanos, ausentou-se sem motivo. Constrangido, o presidente da Fifa, Joseph Blatter, garantiu o Mundial de 2010 no continente africano. Em 15 de maio de 2004, a entidade homologou a África do Sul, que derrotou Marrocos e Egito. A Tunísia havia desistido na véspera, e a Líbia foi descartada no dia.

A África do Sul continuou sofrendo depois. A Fifa passou a adotar o padrão alemão de organização de uma Copa. E a África do Sul não é a Alemanha. Tinha problemas de infraestrutura, greves, corrupção e violência nas ruas. Por causa disso, nunca ganhou a confiança dos dirigentes e mais de uma vez especulou-se que a Fifa iria trocar a sede. Até a hora de a bola rolar, o risco de violência incomodou. Em janeiro de 2010, a seleção de Togo sofreu um atentado quando viajava a Angola, para a disputa da Copa das Nações Africanas. O presidente do comitê executivo do Mundial, Danny Jordaan, teve que vir a público para dizer que Angola ficava a milhares de quilômetros e não havia razão para relacionar o atentado com a África do Sul.

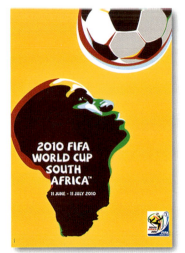

> **"Se não houver nenhuma catástrofe natural, o Mundial de 2010 será na África do Sul. É minha última palavra sobre o assunto"**
>
> Do presidente da Fifa, Joseph Blatter, sobre as queixas da Europa sobre a Copa na África

Cidades e estádios

A Fifa aliviou o grau de exigências criado após a Copa de 2006 e fingiu que não viu o estouro no orçamento, de US$ 1,2 bilhão para US$ 3 bilhões. Dos dez estádios, quatro passaram por manutenções: o Ellis Park, o Free State, o Royal Bafokeng e o Loftus Versfeld. Dois foram destruídos e reconstruídos: o Peter Mokaba e o Soccer City. E quatro foram erguidos do zero: Green Point Stadium, Moses Mabhida, Nelson Mandela Bay e Mbombela. Este último, na cidade de Nelspruit, gerou polêmica. Os 21 mil habitantes reclamavam que, enquanto o governo investia em um estádio para 46 mil pessoas (o dobro da própria cidade), não havia verbas para água encanada, esgoto ou energia elétrica nas imediações. A população da região disse que os visitantes iriam "conhecer o inferno" durante a Copa.

Eliminatórias

Duzentos países — incluindo a campeã mundial Itália — se digladiaram nas Eliminatórias. Na Oceania (que dava uma vaga

A BOLA
Jabulani

na repescagem), a Austrália desfiliou-se e pediu inscrição na Ásia (com quatro vagas em disputa e mais uma na repescagem). Os australianos conseguiram a classificação. Ironicamente, a Fifa determinou que a Oceania deveria disputar a vaga contra o 5º colocado asiático. E a Nova Zelândia, campeã da Oceania, foi à Copa após eliminar o Bahrein.

Na Europa, a França só se classificou na repescagem, diante da Irlanda, graças a um gol no qual o atacante Henry ajeitou a bola com o braço antes de passá-la para Gallas marcar. Só o árbitro, o sueco Martin Hansson, não viu. Na América do Sul, a Argentina viveu diversas crises internas. O técnico Alfio Basile acabou demitido e quem o substituiu foi Diego Maradona, que, ao que consta, teria conspirado para tomar-lhe o cargo. Maradona defendia a realização de partidas na altitude — algo que a Fifa tentou proibir — e viu sua seleção levar 6 a 1 da Bolívia nos 3.200 m de altitude de La Paz. A Argentina só garantiu vaga na Copa graças a um gol impedido de Palermo no finzinho da partida contra o Peru e a uma vitória sobre o Uruguai na última rodada. "Aos que não acreditavam *(na vaga)*, que chupem. Que sigam mamando", disparou Maradona.

Cidade	Estádio	Capacidade
Bloemfontein	Free State	45.058
Cidade do Cabo	Green Point	66.005
Durban	Moses Mabhida	69.957
Johannesburgo	Ellis Park	61.639
Johannesburgo	Soccer City	88.460
Nelspruit	Mbombela	43.589
Polokwane	Peter Mokaba	45.264
Port Elizabeth	Nelson Mandela Bay	46.082
Pretória	Loftus Versfeld	49.365
Rustenburgo	Royal Bafokeng	44.530

Estreantes em Copas
Eslováquia

Sorteio e fórmula

No dia do sorteio dos grupos, em 4 de dezembro de 2009, uma bolsa esquecida em uma ala do Centro de Convenções da Cidade do Cabo foi tratada como uma ameaça de bomba. Era apenas um susto. Bomba mesmo foi o grupo que sobrou para a anfitriã África do Sul, treinada por Carlos Alberto Parreira: França, México e Uruguai. O Brasil caiu com Coreia do Norte, Portugal e Costa do Marfim, num grupo considerado difícil. A fórmula era exatamente igual à de 2006.

Os favoritos

Campeões continentais, Brasil e Espanha encabeçavam a lista de favoritos. O confronto entre os dois poderia já ter acontecido na Copa das Confederações, mas os espanhóis perderam na semifinal para os Estados Unidos — na única derrota da equipe desde o título da Eurocopa de 2008. O Brasil, por sua vez, bateu os norte-americanos na final. O sorteio das chaves apontava uma final entre Brasil e Espanha, se eles ficassem em primeiro lugar em seus respectivos grupos.

Ausência
Para a Rússia, ficar em 1º num grupo com a Alemanha era impossível, mas vencer a Eslovênia na repescagem era possível. Em casa, os eslovenos ganharam o primeiro jogo por 1 a 0. Em Moscou, a Rússia vencia a partida de volta por 2 a 0, mas levou um gol no finzinho e acabou eliminada pelo critério do gol fora de casa.

A preparação do Brasil

Competições disputadas pelo Brasil entre 2006 e 2010	
Copa América 2007	
1F	Brasil 0 x 2 México
1F	Brasil 3 x 0 Chile
1F	Brasil 1 x 0 Equador
QF	Brasil 6 x 1 Chile
SF	Brasil 2 x 2 Uruguai
F	Brasil 3 x 0 Argentina
Brasil sagrou-se campeão	
Copa das Confederações 2009	
1F	Brasil 4 x 3 Egito
1F	Brasil 3 x 0 EUA
1F	Brasil 3 x 0 Itália
SF	África do Sul 0 x 1 Brasil
F	Brasil 3 x 2 EUA
Brasil sagrou-se campeão	
Eliminatórias da Copa de 2010	
Colômbia 0 x 0 Brasil	
Brasil 5 x 0 Equador	
Peru 1 x 1 Brasil	
Brasil 2 x 1 Uruguai	
Paraguai 2 x 0 Brasil	
Brasil 0 x 0 Argentina	
Chile 0 x 3 Brasil	
Brasil 0 x 0 Bolívia	
Venezuela 0 x 4 Brasil	
Brasil 0 x 0 Colômbia	
Equador 1 x 1 Brasil	
Brasil 3 x 0 Peru	
Uruguai 0 x 4 Brasil	
Brasil 2 x 1 Paraguai	
Argentina 1 x 3 Brasil	
Brasil 4 x 2 Chile	
Bolívia 2 x 1 Brasil	
Brasil 0 x 0 Venezuela	
Brasil classificou-se em 1º lugar	

1F: Primeira fase
QF: Quartas de final
SF: Semifinal
D3: Decisão do 3º lugar
F: Final

Menos de um mês após o fracasso na Copa de 2006, a CBF anunciou que o sucessor de Carlos Alberto Parreira na seleção seria o ex-volante Dunga. Pouco importava se ele não tinha experiência como treinador ou se isso lembrava a esquecível passagem de Falcão em 1990/91. Na ótica da CBF, depois que as "baladas" e a bagunça acabaram com a seleção, era hora do técnico da seleção acabar com as baladas e a bagunça. Dunga era o cara.

Dunga somou resultados razoáveis no primeiro ano à frente da seleção. E conquistou a Copa América de 2007 sem craques como Kaká e Ronaldinho Gaúcho (que haviam pedido dispensa) e com jogadores de qualidade discutível, como o goleiro Doni, o volante Josué e o atacante Afonso Alves. Como foi campeão, sentiu-se no direito de fazer a equipe do jeito que bem entendia. Assim, passou a valorizar os jogadores leais a ele e afirmou que Kaká e Ronaldinho teriam que dar duro para voltar à seleção.

O problema é que a seleção se mostrava irregular. O desempenho reforçava o lugar-comum irresistível de associar o nome de Dunga aos outros seis anões da Branca de Neve. A seleção ganhava com méritos? Era o Mestre. Jogava sem raça? Dengoso. Deixava escapar algo? Soneca. Ficava irritado? Era o Zangado.

Zangado mesmo ele ficou em 2008. Em 6 de junho, a seleção perdeu para a Venezuela (2 a 0) pela primeira vez na história. No dia 15, pelas Eliminatórias, levou 2 a 0 do Paraguai. No dia 18, ficou no 0 a 0 com a Argentina e o estádio Mineirão cantava "adeus, Dunga", enquanto o presidente da CBF, Ricardo Teixeira, dizia "Não vou demitir o Dunga". Após esse jogo, Dunga foi, pela enésima vez, grosseiro com a imprensa na entrevista coletiva.

Dunga também era o técnico da seleção sub-23, que iria à Olimpíada de Pequim. Ele tinha jogadores promissores nas mãos, além do meia Ronaldinho. Todos ficaram queimados depois de o time levar um vareio da Argentina nas semifinais. Dunga sobreviveu no cargo porque o time derrotou o Chile em Santiago, contrariando prognósticos. Mas entrou em 2009 com um dilema. Precisava urgente de um volante para seu esquema tático, mas não gostou de nenhum dos jogadores testados até então.

Isso até aparecer Felipe Melo, em 2009.

Quem? Para o torcedor comum, foi preciso uma pesquisa para que o jogador viesse à lembrança. Tratava-se de um meia revelado pelo Flamengo, com passagens sem brilho por Cruzeiro e Grêmio antes de ir para a Europa. E que, em 2009, na Fiorentina, atuava mais recuado, como um volante. Ninguém sentiria falta se jamais fosse convocado. Fato é que Felipe Melo jogou como nunca e deu, na posição de segundo volante da seleção, a resposta que Dunga queria. Com ele, a seleção voou nas Eliminatórias e conquistou a Copa das Confederações, na África do Sul, com cinco vitórias em cinco jogos.

Quando a lista para a Copa parecia fechada, Dunga começou a ter "assombrações". Além de Ronaldinho voltar a brilhar, pelo Milan, havia dois jogadores estourando no Santos: o meia Paulo Henrique Ganso, 20 anos, e o atacante Neymar, 18. Em fevereiro, ex-jogadores da seleção, como Carlos Alberto Torres e Rivellino, já pediam a convocação dos três. Mas nenhum foi chamado. Ao anunciar a lista para o Mundial, no dia 11 de maio, Dunga preencheu as 23 vagas com Doni (na Roma, era reserva de outro goleiro brasileiro, Júlio Sérgio), Josué (em baixa no Wolfsburg), Júlio Baptista (reserva na Roma) e Kléberson (reserva no Flamengo). Ronaldinho Gaúcho? Pode esquecer. Ganso e Neymar? Não foram testados. Não se perguntou por que Dunga não os testou, principalmente se havia tempo para isso. Em 2 de março, antes de a lista sair, Grafite — que nunca tinha sido convocado por Dunga — jogou pouco mais de 20 minutos num amistoso contra a Irlanda e assim garantiu presença no Mundial.

Na África do Sul, a equipe conheceu a bola para a Copa, a Jabulani. Choveram reclamações. A mais peculiar delas, de Felipe Melo. "Digamos que a bola é como uma mulher de malandro. Você chuta e ela está sempre ali. A Jabulani é como uma patricinha. Não gosta de ser chutada". Piadinhas à parte, Felipe Melo era um dos mais criticados nos dias que antecediam a Copa, porque voltou a ser o Felipe Melo de sempre. Outro alvo era Michel Bastos, que não conseguia render na lateral-esquerda. Júlio César e Kaká preocupavam, por causa de lesões. Dunga bancou todos eles e sugeriu que quem não os apoiasse era antipatriota.

O jeito Dunga de ser escondia que, sob seu comando, a seleção ostentava dois títulos, 39 vitórias, 11 empates e apenas cinco derrotas antes da Copa. Dunga tinha tudo para escrever um conto de fadas com final feliz. E, nele, cederia a Felipe Melo, e não a jogadores mais talentosos, como Kaká e Robinho, a tarefa de beijar a princesa no fim da história. Seja a princesa uma patricinha ou uma mulher de malandro.

Todos os convocados

Nº	Goleiros	idade	clube
1	Julio Cesar	30	Internazionale (ITA)
12	Gomes	29	Tottenham (ING)
22	Doni	30	Roma (ITA)

Nº	Zaqueiros	idade	clube
3	Lúcio	32	Internazionale (ITA)
4	Juan	31	Roma (ITA)
14	Luisão	29	Benfica (POR)
15	Thiago Silva	26	Milan (ITA)

Nº	Meio-campistas	idade	clube
2	Maicon	28	Internazionale (ITA)
6	Michel Bastos	26	Lyon (FRA)
13	Daniel Alves	27	Barcelona (ESP)
16	Gilberto	34	Cruzeiro

Nº	Meio-campistas	idade	clube
5	Felipe Melo	26	Juventus (ITA)
7	Elano	28	Galatasaray (TUR)
8	Gilberto Silva	33	Panathinaikos (GRE)
10	Kaká	28	Real Madrid (ESP)
17	Josué	30	Wolfsburg (ALE)
18	Ramires	23	Benfica (POR)
19	Júlio Baptista	28	Roma (ITA)
20	Kléberson	30	Flamengo

Nº	Atacantes	idade	clube
9	Luís Fabiano	29	Sevilla (ESP)
11	Robinho	26	Santos
21	Nilmar	25	Villarreal (ESP)
23	Grafite	31	Wolfsburg (ALE)

Obs.: Idades computadas até 11/06/2010, data da abertura da Copa

DUNGA
técnico

Jogos da fase de grupos

Grupo **A** África do Sul França México Uruguai

Grupo **B** Argentina Coreia Grécia Nigéria

11/6 África do Sul 1 x 1 México
Gols: Tshabalala (Afs, 10-1º), Rafa Márquez (Mex, 34-2º)

11/6 Uruguai 0 x 0 França

16/6 África do Sul 0 x 3 Uruguai
Gols: Forlán (Uru, 24-1º), Forlán (Uru, 35-2º), Alvaro Pereira (Uru, 50-2º)

17/6 França 0 x 2 México
Gols: Chicharito Hernandez (Mex, 19-2º), Blanco (Mex, 34-2º)

22/6 México 0 x 1 Uruguai
Gol: Suárez (Uru, 43-1º)

22/6 África do Sul 2 x 1 França
Gols: Khumalo (Afs, 20-1º), Mphela (Afs, 37-1º), Malouda (Fra, 25-2º)

12/6 Coreia do Sul 2 x 0 Grécia
Gols: Lee Jung-Soo (Cor, 6-1º), Park Ji-Sung (Cor, 7-2º)

12/6 Argentina 1 x 0 Nigéria
Gol: Heinze (Arg, 6-1º)

17/6 Argentina 4 x 1 Coreia do Sul
Gols: Park Chu-Young (contra, p/Arg, 17-1º), Higuaín (Arg, 33-1º), Lee Chung-Yong (Cor, 46-1º), Higuaín (Arg, 31-2º), Higuaín (Arg, 35-2º)

17/6 Grécia 2 x 1 Nigéria
Gols: Uche (Nig, 16-1º), Salpingidis (Gre, 44-1º), Torosidis (Gre, 26-2º)

22/6 Nigéria 2 x 2 Coreia do Sul
Gols: Uche (Nig, 12-1º), Lee Jung-Soo (Cor, 38-1º), Park Chu-Young (Cor, 4-2º), Ayegbeni (Nig, 24-2º)

22/6 Grécia 0 x 2 Argentina
Gols Demichelis (Arg, 32-2º), Palermo (Arg, 44-2º)

Classificação	PG	J	V	E	D	GP	GC	SG
Uruguai	7	3	2	1	0	4	0	4
México	4	3	1	1	1	3	2	1
África do Sul	4	3	1	1	1	3	5	-2
França	1	3	0	1	2	1	4	-3

Classificação	PG	J	V	E	D	GP	GC	SG
Argentina	9	3	3	0	0	7	1	6
Coreia do Sul	4	3	1	1	1	5	6	-1
Grécia	3	3	1	0	2	2	5	-3
Nigéria	1	3	0	1	2	3	5	-2

A África do Sul fez uma bonita festa de abertura, mas lamentou a ausência do líder Nelson Mandela, que havia perdido uma bisneta na véspera. A equipe, treinada pelo brasileiro Carlos Alberto Parreira, esteve perto de vencer o México na estreia, mas cedeu o empate. No jogo seguinte, tomou um vareio do Uruguai — e ainda perdeu o goleiro titular, Khune, expulso após cometer pênalti em Suárez. Enquanto isso, a França perdeu para o México e mandou a calma para escanteio: o atacante Anelka chamou o técnico Raymond Domenech de "sujo filho da p...". Na última rodada, o Uruguai venceu o México e se classificou em primeiro. A África do Sul precisava golear a França, mas fez apenas 2 a 1. E o México avançou.

Inusitado
Inconformados com a eliminação de sua seleção para a França, na repescagem europeia da Copa do Mundo, donos de uma pizzaria na Irlanda prometeram pizzas grátis aos clientes para cada gol sofrido pelos franceses no torneio. Os dois gols do México renderam, ao todo, 700 pizzas.

O grande personagem da Argentina na Copa não foi Messi, eleito o melhor jogador do mundo no ano anterior, nem o atacante Palermo, que quase não foi ao Mundial porque sua ex-mulher cobrava pensão alimentícia e a justiça cogitou proibi-lo de sair do país. Quem se destacou foi Maradona, o técnico da equipe, um *showman* à beira do campo e um polemista fora dele: ele declarou que seus adversários, e os sul-coreanos em especial, não teriam chance. De fato, os argentinos venceram os três jogos sem correr riscos. Messi? Passou em branco na primeira fase, apesar de todos os 20 chutes a gol (sendo 11 no alvo). Na disputa da 2ª vaga, a Nigéria era favorita, mas quem se classificou foi a Coreia do Sul.

Jogos da fase de grupos

Grupo C
Argélia Eslovênia Est. Unidos Inglaterra

12/6 Inglaterra 1 x 1 Estados Unidos
Gols: Gerrard (Ing, 4-1º), Dempsey (EUA, 40-1º)

13/6 Argélia 0 x 1 Eslovênia
Gol: Koren (Svn, 34-2º)

18/6 Eslovênia 2 x 2 Estados Unidos
Gols: Birsa (Svn, 13-1º), Ljubijankic (Svn, 42-1º), Donovan (EUA, 3-2º), Bradley (EUA, 37-2º)

18/6 Inglaterra 0 x 0 Argélia

23/6 Eslovênia 0 x 1 Inglaterra
Gol: Defoe (Ing, 23-1º)

23/6 Estados Unidos 1 x 0 Argélia
Gol: Donovan (EUA, 46-2º)

Grupo D
Alemanha Austrália Gana Sérvia

13/6 Sérvia 0 x 1 Gana
Gol: Gyan (Gan, 40-2º)

13/6 Alemanha 4 x 0 Austrália
Gols: Podolski (Ale, 8-1º), Klose (Ale, 26-1º), Müller (Ale, 23-2º), Cacau (Ale, 25-2º)

18/6 Alemanha 0 x 1 Sérvia
Gol: Jovanovic (Ser, 38-1º)

19/6 Gana 1 x 1 Austrália
Gols: Holman (Aus, 11-1º), Gyan (Gan, 25-1º)

23/6 Austrália 2 x 1 Sérvia
Gols: Cahill (Aus, 24-2º), Holman (Aus, 28-2º), Pantelic (Ser, 39-2º)

23/6 Alemanha 1 x 0 Gana
Gol: Özil (Ale, 15-2º)

Classificação	PG	J	V	E	D	GP	GC	SG
Estados Unidos	5	3	1	2	0	4	3	1
Inglaterra	5	3	1	2	0	2	1	1
Eslovênia	4	3	1	1	1	3	3	0
Argélia	1	3	0	1	2	0	2	-2

Classificação	PG	J	V	E	D	GP	GC	SG
Alemanha	6	3	2	0	1	5	1	4
Gana	4	3	1	1	1	2	2	0
Austrália	4	3	1	1	1	3	6	-3
Sérvia	3	3	1	0	2	2	3	-1

A bola Jabulani se transformou, involuntariamente, em uma personagem da Copa. Os jogadores reclamaram que a bola não os obedecia. Os goleiros diziam que a bola os traía. Os gols dos Estados Unidos sobre a Inglaterra e da Eslovênia sobre a Argélia só saíram porque os respectivos goleiros, Green e Chaouchi, falharam feio. Tanto que foram sacados. Na última rodada, a Inglaterra bateu a Eslovênia por 1 a 0 e se classificou. A Eslovênia só não se classificaria se os Estados Unidos derrotassem a Argélia no outro jogo da chave — e a partida parecia terminar 0 a 0. Um minuto depois do seu jogo acabar, os eslovenos comemoravam a vaga, mas aí veio a notícia: gol dos norte-americanos. A Eslovênia estava fora.

Voz do polvo
O polvo Paul, do aquário de Oberhausen (Alemanha), foi transformado no maior oráculo da Copa. Tudo começou como uma brincadeira dos funcionários, mas ganhou proporções globais. Até porque Paul "acertou" todas as vitórias e derrotas da Alemanha e mais o vencedor da final da Copa.

Antes da Copa, a Alemanha havia perdido vários jogadores considerados titulares, como o meia Ballack. Um deles causou comoção: o goleiro Enke, que cometeu suicídio meses antes. A insegurança no gol era tanta que falou-se em tirar Lehmann, de 40 anos, da aposentadoria. O técnico Joachim Löw resolveu bancar Neuer na posição. Por causa do descrédito da equipe, a goleada de 4 a 0 sobre a Austrália foi recebida com surpresa no país. Já a derrota para a Sérvia — 1 a 0, num jogo em que o alemão Podolski perdeu um pênalti — foi encarada como normal. Na última rodada, os alemães derrotaram Gana e se classificaram em primeiro. Os ganeses ficaram em segundo, beneficiados pela derrota da Sérvia diante da Austrália.

Jogos da fase de grupos

Grupo E — Camarões, Dinamarca, Holanda, Japão

14/6 Holanda 2 x 0 Dinamarca
Gols: Agger (contra, p/Hol, 40s-2º), Kuyt (Hol, 40-2º)

14/6 Japão 1 x 0 Camarões
Gol: Honda (Jap, 39-1º)

19/6 Holanda 1 x 0 Japão
Gol: Sneijder (Hol, 8-2º)

19/6 Camarões 1 x 2 Dinamarca
Gols: Eto'o (Cam, 10-1º), Bendtner (Din, 33-1º), Rommedahl (Din, 16-2º)

24/6 Camarões 1 x 2 Holanda
Gols: Van Persie (Hol, 36-1º), Eto'o (Cam, 19-2º), Huntelaar (Hol, 38-2º)

24/6 Dinamarca 1 x 3 Japão
Gols: Honda (Jap, 17-1º), Endo (Jap, 30-1º), Tomasson (Din, 36-2º), Okazaki (Jap, 42-2º)

Grupo F — Eslováquia, Itália, Nova Zelândia, Paraguai

14/6 Itália 1 x 1 Paraguai
Gols: Alcaraz (Par, 39-1º), De Rossi (Ita, 18-2º)

15/6 Nova Zelândia 1 x 1 Eslováquia
Gols: Vittek (Svk, 5-2º), Reid (NZ, 48-2º)

20/6 Eslováquia 0 x 2 Paraguai
Gols: Vera (Par, 27-1º), Riveros (Par, 41-2º)

20/6 Itália 1 x 1 Nova Zelândia
Gols: Smeltz (NZ, 7-1º), Iaquinta (Ita, 29-1º)

24/6 Paraguai 0 x 0 Nova Zelândia

24/6 Itália 2 x 3 Eslováquia
Gols: Vittek (Svk, 25-1º), Vittek (Svk, 28-2º), Di Natale (Ita, 36-2º), Kopunek (Svk, 44-2º), Quagliarella (Ita, 47-2º)

Classificação	PG	J	V	E	D	GP	GC	SG
Holanda	9	3	3	0	0	5	1	4
Japão	6	3	2	0	1	4	2	2
Dinamarca	3	3	1	0	2	3	6	-3
Camarões	0	3	0	0	3	2	5	-3

Classificação	PG	J	V	E	D	GP	GC	SG
Paraguai	5	3	1	2	0	3	1	2
Eslováquia	4	3	1	1	1	4	5	-1
Nova Zelândia	3	3	0	3	0	2	2	0
Itália	2	3	0	2	1	4	5	-1

Cotada como força maior do grupo, a Holanda fez jus, ao menos em termos de resultados. Venceu a Dinamarca sem dificuldades e derrotou o Japão com alguma dificuldade — graças ao efeito da bola Jabulani no chute de Sneijder. Na última rodada, o time entrou com uma escalação reserva diante de Camarões, mas no decorrer da partida entrou o atacante Robben, que voltava a jogar após recuperar-se de lesão. E Robben fez a jogada do gol da vitória, marcado por Huntelaar. Camarões só decepcionou, como em todas as Copas desde 1994. E a segunda vaga foi decidida entre Dinamarca e Japão. Os dinamarqueses eram favoritos, mas os japoneses marcaram dois gols de falta, que encaminharam a vitória por 3 a 1.

> **Jogaço**
> A Itália dependia de um empate, mas só reagiu depois que levou dois gols da Eslováquia. A *Azzurra* descontou aos 36 minutos e, aos 40, o árbitro anulou um gol de Quagliarella. Os eslovacos fizeram mais um gol aos 44. Quagliarella descontou aos 47 e, aos 48, Di Natale perdeu um gol feito. A Itália caía.

Mesmo alocada em um grupo sem adversários relevantes, a campeã mundial Itália conseguiu a proeza de terminar em último lugar. Os azares começaram logo na estreia, quando o time perdeu o goleiro Buffon, que sentiu uma hérnia de disco e deixou o campo no intervalo. Até ali, o time perdia para o Paraguai — depois, De Rossi empatou. Diante da Nova Zelândia, os italianos também saíram atrás e dependeram de um pênalti suspeito para não serem derrotados. Na última rodada, apesar do esforço, o time perdeu para a Eslováquia. A Nova Zelândia também caiu na primeira fase, mas ficou feliz: viria a ser a única equipe invicta em toda a Copa. O primeiro lugar ficou com o Paraguai, seguido pelos eslovacos.

Jogos da fase de grupos

Grupo G — Brasil Cor. Norte C. Marfim Portugal

Grupo H — Chile Espanha Honduras Suíça

15/6 Costa do Marfim 0 x 0 Portugal
15/6 Brasil 2 x 1 Coreia do Norte
Gols: Maicon (Bra, 10-2º), Elano (Bra, 26-2º), Ji Yun-Nam (CdN, 44-2º)
20/6 Brasil 3 x 1 Costa do Marfim
Gols: Luís Fabiano (Bra, 25-1º), Luís Fabiano (Bra, 5-2º), Elano (Bra, 17-2º), Drogba (CM, 34-2º)
21/6 Portugal 7 x 0 Coreia do Norte
Gols: Raul Meireles (Por, 29-1º), Simão (Por, 8-2º), Hugo Almeida (Por, 11-2º), Tiago (Por, 15-2º), Liédson (Por, 36-2º), Cristiano Ronaldo (Por, 42-2º), Tiago (Por, 44-2º)
25/6 Costa do Marfim 3 x 0 Coreia do Norte
Gols: Yaya Touré (CM, 14-1º), Romaric (CM, 20-1º), Kalou (CM, 37-2º)
25/6 Brasil 0 x 0 Portugal

16/6 Honduras 0 x 1 Chile
Gol: Beausejour (Chi, 34-1º)
16/6 Espanha 0 x 1 Suíça
Gol: Gelson Fernandes (Sui, 7-2º)
21/6 Chile 1 x 0 Suíça
Gol: Mark González (Chi, 30-2º)
21/6 Espanha 2 x 0 Honduras
Gols: David Villa (Esp, 17-1º), David Villa (Esp, 5-2º)
25/6 Chile 1 x 2 Espanha
Gols: David Villa (Esp, 24-1º), Iniesta (Esp, 37-1º), Millar (Chi, 2-2º)
25/6 Suíça 0 x 0 Honduras

Classificação	PG	J	V	E	D	GP	GC	SG
Brasil	7	3	2	1	0	5	2	3
Portugal	5	3	1	2	0	7	0	7
Costa do Marfim	4	3	1	1	1	4	3	1
Coreia do Norte	0	3	0	0	3	1	12	-11

Classificação	PG	J	V	E	D	GP	GC	SG
Espanha	6	3	2	0	1	4	2	2
Chile	6	3	2	0	1	3	2	1
Suíça	4	3	1	1	1	1	1	0
Honduras	1	3	0	1	2	0	3	-3

Assim como em 1966, a Coreia do Norte entrava na Copa cercada de mistério. Assim, ninguém estranhou quando o Brasil venceu por apenas 2 a 1, na estreia. Só que depois os coreanos foram facilmente goleados por Portugal. Enquanto isso, o Brasil derrotou a Costa do Marfim numa partida em que o árbitro, o francês Stéphane Lannoy, colecionou erros: validou um gol irregular de Luís Fabiano (que ajeitou a bola com o braço), não expulsou Demel, que quase quebrou a perna de Elano, e deu cartão vermelho a Kaká, que caiu na provocação adversária. Na última rodada, Costa do Marfim marcou três vezes e perdeu um caminhão de gols diante dos coreanos. Mas foi Portugal quem ficou com a segunda vaga, ao empatar com o Brasil.

Inusitado
O goleiro Casillas foi criticado após a derrota para a Suíça porque teria se distraído com a namorada, a jornalista Sara Carbonero, que estava atrás do gol. Pouco importou se Casillas quase evitou o gol, ao sair nos pés de Derdyiok. Mas a bola bateu em Piqué e sobrou para Gelson Fernandes, com o gol vazio.

A Espanha era a franca favorita do grupo e nunca havia perdido para a Suíça na história, mas para tudo existe uma primeira vez, e ela ocorreu em plena Copa. Os suíços, porém, não repetiram o desempenho nas outras duas partidas. Foram derrotados pelo Chile — ao mesmo tempo, viram cair uma invencibilidade de 559 minutos sem levar gol em Copas — e quase perderam também para Honduras. A Espanha, por sua vez, bateu Honduras com facilidade. O placar só não foi mais elástico porque David Villa chutou um pênalti para fora. Diante do Chile, os espanhóis estavam pela primeira vez com o time completo, venceram sem muito esforço e garantiram o primeiro lugar no grupo. Os chilenos avançaram em segundo.

Os mata-matas

OITAVAS DE FINAL

26/6 Uruguai 2 x 1 Coreia do Sul
Gols: Suárez (Uru, 8-1º), Lee Chung-Yong (Cor, 23-2º), Suárez (Uru, 35-2º)

26/6 Estados Unidos 1 x 2 Gana
Gols: Kevin-Prince Boateng (Gan, 5-1º), Donovan (EUA, 17-2º)
Gol na prorrogação: Gyan (Gan, 3-1º)

27/6 Alemanha 4 x 1 Inglaterra
Gols: Klose (Ale, 20-1º), Podolski (Ale, 32-1º), Upson (Ing, 37-1º), Müller (Ale, 22-2º), Müller (Ale, 25-2º)

27/6 Argentina 3 x 1 México
Gols: Tévez (Arg, 26-1º), Higuaín (Arg, 33-1º), Tévez (Arg, 7-2º), Chicharito Hernández (Mex, 26-2º)

28/6 Holanda 2 x 1 Eslováquia
Gols: Robben (Hol, 18-1º), Sneijder (Hol, 39-2º), Vittek (Svk, 49-2º)

28/6 Brasil 3 x 0 Chile
Gols: Juan (Bra, 35-1º), Luís Fabiano (Bra, 38-1º), Robinho (Bra, 14-2º)

29/6 Paraguai 0 x 0 Japão
Nos pênaltis: Paraguai 5 x 3 Japão

29/6 Espanha 1 x 0 Portugal
Gol: David Villa (Esp, 18-2º)

Com mais domínio da bola Jabulani, o atacante Suárez marcou um gol com efeito, e o Uruguai bateu a Coreia do Sul. A Argentina derrotou o México com um gol constrangedoramente impedido de Tévez — o árbitro foi vaiado quando o lance passou no telão do estádio Soccer City. Gana vencia os Estados Unidos, mas sofreu o empate e só se classificou na prorrogação. A Alemanha massacrou a Inglaterra. Robben decidiu a classificação da Holanda contra a Eslováquia. O Paraguai eliminou o Japão nos pênaltis. O Brasil aplicou mais uma goleada no Chile (a sexta em seis confrontos desde 2007). E a Espanha avançou às quartas com um placar de 1 a 0 que saiu barato para os vizinhos portugueses.

> **Garfada**
> Quando a Alemanha vencia por 2 a 1, o inglês Lampard chutou de longe. A bola bateu no travessão e quicou 33 centímetros atrás da linha de gol antes de voltar para o campo. Todo o estádio Free State viu a bola entrar, menos o árbitro Jorge Larrionda e seus auxiliares. Na etapa final, a Inglaterra foi atropelada.

QUARTAS DE FINAL

2/7 Holanda 2 x 1 Brasil
Gols: Robinho (Bra, 10-1º), Sneijder (Hol, 8-2º), Sneijder (Hol, 23-2º)

2/7 Uruguai 1 x 1 Gana
Gol: Muntari (Gan, 47-1º), Forlán (Uru, 10-2º)
Nos pênaltis: Uruguai 4 x 2 Gana

3/7 Alemanha 4 x 0 Argentina
Gols: Müller (Ale, 3-1º), Klose (Ale, 23-2º), Friedrich (Ale, 29-2º), Klose (Ale, 44-2º)

3/7 Espanha 1 x 0 Paraguai
Gol: David Villa (Esp, 38-2º)

Felipe Melo fez um ótimo primeiro tempo, com direito a passe cirúrgico para o gol de Robinho, mas colocou tudo a perder na etapa final com a Holanda. Marcou um gol contra (a Fifa creditou para Sneijder), falhou no segundo gol holandês, ao deixar Sneijder livre para cabecear, e foi expulso ao pisar em Robben. O Brasil não conseguiu reagir. A Alemanha não teve dó da Argentina. A Espanha venceu o Paraguai num jogo em que cada time perdeu um pênalti. E o Uruguai eliminou Gana nos pênaltis, depois que o atacante Suárez evitou, com a mão, o que seria o gol da vitória de Gana no último minuto da prorrogação.

SEMIFINAIS

6/7 Holanda 3 x 2 Uruguai
Gols: Van Bronckhorst (Hol, 18-1º), Forlán (Uru, 41-1º), Sneijder (Hol, 25-2º), Robben (Hol, 28-2º), Maxi (Uru, 47-2º)

7/7 Espanha 1 x 0 Alemanha
Gol: Puyol (Esp, 28-2º)

A Holanda venceu, mas os uruguaios dizem que chegariam ao empate se o jogo tivesse cinco minutos de desconto — só houve dois. A Espanha mostrou que jogar com Portugal, Paraguai ou Alemanha era a mesma coisa: colocou o adversário na roda e venceu por 1 a 0.

DECISÃO DO TERCEIRO LUGAR

10/7 Alemanha 3 x 2 Uruguai
Gols: Müller (Ale, 19-1º), Cavani (Uru, 28-1º), Forlán (Uru, 6-2º), Jansen (Ale, 11-2º), Khedira (Ale, 37-2º)

A final da Copa

O chute de Iniesta passa pelo goleiro Stekelemburg

ESPANHA	1
HOLANDA	0

Gol na prorrogação: Iniesta (11-2º)
Data: 11/07/2010
Horário: 20h30
Local: Estádio Soccer City (Johanesburgo)
Público: 84.490
Árbitro: Howard Webb (ING)
Cartões amarelos:
Van Persie, Puyol, Van Bommel, Sergio Ramos, De Jong, Van Bronckhorst, Heitinga, Capdevila, Robben, Van der Wiel, Mathijsen, Iniesta, Xavi
Expulsão: Heitinga (4-2º da prorr.)

Espanha e Holanda chegaram à final com currículos impressionantes. Desde o título na Eurocopa de 2008, os espanhóis perderam apenas duas partidas — a semifinal da Copa das Confederações diante dos Estados Unidos e o revés para a Suíça, na própria Copa — e venceram todas as outras 30. No mesmo período, os holandeses ostentavam 25 jogos de invencibilidade, sendo 19 vitórias (seis delas na Copa) e seis empates. Na decisão, a Espanha tinha a escalação do meia-atacante Pedro no lugar de Fernando Torres. Com isso, Villa jogou de centroavante e ficou enforcado na marcação adversária. A Holanda tinha os retornos do lateral Van der Wiel e do volante De Jong. Este último escapou de ser expulso quando deu uma solada no peito de Xabi Alonso, ainda no primeiro tempo. O árbitro, o inglês Howard Webb, aliviou e deu apenas cartão amarelo. Num jogo amarrado, houve domínio territorial espanhol (57% de posse de bola ao todo), mas a Holanda criou as duas melhores chances. Em ambas, o goleiro Casillas fez milagres aos pés de Robben. Com o empate sem gols, veio a prorrogação. Aos 2 minutos, o árbitro ignorou um pênalti de Heitinga em Xavi. Pouco depois, Heitinga puxou Iniesta na meia-lua e acabou expulso. A Espanha, que já havia criado três chances claras de gol, acabou premiada aos 11 minutos. Após mais uma das inúmeras trocas de passes da equipe, Iniesta dominou na área e fuzilou o goleiro. Enfim, uma geração espanhola vingava no futebol mundial.

Espanha
Técnico: Vicente del Bosque

Holanda
Técnico: Bert Van Marwijk

Os melhores da Copa

Numeralha

Maior público: 84.490 (África do Sul x México e Espanha x Holanda)

Menor público: 23.871 (N. Zelândia x Eslováquia)

Gols pró: 143
Gols contra: 2
Média por jogo: 2,26

Melhor ataque: Alemanha, 16 gols
Goleiro menos vazado: Eduardo (Portugal), 1 gol em 4 jogos (0,25 por jogo)

Maior goleada: Portugal 7 x 0 Coreia do Norte

Copas com média de gols pior que a de 2010: uma, a de 1990 (2,21)

O CRAQUE

FORLÁN
Uruguai | atacante

No dia 9 de junho, a Fifa havia anunciado dez concorrentes ao prêmio de melhor jogador da Copa: os espanhóis David Villa, Iniesta e Xavi, os holandeses Robben e Sneijder, os alemães Schweinsteiger e Özil, o ganês Gyan, o argentino Messi e o uruguaio Diego Forlán. O resultado sairia após a final. Villa e Sneijder, favoritos, passaram em branco na final. E Forlán acabou escolhido pela Fifa o melhor da Copa.

ARTILHEIROS

D. VILLA
Nome: David Villa Sánchez
Seleção: Espanha
5 gols em 7 jogos
Posição: atacante
Idade: 28 anos
Nascimento: 03/12/1981, em Langreo
Altura: 1,75 m
Peso: 69 kg
Clube: Valencia

FORLÁN
Nome: Diego M. Forlán Corazzo
Seleção: Uruguai
5 gols em 7 jogos
Posição: atacante
Idade: 31 anos
Nascimento: 19/05/1979, em Montevidéu
Altura: 1,81 m
Peso: 75 kg
Clube: Atl. Madri (ESP)

SNEIJDER
Nome: Wesley Sneijder
Seleção: Holanda
5 gols em 7 jogos
Posição: meia
Idade: 26 anos
Nascimento: 09/06/1984, em Utrecht
Altura: 1,70 m
Peso: 67 kg
Clube: Internazionale (ITA)

MÜLLER
Nome: Thomas Müller
5 gols em 6 jogos
Seleção: Alemanha
Posição: meia
Idade: 20 anos
Nascimento: 13/09/1989, em Weilheim
Altura: 1,86 m
Peso: 74 kg
Clube: Bayern de Munique

Colocações finais	PG	J	%	V	E	D	GP	GC	SG	
1º Espanha	18	7	86	6	0	1	8	2	6	8	0
2º Holanda	18	7	86	6	0	1	12	6	6	23	1
3º Alemanha	15	7	71	5	0	2	16	5	11	12	1
4º Uruguai	11	7	52	3	2	2	11	8	3	10	2
5º Argentina	12	5	80	4	0	1	10	6	4	7	0
6º Brasil	10	5	67	3	1	1	9	4	5	8	2
7º Gana	8	5	53	2	2	1	5	4	1	11	0
8º Paraguai	6	5	40	1	3	1	3	2	1	9	0
9º Japão	7	4	58	2	1	1	4	2	2	7	0
10º Chile	6	4	50	2	0	2	3	5	-2	14	1
11º Portugal	5	4	42	1	2	1	7	1	6	8	1
12º Estados Unidos	5	4	42	1	2	1	5	5	0	9	0
13º Inglaterra	5	4	42	1	2	1	3	5	-2	6	0
14º México	4	4	33	1	1	2	4	5	-1	9	0
15º Coreia do Sul	4	4	33	1	1	2	6	8	-2	6	0
16º Eslováquia	4	4	33	1	1	2	5	7	-2	11	0
17º Costa do Marfim	4	3	44	1	1	1	4	3	1	5	0
18º Eslovênia	4	3	44	1	1	1	3	3	0	9	0
19º Suíça	4	3	44	1	1	1	1	1	0	8	1
20º África do Sul	4	3	44	1	1	1	3	5	-2	4	1
21º Austrália	4	3	44	1	1	1	3	6	-3	7	2
22º Nova Zelândia	3	3	33	0	3	0	2	2	0	6	0
23º Sérvia	3	3	33	1	0	2	2	3	-1	9	1
24º Dinamarca	3	3	33	1	0	2	3	6	-3	6	0
25º Grécia	3	3	33	1	0	2	2	5	-3	5	0
26º Itália	2	3	22	0	2	1	4	5	-1	5	0
27º Nigéria	1	3	11	0	1	2	3	5	-2	5	1
28º Argélia	1	3	11	0	1	2	0	2	-2	6	2
29º França	1	3	11	0	1	2	1	4	-3	5	0
30º Honduras	1	3	11	0	1	2	0	3	-3	7	0
31º Camarões	0	3	0	0	0	3	2	5	-3	5	0
32º Coreia do Norte	0	3	0	0	0	3	1	12	-11	2	0

Todos os jogadores expulsos

Nº	Jogador	País	Copa	Partida
1	Plácido Galindo	Peru	1930	Per 1-3 Rom
2	Imre Markos	Hungria	1934	Aut 2-1 Hun
3	Hans Pesser	Alemanha	1938	Ale 1-1 Sui
4	Zezé Procópio	Brasil	1938	Bra 1-1 Tch
5	Jan Říha	Tchecosl.	1938	Bra 1-1 Tch
6	Machado	Brasil	1938	Bra 1-1 Tch
7	József Bozsik	Hungria	1954	Hun 4-2 Bra
8	Nilton Santos	Brasil	1954	Hun 4-2 Bra
9	Humberto	Brasil	1954	Hun 4-2 Bra
10	Ferenc Sipos	Hungria	1958	Hun 1-2 Gal
11	Titus Buberník	Tchecosl.	1958	Tch 1-2 IrN
12	Erich Juskowiak	Alemanha	1958	Ale 1-3 Sue
13	Giorgio Ferrini	Itália	1962	Chi 2-0 Ita
14	Mario David	Itália	1962	Chi 2-0 Ita
15	Ángel Cabrera	Uruguai	1962	Iug 3-1 Uru
16	Vladimir Popovic	Iugoslávia	1962	Iug 3-1 Uru
17	Honorino Landa	Chile	1962	Bra 4-2 Chi
18	Garrincha	Brasil	1962	Bra 4-2 Chi
19	Rafael Albrecht	Argentina	1966	Arg 0-0 Ale
20	Antonio Rattín	Argentina	1966	Ing 1-0 Arg
21	Horacio Troche	Uruguai	1966	Ale 4-0 Uru
22	Héctor Silva	Uruguai	1966	Ale 4-0 Uru
23	Igor Chislenko	U. Soviética	1966	Ale 2-1 URS
24	Carlos Caszely	Chile	1974	Ale 1-0 Chi
25	Montero Castillo	Uruguai	1974	Hol 2-0 Uru
26	Mulamba Ndaye	Zaire	1974	Iug 9-0 Zai
27	Ray Richards	Austrália	1974	Aus 0-0 Chi
28	Luís Pereira	Brasil	1974	Bra 0-2 Hol
29	András Törőcsik	Hungria	1978	Arg 2-1 Hun
30	Tibor Nyilasi	Hungria	1978	Arg 2-1 Hun
31	Dick Nanninga	Holanda	1978	Ale 2-2 Hol
32	Ladislav Vízek	Tchecosl.	1982	Fra 1-1 Tch
33	Gilberto Yearwood	Honduras	1982	Hon 0-1 Iug
34	Mal Donaghy	Irl. Norte	1982	IrN 1-0 Esp
35	Américo Gallego	Argentina	1982	Ita 2-1 Arg
36	Diego Maradona	Argentina	1982	Bra 3-1 Arg
37	Mike Sweeney	Canadá	1986	Hun 2-0 Can
38	Ray Wilkins	Inglaterra	1986	Ing 0-0 Mar
39	Basil Gorgis	Iraque	1986	Bel 2-1 Irq
40	Miguel Bossio	Uruguai	1986	Uru 1-6 Din
41	José Batista	Uruguai	1986	Uru 0-0 Esc
42	Frank Arnesen	Dinamarca	1986	Din 2-0 Ale
43	Thomas Berthold	Alemanha	1986	Ale 0-0 Mex
44	Javier Aguirre	México	1986	Ale 0-0 Mex
45	André Kana x Biyik	Camarões	1990	Arg 0-1 Cam
46	Benjamin Massing	Camarões	1990	Arg 0-1 Cam
47	Eric Wynalda	Est. Unidos	1990	EUA 1-5 Tch
48	Vladimir Bessonov	U. Soviética	1990	Arg 2-0 URS
49	Eric Gerets	Bélgica	1990	Bel 3-1 Uru
50	Khalil Ghanim	Em. Árabes	1990	Iug 4-1 EA
51	Peter Artner	Áustria	1990	Aut 2-1 EUA
52	Yoon Deuk-Eo	Coreia Sul	1990	Cor 0-1 Uru
53	Ricardo Gomes	Brasil	1990	Bra 0-1 Arg
54	Rudi Völler	Alemanha	1990	Ale 2-1 Hol
55	Frank Rijkaard	Holanda	1990	Ale 2-1 Hol
56	Refik Šabanadžovic	Iugoslávia	1990	Iug 0-0 Arg
57	Lubomír Moravčík	Tchecosl.	1990	Ale 1-0 Tch
58	Ricardo Giusti	Argentina	1990	Ita 1-1 Arg
59	Pedro Monzón	Argentina	1990	Ale 1-0 Arg
60	Gustavo Dezotti	Argentina	1990	Ale 1-0 Arg
61	Marco Etcheverry	Bolívia	1994	Ale 1-0 Bol
62	Miguel Ángel Nadal	Espanha	1994	Esp 2-2 Cor
63	Ion Vladoiu	Romênia	1994	Rom 1-4 Sui
64	Gianluca Pagliuca	Itália	1994	Ita 1-0 Nor
65	Luis Cristaldo	Bolívia	1994	Bol 0-0 Cor
66	Rigobert Song	Camarões	1994	Bra 3-0 Cam
67	Sergei Gorlukovich	Rússia	1994	Rus 1-3 Sue
68	Tsanko Tsvetanov	Bulgária	1994	Bul 2-0 Arg
69	Leonardo	Brasil	1994	Bra 1-0 EUA
70	Fernando Clavijo	Est. Unidos	1994	Bra 1-0 EUA
71	Gianfranco Zola	Itália	1994	Ita 2-1 Nig
72	Emil Kremenliev	Bulgária	1994	Mex 1-1 Bul
73	Luis García	México	1994	Mex 1-1 Bul
74	Stefan Schwarz	Suécia	1994	Sue 2-2 Rom
75	Jonas Thern	Suécia	1994	Bra 1-0 Sue
76	Anatoli Nankov	Bulgária	1998	Bul 0-0 Par
77	Ha Seok-Ju	Coreia Sul	1998	Mex 3-1 Cor
78	Patrick Kluivert	Holanda	1998	Hol 0-0 Bel
79	Raymond Kalla	Camarões	1998	Ita 3-0 Cam
80	Miklos Molnar	Dinamarca	1998	Din 1-1 AfS
81	Alfred Phiri	África Sul	1998	Din 1-1 AfS
82	Morten Wieghorst	Dinamarca	1998	Din 1-1 AfS
83	M. Al -Khilaiwi	Arábia	1998	Fra 4-0 Ara
84	Zinédine Zidane	França	1998	Fra 4-0 Ara
85	Pável Pardo	México	1998	Bel 2-2 Mex
86	Gert Verheyen	Bélgica	1998	Bel 2-2 Mex
87	Darryl Powell	Jamaica	1998	Arg 5-0 Jam
88	Rigobert Song	Camarões	1998	Chi 1-1 Cam
89	Lauren	Camarões	1998	Chi 1-1 Cam
90	Craig Burley	Escócia	1998	Esc 0-3 Mar
91	Ramón Ramírez	México	1998	Mex 2-2 Hol
92	David Beckham	Inglaterra	1998	Arg 2-2 Ing
93	Arthur Numan	Holanda	1998	Hol 2-1 Arg
94	Ariel Ortega	Argentina	1998	Hol 2-1 Arg
95	Christian Wörns	Alemanha	1998	Ale 0-3 Cro
96	Laurent Blanc	França	1998	Fra 2-1 Cro
97	Marcel Desailly	França	1998	Fra 3-0 Bra
98	Boris Živkovic	Croácia	2002	Mex 1-0 Cro
99	Alpay Özalan	Turquia	2002	Bra 2-1 Tur
100	Hakan Ünsal	Turquia	2002	Bra 2-1 Tur
101	Thierry Henry	França	2002	Fra 0-0 Uru
102	Salif Diao	Senegal	2002	Sen 1-1 Din
103	Carsten Ramelow	Alemanha	2002	Ale 2-0 Cam
104	Patrick Suffo	Camarões	2002	Ale 2-0 Cam
105	Claudio Caniggia	Argentina	2002	Arg 1-1 Sue
106	Carlos Paredes	Paraguai	2002	Par 3-1 Svn
107	Nastja Ceh	Eslovênia	2002	Par 3-1 Svn
108	Shao Jiayi	China	2002	Chn 0-3 Tur
109	João Pinto	Portugal	2002	Por 0-1 Cor
110	Beto	Portugal	2002	Por 0-1 Cor
111	Roberto Acuña	Paraguai	2002	Ale 1-0 Par

#	Nome	País	Ano	Jogo
112	Rafael Márquez	México	2002	Mex 0-2 EUA
113	Francesco Totti	Itália	2002	Cor 2-1 Ita
114	Ronaldinho Gaúcho	Brasil	2002	Bra 2-1 Ing
115	Avery John	Tri. Tobago	2006	Sue 0-0 TT
116	Jean-Paul Abalo	Togo	2006	Cor 2-1 Tog
117	Vladyslav Vashchuk	Ucrânia	2006	Esp 4-0 Ucr
118	Radoslaw Sobolewski	Polônia	2006	Ale 1-0 Pol
119	Mateja Kežman	Sérvia Mont	2006	Arg 6-0 Ser
120	André	Angola	2006	Mex 0-0 Ang
121	Tomáš Ujfaluši	Rep. Tcheca	2006	Gan 2-0 Tch
122	Daniele De Rossi	Itália	2006	Ita 1-1 EUA
123	Pablo Mastroeni	Est. Unidos	2006	Ita 1-1 EUA
124	Eddie Pope	Est. Unidos	2006	Ita 1-1 EUA
125	Luis Pérez	México	2006	Mex 1-2 Por
126	Albert Nad	Sérvia Mont	2006	CMa 3-2 Ser
127	Cyril Domoraud	C. Marfim	2006	CMa 3-2 Ser
128	Jan Polák	Rep. Tcheca	2006	Ita 2-0 Tch
129	Dario Šimic	Croácia	2006	Cro 2-2 Aus
130	Brett Emerton	Austrália	2006	Cro 2-2 Aus
131	Josip Šimunic	Croácia	2006	Cro 2-2 Aus
132	Ziad Jaziri	Tunísia	2006	Tun 0-1 Ucr
133	Teddy Lucic	Suécia	2006	Ale 2-0 Sue
134	Costinha	Portugal	2006	Por 1-0 Hol
135	Khalid Boulahrouz	Holanda	2006	Por 1-0 Hol
136	Deco	Portugal	2006	Por 1-0 Hol
137	Gio Van Bronckhorst	Holanda	2006	Por 1-0 Hol
138	Marco Materazzi	Itália	2006	Ita 1-0 Aus
139	Asamoah Gyan	Gana	2006	Bra 3-0 Gan
140	Leandro Cufré	Argentina	2006	Ale 1-1 Arg
141	Wayne Rooney	Inglaterra	2006	Ing 0-0 Por
142	Zinédine Zidane	França	2006	Ita 1-1 Fra
143	Nicolás Lodeiro	Uruguai	2010	Uru 0-0 Fra
144	Abdelkader Ghezzal	Argélia	2010	Agl 0-1 Svn
145	Aleksandar Lukovic	Sérvia	2010	Ser 0-1 Gan
146	Tim Cahill	Austrália	2010	Ale 4-0 Aus
147	Itumeleng Khune	África Sul	2010	AfS 0-3 Uru
148	Sani Kaita	Nigéria	2010	Gre 2-1 Nig
149	Miroslav Klose	Alemanha	2010	Ale 0-1 Ser
150	Harry Kewell	Austrália	2010	Aus 1-1 Gan
151	Kaká	Brasil	2010	Bra 3-1 CMa
152	Valon Behrami	Suíça	2010	Sui 0-1 Chi
153	Yoann Gourcuff	França	2010	AfS 2-1 Fra
154	Antar Yahia	Argélia	2010	Agl 0-1 EUA
155	Marco Estrada	Chile	2010	Chi 1-2 Esp
156	Ricardo Costa	Portugal	2010	Esp 1-0 Por
157	Felipe Melo	Brasil	2010	Bra 1-2 Hol
158	Luis Suárez	Uruguai	2010	Uru 1-1 Gan
159	John Heitinga	Holanda	2010	Esp 1-0 Hol
160	Maxi Pereira	Uruguai	2014	Uru 1-3 CR
161	Wilson Palacios	Honduras	2014	Fra 3-0 Hon
162	Pepe	Portugal	2014	Ale 4-0 Por
163	Alex Song	Camarões	2014	Cro 4-0 Cam
164	Kostas Katsouranis	Grécia	2014	Gre 0-0 Jap
165	Ante Rebic	Croácia	2014	Mex 3-1 Cro
166	Claudio Marchisio	Itália	2014	Ita 0-1 Uru
167	Antonio Valencia	Equador	2014	Fra 0-0 Equ
168	Steven Defour	Bélgica	2014	Bel 1-0 Cor
169	Óscar Duarte	Costa Rica	2014	CR 1-1 Gre
170	Carlos Sanchez	Colômbia	2018	Col 1-2 Jap
171	Jerome Boateng	Alemanha	2018	Ale 2-1 Sue
172	Igor Smolnikov	Rússia	2018	Rus 0-3 Uru
173	Michael Lang	Suíça	2018	Sue 1-0 Sui

Média por país	Expulsões	Jogos	Uma a cada...
Espanha	1	63	63,0 jogos
Polônia	1	34	34,0 jogos
Áustria	1	29	29,0 jogos
Inglaterra	3	69	23,0 jogos
Escócia	1	23	23,0 jogos
Colômbia	1	22	22,0 jogos
Romênia	1	21	21,0 jogos
Nigéria	1	21	21,0 jogos
Suíça	2	37	18,5 jogos
Costa Rica	1	18	18,0 jogos
Peru	1	18	18,0 jogos
Suécia	3	51	17,0 jogos
Coreia do Sul	2	34	17,0 jogos
Bélgica	3	48	16,0 jogos
Arábia Saudita	1	16	16,0 jogos
Tunísia	1	15	15,0 jogos
Alemanha	8	109	13,6 jogos
Paraguai	2	27	13,5 jogos
Irlanda do Norte	1	13	13,0 jogos
Gana	1	12	12,0 jogos
Rússia (1)	4	45	11,3 jogos
França	6	66	11,0 jogos
Chile	3	33	11,0 jogos
Itália	8	83	10,4 jogos
Equador	1	10	10,0 jogos
Grécia	1	10	10,0 jogos
Brasil	11	109	9,9 jogos
México	6	57	9,5 jogos
Sérvia (2)	5	46	9,2 jogos
Costa do Marfim	1	9	9,0 jogos
Bulgária	3	26	8,7 jogos
Estados Unidos	4	33	8,3 jogos
Argentina	10	81	8,1 jogos
Senegal	1	8	8,0 jogos
Holanda	7	50	7,1 jogos
Dinamarca	3	20	6,7 jogos
Argélia	2	13	6,5 jogos
Hungria	5	32	6,4 jogos
Uruguai	9	56	6,2 jogos
Eslovênia	1	6	6,0 jogos
Croácia	4	23	5,8 jogos
Rep. Tcheca (1)	6	33	5,5 jogos
Portugal	6	30	5,0 jogos
Turquia	2	10	5,0 jogos
Ucrânia	1	5	5,0 jogos
África do Sul	2	9	4,5 jogos
Honduras	2	9	4,5 jogos
Austrália	4	16	4,0 jogos
Jamaica	1	3	3,0 jogos
Angola	1	3	3,0 jogos
Trinidad e Tobago	1	3	3,0 jogos
Bolívia	2	6	3,0 jogos
Iraque	1	3	3,0 jogos
Togo	1	3	3,0 jogos
Canadá	1	3	3,0 jogos
Emirados Árabes	1	3	3,0 jogos
China	1	3	3,0 jogos
Zaire (R. D. Congo)	1	3	3,0 jogos
Camarões	8	23	2,9 jogos

(1): Incluem União Soviética, Iugoslávia/Sérvia e Montenegro e Tchecoslováquia, respectivamente

Os africanos

Camarões — 1 — 1982 — GK
N'KONO
Apelidado de "Yashin Negro", prometia não levar gols de pênalti

Camarões — 2 — 1990 — DF
TATAW
Primeiro defensor de seleção africana a entrar no time ideal de uma Copa

Gana — 3 — 2006 — DF
ESSIEN
Jogou de lateral-direito, zagueiro, lateral-esquerdo e volante

Camarões — 4 — 1994 — DF
RIGOBERT SONG
Foi o jogador que mais levou cartões vermelhos em Copas: dois

Tunísia — 6 — 2002 — DF
BOUZAIENE
Só fez um gol em 43 jogos pela seleção da Tunísia. E foi na Copa de 2002

C.Marfim — 5 — 2014 — MC
YAYA TOURE
Tem dois irmãos jogadores: Kolo Touré e Ibrahim Touré, já falecido

África Sul — 8 — 2010 — MC
TSHABALALA
Marcou um golaço contra o México na Copa de 2010

Nigéria — 10 — 1998 — MC
OKOCHA
Ganhou o apelido "Jay-Jay" porque tinha um treinador gago

Gana — 7 — 2010 — AT
GYAN
Perdeu um pênalti que, se convertido, levaria Gana à semifinal em 2010

C.Marfim — 11 — 2006 — AT
DROGBA
Emigrou para a França aos 11 anos e quase defendeu a seleção do país

Senegal — 11 — 2018 — AT
MANÉ
Craque maior do time que foi eliminado no critério de cartão amarelo

GK: Goleiro
DF: Defensor
MC: Meio-campista
AT: Atacante

Jogos históricos
Uruguai 1 x 1 Gana (2010)

O uruguaio Suárez espalma a bola e evita o gol de Gana

URUGUAI	1
GANA	1

Gols: Muntari (Gan, 47-1º), Forlán (Uru, 10-2º)
Pênaltis: Uruguai 4 (Forlán, Victorino, Scotti, Abreu; Maxi Pereira perdeu) x Gana 2 (Gyan, Appiah; John Mensah e Adiyiah perderam)
Data: 02/07/2010, às 21 horas
Local: Soccer City (Johanesburgo)
Público: 84.017
Árbitro: Olegário Benquerenca (POR)
Cartões amarelos: Fucile, Arévalo, Pantsil, Pérez, Sarpei, John Mensah
Expulsão: Suárez (16-2º da prorr.)

A partida entre Uruguai e Gana poderia, pela primeira vez, colocar uma equipe africana em uma semifinal de Copa do Mundo. Gana saiu na frente, com um gol de Muntari num chute de longe. O Uruguai empatou com Forlán, de falta. O jogo, que parecia terminar empatado após o tempo normal e a prorrogação, entrou para a história não pelo que aconteceu em 119 minutos de bola rolando, e sim pelo que aconteceu no último minuto: após bola erguida na área do Uruguai, o goleiro Muslera saiu mal. John Mensah escorou e Appiah, na pequena área, chutou. Suárez, de canela, evitou o gol em cima da risca. A bola subiu e Adiyiah cabeceou à queima-roupa. Suárez saltou e espalmou com brilho essa nova finalização, que tinha as redes como endereço certo. Só que Suárez é atacante. O árbitro não titubeou: marcou pênalti e o expulsou. Gyan, que tinha marcado dois gols de pênalti para Gana, chutou no travessão. E Suárez deixou de ser considerado o vilão de uma iminente eliminação. À beira do campo, seu choro deu lugar a urros de alegria. A decisão foi para os pênaltis. Muslera defendeu dois de Gana. Os sul-americanos tinham acertado três de quatro. Se Sebastian "El Loco" Abreu convertesse o quinto chute, daria a classificação ao Uruguai. E ele cobrou com "cavadinha". O lance deu uma sensação jamais vista em Copas. Instantes após o chute de Abreu, e instantes antes de a bola efetivamente entrar, os uruguaios já comemoravam o gol e a classificação.

Uruguai
Técnico: Oscar Tabarez

Gana
Técnico: Milovan Rajevac

265

Brasil 2014

Pelo rodízio de continentes estabelecido pela Fifa, a Copa do Mundo de 2014 seria nas Américas. Ainda em 2003, a Confederação Sul-Americana de Futebol (Conmebol) aventava a possibilidade de Argentina (em conjunto com o Chile), Brasil e Colômbia se candidatarem. Argentinos e colombianos desistiram em prol do Brasil, que ficou como candidato único — ao que consta, o presidente da CBF, Ricardo Teixeira, articulou para que os vizinhos desistissem. Depois de idas e vindas ao país, nos quais atestou muitos problemas estruturais, a Fifa cedeu aos argumentos dos brasileiros de que tudo seria uma maravilha e, no dia 30 de outubro de 2007, confirmou o Brasil como sede da Copa de 2014.

Porém, até o ano de 2013, a Fifa tinha dúvidas se o Brasil era a escolha certa. Em 2 de março de 2012, o secretário-geral da entidade, Jérome Valcke, falou que o país estava mais preocupado em ganhar a Copa que em organizá-la. Os estádios estavam atrasados e as obras de infraestrutura não decolavam. Dez dias depois, Ricardo Teixeira, sobre quem pairavam muitas acusações, deixou a CBF e também o Comitê Organizador, do qual era o presidente. A Fifa cogitou lançar mão de um "gatilho" que previa levar o Mundial para outro país. Uma onda de protestos na Copa das Confederações, em 2013, deixou os dirigentes de cabelo em pé, mas não houve violência e, no campo, tudo saiu dentro dos conformes. "Se a Copa das Confederações não fosse organizada até o final, poderia não haver Copa do Mundo no Brasil em 2014", admitiu Valcke, à ESPN.

Cidades e estádios

A definição das cidades-sede para a Copa foi uma novela. Ao todo, 18 cidades pleiteavam receber jogos: Manaus, Belém, Rio Branco, Fortaleza, Natal, Recife, Maceió, Salvador, Goiânia, Brasília, Campo Grande, Cuiabá, São Paulo, Rio de Janeiro, Belo Horizonte, Curitiba, Florianópolis e Porto Alegre. O Brasil sugeria 12 sedes, para agradar ao maior número possível de estados. A Fifa insistia que 10 era mais que suficiente. Pesou aí o fator político. Belém, Rio Branco, Campo Grande, Goiânia, Maceió e Florianópolis acabaram cortadas.

Quanto aos estádios, todos tiveram atraso nas obras ou inchaço no orçamento inicial. Ou as duas coisas. No exemplo mais escandaloso, o estádio Mané Garrincha, em Brasília, cotado para custar R$ 688 milhões aos cofres públicos, foi concluído pelo

> "Muitas coisas estão atrasadas. O Brasil merece um chute no traseiro"
>
> Do dirigente da UEFA Jérome Valcke, sobre o atraso nas obras para a Copa no Brasil

valor de R$ 1,403 bilhão. São Paulo resolveu fazer um estádio novo, com capacidade para 65 mil torcedores — sem o qual não receberia o jogo de abertura do Mundial. Foi a obra mais complicada. No dia 27 de novembro de 2013, um guindaste tombou e derrubou parte da obra, além de ter matado duas pessoas. O estádio Itaquerão, prometido para 5 de janeiro de 2014, depois de vários atrasos, só foi inaugurado em maio.

Cidade	Estádio	Capacidade
Belo Horizonte	Mineirão	58.170
Brasília	Mané Garrincha	69.349
Cuiabá	Arena Pantanal	41.112
Curitiba	Arena da Baixada	39.631
Fortaleza	Castelão	60.342
Manaus	Arena Amazônia	40.549
Natal	Arena das Dunas	39.971
Porto Alegre	Beira-Rio	43.394
Recife	Arena Pernambuco	42.610
Rio de Janeiro	Maracanã	74.738
Salvador	Fonte Nova	51.900
São Paulo	Itaquerão	62.601

Eliminatórias

Enquanto isso, 203 países se inscreveram para disputar as Eliminatórias. Surpresas quase ocorreram. A França precisou de uma ajudinha do árbitro para passar pela Ucrânia na repescagem. Na Concacaf, o eterno favorito México ficou em quarto lugar. Na América do Sul, o Uruguai, campeão continental, acabou em quinto lugar. México e Uruguai tiveram que disputar uma repescagem intercontinental, mas ao menos se classificaram sem sustos em cima de Nova Zelândia e Jordânia.

Estreantes em Copas
Bósnia-Herzegovina

Sorteio e fórmula

A fórmula seria como em 2006 e 2010. O sorteio dos grupos foi em 6 de dezembro de 2013. Para evitar novas manifestações, como na Copa das Confederações, a Fifa levou o sorteio para a Costa do Sauípe, paradisíaca e isolada cidade na Bahia. A entidade usou o ranking vigente em outubro para definir os cabeças de chave e, com isso, a primeira fase ficou descompensada. Espanha e Holanda, campeã e vice de 2010, caíram no mesmo grupo, o B. O grupo D tinha três ex-campeões mundiais: Uruguai, Itália e Inglaterra, além da Costa Rica. A chave C reuniu as pouco expressivas Colômbia (cabeça de chave), Costa do Marfim, Japão e Grécia. O Brasil caiu num grupo com Camarões, México e Croácia.

Favoritos

Brasil e Espanha largaram como favoritos. Ambos haviam duelado na final da Copa das Confederações, com vitória brasileira por 3 a 0. Logo após figuravam Alemanha e Argentina, por motivos antagônicos. Os alemães tinham um grande time, mas não tinham um grande craque. Os argentinos tinham esse grande craque (Messi), mas não tinham um grande time. Pelo menos não do meio para trás.

Ausência
Portugal, de Cristiano Ronaldo, e Suécia, de Ibrahimovic, duelaram por uma vaga na Copa. Os lusos venceram os dois jogos (1 a 0 em casa e 3 a 2 fora), com Cristiano Ronaldo marcando todos os gols do time. Assim, a Suécia ficou de fora. Ibrahimovic, autor dos dois gols suecos, declarou: "Uma Copa sem mim nem vale a pena assistir".

A preparação do Brasil

Competições disputadas pelo Brasil entre 2010 e 2014	
Copa América 2011	
1F	Brasil 0 x 0 Venezuela
1F	Brasil 2 x 2 Paraguai
1F	Brasil 4 x 2 Equador
QF	Brasil 0 x 0 Paraguai Nos pênaltis, Brasil 0 x 2 Paraguai
Brasil foi eliminado nas quartas	
Copa das Confederações 2013	
1F	Brasil 3 x 0 Japão
1F	Brasil 2 x 0 México
1F	Brasil 4 x 2 Itália
SF	Brasil 2 x 1 Uruguai
F	Brasil 3 x 0 Espanha
Brasil sagrou-se campeão	

1F: Primeira fase
QF: Quartas de final
SF: Semifinal
D3: Decisão do 3º lugar
F: Final

Após a eliminação diante da Holanda, e ao retornar ao Brasil, Dunga deu a entender que poderia ficar no cargo de técnico da seleção. Mas a CBF disse "tchau, até a próxima" e saiu atrás de alguém que fosse a antítese de Dunga. E encontrou Mano Menezes, então no Corinthians. Ao contrário de Dunga, Mano foi um jogador medíocre e sua carreira (como zagueiro) durou pouco. Porém, ele tinha duas coisas que faltavam ao ex-capitão da seleção e que importavam, na nova ótica da CBF: tato com a imprensa e experiência como treinador.

Mano provou ser a antítese do antecessor também nos resultados. Se o time de Dunga se sobressaía contra rivais grandes e emperrava contra os pequenos, o de Mano conseguia vencer os pequenos, mas emperrava contra os grandes. Enquanto Dunga havia conquistado a Copa América (em 2007), embora tivesse perdido um jogo, o time de Mano caiu precocemente em 2011, mas de forma invicta. Foi eliminado pelo Paraguai nos pênaltis, nas quartas de final, sem ter acertado nenhuma cobrança em quatro tentativas — Elano, André Santos e Fred bateram para fora e o chute de Thiago Silva parou no goleiro.

A situação de Mano piorou depois que a CBF passou por uma reformulação forçada. O presidente Ricardo Teixeira, sobre quem recaíam diversas acusações, como tráfico de influência, renunciou ao cargo em 12 de março de 2012. Na CBF desde 1989, Teixeira mostrava-se avesso a trocar de treinador a cada fumaça de crise. Mas seu sucessor, José Maria Marin, um dirigente e ex-político que tinha vínculos com a ditadura militar, não pensava assim. Assim que assumiu, Marin não garantiu a permanência de Mano Menezes até a Copa de 2014 e deu a entender que o treinador precisava conquistar a medalha de ouro olímpica em Londres, em agosto de 2012, para se segurar no cargo. E o Brasil, sem um goleiro confiável, perdeu a final para o México.

Contrariando os prognósticos, Marin não demitiu Mano após o fracasso em Londres. Até ali, porém, após dois anos de trabalho, o treinador já tinha uma base formada — Daniel Alves e Marcelo nas laterais, Thiago Silva e David Luiz na zaga, Sandro e Paulinho como volantes, Oscar de meia e três atacantes, sendo Neymar, Hulk e mais um. Faltava definir um goleiro e um centroavante. Ou centroavante nenhum: em vez de um camisa 9 clássico, o treinador apostou em um jogador de grande mobilidade, para dar velocidade ao ataque — o "falso 9". Exatamente na época em que viveu seu melhor período à frente da seleção, no dia 23 de novembro, Mano acabou demitido.

Antes mesmo de Mano cair, Marin tinha o substituto em mente: Luiz Felipe Scolari. De presente, o treinador ganhou a companhia de Carlos Alberto Parreira, agora no cargo de coordenador técnico. No começo, Scolari também tropeçou diante de equipes de grande porte. O jejum contra equipes cascudas só foi quebrado diante da França, com uma vitória de 3 a 0, na Arena Grêmio. Mas, até ali, os resultados fizeram estrago: a seleção chegou a aparecer em 22º lugar no ranking da Fifa, sua pior colocação na história.

O desempenho diante da França deu ao povo brasileiro um alento de que o time poderia se dar bem na Copa das Confederações de 2013, que serviria de teste para a Copa do Mundo de 2014. No gol, posição em que não havia um titular definido até 2012, Scolari resgatou Júlio César. No ataque, escalou Fred, já que queria um "verdadeiro 9". No mais, a equipe titular era quase igual à de Mano. E o Brasil ganhou a Copa das Confederações com cinco vitórias em cinco jogos, incluindo um placar de 3 a 0 sobre a Espanha na final.

A conquista praticamente fechou o grupo para a Copa do Mundo. Os amistosos disputados depois disso, com cinco vitórias e uma derrota, só serviram para Scolari dirimir algumas dúvidas. No fim de 2013, o treinador admitiu que tinha o grupo "110% definido" e mostrou um otimismo jamais visto. "Não tem pressão para o Brasil ser campeão do mundo. O Brasil vai ser campeão", declarou.

A relação de 23 nomes foi definida quase em consenso com analistas e o imaginário popular. Tanto que a maior discussão na lista final do treinador foi sobre quem seria o segundo reserva para a zaga. Henrique, ex-comandado de Scolari no Palmeiras, foi o escolhido, em detrimento de Miranda (Atlético de Madri, finalista da Liga dos Campeões) e Dedé (Cruzeiro). Medalhões como Kaká, 32 anos, e Ronaldinho Gaúcho, 34, foram relegados, e ninguém parecia se importar com isso. Robinho, 30 anos, que chegou a fazer bons amistosos com Scolari em 2013, perdeu o lugar para Willian, ex-Corinthians e recém-contratado pelo Chelsea, da Inglaterra. Poucos deram importância. Afinal, o time estava praticamente fechado desde a Copa das Confederações. O perigo, claro, era se os convocados não estivessem na mesma forma excelente de um ano antes.

Todos os convocados			
Nº	Goleiros	idade	clube
1	Jefferson	31	Botafogo
12	Júlio César	34	Queen's PR (ING)
22	Victor	31	Atlético-MG
Nº	Zaqueiros	idade	clube
3	Thiago Silva	29	PSG (FRA)
4	David Luiz	27	Chelsea (ING)
13	Dante	30	Bayern Munique (ALE)
15	Henrique	27	Napoli (ITA)
Nº	Laterais	idade	clube
12	Maicon	32	Internazionale (ITA)
2	Daniel Alves	31	Barcelona (ESP)
6	Marcelo	26	Real Madrid (ESP)
14	Maxwell	32	PSG (FRA)
Nº	Meio-campistas	idade	clube
17	Luiz Gustavo	26	Wolfsburg (ALE)
8	Paulinho	25	Tottenham (ING)
11	Oscar	22	Chelsea (ING)
5	Fernandinho	29	Manchester City (ING)
18	Hernanes	29	Lazio (ITA)
16	Ramires	27	Chelsea (ING)
19	Willian	25	Chelsea (ING)
Nº	Atacantes	idade	clube
7	Hulk	27	Zenit St. Peters. (RUS)
9	Fred	30	Fluminense
10	Neymar	22	Barcelona (ESP)
20	Bernard	21	Shakhtar (UCR)
21	Jô	27	Atlético-MG

Obs.: Idades computadas até 12/06/2014, data da abertura da Copa

LUIZ FELIPE SCOLARI
técnico

Jogos da fase de grupos

Grupo **A** — Brasil, Camarões, Croácia, México

12/6 Brasil 3 x 1 Croácia
Gols: Marcelo (contra, p/Cro, 11-1º), Neymar (Bra, 29-1º), Neymar (Bra, 26-2º), Oscar (Bra, 46-2º)

13/6 México 1 x 0 Camarões
Gol: Peralta (Mex, 16-2º)

17/6 Brasil 0 x 0 México

18/6 Camarões 0 x 4 Croácia
Gols: Olic (Cro, 11-1º), Perisic (Cro, 3-2º), Mandzukic (Cro, 16-2º), Mandzukic (Cro, 28-2º)

23/6 Brasil 4 x 1 Camarões
Gols: Neymar (Bra, 11-1º), Matip (Camp, 26-1º), Neymar (Bra, 35-1º), Fred (Bra, 4-2º), Fernandinho (Bra, 39-2º)

23/6 Croácia 1 x 3 México
Gols: Rafa Márquez (Mex, 27-2º), Guardado (Mex, 30-2º), Chicharito Hernández (Mex, 37-2º), Perisic (Cro, 42-2º)

Classificação	PG	J	V	E	D	GP	GC	SG
Brasil	7	3	2	1	0	7	2	5
México	7	3	2	1	0	4	1	3
Croácia	3	3	1	0	2	6	6	0
Camarões	0	3	0	0	3	1	9	-8

Grupo **B** — Austrália, Chile, Espanha, Holanda

13/6 Espanha 1 x 5 Holanda
Gols: Xabi Alonso (Esp, 27-1º), Van Persie (Hol, 44-1º), Robben (Hol, 7-2º), De Vrij (Hol, 19-2º), Van Persie (Hol, 27-2º), Robben (Hol, 35-2º)

13/6 Chile 3 x 1 Austrália
Gols: Sánchez (Chi, 12-1º), Valdivia (Chi, 14-1º), Cahill (Aus, 35-1º), Beausejour (Chi, 47-2º)

18/6 Austrália 2 x 3 Holanda
Gols: Robben (Hol, 20-1º), Cahill (Aus, 21-1º), Jedinak (Aus, 9-2º), Van Persie (Hol, 13-2º), Depay (Hol, 23-2º)

18/6 Espanha 0 x 2 Chile
Gols: Vargas (Chi, 20-1º), Aránguiz (Chi, 43-1º)

23/6 Austrália 0 x 3 Espanha
Gols: David Villa (Esp, 36-1º), Torres (Esp, 24-2º), Mata (Esp, 37-2º)

23/6 Holanda 2 x 0 Chile
Gols: Fer (Hol, 32-2º), Depay (Hol, 47-2º)

Classificação	PG	J	V	E	D	GP	GC	SG
Holanda	9	3	3	0	0	10	3	7
Chile	6	3	2	0	1	5	3	2
Espanha	3	3	1	0	2	4	7	-3
Austrália	0	3	0	0	3	3	9	-6

O Brasil abria a Copa que ele mesmo sediava e marcou o primeiro gol da Copa. Só que foi contra, de Marcelo, aos 11 minutos. Só depois disso o time resolveu jogar e virou a partida diante da Croácia, graças a Neymar (marcou dois gols) e Oscar (marcou um e roubou um monte de bolas no meio de campo). Na partida seguinte, o time parou no goleiro Ochoa, do México, autor de quatro defesas difíceis — uma delas, comparável à defesa de Banks na cabeçada de Pelé, em 1970. Na última rodada, o Brasil bateu Camarões num jogo mais complicado que o placar de 4 a 1 poderia sugerir. No outro jogo, o México fez 3 a 1 na Croácia e garantiu o 2º lugar. Camarões, com três derrotas, teve a pior campanha da Copa.

Tensão
O goleiro mexicano Ochoa, de grande atuação contra o Brasil, estava "de aviso prévio" na época da Copa. Seu contrato com o Ajaccio (França) acabaria em julho, e o clube francês não tinha intenção de renovar. Ochoa colocou no currículo a atuação contra o Brasil e acertou com o Málaga (Espanha).

A Espanha, campeã mundial de 2010, tinha pela frente dois adversários querendo acertar contas: a Holanda vice-campeã de 2010 e o Chile, que acusava os espanhóis de terem usurpado o apelido "La Roja" (em referência às camisas vermelhas). Nos dois acertos de contas, a Espanha se deu mal. A equipe saiu na frente da Holanda, mas acabou goleada por 5 a 1 — os holandeses ainda exigiram cinco defesas difíceis do goleiro Casillas e acertaram uma bola no travessão. O placar surpreendeu todos os analistas. Depois, os espanhóis perderam para o Chile por 2 a 0. Enquanto holandeses e chilenos decidiam o primeiro lugar, com triunfo holandês, a Espanha teve que se consolar com uma vitória sobre a Austrália.

Jogos da fase de grupos

Grupo C Colômbia C. Marfim Grécia Japão

14/6 Colômbia 3 x 0 Grécia
Gols: Armero (Col, 5-1º), Gutiérrez (Col, 13-2º), James Rodríguez (Col, 48-2º)

14/6 Costa do Marfim 2 x 1 Japão
Gols: Honda (Jap, 16-1º), Bony (CM, 19-2º), Gervinho (CM, 21-2º)

19/6 Colômbia 2 x 1 Costa do Marfim
Gols: James Rodríguez (Col, 19-2º), Quintero (Col, 25-2º), Gervinho (CM, 28-2º)

19/6 Japão 0 x 0 Grécia

24/6 Japão 1 x 4 Colômbia
Gols: Cuadrado (Col, 5-1º), Okazaki (Jap, 46-1º), Martínez (Col, 10-2º), Martínez (Col, 37-2º), James Rodríguez (Col, 45-2º)

24/6 Grécia 2 x 1 Costa do Marfim
Gols: Samaris (Gre, 42-1º), Bony (CM, 29-2º), Samaras (Gre, 48-2º)

Classificação	PG	J	V	E	D	GP	GC	SG
Colômbia	9	3	3	0	0	9	2	7
Grécia	4	3	1	1	1	2	4	-2
Costa do Marfim	3	3	1	0	2	4	5	-1
Japão	1	3	0	1	2	2	6	-4

Grupo D Costa Rica Inglaterra Itália Uruguai

14/6 Uruguai 1 x 3 Costa Rica
Gols: Cavani (Uru, 24-1º), Campbell (CR, 9-2º), Duarte (CR, 12-2º), Ureña (CR, 39-2º)

14/6 Inglaterra 1 x 2 Itália
Gols: Marchisio (Ita, 35-1º), Sturridge (Ing, 37-1º), Balotelli (Ita, 5-2º)

19/6 Uruguai 2 x 1 Inglaterra
Gols: Suárez (Uru, 39-1º), Rooney (Ing, 30-2º), Suárez (Uru, 40-2º)

20/6 Itália 0 x 1 Costa Rica
Gol: Ruiz (CR, 44-1º)

24/6 Itália 0 x 1 Uruguai
Gol: Godin (Uru, 35-2º)

24/6 Costa Rica 0 x 0 Inglaterra

Classificação	PG	J	V	E	D	GP	GC	SG
Costa Rica	7	3	2	1	0	4	1	3
Uruguai	6	3	2	0	1	4	4	0
Itália	3	3	1	0	2	2	3	-1
Inglaterra	1	3	0	1	2	2	4	-2

A Colômbia estava sem o atacante Falcao García, que havia passado por uma cirurgia no joelho. Mas não sentiu falta dele na primeira fase. Venceu os três jogos e viu outro jogador despontar: o meia James Rodríguez, que fez gols em todas as partidas. Além disso, o goleiro colombiano Mondragón entrou no 2º tempo contra o Japão e tornou-se o jogador mais velho até então a atuar em um Mundial, com 43 anos e 3 dias — a marca foi batida em 2018 pelo egípcio El Hadary. A segunda vaga do grupo ficou com a Grécia. Uma curiosidade: o colombiano Quintero (contra Costa do Marfim) e o grego Samaras (diante do Japão) tentaram "o gol que Pelé não fez", chutando a bola de antes do meio-de-campo. Ficaram no quase.

Inusitado
Aos 33 minutos do 2º tempo, o atacante Suárez mordeu o zagueiro italiano Chiellini numa jogada de ataque do Uruguai. Na hora, o árbitro não viu. Dois minutos depois, Godín fez o gol da vitória uruguaia. No dia seguinte, a Fifa analisou as imagens e resolveu punir Suárez com 4 meses de suspensão.

Num grupo com os cascas-grossas Uruguai, Itália e Inglaterra, a expectativa era que a Costa Rica viesse ao Brasil apenas para fazer turismo. Mas a seleção costarriquenha, chamada de Los Ticos, aplicou o maior "combo" de zebras na história das Copas. O empate em 0 a 0 com os ingleses já poderia ser considerado um resultado surpreendente. Mas, antes disso, a equipe da América Central derrotou o Uruguai por 3 a 1, de virada, e bateu a Itália por 1 a 0. Com isso, os três cascas-grossas tiveram que decidir a segunda vaga entre eles. E deu Uruguai. Luis Suárez — que não havia jogado contra a Costa Rica — fez os dois gols contra a Inglaterra e envolveu-se em uma polêmica contra a Itália, num jogo que a Celeste venceu por 1 a 0.

Jogos da fase de grupos

Grupo **E** — Equador, França, Honduras, Suíça

Grupo **F** — Argentina, Bósnia-Herz., Irã, Nigéria

15/6 Suíça 2 x 1 Equador
Gols: Enner Valencia (Equ, 22-1º), Mehmedi (Sui, 3-2º), Seferovic (Sui, 48-2º)

15/6 França 3 x 0 Honduras
Gols: Benzema (Fra, 45-1º), Valladares (contra, p/Fra, 3-2º), Benzema (Fra, 27-2º)

20/6 Suíça 2 x 5 França
Gols: Giroud (Fra, 17-1º), Matuidi (Fra, 18-1º),Valbuena (Fra, 40-1º), Benzema (Fra, 22-2º), Sissoko (Fra, 28-2º), Dzemaili (Sui, 36-2º), Xhaka (Sui, 42-2º)

20/6 Honduras 1 x 2 Equador
Gols: Costly (Hon, 31-1º), Enner Valencia (Equ, 34-1º), Enner Valencia (Equ, 20-2º)

25/6 Equador 0 x 0 França

25/6 Honduras 0 x 3 Suíça
Gols: Shaqiri (Sui, 6-1º), Shaqiri (Sui, 31-1º), Shaqiri (Sui, 26-2º)

Classificação	PG	J	V	E	D	GP	GC	SG
França	7	3	2	1	0	8	2	6
Suíça	6	3	2	0	1	7	6	1
Equador	4	3	1	1	1	3	3	0
Honduras	0	3	0	0	3	1	8	-7

15/6 Argentina 2 x 1 Bósnia-Herz.
Gols: Kolasinac (contra, p/Arg, 2-1º), Messi (Arg, 20-2º), Ibisevic (Bos, 40-2º)

16/6 Irã 0 x 0 Nigéria

21/6 Argentina 1 x 0 Irã
Gol: Messi (Arg, 46-2º)

21/6 Nigéria 1 x 0 Bósnia-Herz.
Gol: Odemwingie (Nig, 29-1º)

25/6 Nigéria 2 x 3 Argentina
Gols: Messi (Arg, 3-1º), Musa (Nig, 4-1º), Messi (Arg, 46-1º), Musa (Nig, 2-2º), Rojo (Arg, 5-2º)

25/6 Bósnia-Herz. 3 x 1 Irã
Gols: Dzeko (Bos, 23-1º), Pjanic (Bos 14-2º), Ghoochannejhad (Ira, 37-2º), Vrsajevic (Bos, 38-2º)

Classificação	PG	J	V	E	D	GP	GC	SG
Argentina	9	3	3	0	0	6	3	3
Nigéria	4	3	1	1	1	3	3	0
Bósnia Herz.	3	3	1	0	2	4	4	0
Irã	1	3	0	1	2	1	4	-3

Foi no duelo entre França e Honduras que o GoalControl 4D — a tecnologia adotada pela Fifa para verificar se a bola entrou mesmo no gol — eliminou realmente todas as dúvidas em um lance polêmico. Aos 3 minutos da etapa final, Benzema bateu cruzado. A bola se chocou na trave, bateu no goleiro hondurenho Valladares e... ninguém teve certeza se tinha entrado mesmo antes de Valladares puxá-la. Até que o GoalControl mostrou que a bola havia, sim, ultrapassado totalmente a risca. Foi o segundo gol da França na vitória por 3 a 0. Os franceses acabaram em 1º no grupo, depois de atropelar a Suíça — Benzema ainda perdeu um pênalti — e empatar com o Equador. Os suíços ficaram em 2º.

Tecnologia
No grupo B, o jogo Chile 3 x 1 Austrália marcou a estreia formal do GoalControl 4D. O sistema mostrou que uma bola tirada pelo australiano Wilkinson não havia entrado. Na Copa, o GoalControl ainda confirmou o gol da Costa Rica sobre a Itália e apareceu no jogo entre Uruguai e Inglaterra.

Messi foi o grande ponto de desequilíbrio da Argentina na primeira fase. Contra Bósnia-Herzegovina, ele cobrou uma falta que resultou no gol contra de Kolasinac (o gol contra mais rápido da história das Copas) e marcou o segundo gol. Diante do Irã, o argentino acertou o canto do goleiro Haguigui aos 46 minutos da etapa final. Por fim, ele anotou dois dos três gols da Argentina diante da Nigéria. A Bósnia aparecia como candidata mais forte à segunda vaga, mas as derrotas para Argentina e Nigéria — nesse jogo, os bósnios tiveram um gol erradamente anulado — mataram a equipe. Na última rodada, os bósnios puxaram o tapete do Irã, que ainda tinha chances de vaga. Quem se classificou foi a Nigéria.

Jogos da fase de grupos

Grupo **G**
Alemanha Est. Unidos Gana Portugal

16/6 Alemanha 4 x 0 Portugal
Gols: Müller (Ale, 12-1º), Hummels (Ale, 32-1º), Müller (Ale, 46-1º), Müller (Ale, 33-2º).

16/6 Gana 1 x 2 Estados Unidos
Gols: Dempsey (EUA, 1-1º), Andre Ayew (Gan, 37-2º), Brooks (EUA, 41-2º).

21/6 Alemanha 2 x 2 Gana
Gols: Götze (Ale, 6-2º), Andre Ayew (Gan, 9-2º), Gyan (Gan, 18-2º), Klose (Ale, 26-2º).

22/6 Estados Unidos 2 x 2 Portugal
Gols: Nani (Por, 5-1º), Jones (EUA, 19-2º), Dempsey (EUA, 36-2º), Varela (Por, 50-2º).

26/6 Estados Unidos 0 x 1 Alemanha
Gol: Müller (Ale, 11-2º).

26/6 Portugal 2 x 1 Gana
Gols: Boye (contra, p/Por, 31-1º), Gyan (Gan, 12-2º), Cristiano Ronaldo (Por, 35-2º).

Classificação	PG	J	V	E	D	GP	GC	SG
Alemanha	7	3	2	1	0	7	2	5
Estados Unidos	4	3	1	1	1	4	4	0
Portugal	4	3	1	1	1	4	7	-3
Gana	1	3	0	1	2	4	6	-2

Grupo **H**
Argélia Bélgica Coreia Rússia

17/6 Bélgica 2 x 1 Argélia
Gols: Feghouli (Agl, 25-1º), Fellaini (Bel, 25-2º), Mertens (Bel, 35-2º).

17/6 Rússia 1 x 1 Coreia do Sul
Gols: Lee Keun-Ho (Cor, 23-2º), Kherzakov (Rus, 29-2º).

22/6 Bélgica 1 x 0 Rússia
Gol: Origi (Bel, 43-2º).

22/6 Coreia do Sul 2 x 4 Argélia
Gols: Slimani (Agl, 26-1º), Halliche (Agl, 28-1º), Djabou (Agl, 38-1º), Son Heung-Min (Cor, 5-2º), Brahimi (Agl, 17-2º), Koo Ja-Cheol (Cor, 27-2º).

26/6 Coreia do Sul 0 x 1 Bélgica
Gol: Vertonghen (Bel, 33-2º).

26/6 Argélia 1 x 1 Rússia
Gols: Kokorin (Rus, 6-1º), Slimani (Agl, 15-2º).

Classificação	PG	J	V	E	D	GP	GC	SG
Bélgica	9	3	3	0	0	4	1	3
Argélia	4	3	1	1	1	6	5	1
Rússia	2	3	0	2	1	2	3	-1
Coreia do Sul	1	3	0	1	2	3	6	-3

Na primeira rodada, a Alemanha massacrou Portugal, e os Estados Unidos derrotaram Gana. Depois, alemães e ganeses empataram, bem como portugueses e norte-americanos. Assim, o grupo chegou à última rodada com todas as equipes ainda com chances. Portugal e Gana precisavam vencer (no caso dos lusos, de goleada) e torcer para haver um vencedor entre Alemanha e Estados Unidos. Os alemães venceram com um gol aos 11 minutos do segundo tempo. Ao mesmo tempo, o ganês Gyan marcava o gol de empate diante de Portugal. A essa altura, se os africanos vencessem, conseguiriam a vaga. Se os portugueses goleassem, conseguiriam a vaga. Mas nada disso aconteceu. Os Estados Unidos se classificaram.

História
Os Estados Unidos se envolveram em dois fatos históricos. O gol de Dempsey sobre Gana, aos 29 segundos de jogo, foi o 5º mais rápido da história das Copas. E a partida entre norte-americanos e portugueses, em Manaus, foi a primeira a sofrer paralisação (aos 34 minutos do 1º tempo) por causa do calor.

A Bélgica estreou na Copa com uma geração de jogadores que brilhava em clubes europeus, como o goleiro Courtois, o zagueiro Kompany e os meias De Bruyne e Hazard. O técnico era Marc Wilmots, ex-atacante da seleção belga em quatro Mundiais e ex-senador do país. Embora sem o brilho esperado, o time confirmou o favoritismo na chave, com três vitórias em três jogos. A segunda força do grupo, a Rússia, decepcionou, e o culpado tinha nome, sobrenome e cargo: Igor Akinfeyev, goleiro. Em falhas dele, o time acabou empatando contra Coreia do Sul e, depois, Argélia. Os argelinos, que derrotaram a Coreia do Sul, ficaram com o 2º lugar ao empatar com os russos, com direito a estouro de rojões no estádio.

273

Os mata-matas

OITAVAS DE FINAL

28/6 Brasil 1 x 1 Chile
Gols: David Luiz (Bra, 18-1º), Sanchez (Chi, 32-1º)
Nos pênaltis: Brasil 3 x 2 Chile

28/6 Colômbia 2 x 0 Uruguai
Gols: James Rodríguez (Col, 28-1º e 5-2º)

29/6 Holanda 2 x 1 México
Gols: Giovani dos Santos (Mex, 3-2º), Sneijder (Hol, 42-2º), Huntelaar (Hol, 49-2º)

29/6 Costa Rica 1 x 1 Grécia
Gols: Ruiz (CR, 7-2º), Samaras (Gre, 46-2º)
Nos pênaltis: Costa Rica 5 x 3 Grécia

30/6 França 2 x 0 Nigéria
Gols: Pogba (Fra, 34-2º), Yobo (contra, p/Fra, 47-2º)

30/6 Alemanha 2 x 1 Argélia
Gols na prorrogação: Schürrle (Ale, 2-1º), Özil (Ale, 15-2º), Djabou (Agl, 16-2º)

1/7 Argentina 1 x 0 Suíça
Gol na prorrogação: Di María (Arg, 13-2º)

1/7 Bélgica 2 x 1 Estados Unidos
Gols na prorrogação: De Bruyne (Bel, 2-1º), Lukaku (Bel, 15-1º), Green (EUA, 2-2º)

O Brasil levou sufoco do Chile e quase foi eliminado: no último minuto da prorrogação, Pinilla dominou de frente para o goleiro Júlio César, disparou e acertou o travessão. Nos pênaltis, o Brasil se classificou, mas a choradeira dos jogadores — em especial do zagueiro Thiago Silva — suscitou dúvidas sobre o estado emocional da equipe. O México vencia a Holanda até os 42 minutos do segundo tempo, mas perdeu. O gol da virada, de Huntelaar, saiu graças a um pênalti que Robben confessou ter simulado. James Rodríguez fez dois gols no Uruguai, sendo um deles o mais bonito da Copa — com domínio estiloso e chutaço de fora da área. A Costa Rica passou pela Grécia nos pênaltis. A França derrotou a Nigéria depois que Giroud saiu para a entrada de Griezmann. Messi não brilhou, mas deu o passe para Di María fazer o gol da vitória da Argentina no penúltimo minuto da prorrogação — e no último minuto os suíços perderam dois gols no mesmo lance. Alemanha e Bélgica venceram seus rivais por 2 a 1, na prorrogação, após empates em 0 a 0 no tempo normal.

QUARTAS DE FINAL

4/7 Alemanha 1 x 0 França
Gol: Hummels (Ale, 13-1º)

4/7 Brasil 2 x 1 Colômbia
Gols: Thiago Silva (Bra, 7-1º), David Luiz (Bra, 24-2º), James Rodríguez (Col, 35-2º)

5/7 Argentina 1 x 0 Bélgica
Gol: Higuaín (Arg, 8-1º)

5/7 Holanda 0 x 0 Costa Rica
Nos pênaltis: Holanda 4 x 3 Costa Rica

Os zagueiros Thiago Silva e David Luiz (de falta) decidiram a classificação brasileira, mas o time teve uma baixa: Neymar levou uma joelhada do colombiano Zuñiga, sofreu fratura em uma vértebra e não jogaria mais na Copa. Alemanha e Argentina venceram seus rivais com gols precoces. A Holanda passou pela Costa Rica nos pênaltis.

Inédito
No último minuto da prorrogação, o técnico da Holanda, Louis van Gaal, trocou o goleiro Cillesen (1,85 m) por Krul (1,97 m), apenas para a decisão por pênaltis diante da Costa Rica. A troca era inédita em Copas. Krul cumpriu seu papel ao defender os chutes de Ruiz e Umaña e colocou a Holanda nas semifinais.

SEMIFINAIS

8/7 Brasil 1 x 7 Alemanha
Gols: Müller (Ale, 11-1º), Klose (Ale, 23-1º), Kroos (Ale, 24-1º e 26-1º), Khedira (Ale, 29-2º), Schürrle (Ale, 24 e 34-2º), Oscar (Bra, 45-2º)

9/6 Holanda 0 x 0 Argentina
Nos pênaltis: Holanda 2 x 4 Argentina

Enquanto a Alemanha encheu o Brasil de bolas na rede (ver página 279), Argentina e Holanda não fizeram por merecer marcar nenhum gol. Nos pênaltis, deu Argentina.

DECISÃO DO TERCEIRO LUGAR

12/7 Brasil 0 x 3 Holanda
Gols: Van Persie (Hol, 3-1º), Blind (Hol, 17-1º), Wijnaldum (Hol, 45-2º)

Os 7 a 1 da semifinal foram tão acachapantes que o brasileiro mal lembra que o time levou 3 a 0 da Holanda na decisão do 3º lugar.

A final da Copa

Götze finaliza para marcar o gol da Alemanha

ALEMANHA	1
ARGENTINA	0

Gol: Götze (Ale, 8-2º da prorr.)
Data: 13/07/2014
Horário: 16 horas
Local: Estádio Maracanã
(Rio de Janeiro)
Público: 74.738
Árbitro: Nicola Rizzolli (ITA)
Cartões amarelos:
Schweinsteiger
Höwedes
Mascherano
Agüero

Alemanha e Argentina chegaram à final da Copa do Mundo de 2014 com muitas contas a acertar. A principal delas: enfrentavam-se pela terceira vez em finais, com uma vitória para cada lado nas ocasiões anteriores. Como em 1990, os alemães se apoiavam no jogo coletivo. Como em 1986, os argentinos se apoiavam no seu craque maior: desta vez, Messi. A Alemanha teve uma baixa de última hora: o volante Khedira machucou-se durante o aquecimento. E seu substituto na final, Kramer, saiu machucado aos 34 minutos do 1º tempo, para a entrada de Schürrle. Até ali, a Argentina havia criado quatro chances claras. Na melhor delas, Higuaín perdeu um gol cara a cara com o goleiro Neuer. Depois, ele marcou um gol, mas estava impedido e o árbitro viu. Schürrle entrou como meia pela esquerda, a Alemanha mudou o esquema tático e aí passou a dominar — chegou a mandar uma bola na trave, com Höwedes. Mesmo assim, a melhor chance de gol até o fim na etapa final foi de Messi, que, cara a cara com Neuer, chutou cruzado, para fora. Veio a prorrogação. Os argentinos, mais desgastados, começaram a apelar para faltas mais duras, com a conivência do árbitro. Até que, aos 8 minutos da etapa final, Schürrle fez cruzamento preciso para Götze (que havia entrado no fim do tempo normal) mandar para dentro. Nos descontos, Messi chutou, por cima, a última chance de gol da Argentina, em cobrança de falta. A Alemanha festejava o triunfo no ajuste de contas.

Alemanha
Técnico: Joachim Löw

Argentina
Técnico: Alejandro Sabella

Os melhores da Copa

Obs.: Seleção do autor. Em 14 de julho de 2014, a Fifa publicou a seguinte lista:
Goleiro: Neuer (Alemanha)
Defesa: De Vrij (Holanda), Hummels (Alemanha), Thiago Silva (Brasil) e Rojo (Argentina)
Meio-campo: Lahm (Alemanha), Kroos (Alemanha), Oscar (Brasil) e James Rodriguez (Colômbia)
Ataque: Müller (Alemanha) e Robben (Holanda)

Numeralha

Maior público: 74.738 (Argentina 2 x 1 Bósnia--Herzegovina e Alemanha 1 x 0 Argentina)

Menor público: 37.603 (Rússia 1 x 1 Coreia do Sul)

Gols pró: 169
Gols contra: 2
Média por jogo: 2,67

Melhor ataque:
Alemanha, 18 gols

Goleiro menos vazado:
Navas (Costa Rica),
2 gols em 5 jogos (0,4 por jogo, melhor média)

Maior goleada:
Brasil 1 x 7 Alemanha

ARTILHEIRO

JAMES RODRÍGUEZ
Nome: James David Rodríguez Rubio
Seleção: Colômbia
6 gols em 5 jogos
Posição: meia
Idade: 22 anos
Nascimento: 12/07/1991, em Cúcuta
Altura: 1,80 m | Peso: 78 kg
Clube: Monaco (FRA)

6 gols
James Rodríguez (Colômbia)
5 gols
Müller (Alemanha)
4 gols
Messi (Argentina),
Neymar (Brasil),
Van Persie (Holanda)

O CRAQUE

JAMES RODRÍGUEZ
Colômbia | meia

O meia colombiano James Rodríguez conseguiu um feito inédito na era da Taça Fifa (desde 1974): marcou pelo menos um gol em todas as cinco partidas que disputou. Em Copas, isso não acontecia desde 1970. Mas a Fifa não levou isso em conta e, após a final, decidiu dar o prêmio de melhor da Copa ao argentino Messi, que nos mata-matas fez pouco. Curiosamente, Messi nem entrou na seleção ideal da Fifa.

Colocações finais	PG	J	%	V	E	D	GP	GC	SG	
1º Alemanha	19	7	90	6	1	0	18	4	14	6	0
2º Argentina	16	7	76	5	1	1	8	4	4	8	0
3º Holanda	17	7	81	5	2	0	15	4	11	11	0
4º Brasil	11	7	52	3	2	2	11	14	-3	14	0
5º Colômbia	12	5	80	4	0	1	12	4	8	5	0
6º Bélgica	12	5	80	4	0	1	6	3	3	7	1
7º França	10	5	67	3	1	1	10	3	7	5	0
8º Costa Rica	9	5	60	2	3	0	5	2	3	11	1
9º Chile	7	4	58	2	1	1	6	4	2	7	0
10º México	7	4	58	2	1	1	5	3	2	8	0
11º Suíça	6	4	50	2	0	2	7	7	0	3	0
12º Uruguai	6	4	50	2	0	2	4	6	-2	8	1
13º Grécia	5	4	42	1	2	1	3	5	-2	7	1
14º Argélia	4	4	33	1	1	2	6	5	1	6	0
15º Estados Unidos	4	4	33	1	1	2	5	6	-1	4	0
16º Nigéria	4	4	33	1	1	2	3	5	-2	3	0
17º Equador	4	3	44	1	1	1	3	3	0	5	1
18º Portugal	4	3	44	1	1	1	4	7	-3	2	1
19º Croácia	3	3	33	1	0	2	6	6	0	4	1
20º Bósnia-Herz.	3	3	33	1	0	2	4	4	0	3	0
21º Costa do Marfim	3	3	33	1	0	2	4	5	-1	7	0
22º Itália	3	3	33	1	0	2	2	3	-1	3	1
23º Espanha	3	3	33	1	0	2	4	7	-3	3	0
24º Rússia	2	3	22	0	2	1	2	3	-1	4	0
25º Gana	1	3	11	0	1	2	4	6	-2	6	0
26º Inglaterra	1	3	11	0	1	2	2	4	-2	4	0
27º Coreia do Sul	1	3	11	0	1	2	3	6	-3	6	0
28º Irã	1	3	11	0	1	2	1	4	-3	4	0
29º Japão	1	3	11	0	1	2	2	6	-4	4	0
30º Austrália	0	3	0	0	0	3	3	9	-6	6	0
31º Honduras	0	3	0	0	0	3	1	8	-7	6	1
32º Camarões	0	3	0	0	0	3	1	9	-8	4	1

Os carecas

Paraguai — 1998 — GK
CHILAVERT
Ganhou notoriedade por fazer gols de falta e de pênalti

Nigéria — 2002 — DF
TARIBO WEST
A cabeça raspada foi decorada com duas tchuquinhas verdes

Itália — 2006 — DF
CANNAVARO
Único zagueiro a ser apontado como o melhor jogador de uma Copa

Inglaterra — 2002 — DF
CAMPBELL
Fez só um gol em 73 jogos pela seleção: foi na Copa, contra a Suécia

Colômbia — 2014 — DF
ARMERO
Fez uma dança maluca ao comemorar o gol que marcou sobre a Grécia

Argentina — 1998 — MC
VERÓN
Apelidado de "La brujita" por ser filho de Juan Verón, "La Bruja"

Espanha — 2010 — MC
INIESTA
Mudou de patamar no mundo da bola ao marcar o gol do título espanhol

Holanda — 2010 — MC
SNEIJDER
Mede 1,70m e só fez um gol de cabeça na carreira: e foi contra o Brasil

Inglaterra — 1966 — MC
BOBBY CHARLTON
Foi um dos sobreviventes de um acidente aéreo em 1958

Polônia — 1974 — AT
POL
É considerado um dos jogadores mais velozes da história

Brasil — 2002 — AT
BRASIL
Usou um corte ao estilo Cascão, das HQs. E decidiu a Copa

GK: Goleiro
DF: Defensor
MC: Meio-campista
AT: Atacante

Jogos históricos
Brasil 1 x 7 Alemanha (2014)

Fernandinho lamenta um dos gols sofridos pelo Brasil

BRASIL	1
ALEMANHA	7

Gols: Müller (Ale, 11-1º), Klose (Ale, 23-1º), Kroos (Ale, 24 e 26-1º), Khedira (Ale, 29-1º), Schürrle (Ale, 24 e 34-2º), Oscar (Bra, 45-2º)
Data: 08/07/2014
Horário: 17 horas
Local: Mineirão (Belo Horizonte)
Público: 58.141
Árbitro: Marco Rodríguez (MEX)
Cartões amarelos:
Dante

O Brasil entrou na semifinal da Copa de 2014 sem seu principal craque (Neymar, machucado) e sem seu capitão (Thiago Silva, suspenso). Mas até que se mostrou animado. Cantou o hino à capela e começou melhor o duelo. Mas, então, a Alemanha conseguiu um escanteio. Kroos bateu. Müller, sem marcação, chutou no meio do gol. A bola passou por Júlio César. Gol da Alemanha. O Brasil, mesmo com 59% de posse de bola àquela altura, não conseguiu jogar mais. Os alemães sufocavam a saída de bola no campo de ataque. E tiraram extremo proveito do nervosismo brasileiro: marcaram quatro gols em seis minutos, um recorde absoluto em Copas do Mundo. Os estrangeiros no estádio Mineirão olhavam para os brasileiros com uma cara de "o que está acontecendo?". Os brasileiros retrucavam com outro olhar, que dizia: "O que vocês estão olhando? Também não sabemos o que está acontecendo". E assim terminou o primeiro tempo. No intervalo, soube-se depois, os alemães resolveram tirar o pé, em respeito ao time brasileiro. Mesmo assim, Schürrle, que havia entrado no segundo tempo, marcou mais dois gols. O Brasil descontou aos 45 minutos, com Oscar. A goleada de 7 a 1 foi justificada pelo técnico Luiz Felipe Scolari e pelo time como um "apagão coletivo". Para o Brasil, virou sinônimo de piada, de vexame, de povo fracassado. Uma versão século XXI para o "complexo de vira-lata" de Nelson Rodrigues.

Brasil
Técnico: Luiz Felipe Scolari

Alemanha
Técnico: Joachim Löw

Goleiros famosos

Eles se vestem diferente. Alimentam a lenda de que a grama não nasce onde eles pisam. E são os estraga-prazeres do futebol, em sua missão de evitar gols. Apesar disso, muitos deles se destacaram em Copas do Mundo, seja pelas suas defesas, pelos seus números ou pelo seu estilo.

BUFFON
ITA | 2006 | 1,90 m
Foi a cinco Copas, de 1998 a 2014

THÉPOT
FRA | 1930 | 1,74 m
Primeiro goleiro a defender pênalti

SCHUMACHER
ALE | 1986 | 1,86 m
Pegou 2 pênaltis em 1982 e 2 em 86

SUBASIC
CRO | 2018 | 1,91 m
Pegou 4 pênaltis na Copa de 2018

BARTHEZ
FRA | 1998 | 1,82 m
Em 17 jogos, ficou 10 sem levar gol

JORGE CAMPOS
MEX | 1994 | 1,75 m
Também jogava como atacante

ZOFF
ITA | 1982 | 1,82 m
Campeão do mundo aos 40 anos

ZUBERBÜHLER
SUI | 2006 | 1,97 m
Nos 4 jogos, não levou nenhum gol

MAZURKIEWICZ
URU | 1950 | 1,79 m
Quase levou um gol histórico de Pelé

GILMAR
BRA | 1958 | 1,83 m
Ficou 369 minutos sem levar gol

RAVELLI
SUE | 1994 | 1,86 m
Ganhou fama de "brincalhão"

FILLOL
ARG | 1978 | 1,83 m
Fundamental no título de 1978

CHILAVERT
PAR | 1998 | 1,94 m
Melhor índice na posição em 1998

SCHROIF
TCH | 1962 | 1,79 m
Fez ótima Copa, mas falhou na final

BANKS
ING | 1966 | 1,83 m
Ficou 442 min. invicto, recorde na época

DOUGLAS
EUA | 1930 | 1,86 m
Ficou 200 min. sem levar gol na época

CASILLAS
ESP | 2010 | 1,84 m
Pegou 4 pênaltis (2 em jogos)

JONGBLOED
HOL | 1974 | 1,91 m
Último goleiro a não usar luvas

GOYCOCHEA
ARG | 1990 | 1,85 m
Primeiro a pegar 4 pênaltis em Copas

PLANICKA
TCH | 1938 | 1,72 m
Lesionado, fechou o gol contra o Brasil

N'KONO
CAM | 1982 | 1,83 m
Primeiro africano a se destacar

DASSAEV URS | 1982 | 1,89 m Era chamado de "cortina de ferro"	**BARBOSA** BRA | 1950 | 1,74 m Injustamente marcado pelo 'Maracanazo'	**MÁSPOLI** URU | 1950 | 1,89 m Parou o Brasil na final de 1950	**NEUER** ALE | 2014 | 1,93 m Revolucionou o jogo com os pés	**PREUD'HOMME** BEL | 1994 | 1,79 m Agilíssimo, fez história em 1994	**SCHMEICHEL** DIN | 2018 | 1,90 m Filho do goleiro Peter Schmeichel

CARBAJAL MEX | 1950 | 1,81 m Jogou cinco Copas, de 1950 a 1966	**COURTOIS** BEL | 2018 | 1,98 m Um dos mais altos da história	**TAFFAREL** BRA | 1998 | 1,81 m Herói de pênaltis em 1994 e 1998	**SHILTON** ING | 1986 | 1,83 m Jogou 17 partidas e não levou gol em 10	**HIGUITA** COL | 1990 | 1,75 m Gostava de driblar atacantes rivais	**YASHIN** URS | 1958 | 1,88 m Pegou 150 pênaltis na carreira

PFAFF BEL | 1986 | 1,80 m Levou a Bélgica ao 4º lugar	**GROSICS** HUN | 1954 | 1,78 m Pioneiro ao sair jogando com os pés	**MAIER** ALE | 1974 | 1,83 m Invicto 475 minutos entre 1974 e 1978	**MARCOS** BRA | 2002 | 1,93 m Fundamental na campanha do penta	**LIVINGSTONE** CHI | 1950 | 1,81 m Primeiro a jogar de manga curta	**NAVAS** CR | 2014 | 1,85 m Goleiro menos vazado em 2014

ZAMORA ESP | 1934 | 1,81 m Primeira lenda da posição	**LEÃO** BRA | 1978 | 1,79 m Ficou 458 minutos sem levar gol	**CECH** TCH | 2006 | 1,97 m Após a Copa, passou a usar capacete	**KAHN** ALE | 2002 | 1,88 m 1º goleiro eleito melhor da Copa	**AL DEAYEA** ARA | 2002 | 1,88 m Levou 25 gols em três Mundiais	**ZENGA** ING | 1990 | 1,88 m Ficou 517 minutos sem levar gol

Rússia 2018

A Copa de 2018 tinha nada menos que nove candidaturas: Austrália, Coreia do Sul, Espanha/Portugal (juntos), Estados Unidos, Holanda/Bélgica (juntos), Inglaterra, Japão, Qatar e Rússia. Isso em 2010. Com tantos candidatos, a Fifa teve a ideia de escolher, de uma vez só, as sedes para 2018 e 2022 — os europeus concorreriam pela Copa de 2018 e os outros, pelo mundial de quatro anos depois. No dia 2 de dezembro de 2010, Rússia e Qatar foram os eleitos. Contudo, a eleição dupla ficou manchada. Havia suspeitas de *lobbies* entre dirigentes e de compra de votos. De forma geral, as denúncias atingiam bem mais a candidatura do Qatar que a da Rússia.

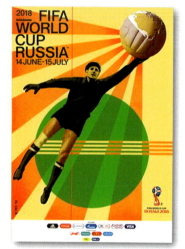

A Fifa levou essas e outras denúncias em banho-maria até 28 de maio de 2015, quando foi surpreendida por uma investigação geral, envolvendo o FBI, a polícia federal norte-americana. O momento não podia ser mais impróprio: véspera da eleição para presidente da Fifa, na qual o suíço Joseph Blatter tinha tudo para conquistar um quinto-mandato. Blatter escapou da investigação em um primeiro momento. E, em 29 de maio, derrotou Ali bin Al-Hussein, príncipe da Jordânia, na eleição para presidente. Mas, pressionado, renunciou cinco dias depois. Prometeu apenas ficar no cargo até a realização de uma nova eleição, que ocorreu em 26 de fevereiro de 2016. Nesse dia, quem acabou eleito foi o suíço Gianni Infantino, secretário-geral da Fifa.

Cidades e estádios

Nos tempos em que a Rússia era uma das 15 repúblicas da União Soviética, houve a candidatura soviética para a Copa de 1990, que acabou indo parar na Itália. Desta vez, sem o governo comunista, prometeu-se investir US$ 3,8 bilhões na construção e reforma de estádios, US$ 2,2 bilhões no futebol do país e US$ 11,5 bilhões apenas em infraestrutura. Na prática, o orçamento total ficou em US$ 11,8 bilhões, após vários cortes. O número de cidades-sede acabou reduzido para 11, sendo que Moscou teria dois estádios. Um deles, o tradicional Luzhniki, palco da Olimpíada de 1980, ficou quatro anos em reformas e a obra não terminou a tempo da Copa das Confederações de 2017. A Fifa não gostou.

Sem o Luzhniki, a final da Copa das Confederações foi para o São Petersburgo Stadium. Lá, a Alemanha venceu o Chile por 1 a 0 e conquistou o título. Mas o grande vencedor da Copa das Confederações foi o árbitro de vídeo (VAR, na sigla em inglês). Lances polêmicos, como impedimentos, pênaltis e bolas que

> **"Por que eu deveria renunciar? Isso seria admitir que fiz algo errado"**
>
> De Joseph Blatter, em 30 de maio de 2015, um dia após ser eleito para mais mum mandato como presidente da Fifa. No dia 3 de junho, pressionado, ele renunciou

A BOLA
Telstar 18

passam ou não a risca de gol, seriam analisados por vídeo para haver um veredicto 100% correto. Houve contratempos, e a Fifa admitiu que o sistema ainda precisaria de ajustes para a Copa.

Eliminatórias

As Eliminatórias registraram 209 países em disputa e um punhado de surpresas, como as quedas dos tradicionais Holanda, Itália e Estados Unidos. Na América do Sul, o Brasil começou mal e, passadas algumas rodadas, chegou a figurar abaixo da zona de classificação. Bastou a troca de Dunga por Tite no comando para a equipe engatar uma sequência de nove vitórias e tornar-se a primeira a se classificar para a Rússia. A Argentina, por sua vez, só garantiu vaga na última rodada. O Chile, campeão das Copas Américas de 2015 e 2016, nem isso. Ficou atrás do Peru, que conseguiu a última vaga em disputa ao derrotar a Nova Zelândia na repescagem intercontinental.

Cidade	Estádio	Capacidade
Ekaterinburgo	Ekaterinburgo Arena	35.696
Kaliningrado	Kaliningrad Stadium	35.212
Kazan	Kazan Arena	45.105
Moscou	Luzhniki	80.788
Moscou	Arena Otkrytie	45.360
Nizhni Novgorod	Nizhny Novgorod Stadium	44.899
Rostov	Rostov Arena	45.335
Samara	Samara Arena	44.918
São Petersburgo	Krestovski	68.134
Saransk	Mordovia Arena	44.149
Sochi	Fisht	47.659
Volgogrado	Volgograd Arena	45.568

Sorteio e fórmula

O ranking da Fifa foi usado para definir Alemanha, Brasil, Portugal, Argentina, Bélgica, Polônia e França como cabeças de chave — o oitavo era a Rússia, país-sede. Assim como em 2014, seleções tradicionais perderam espaço para outras menos cotadas. A Espanha, presente em todos os Mundiais desde 1978 e campeã em 2010, não foi cabeça de chave, ao contrário da Polônia. No sorteio das chaves, em 1º de dezembro, nenhum grupo ficou muito forte, mas alguns ficaram mais fracos, como o A (Rússia, Uruguai, Egito e Arábia) e o C (França, Austrália, Peru e Dinamarca). O Brasil caiu com Suíça, Costa Rica e Sérvia.

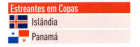

Estreantes em Copas
Islândia
Panamá

Os favoritos

O ranking que definiu os cabeças de chave não coincidia muito com o grupo de favoritos, a seis meses da Copa. A Alemanha virou a equipe a ser batida depois que ganhou a Copa das Confederações usando uma espécie de "time C", e os adversários temiam o que aconteceria quando os alemães juntassem os jogadores campeões mundiais de 2014. A França estava mais bem cotada que os favoritos de sempre: o Brasil de Neymar, a Argentina de Messi, a Espanha de Iniesta e Portugal, campeão europeu e que tem Cristiano Ronaldo, eleito o melhor jogador do mundo em 2016 e 2017.

Ausência
A Itália ficou atrás da Espanha no grupo da Eliminatória e caiu para a repescagem, diante da Suécia. Os italianos levaram 1 a 0 no primeiro jogo e, na partida de volta, não superaram a retranca sueca. O empate em 0 a 0 deixou a *Azzurra* de fora da Copa. A imprensa italiana chamou a eliminação de "apocalipse".

A preparação do Brasil

Competições disputadas pelo Brasil entre 2014 e 2018	
Copa América 2015	
1F	Brasil 2 x 1 Peru
1F	Brasil 0 x 1 Colômbia
1F	Brasil 2 x 1 Venezuela
QF	Brasil 1 x 1 Paraguai Nos pênaltis, Brasil 3 x 4 Paraguai
Brasil eliminado nas quartas de final	
Copa América Centenário 2016	
1F	Brasil 0 x 0 Equador
1F	Brasil 7 x 1 Haiti
1F	Brasil 0 x 1 Peru
Brasil eliminado na 1ª fase	
Eliminatórias da Copa de 2018	
	Chile 2 x 0 Brasil
	Brasil 3 x 1 Venezuela
	Argentina 1 x 1 Brasil
	Brasil 3 x 0 Peru
	Brasil 2 x 2 Uruguai
	Paraguai 2 x 2 Brasil
	Equador 0 x 3 Brasil
	Brasil 2 x 1 Colômbia
	Brasil 5 x 0 Bolívia
	Venezuela 0 x 2 Brasil
	Brasil 3 x 0 Argentina
	Peru 0 x 2 Brasil
	Uruguai 1 x 4 Brasil
	Brasil 3 x 0 Paraguai
	Brasil 2 x 0 Equador
	Colômbia 1 x 1 Brasil
	Bolívia 0 x 0 Brasil
	Brasil 3 x 0 Chile
Brasil classificou-se em 1º lugar	

1F: Primeira fase
QF: Quartas de final
SF: Semifinal
D3: Decisão do 3º lugar
F: Final

O país do futebol morreu depois daqueles 7 a 1 sofridos diante da Alemanha na semifinal da Copa do Mundo em pleno território brasileiro. Para começar o renascimento, era necessário um tiro certo para substituir Luiz Felipe Scolari. Algumas características eram essenciais, como trabalhar bem com jogadores jovens — já que a seleção seria renovada à força — ou estar na vanguarda do conhecimento tático. Mas a sempre atenta CBF trouxe de volta Dunga, que ocupou o cargo entre 2006 e 2010 e não mostrou nenhum desses predicados. Talvez Dunga nem quisesse retornar, mas, patriota que é, não recusaria um dever patriótico.

Porém, em 2015, a cúpula da CBF caiu em desgraça. José Maria Marin, que havia passado a presidência para Marco Polo del Nero em abril, foi preso em 27 de maio de 2015, junto com outros dirigentes do futebol internacional. Eles eram investigados por fraude, formação de quadrilha e lavagem de dinheiro. Escaldado, Del Nero passou a não viajar mais para fora do país; corria o risco de igualmente acabar preso se passasse em alguma alfândega, já que também era investigado.

Enquanto isso, a seleção de Dunga venceu 10 amistosos, mas deu fiasco nos jogos para valer. Na Copa América de 2015, viu o atacante Neymar ser expulso contra a Colômbia e depois o time foi eliminado pelo Paraguai nas quartas de final. Na estreia pelas Eliminatórias da Copa, levou 2 a 0 do Chile. Na 6ª rodada, o Brasil estava em 6º lugar, fora da zona de classificação para o Mundial e atrás de Uruguai, Equador, Argentina, Colômbia e Chile.

O classificatório teve uma pausa em 2016 porque houve a disputa da Copa América Centenário. Era uma homenagem aos 100 anos do torneio, mas curiosamente não foi disputada na América do Sul, e sim nos Estados Unidos. O Brasil deu outro vexame, ao perder para o Peru e cair ainda na primeira fase. Quem caiu em seguida foi Dunga. A CBF chamou Tite, que desde 2014 era considerado quase uma unanimidade para o cargo.

Pelo planejamento inicial da CBF, Dunga deveria dirigir também a seleção sub-23, que iria disputar a Olimpíada de 2016, no Rio de Janeiro. Mas a demissão dele mudou os planos. A CBF deixou a equipe não com Tite, mas com Rogério Micale, então treinador da seleção sub-20. O Brasil começou mal, com empates em 0 a 0 diante de África do Sul e do Iraque. Após uma conversa com Tite, Micale trocou o volante Thiago Maia e o meia Felipe Anderson por Walace e Luan. A partir daí, a seleção derrotou Dinamarca (4 a 0), Colômbia (2 a 0) e Honduras (6 a 0) até chegar à final contra a Alemanha. Após empate em 1 a 1, o Brasil venceu nos pênaltis (5 a 4) e, enfim, conquistou a medalha de ouro olímpica, a última glória que ainda faltava na história da seleção.

Quando assumiu a seleção principal, Tite nem mexeu muito. Manteve o esquema tático 4-1-4-1 de Dunga e trocou poucos jogadores. Trouxe de volta o lateral Marcelo e o volante Paulinho. Colocou Marquinhos na zaga. E promoveu a estreia do atacante Gabriel Jesus, um dos heróis da medalha de ouro. Com Tite, a seleção embalou. De "ameaçado de não ir à Copa", o Brasil se transformou em "primeiro classificado para a Copa". A vaga veio com quatro rodadas de antecedência e 10 vitórias e 2 empates em 12 jogos com o treinador.

Paralelamente a isso, os problemas políticos da CBF aumentavam. Marco Polo del Nero, o presidente que não saía do Brasil desde 2015, foi afastado do futebol por decisão da Fifa em 15 de dezembro de 2017 e, em abril de 2018, foi banido definitivamente, acusado de suborno e corrupção. Ali, a CBF já tinha outro presidente: Antônio Carlos Nunes de Lima, o Coronel Nunes, embora quem mandasse na prática fosse o diretor-executivo Rogério Caboclo.

Enquanto isso, Tite seguia firme e com o time praticamente definido. Contudo, em 11 de maio, três dias antes da lista para a Copa ser anunciada, o lateral Daniel Alves estourou o joelho direito e ficou de fora. Danilo e Fagner foram chamados para a posição. Na lista final, nenhuma polêmica; apenas a apreensão sobre o atacante Neymar, que em fevereiro havia sofrido uma fratura no pé e passado por cirurgia.

Já na Rússia, quase ocorreu um desfalque de última hora: o meia Renato Augusto sentia dores no joelho esquerdo e ficou ameaçado de corte. Acabou mantido. Mas isso forçou uma alteração em relação à equipe que brilhou nas Eliminatórias: Philippe Coutinho, que atuava como meia-ponta, virou meia-central, e Willian entrou na ponta. Tite não se abalou. E rechaçava qualquer favoritismo, apesar de os resultados dele alimentarem certo otimismo: 17 vitórias, 3 empates e só uma derrota em 21 jogos até a estreia na Copa. Ele sabia que o Brasil não podia mais se fiar nos cinco títulos mundiais para se dizer o melhor, assim como sabia que no futebol nem sempre vence o melhor. Afinal, como o próprio Tite dizia, há variáveis sobre as quais não se tem controle.

Todos os convocados

Nº	Goleiros	idade	clube
1	Alisson	25	Roma (ITA)
16	Cassio	31	Corinthians
23	Ederson	24	Manchester City (ING)

Nº	Zaqueiros	idade	clube
2	Thiago Silva	33	PSG (FRA)
3	Miranda	33	Internazionale (ITA)
13	Marquinhos	24	PSG (FRA)
4	Geromel	32	Grêmio

Nº	Laterais	idade	clube
14	Danilo	26	Manchester City (ING)
12	Marcelo	30	Real Madrid (ESP)
6	Filipe Luis	32	Atletico Madrid (ESP)
22	Fagner	29	Corinthians

Nº	Meio-campistas	idade	clube
5	Casemiro	26	Real Madrid (ESP)
15	Paulinho	29	Barcelona (ESP)
8	Renato Augusto	30	Beijing Guoan (CHN)
11	Philippe Coutinho	26	Barcelona (ESP)
17	Fernandinho	33	Manchester City (ING)
18	Fred	25	Shakhtar (UCR)
19	Willian	29	Chelsea (ING)

Nº	Atacantes	idade	clube
9	Gabriel Jesus	21	Manchester City (ING)
10	Neymar	26	PSG (FRA)
7	Douglas Costa	27	Juventus (ITA)
20	Roberto Firmino	26	Liverpool (ING)
21	Taison	30	Shakhtar (UCR)

Obs.: Idades computadas até 14/06/2018, data da abertura da Copa

TITE
técnico

285

Jogos da fase de grupos

Grupo A — Arábia, Egito, Rússia, Uruguai

Grupo B — Espanha, Irã, Marrocos, Portugal

14/6 Rússia 5 x 0 Arábia Saudita
Gols: Gazinski (Rus, 12-1º), Cheryshev (Rus, 43-1º), Dzyuba (Rus, 26-2º), Cheryshev (Rus, 46-2º), Golovin (Rus, 49-2º)

15/6 Egito 0 x 1 Uruguai
Gol: Gimenez (Uru, 44-2º)

19/6 Rússia 3 x 1 Egito
Gols: Fathi (contra, p/Rus, 2-2º), Cheryshev (Rus, 14-2º), Dzyuba (Rus, 17-2º), Salah (Egi, 28-2º)

20/6 Uruguai 1 x 0 Arábia Saudita
Gol: Suárez (Uru, 23-1º)

25/6 Uruguai 3 x 0 Rússia
Gols: Suárez (Uru, 10-1º), Cheryshev (contra, p/Uru, 23-1º), Cavani (Uru, 45-2º)

25/6 Arábia Saudita 2 x 1 Egito
Gols: Salah (Egi, 22-1º), Al Faraj (Ara, 50-1º), Al Dawsari (Ara, 50-2º)

Classificação	PG	J	V	E	D	GP	GC	SG
Uruguai	9	3	3	0	0	5	0	5
Rússia	6	3	2	0	1	8	4	4
Arábia Saudita	3	3	1	0	2	2	7	-5
Egito	0	3	0	0	3	2	6	-4

15/6 Marrocos 0 x 1 Irã
Gol: Bouhaddouz (contra, p/Ira, 50-2º)

15/6 Portugal 3 x 3 Espanha
Gols: Cristiano Ronaldo (Por, 4-1º), Diego Costa (Esp, 24-1º), Cristiano Ronaldo (Por, 44-1º), Diego Costa (Esp, 10-2º), Nacho (Esp, 13-2º), Cristiano Ronaldo (Por, 43-2º)

20/6 Portugal 1 x 0 Marrocos
Gol: Cristiano Ronaldo (Por, 4-1º)

20/6 Irã 0 x 1 Espanha
Gol: Diego Costa (Esp, 9-2º)

25/6 Espanha 2 x 2 Marrocos
Gols: Boutaïb (Mar, 14-1º), Isco (Esp, 19-1º), En-Nesyri (Mar, 36-2º), Iago Aspas (Esp, 46-2º)

25/6 Portugal 1 x 1 Irã
Gols: Quaresma (Por, 45-1º), Ansarifard (Ira, 48-2º)

Classificação	PG	J	V	E	D	GP	GC	SG
Espanha	5	3	1	2	0	6	5	1
Portugal	5	3	1	2	0	5	4	1
Irã	4	3	1	1	1	2	2	0
Marrocos	1	3	0	1	2	2	4	-2

Rússia e Arábia Saudita eram as duas piores no ranking da Fifa entre as 32 seleções da Copa quando se enfrentaram na partida que abriu o Mundial. Os árabes se portaram como uma seleção pouco cotada, mas os russos não: atropelaram por 5 a 0, o maior placar em jogos de abertura desde 1934. Após o jogo, o presidente do país-sede, Vladimir Putin, interrompeu a entrevista coletiva do treinador Stanislav Cherchesov para parabenizá-lo por telefone. Os russos também bateram o Egito sem dificuldade. Enquanto isso, o Uruguai venceu egípcios e árabes pelo mesmo placar magrinho: 1 a 0. Contudo, no confronto que definia o primeiro lugar no grupo, os uruguaios jogaram água na vodca russa e venceram por 3 a 0.

Recorde
O goleiro egípcio El Hadary tornou-se o jogador mais velho a atuar em Copas. Aos 45 anos e 161 dias, ele foi titular contra a Arábia Saudita. Até defendeu um pênalti quando o Egito vencia por 1 a 0, mas não evitou o revés por 2 a 1. El Hadary bateu a marca do colombiano Farid Mondragón (43 anos em 2014).

Dois dias antes da estreia, o técnico da Espanha, Julen Lopetegui, foi demitido por ter assinado para dirigir o Real Madrid após a Copa. O ex-zagueiro Fernando Hierro assumiu o cargo às pressas. Espanhóis e portugueses empataram seu duelo (3 a 3) e sofreram para impor seu favoritismo. A situação do grupo só foi definida nos últimos minutos da última rodada. A Espanha, que perdia para Marrocos, chegou ao empate em 2 a 2 graças a um gol de Iago Aspas validado pelo VAR aos 46-2º e saltou para a liderança. Ao mesmo tempo, Portugal — em jogo no qual Cristiano Ronaldo perdeu um pênalti — sofria o gol de empate do Irã (1 a 1) e seria eliminado se levasse outro gol. Mas o Irã chutou a última bola do jogo na trave.

Jogos da fase de grupos

Grupo **C**
Austrália Dinamarca França Peru

16/6 França 2 x 1 Austrália
Gols: Griezmann (Fra, 13-2º), Jedinak (Aus, 17-2º), Behich (contra, p/Fra, 36-2º)

16/6 Peru 0 x 1 Dinamarca
Gol: Yusuf Poulsen, (Din, 13-2º)

21/6 Dinamarca 1 x 1 Austrália
Gols: Eriksen (Din, 7-1º), Jedinak (Aus, 38-1º)

21/6 França 1 x 0 Peru
Gol: Mbappé (Fra, 34-1º)

26/6 Austrália 0 x 2 Peru
Gols: Carrillo (Per, 18-1º), Guerrero (Per, 5-2º)

26/6 Dinamarca 0 x 0 França

Grupo **D**
Argentina Croácia Islândia Nigéria

16/6 Argentina 1 x 1 Islândia
Gols: Agüero (Arg, 19-1º), Finnbogasson (Isl, 23-1º)

16/6 Croácia 2 x 0 Nigéria
Gols: Etebo (contra, p/Cro, 32-1º), Modric (Cro, 25-2º)

21/6 Argentina 0 x 3 Croácia
Gols: Rebic (Cro, 8-2º), Modric (Cro, 35-2º), Rakitic (Cro, 46-2º)

22/6 Nigéria 2 x 0 Islândia
Gols: Musa (Nig, 3-2º), Musa (Nig, 29-2º)

26/6 Nigéria 1 x 2 Argentina
Gols: Messi (Arg, 14-1º), Moses (Nig, 6-2º), Rojo (Arg, 41-2º)

26/6 Islândia 1 x 2 Croácia
Gols: Badelj (Cro, 8-2º), Gylfi Sigurdsson (Isl, 31-2º), Perisic (Cro, 45-2º)

Classificação	PG	J	V	E	D	GP	GC	SG
França	7	3	2	1	0	3	1	2
Dinamarca	5	3	1	2	0	2	1	1
Peru	3	3	1	0	2	2	2	0
Austrália	1	3	0	1	2	2	5	-3

Classificação	PG	J	V	E	D	GP	GC	SG
Croácia	9	3	3	0	0	7	1	6
Argentina	4	3	1	1	1	3	5	-2
Nigéria	3	3	1	0	2	3	4	-1
Islândia	1	3	0	1	2	2	5	-3

O jogo que abriu o grupo foi a primeira aparição decisiva do VAR. O equipamento detectou um pênalti do australiano Risdon no francês Griezmann que havia passado batido pelo árbitro uruguaio Andrés Cunha. Griezmann cobrou e fez o primeiro gol da vitória francesa por 2 a 1. No outro jogo da rodada, o VAR apontou um pênalti para o Peru, mas Cueva chutou fora, e o time perdeu para a Dinamarca. Depois, os peruanos perderam para a França, e a Dinamarca empatou com a Austrália. Na última rodada, os dinamarqueses se fecharam na defesa e seguraram um empate sem gols com a líder França, suficiente para garantir a classificação — mas não para escapar de vaias e reclamações de antijogo.

História
Apesar da vitória sobre a Nigéria, houve tensão na seleção da Croácia. O atacante Nikola Kalinic recusou-se a entrar a seis minutos do fim da partida e foi mandado para casa pelo técnico Zlatko Dalic. Segundo o treinador, a dispensa até melhorou o ambiente entre o grupo. "A atmosfera é fantástica", declarou.

O grupo foi marcado pela bagunça na seleção argentina. Os jogadores não gostavam dos métodos do técnico Jorge "El Pelado" Sampaoli e o acusavam de mexer demais na equipe. No primeiro jogo, até a estreante Islândia tirou uma casquinha dos sul-americanos, ao arrancar um empate. Nesse jogo, Messi ainda perdeu um pênalti, defendido pelo goleiro Halldórsson. Na partida seguinte, os argentinos levaram uma surra da Croácia e houve rumores de que Sampaoli seria demitido antes mesmo da última rodada. Os jogadores "lavaram a roupa suja", como se diz no jargão boleiro, e correram o suficiente para derrotar a Nigéria e garantir o 2º lugar na chave. Se empatassem, estariam fora. Os croatas sobraram no grupo e ficaram em primeiro.

Jogos da fase de grupos

Grupo E

Brasil   Costa Rica   Sérvia   Suíça

17/6 Costa Rica 0 x 1 Sérvia
Gol: Kolarov (Ser, 11-2º)

17/6 Brasil 1 x 1 Suíça
Gols: Philippe Coutinho (Bra, 20-1º), Zuber (Sui, 5-2º)

22/6 Sérvia 1 x 2 Suíça
Gols: Mitrovic (Ser, 5-1º), Xhaka (Sui, 7-2º), Shaqiri (Sui, 45-2º)

22/6 Brasil 2 x 0 Costa Rica
Gols: Philippe Coutinho (Bra, 46-2º), Neymar (Bra, 52-2º)

27/6 Sérvia 0 x 2 Brasil
Gols: Paulinho (Bra, 36-1º), Thiago Silva (Bra, 23-2º)

27/6 Suíça 2 x 2 Costa Rica
Gols: Dzemaili (Sui, 31-1º), Waston (CR, 11-2º), Drmic (Sui, 43-2º), Sommer (contra, p/CR, 48-2º)

Grupo F

Alemanha   Coreia   México   Suécia

17/6 Alemanha 0 x 1 México
Gol: Lozano (Mex, 35-1º)

18/6 Suécia 1 x 0 Coreia do Sul
Gol: Granqvist (Sue, 20-2º)

23/6 Coreia do Sul 1 x 2 México
Gols: Vela (Mex, 26-1º), Chicharito Hernandez (Mex, 21-2º), Son Heung-Min (Cor, 48-2º)

23/6 Alemanha 2 x 1 Suécia
Gols: Toivonen (Sue, 32-1º), Reus (Ale, 3-2º), Kroos (Ale, 50-2º)

27/6 Coreia do Sul 2 x 0 Alemanha
Gols: Kim Young-Gwon (Cor, 48-2º), Son Heung-Min (Cor, 51-2º)

27/6 México 0 x 3 Suécia
Gols: Augustinsson (Sue, 5-2º), Granqvist (Sue, 17-2º), Alvarez (contra, p/Sue, 29-2º)

Classificação	PG	J	V	E	D	GP	GC	SG
Brasil	7	3	2	1	0	5	1	4
Suíça	5	3	1	2	0	5	4	1
Sérvia	3	3	1	0	2	2	4	-2
Costa Rica	1	3	0	1	2	2	5	-3

Classificação	PG	J	V	E	D	GP	GC	SG
Suécia	6	3	2	0	1	5	2	3
México	6	3	2	0	1	3	4	-1
Coreia do Sul	3	3	1	0	2	3	3	0
Alemanha	3	3	1	0	2	2	4	-2

Com todos os holofotes sobre Neymar, que havia sofrido uma fratura no pé três meses antes da Copa, o Brasil não teve uma vida tranquila nos dois primeiros jogos. Empatou em 1 a 1 com a Suíça, reclamando de falta no lance do gol suíço e de um pênalti não marcado em Gabriel Jesus — lances que o VAR checou e não deu razão às queixas. Depois, venceu a Costa Rica com muito drama e dois gols depois dos 45 minutos do segundo tempo. Neymar, autor do segundo gol, até chorou após o jogo. Na última rodada, havia risco de eliminação, em caso de derrota para a Sérvia. Mas, contra o time de maior média de altura na Copa, a seleção brasileira fez dois gols em bolas erguidas à área. A Suíça também avançou.

> **Tecnologia**
> Em Alemanha x Coreia do Sul, o primeiro gol coreano (aos 48-2º) quase foi anulado, por impedimento. Mas o VAR apontou que o passe para o gol veio do alemão Kroos, o que descaracterizava o impedimento de Kim Young-Gwon. A paralisação fez com que a partida tivesse 103 minutos ao todo, um recorde.

Em termos de números, a Alemanha sobrou no grupo F. Teve 60% de posse de bola ou mais em todos os jogos e finalizou duas vezes mais que todos os seus adversários no grupo. Na prática, o time do técnico Joachim Löw, campeão mundial em 2014, ficou em último lugar, para assombro geral. Os alemães perderam na estreia num jogo em que o México jogou como nunca e ganhou como nunca. Depois, os germânicos sofreram para vencer a Suécia e foram derrotados pela Coreia do Sul ao levarem dois gols no fim da partida — o segundo deles, com o gol vazio, já que o goleiro Neuer foi ao ataque, tentou um drible e perdeu a bola. A Suécia ficou em primeiro lugar ao bater o México, que terminou em 2º na chave.

Jogos da fase de grupos

Grupo G — Bélgica, Inglaterra, Panamá, Tunísia

Grupo H — Colômbia, Japão, Polônia, Senegal

18/6 Bélgica 3 x 0 Panamá
Gols: Mertens (Bel, 2-2º), Lukaku (Bel, 24-2º e 30-2º)

18/6 Tunísia 1 x 2 Inglaterra
Gols: Kane (Ing, 11-1º), Sassi (Tun, 35-1º), Kane (Ing, 46-2º)

23/6 Bélgica 5 x 2 Tunísia
Gols: Hazard (Bel, 6-1º), Lukaku (Bel, 16-1º), Bronn (Tun, 18-1º), Lukaku (Bel, 48-1º), Hazard (Bel, 6-2º), Batshuayi (Bel, 45-2º), Khazri (Tun, 48-2º)

24/6 Inglaterra 6 x 1 Panamá
Gols: Stones (Ing, 8-1º), Kane (Ing, 22-1º), Lingard (Ing, 36-1º), Stones (Ing, 40-1º), Kane (Ing, 46-1º), Kane (Ing, 17-2º), Baloy (Pan, 33-2º)

28/6 Inglaterra 0 x 1 Bélgica
Gol: Januzaj (Bel, 6-2º)

28/6 Panamá 1 x 2 Tunísia
Gols: Merian (contra, p/Pan, 33-1º), Fakhreddine Ben Youssef (Tun, 6-2º), Khazri (Tun, 21-2º)

19/6 Polônia 1 x 2 Senegal
Gols: Cionek (contra, p/Sen, 37-1º), Niang (Sen, 15-2º), Krychowiak (Pol, 41-2º)

19/6 Colômbia 1 x 2 Japão
Gols: Kagawa (Jap, 6-1º), Quintero (Col, 38-1º), Osako (Jap, 22-2º)

24/6 Japão 2 x 2 Senegal
Gols: Mané (Sen, 12-1º), Inui (Jap, 34-1º), Wague (Sen, 26-2º), Honda (Jap, 33-2º)

24/6 Polônia 0 x 3 Colômbia
Gols: Mina (Col, 40-1º), Falcao Garcia (Col, 25-2º), Cuadrado (Col, 30-2º)

28/6 Senegal 0 x 1 Colômbia
Gol: Mina (Col, 29-2º)

28/6 Japão 0 x 1 Polônia
Gol: Bednarek (Pol, 14-2º)

Classificação	PG	J	V	E	D	GP	GC	SG
Bélgica	9	3	3	0	0	9	2	7
Inglaterra	6	3	2	0	1	8	3	5
Tunísia	3	3	1	0	2	5	8	-3
Panamá	0	3	0	0	3	2	11	-9

Classificação	PG	J	V	E	D	GP	GC	SG
Colômbia	6	3	2	0	1	5	2	3
Japão	4	3	1	1	1	4	4	0
Senegal	4	3	1	1	1	4	4	0
Polônia	3	3	1	0	2	2	5	-3

Bélgica e Inglaterra venceram a Tunísia e o estreante Panamá nas duas primeiras rodadas. Assim, decidiriam a liderança do grupo em confronto direto na última rodada. O primeiro lugar na chave, contudo, poderia render confrontos mais difíceis nos mata-matas. Por isso, embora o discurso fosse de jogar para vencer, os dois treinadores mostraram que ficar em primeiro lugar não era prioridade. Os belgas entraram com nove reservas e os ingleses, com oito. Com um golaço de Januzaj, a Bélgica cravou a liderança e os ingleses se classificaram em 2º. O Panamá, por sua vez, perdeu também para a Tunísia. Mas o zagueiro Baloy, 37 anos, único panamenho a fazer gol em Copas, virou herói nacional.

Expulsão
Aos 2min56s do 1º tempo contra o Japão, o colombiano Carlos Sanchez salvou um gol com a mão dentro da área. O árbitro deu pênalti (Kagawa converteu) e cartão vermelho. Foi a segunda expulsão mais rápida da história das Copas. Com um a menos durante quase todo o tempo, a Colômbia não resistiu.

A Polônia do atacante Lewandowski entrou com status de cabeça de chave, mas decepcionou e perdeu as duas primeiras partidas. Chegou à última rodada já eliminada, enquanto os outros três mantinham chances. A matemática de possibilidades para Colômbia, Japão e Senegal era tão complexa que qualquer gol nos jogos da última rodada poderia mudar tudo. O Japão perdeu para a Polônia por 1 a 0 e estava sendo eliminado até que a Colômbia fez 1 a 0 sobre Senegal na outra partida. Com isso, os colombianos ficaram em primeiro. Asiáticos e africanos empataram em todos os critérios (pontos, saldo, gols pró, confronto direto), e o Japão ganhou a segunda vaga por ter levado menos cartões amarelos (4, contra 6 de Senegal).

Os mata-matas

OITAVAS DE FINAL

30/6 França 4 x 3 Argentina
Gols: Griezmann (Fra, 13-1ª), Di Maria (Arg, 41-1ª), Mercado (Arg, 3-2ª), Pavard (Fra, 12-2ª), Mbappé (Fra, 19-2ª), Mbappé (Fra, 23-2ª), Agüero (Arg, 48-2ª)

30/6 Uruguai 2 x 1 Portugal
Gols: Cavani (Uru, 7-1ª), Pepe (Por, 10-2ª), Cavani (Uru, 17-2ª)

1/7 Espanha 1 x 1 Rússia
Gols: Ignashevich (contra, p/Esp, 12-1ª), Dzyuba (Rus, 41-1ª)
Nos pênaltis: Espanha 3 x 4 Rússia

1/7 Croácia 1 x 1 Dinamarca
Gols: Matias Jorgensen (Din, 1-1ª), Mandzukic (Cro, 4-1ª)
Nos pênaltis: Croácia 3 x 2 Dinamarca

2/7 Brasil 2 x 0 México
Gols: Neymar (Bra, 6-2ª), Firmino (Bra, 43-2ª)

2/7 Bélgica 3 x 2 Japão
Gols: Haraguchi (Jap, 3-2ª), Inui (Jap, 7-2ª), Vertonghen (Bel, 24-2ª), Fellaini (Bel, 29-2ª), Chadli (Bel, 49-2ª)

3/7 Suécia 1 x 0 Suíça
Gol: Akanji (contra, p/Sue, 21-2ª)

3/7 Colômbia 1 x 1 Inglayterra
Gols: Kane (Ing, 12-2ª), Mina (Col, 48-2ª)
Nos pênaltis: Colômbia 3 x 4 Inglaterra

A França bateu a Argentina num jogo com duas viradas de placar. No duelo entre o uruguaio Suárez e o português Cristiano Ronaldo, quem brilhou foi Cavani, autor dos dois gols da vitória do Uruguai — mas ele se machucou e ficaria de fora do resto da Copa. A Espanha acertou mais de mil passes contra a Rússia, mas não conseguiu vencer nem com bola rolando nem nos pênaltis. Esse jogo registrou a primeira "substituição número 4" na prorrogação: saiu o russo Kuzyaev, entrou Erokhin. Croácia e Dinamarca marcaram gols precoces e foi só; na prorrogação, o goleiro dinamarquês Schmeichel defendeu um pênalti de Modric, mas nos tiros livres deu Croácia. O Brasil venceu o freguês México. A Bélgica conseguiu uma virada épica sobre o Japão. Os suecos bateram os suíços. A Colômbia arrancou um empate no finzinho com a Inglaterra graças a um gol de cabeça do zagueiro Mina (o 3º dele na Copa), porém os ingleses levaram a melhor nos pênaltis.

QUARTAS DE FINAL

6/7 Uruguai 0 x 2 França
Gols: Varane (Fra, 40-1ª), Griezmann (Fra, 16-2ª)

6/7 Brasil 1 x 2 Bélgica
Gols: Fernandinho (contra, p/Bel, 13-1ª), De Bruyne (Bel, 31-1ª), Renato Augusto (Bra, 31-2ª)

7/7 Suécia 0 x 2 Inglaterra
Gols: Maguire (Ing, 30-1ª), Dolo Alli (Ing, 14 2ª)

7/7 Rússia 2 x 2 Croácia
Gols: Cheryshev (Rus, 31-1ª), Kovacic (Cro, 39-1ª)
Prorrogação: Vida (Cro, 10-1ª), Mario Fernandes (Rus, 10-2ª)
Nos pênaltis: Rússia 3 x 4 Croácia

A França selou a vitória sobre o Uruguai graças a um frango do goleiro Muslera. O Brasil foi vítima de um nó tático da Bélgica no 1º tempo e, quando conseguiu reagir, era tarde. Aos 48-2º, Neymar quase empatou, mas Courtois fez um milagre e salvou. A Inglaterra venceu a Suécia com gols de bola aérea. E os croatas bateram os donos da casa nos pênaltis.

SEMIFINAIS

10/7 França 1 x 0 Bélgica
Gol: Umtiti (Fra, 6-2ª)

11/7 Croácia 2 x 1 Inglaterra
Gols: Trippier (Ing, 5-1ª), Perisic (Cro, 23-2ª)
Na prorrogação: Mandzukic (Cro, 4-2ª)

Inusitado
Na comemoração do segundo gol croata sobre a Inglaterra, Manduzkic e seus colegas acabaram se embolando com o fotógrafo salvadorenho Yuri Cortez, que cobria a partida. Cortez não parou de fotografar nem mesmo quando foi soterrado de jogadores croatas em êxtase. Depois, eles se desculparam.

No jogo das favoritas ao título, a França derrotou a Bélgica deixando a sensação de que poderia ter feito mais gols. A Croácia, que vinha de duas prorrogações, conseguiu virar o jogo sobre a Inglaterra no tempo extra.

DECISÃO DO TERCEIRO LUGAR

14/7 Bélgica 2 x 0 Inglaterra
Gols: Meunier (Bel, 4-1ª), Eden Hazard (Bel, 37-2ª)

Desta vez, belgas e ingleses usaram seus titulares no duelo. Melhor para a Bélgica.

A final da Copa

Sob chuva, jogadores da França festejam o título

FRANÇA	4
CROÁCIA	2

Gols: Mandzukic (contra, p/Fra, 18-1º),
Perisic (Cro, 28-1º),
Griezmann (Fra, 38-1º),
Pogba (Fra, 14-2º),
Mbappé (Fra, 20-2º),
Mandzukic (Cro, 24-2º)
Data: 15/07/2018
Horário: 18 horas
Local: Estádio Luzhniki (Moscou)
Público: 78.011
Árbitro: Néstor Pitana (Argentina)
Cartões amarelos:
Kanté
Hernandez
Vrsaljko

A França entrou na final como favorita ao título. Não só pela campanha superior, mas também porque a Croácia havia disputado três prorrogações até chegar à decisão. Para piorar, cinco titulares da equipe croata viraram dúvida para a partida, devido ao desgaste excessivo: o goleiro Subasic, os defensores Vrsaljko, Strinic e Lovren e o meia-atacante Perisic. Contra todas as expectativas, o técnico Zlatko Dalic pôde escalar todos os titulares. A Croácia até começou com mais ímpeto, mas foi a França quem abriu o placar, graças a um gol polêmico. O árbitro marcou uma falta controversa em Griezmann — o VAR não atua nesse caso. Griezmann cobrou para a área, e o atacante croata Mandzukic raspou nela de cabeça, marcando um gol contra. Dez minutos depois, Perisic empatou. Aos 34 minutos, o VAR apontou toque de mão de Perisic dentro da área, e Griezmann converteu o pênalti. Na etapa final, a França explorou bem os contra-ataques e chegou a abrir 4 a 1, com gols de Pogba e Mbappé. A Croácia parecia liquidada até que o goleiro Lloris recebeu uma bola recuada por Umtiti e tentou driblar Mandzukic dentro da pequena área. Ele perdeu a bola, e Mandzukic tocou para dentro. A Croácia até chutou mais a gol (15 a 8) e teve mais posse de bola (61% a 39%), mas a França teve mais precisão e se consagrou campeã. Após um jogo sem chuva, o time francês recebeu a taça debaixo de tempestade, situação até então inédita na premiação em Mundiais.

França
Técnico: Didier Deschamps

Croácia
Técnico: Zlatko Dalic

Os melhores da Copa

Numeralha

Maior público: 78.011 (Rússia 5 x 0 Arábia, Portugal 1 x 0 Marrocos, Dinamarca 0 x 0 França, Alemanha 0 x 1 México, Espanha 1 x 1 Rússia, Croácia 2 x 1 Inglaterra e França 4 x 2 Croácia)
Menor público: 27.015 (Egito 0 x 1 Uruguai)

Gols pró: 157
Gols contra: 12
Média por jogo: 2,64
Melhor ataque: Bélgica, 16 gols
Goleiro menos vazado: Schmeichel (Dinamarca), 2 gols em 5 jogos (0,5 por jogo, melhor média)

Maior goleada: Inglaterra 6 x 1 Panamá

ARTILHEIRO

HARRY KANE
Nome: Harry Edward Kane
Seleção: Inglaterra
6 gols em 6 jogos
Posição: atacante
Idade: 24 anos
Nascimento: 28/07/1993, em Walthamstow
Altura: 1,88 m
Peso: 98 kg
Clube: Tottenham (ING)

6 gols
Kane (Inglaterra)
4 gols
Lukaku (Bélgica)
Mandzukic (Croácia)
Griezmann, Mbappé (França)
Cristiano Ronaldo (Portugal)
Cheryshev (Rússia)

O CRAQUE

MODRIC
Croácia | meia

Na escolha para craque da Copa, Modric venceu o meia-atacante belga Eden Hazard (melhor em campo em três partidas) e o francês Griezmann (decisivo em todos os jogos de mata-mata). O croata foi quem mais jogou nos gramados da Rússia, literalmente. Atuando de volante ou meia-direita, ele somou 741 minutos em campo (incluindo os acréscimos de cada partida), mais que qualquer outro jogador.

Colocações finais	PG	J	%	V	E	D	GP	GC	SG	🟨	🟥
1º França	19	7	90	6	1	0	14	6	8	12	0
2º Croácia	14	7	67	4	2	1	14	9	5	15	0
3º Bélgica	18	7	86	6	0	1	16	6	10	11	0
4º Inglaterra	10	7	48	3	1	3	12	8	4	8	0
5º Uruguai	12	5	80	4	0	1	7	3	4	3	0
6º Brasil	10	5	67	3	1	1	8	3	5	7	0
7º Suécia	9	5	60	3	0	2	6	4	2	8	0
8º Rússia	8	5	53	2	2	1	11	7	4	7	1
9º Colômbia	7	4	58	2	1	1	6	3	3	9	1
10º Espanha	6	4	50	1	3	0	7	6	1	2	0
11º Dinamarca	6	4	50	1	3	0	3	2	1	6	0
12º México	6	4	50	2	0	2	3	6	-3	9	0
13º Portugal	5	4	42	1	2	1	6	6	0	7	0
14º Suíça	5	4	42	1	2	1	5	5	0	9	1
15º Japão	4	4	33	1	1	2	6	7	-1	5	0
16º Argentina	4	4	33	1	1	2	6	9	-3	11	0
17º Senegal	4	3	44	1	1	1	4	4	0	6	0
18º Irã	4	3	44	1	1	1	2	2	0	7	0
19º Coreia do Sul	3	3	33	1	0	2	3	3	0	10	0
20º Peru	3	3	33	1	0	2	2	2	0	5	0
21º Nigéria	3	3	33	1	0	2	3	4	-1	4	0
22º Alemanha	3	3	33	1	0	2	2	4	-2	3	1
23º Sérvia	3	3	33	1	0	2	2	4	-2	9	0
24º Tunísia	3	3	33	1	0	2	5	8	-3	4	0
25º Polônia	3	3	33	1	0	2	2	5	-3	3	0
26º Arábia Saudita	3	3	33	1	0	2	2	7	-5	1	0
27º Marrocos	1	3	11	0	1	2	2	4	-2	8	0
28º Islândia	1	3	11	0	1	2	2	5	-3	3	0
29º Costa Rica	1	3	11	0	1	2	2	5	-3	6	0
30º Austrália	1	3	11	0	1	2	2	5	-3	7	0
31º Egito	0	3	0	0	0	3	2	6	-4	4	0
32º Panamá	0	3	0	0	0	3	2	11	-9	11	0

Barba na cara

HOWARD — EUA, 2014, GK
Bateu o recorde de defesas em uma partida: 16, contra a Bélgica

JÚNIOR — Brasil, 1982, DF
Além da barba, tinha um cabelo que lhe rendia o apelido de "Capacete"

HUMMELS — Alemanha, 2014, DF
Media 1,92m e fez dois gols de cabeça na Copa de 2014

RODRIGUEZ — Suíça, 2014, DF
É filho de pai chileno e mãe espanhola

BATISTA — Argentina, 1986, MC
Só tirou a barba em 2008; era técnico da Argentina campeã olímpica

GATTUSO — Itália, 2006, MC
Há piadas sobre ele — ele teria criado os Alpes ao dar um carrinho

XABI ALONSO — Espanha, 2014, MC
Homem das bolas paradas da Espanha até deixar a seleção, em 2014

HAZARD — Bélgica, 2018, MC
Maior ícone da geração belga de 2014/18

SALAH — Egito, 2018, AT
Foi ovacionado na frente de sua casa após ter feito dois gols na Copa de 2018

BATISTUTA — Argentina, 2002, AT
Maior artilheiro da Argentina em Copas do Mundo

BENZEMA — França, 2014, AT
Envolvido em escândalos, ficou de fora em 2010 e 2018

GK: Goleiro
DF: Defensor
MC: Meio-campista
AT: Atacante

Jogos históricos
França 4 x 3 Argentina (2018)

Mbappé, da França, passa pelo argentino Mascherano

FRANÇA	4
ARGENTINA	3

Griezmann (Fra, 13-1º), Di Maria (Arg, 41-1º), Mercado (Arg, 3-2º), Pavard (Fra, 12-2º), Mbappé (Fra, 19-2º), Mbappé (Fra, 23-2º), Agüero (Arg, 48-2º)
Data: 30/06/2018
Horário: 17h
Local: Arena Kazan (Kazan)
Público: 42.873
Árbitro: Alireza Faghani (Irã)
Cartões amarelos: Rojo, Tagliafico Mascherano, Banega, Matuidi, Pavard, Otamendi, Giroud

Após ter se classificado a duras penas, a Argentina enfrentou nas oitavas de final a França, que liderou o grupo C sem muito esforço. Mais organizada, apesar de ter menos posse de bola, a França dominou. Logo aos 9 minutos, Griezmann cobrou uma falta e acertou o travessão. Aos 11, Mbappé arrancou de seu campo, correu 64 metros passando como uma Ferrari pelos Fuscas argentinos e só parou porque Rojo o derrubou dentro da área. Griezmann cobrou o pênalti e abriu o placar. No outro lado, Messi, marcado por Kanté, mal tocou na bola e o esquema com ele de "falso 9" só não naufragou totalmente porque Di María fez um golaço e empatou. No segundo tempo, Messi conseguiu chutar uma bola a gol, Mercado desviou e virou o jogo. Só que a França, quando atacava, era letal. Aos 12 minutos, Pavard empatou, ao marcar o gol mais bonito da Copa, num chutaço de fora da área. E Mbappé fez mais dois gols — um aos 18, outro aos 22 — aliando técnica, velocidade e precisão. Se fosse fominha, poderia ter feito mais um, mas preferiu dar a bola para Giroud, que chutou fora. No fim, a França passou a se segurar. Restava à Argentina esperar que Messi fizesse alguma coisa. Mas quem deu esperança foi Agüero, que, aos 48 minutos, diminuiu para 4 a 3. Aos 50 minutos, os *hermanos* quase empataram: Meza cruzou e Di María, na risca da pequena área, desviou por cima. A França levou a melhor na partida com duas viradas de placar e se classificou.

França
Técnico: Didier Deschamps

Argentina
Técnico: Jorge Sampaoli

Todas as decisões por pênaltis

A decisão por pênaltis foi uma invenção do árbitro alemão Karl Wald, em 1970. Ela chegou a ser usada em outros torneios internacionais, como a Eurocopa na ocasião, a Tchecoslováquia ficou com o título ao bater a Alemanha por 5 a 3 nas cobranças, após empate em 2 a 2. A estreia em uma Copa do Mundo foi em 1982.

França 4 x 5 Alemanha
Semifinal de 1982
Com bola rolando: 3 x 3

Giresse (gol)	Kaltz (gol)
Amoros (gol)	Breitner (gol)
Rocheteau (gol)	Stielike (defesa)
Six (defesa)	Littbarski (gol)
Platini (gol)	Rummenigge (gol)
Bossis (defesa)	Hrubesch (gol)
No gol: Ettori	No gol: Schumacher

Brasil 3 x 4 França
Quartas de final de 1986
Com bola rolando: 1 x 1

Socrates (defesa)	Stopyra (gol)
Alemão (gol)	Amoros (gol)
Zico (gol)	Bellone (gol)
Branco (gol)	Platini (fora)
Júlio César (trave)	Fernandez (gol)
No gol: Carlos	No gol: Bats

Alemanha 4 x 1 México
Quartas de final de 1986
Com bola rolando: 0 x 0

Allofs (gol)	Negrete (gol)
Brehme (gol)	Quirarte (defesa)
Matthäus (gol)	Servin (defesa)
Littbarski (gol)	
No gol: Schumacher	No gol: Larios

Espanha 4 x 5 Bélgica
Quartas de final de 1986
Com bola rolando: 1 x 1

Señor (gol)	Claesen (gol)
Eloy (defesa)	Scifo (gol)
Chendo (gol)	Broos (gol)
Butragueño (gol)	Vervoort (gol)
Victor (gol)	Leo van der Elst (gol)
No gol: Zubizarreta	No gol: Pfaff

Romênia 4 x 5 Irlanda
Oitavas de final de 1990
Com bola rolando: 0 x 0

Hagi (gol)	Sheedy (gol)
Lupu (gol)	Houghton (gol)
Rotariu (gol)	Townsend (gol)
Lupescu (gol)	Cascarino (gol)
Timofte (defesa)	O'Leary (gol)
No gol: Lung	No gol: Bonner

Argentina 3 x 2 Iugoslávia
Quartas de final de 1990
Com bola rolando: 0 x 0

Serrizuela (gol)	Stojkovic (trave)
Burruchaga (gol)	Prosinecki (gol)
Maradona (defesa)	Savicevic (gol)
Troglio (trave)	Brnovic (defesa)
Dezotti (gol)	Hadzibegic (defesa)
No gol: Goycochea	No gol: Ivkovic

Itália 3 x 4 Argentina
Semifinal de 1990
Com bola rolando: 1 x 1

Baresi (gol)	Serrizuela (gol)
Roberto Baggio (gol)	Burruchaga (gol)
De Agostini (gol)	Olarticoechea (gol)
Donadoni (defesa)	Maradona (gol)
Serena (defesa)	
No gol: Zenga	No gol: Goycochea

Inglaterra 3 x 4 Alemanha
Semifinal de 1990
Com bola rolando: 1 x 1

Lineker (gol)	Brehme (gol)
Beardsley (gol)	Matthäus (gol)
Platt (gol)	Riedle (gol)
Pearce (defesa)	Thon (gol)
Waddle (fora)	
No gol: Shilton	No gol: Illgner

México 1 x 3 Bulgária
Oitavas de final de 1994
Com bola rolando: 1 x 1

García Aspe (trave)	Balakov (trave)
Bernal (defesa)	Guentchev (gol)
Rodriguez (defesa)	Borimirov (gol)
Suarez (gol)	Letchkov (gol)
No gol: J. Campos	No gol: Mihailov

Suécia 5 x 4 Romênia
Quartas de final de 1994
Com bola rolando: 2 x 2

Mild (fora)	Raducioiu (gol)
K.Andersson (gol)	Hagi (gol)
Brolin (gol)	Lupescu (gol)
Ingesson (gol)	Petrescu (defesa)
Nilsson (gol)	Dumitrescu (gol)
Larsson (gol)	Belodedici (defesa)
No gol: Ravelli	No gol: Prunea

Itália 2 x 3 Brasil
Final de 1994
Com bola rolando: 0 x 0

Baresi (fora)	M. Santos (defesa)
Albertini (gol)	Romário (gol)
Evani (gol)	Branco (gol)
Massaro (defesa)	Dunga (gol)
R. Baggio (fora)	No gol: Taffarel
No gol: Pagliuca	

Argentina 4 x 3 Inglaterra
Oitavas de final de 1998
Com bola rolando: 2 x 2

Berti (gol)	Shearer (gol)
Crespo (defesa)	Ince (defesa)
Verón (gol)	Merson (gol)
Gallardo (gol)	Owen (gol)
Ayala (gol)	Batty (defesa)
No gol: Roa	No gol: Seaman

França 4 x 3 Itália
Quartas de final de 1998
Com bola rolando: 0 x 0

Zidane (gol)	Roberto Baggio (gol)
Lizarazu (defesa)	Albertini (defesa)
Trezeguet (gol)	Costacurta (defesa)
Henry (gol)	Vieri (gol)
Blanc (gol)	Di Biagio (trave)
No gol: Barthez	No gol: Pagliuca

Brasil 4 x 2 Holanda
Semifinal de 1998
Com bola rolando: 1 x 1

Ronaldo (gol)	Frank de Boer (gol)
Rivaldo (gol)	Bergkamp (gol)
Emerson (gol)	Cocu (defesa)
Dunga (gol)	R. de Boer (defesa)
No gol: Taffarel	No gol: Van der Sar

Irlanda 2 x 3 Espanha
Oitavas de final de 2002
Com bola rolando: 1 x 1

Robbie Keane (gol)	Hierro (gol)
Holland (trave)	Baraja (gol)
Connolly (defesa)	Juanfran (fora)
Kilbane (defesa)	Valeron (fora)
Finnan (gol)	Mendieta (gol)
No gol: Given	No gol: Casillas

Coreia 5 x 3 Espanha
Quartas de final de 2002
Com bola rolando: 0 x 0

Sun-Hong (gol)	Hierro (gol)
Park Ji-Sung (gol)	Baraja (gol)
Seol Ki-Hyeon (gol)	Xavi (gol)
Jung-Hwan (gol)	Joaquín (defesa)
Myung-Bo (gol)	
No gol: Won-Jae	No gol: Casillas

Ucrânia 3 x 0 Suíça
Oitavas de final de 2006
Com bola rolando: 0 x 0

Shevchenko (defesa)	Streller (defesa)
Milevskyi (gol)	Barnetta (trave)
Rebrov (gol)	Cabanas (defesa)
Gusev (gol)	
No gol: Shovkovski	No gol: Zuberbühler

Alemanha 4 x 2 Argentina
Quartas de final de 2006
Com bola rolando: 1 x 1

Neuville (gol)	Julio Cruz (gol)
Ballack (gol)	Ayala (defesa)
Podolski (gol)	Maxi Rodríguez (gol)
Borowski (gol)	Cambiasso (defesa)
No gol: Lehmann	No gol: Abbondanzieri

Portugal 3 x 1 Inglaterra
Quartas de final de 2006
Com bola rolando: 0 x 0

Simão (gol)	Lampard (defesa)
Hugo Viana (trave)	Hargreaves (gol)
Petit (fora)	Gerrard (defesa)
Postiga (gol)	Carragher (defesa)
C.Ronaldo (gol)	
No gol: Ricardo	No gol: Robinson

Itália 5 x 3 França
Final de 2006
Com bola rolando: 1 x 1

Pirlo (gol)	Wiltord (gol)
Materazzi (gol)	Trezeguet (trave)
De Rossi (gol)	Abidal (gol)
Del Piero (gol)	Sagnol (gol)
Grosso (gol)	
No gol: Buffon	No gol: Barthez

Paraguai 5 x 3 Japão
Oitavas de final de 2010
Com bola rolando: 0 x 0

Barreto (gol)	Endo (gol)
Barrios (gol)	Hasebe (gol)
Riveros (gol)	Komano (travessão)
Valdez (gol)	Honda (gol)
Cardozo (gol)	
No gol: Villar	No gol: Kawashima

Uruguai 4 x 2 Gana
Quartas de final de 2010
Com bola rolando: 1 x 1

Forlan (gol)	Gyan (gol)
Victorino (gol)	Appiah (gol)
Scotti (gol)	J. Mensah (defesa)
Maxi (fora)	Adiyiah (defesa)
Abreu (gol)	
No gol: Muslera	No gol: Kingston

Brasil 3 x 2 Chile
Oitavas de final de 2014
Com bola rolando: 1 x 1

David Luiz (gol)	Pinilla (defesa)
Willian (fora)	Sánchez (defesa)
Marcelo (gol)	Aránguiz (gol)
Hulk (defesa)	Díaz (gol)
Neymar (gol)	Jara (trave)
No gol: Júlio César	No gol: Bravo

Costa Rica 5 x 3 Grécia
Oitavas de final de 2014
Com bola rolando: 1 x 1

Borges (gol)	Mitroglou (gol)
Ruiz (gol)	Christod. (gol)
González (gol)	Holebas (gol)
Campbell (gol)	Gekas (defesa)
Umaña (gol)	
No gol: Navas	No gol: Karnezis

Costa Rica 3 x 4 Holanda
Quartas de final de 2014
Com bola rolando: 0 x 0

Borges (gol)	Van Persie (gol)
Ruiz (defesa)	Robben (gol)
González (gol)	Sneijder (gol)
Bolaños (gol)	Kuyt (gol)
Umaña (defesa)	
No gol: Navas	No gol: Krul

Holanda 2 x 4 Argentina
Semifinal de 2014
Com bola rolando: 0 x 0

Vlaar (defesa)	Messi (gol)
Robben (gol)	Garay (gol)
Sneijder (defesa)	Agüero (gol)
Kuyt (gol)	Maxi Rodríguez (gol)
No gol: Cillessen	No gol: Romero

Espanha 3 x 4 Rússia
Oitavas de final de 2010
Com bola rolando: 1 x 1

Iniesta (gol)	Smolov (gol)
Piqué (gol)	Ignashevich (gol)
Koke (defesa)	Golovin (gol)
Sergio Ramos (gol)	Cheryshev (gol)
Iago Aspas (defesa)	
No gol: De Gea	No gol: Akinfeyev

Dinamarca 2 x 3 Croácia
Oitavas de final de 2018
Com bola rolando: 1 x 1

Eriksen (defesa)	Badelj (defesa)
Kjaer (gol)	Kramaric (gol)
Krohn-Dehli (gol)	Modric (gol)
Schöne (defesa)	Pivaric (defesa)
Jorgensen (defesa)	Rakitic (gol)
No gol: Schmeichel	No gol: Subasic

Colômbia 3 x 4 Inglaterra
Oitavas de final de 2018
Com bola rolando: 1 x 1

Falcao Garcia (gol)	Kane (gol)
Cuadrado (gol)	Rashford (gol)
Muriel (gol)	Henderson (defesa)
Uribe (travessão)	Trippier (gol)
Bacca (defesa)	Dier (gol)
No gol: Ospina	No gol: Pickford

Rússia 3 x 4 Croácia
Quartas de final de 2018
Com bola rolando: 2 x 2

Smolov (defesa)	Brozovic (gol)
Dzagoev (gol)	Kovacic (defesa)
M.Fernandes (fora)	Modric (gol)
Ignashevich (gol)	Vida (gol)
Kuzyaev (gol)	Rakitic (gol)
No gol: Akinfeyev	No gol: Subasic

297

Os velhinhos

EL-HADARY — Egito, 2018, GK, #1
45 anos na Copa de 2018. Ainda pegou pênalti contra a Arábia

CLAUDIO SUÁREZ — México, 2006, DF, #2
37 anos na Copa de 2006. Mas ficou na reserva e não chegou a jogar

RAFA MÁRQUEZ — México, 2018, DF, #4
39 anos na Copa de 2018. Era sua 5ª Copa. Jogou 3 partidas

MATTHÄUS — Alemanha, 1998, DF, #3
37 anos na Copa de 1998. Não era mais meio-campista; jogava de líbero

YEPES — Colômbia, 2014, DF, #6
38 anos na Copa de 2014. Jogou quatro vezes

ELLIOTT — N. Zelândia, 2010, MC, #8
36 anos na Copa de 2010. E na época estava sem clube

OBDULIO VARELA — Uruguai, 1954, MC, #5
36 anos na Copa de 1954. Machucou-se e depois o time perdeu

GREN — Suécia, 1958, MC, #10
37 anos na Copa de 1958. Era chamado de "professor de futebol"

MATTHEWS — Inglaterra, 1954, AT, #7
39 anos na Copa de 1954. Era chamado de "Feiticeiro do Drible"

ROGER MILLA — Camarões, 1994, AT, #9
42 anos na Copa de 1994. Fez um gol sobre a Rússia

LABRUNA — Argentina, 1958, AT, #11
39 anos na Copa de 1958. Estava quase aposentado ao ser chamado

GK: Goleiro
DF: Defensor
MC: Meio-campista
AT: Atacante

Os novinhos

LEE CHAN-MYUNG — Cor. Norte, 1, 1966, GK
19 anos na Copa de 1966. Parou o ataque italiano na "zebra" da Copa

SERGIO RAMOS — Espanha, 2, 2006, DF
20 anos em 2006. Em suas duas primeiras Copas, jogou de lateral

MANUEL ROSAS — México, 3, 1930, DF
18 anos na Copa de 1930. Fez gol de pênalti contra a Argentina

BERGOMI — Itália, 4, 1982, DF
18 anos em 1982. Entrou na final contra a Alemanha

SCHNELLINGER — Alemanha, 6, 1958, DF
19 anos em 1958. Jogou quatro mundiais pela Alemanha

WHITESIDE — Irl. Norte, 5, 1982, MC
17 anos e 42 dias em 1982. É o jogador mais jovem a atuar em Copas

ERIKSEN — Dinamarca, 8, 2010, MC
18 anos em 2010. Naquela Copa, era atacante; depois, virou meia

PELÉ — Brasil, 10, 1958, AT
17 anos e 238 dias quando fez seu 1º gol em Copas, em 1958

MBAPPÉ — França, 7, 2018, AT
19 anos em 2018. Foi o 2º mais jovem a fazer gol em finais de Copas

ETO'O — Camarões, 9, 1998, AT
17 anos e 99 dias quando estreou, em 1998. Ainda jogou em 2002, 2010 e 2014

TOSTÃO — Brasil, 11, 1966, AT
19 anos em 1966. Foi o 2º mais jovem a marcar gol pela seleção do Brasil

GK: Goleiro
DF: Defensor
MC: Meio-campista
AT: Atacante

Qatar 2022

No mesmo dia 2 de dezembro de 2020 em que definiu a Rússia como sede para 2018, a Fifa também definiu o Qatar como sede da Copa de 2022. O país concorria com Austrália, Coreia do Sul, Estados Unidos e Japão. À primeira vista, uma surpresa, já que o Qatar não tinha nenhuma tradição futebolística, ao contrário dos demais concorrentes. Contudo, o Qatar tem dinheiro. E não tem fama de ser democrático. Se o emir Tamim bin Hamad Al-Thani mandar, está mandado, e obedece quem tem juízo. Um prato cheio para denúncias de *lobbies* entre dirigentes, subornos e compras de votos, que acabaram colocando a candidatura do Qatar em xeque.

Em abril de 2015, a Fifa decretou que os países-sede para 2018 e 2022 não seriam alterados. Mas a pressão provocou rebuliço nos bastidores. A tal ponto que, em maio de 2015, sete dirigentes da Fifa foram presos, acusados de corrupção, fraude e lavagem de dinheiro. Em 7 de junho de 2015, o presidente da comissão de auditoria da Fifa, o italiano Domenico Scala, afirmou que o Qatar poderia perder o direito de sediar a Copa de 2022, devido às denúncias. Mas a entidade fez uma investigação interna e absolveu o país de qualquer irregularidade.

Cidades e estádios

Além das questões políticas, outro problema no Qatar é o calor. O verão por lá registra temperatura média de 38ºC, com picos de 50ºC em meses como junho e julho — exatamente quando ocorre a Copa do Mundo. Joseph Blatter, presidente da Fifa até 2016, admitiu que a decisão final de colocar o Mundial no Qatar não foi das mais certas, por causa do clima. A solução foi adiar a Copa para os meses de novembro e dezembro, quando o calor é menos tórrido — a temperatura média fica abaixo dos 26ºC.

A construção de estádios não foi problema em termos de prazos ou dinheiro, já que os magnatas do petróleo bancaram tudo. O Qatar definiu cinco cidades e oito estádios, sendo dois reformados — o Khalifa e o Al Rayyan — e seis novos. Todos prontos até 2021, à exceção do Lusail, o maior de todos (80 mil pessoas), prometido para 2022. A conta inicial era de US$ 30 bilhões. Em 2020, um estudo apontou para gastos de US$ 60 bilhões. As cifras astronômicas viraram até motivo de orgulho para os dirigentes do país.

O maior problema enfrentado foi a série de denúncias de trabalho escravo e de mortes de trabalhadores durante as obras dos estádios. Até a Anistia Internacional chegou a pedir à Fifa

> **"Se ainda erramos e isso for comprovado, as pessoas podem nos avisar que estaremos prontos para reparar"**
>
> do porta-voz do Comitê da Copa no Qatar, Khalid Al-Naama, sobre as acusações de trabalho escravo para construção dos estádios para a Copa de 2022

A BOLA
Al Rihla

que exigisse providências das autoridades qatarianas. O governo do Qatar limitou-se a admitir que o trabalho escravo já existiu no país, mas que foram criadas leis para proteger os operários.

Eliminatórias

Com 209 inscritos, as Eliminatórias para 2022 já haviam começado quando a natureza resolveu conspirar. No fim de 2019, um vírus batizado de coronavírus se alastrou pelo mundo. A pandemia da covid-19 atingiu o futebol em cheio. Praticamente todas as competições acabaram suspensas a partir de março de 2020 e só foram retomadas meses depois. Por tabela, o calendário das Eliminatórias para a Copa foi afetado. Na Oceania, Vanuatu e Ilhas Cook desistiram por causa de surtos de covid-19 em seus elencos — e Tonga abriu mão por causa da erupção de um vulcão. Ficou impraticável encerrar todos os jogos até novembro do ano anterior ao Mundial, que é o que ocorre nos ciclos das Copas. Mas, como a Copa só começaria em novembro de 2022, até que não houve grandes problemas. Só a Rússia teve problemas de fato. O país invadiu a Ucrânia em fevereiro de 2022 e, por isso, sua seleção acabou banida pela Fifa na reta final do classificatório.

Cidade	Estádio	Capacidade
Al Khor	Al Bayt	60.000
Al Rayyan	Al Rayyan	44.740
Al Rayyan	Cidade da Educação	45.350
Al Wakrah	Al Janoub	40.000
Doha	Al Thumama	40.000
Doha	Ras Abu Aboud	40.000
Doha	Khalifa	40.000
Lusail	Lusail	80.000

Estreantes em Copas
Qatar

Sorteio e fórmula

Além do Qatar, país-sede, os outros cabeças de chave eram Brasil, Bélgica, França, Argentina, Inglaterra, Espanha e Portugal, definidos pelo Ranking da Fifa. Pela primeira vez desde 1962, a Alemanha não era cabeça de chave, o que causou certo incômodo. No sorteio dos grupos, em 1º de abril, três seleções vindas de repescagens ainda não estavam definidas, por questões de calendário. Mesmo assim, a data foi mantida pela Fifa. O Brasil caiu numa chave com Sérvia, Suíça e Camarões, considerada uma das mais equilibradas.

Os favoritos

Campeã mundial de 2018, a França era considerada favorita. A Argentina aumentou o cacife depois de conquistar a Copa América de 2021. O Brasil sobrava no seu continente, mas suscitava dúvidas sobre a capacidade de derrotar rivais europeus mais fortes. Isso na visão brasileira; na visão da Europa, era um dos mais cotados, uma vez que todos os seus titulares estavam em times de ponta por lá.

Ausência
A repescagem europeia tinha 12 equipes em 3 chaves, com duelos semifinal e final, em jogo único. Itália e Portugal caíram na mesma chave. Um dos dois iria ficar de fora. Para os italianos, o desastre ocorreu antes do previsto: o time perdeu em casa para a Macedônia — que, depois, foi derrotada por Portugal.

Campanhas históricas somadas

	Países	Copas	PG	J	%	V	E	D	GP	MGP	GC	MCC	SG	CA	CV	VP
1ª	Brasil	21	237	109	72	73	18	18	229	2,10	105	0,96	124	104	11	3
2ª	Alemanha	19	221	109	68	67	20	22	226	2,07	125	1,15	101	115	8	4
3ª	Itália	18	156	83	63	45	21	17	128	1,54	77	0,93	51	91	8	1
4ª	Argentina	17	144	81	59	43	15	23	137	1,69	93	1,15	44	121	10	4
5ª	França	15	115	66	58	34	13	19	120	1,82	77	1,17	43	68	6	2
6ª	Inglaterra	15	108	69	52	29	21	19	90	1,30	63	0,91	27	59	3	1
7ª	Espanha	15	105	63	56	30	15	18	99	1,57	72	1,14	27	66	1	1
8ª	Holanda	10	93	50	62	27	12	11	86	1,72	48	0,96	38	94	7	1
9ª	Uruguai	13	84	56	50	24	12	20	87	1,55	74	1,32	13	63	9	1
10ª	Suécia	12	70	51	46	19	13	19	80	1,57	73	1,43	7	48	3	1
11ª	Bélgica	13	69	48	48	20	9	19	68	1,42	72	1,50	-4	47	3	1
12ª	Rússia (1)	11	67	45	50	19	10	16	77	1,71	54	1,20	23	46	4	1
13ª	Sérvia (2)	12	62	46	45	18	8	20	66	1,43	63	1,37	3	56	5	
14ª	México	16	62	57	36	16	14	27	60	1,05	98	1,72	-38	81	6	
15ª	Polônia	8	53	34	52	16	5	13	46	1,35	45	1,32	1	44	1	
16ª	Portugal	7	48	30	53	14	6	10	49	1,63	35	1,17	14	51	6	1
17ª	Hungria	9	48	32	50	15	3	14	87	2,72	57	1,78	30	6	5	
18ª	Suíça	11	44	37	40	12	8	17	50	1,35	64	1,73	-14	39	2	
19ª	Rep. Tcheca (3)	9	41	33	41	12	5	16	47	1,42	49	1,48	-2	24	6	
20ª	Áustria	7	40	29	46	12	4	13	43	1,48	47	1,62	-4	23	1	
21ª	Chile	9	40	33	40	11	7	15	40	1,21	49	1,48	-9	43	3	
22ª	Croácia	5	37	23	54	11	4	8	35	1,52	26	1,13	9	50	4	2
23ª	Dinamarca	5	32	20	53	9	5	6	30	1,50	26	1,30	4	37	3	
24ª	Paraguai	8	31	27	38	7	10	10	30	1,11	38	1,41	-8	40	2	1
25ª	Colômbia	6	30	22	45	9	3	10	32	1,45	30	1,36	2	31	1	
26ª	Estados Unidos	10	30	33	30	8	6	19	37	1,12	62	1,88	-25	50	4	
27ª	Romênia	7	29	21	46	8	5	8	30	1,43	32	1,52	-2	32	1	
28ª	Coreia do Sul	10	27	34	26	6	9	19	34	1,00	70	2,06	-36	72	2	1
29ª	Nigéria	6	21	21	33	6	3	12	23	1,10	30	1,43	-7	31	1	
30ª	Costa Rica	5	20	18	37	5	5	8	19	1,06	28	1,56	-9	37	1	1
31ª	Japão	6	20	21	32	5	5	11	20	0,95	29	1,38	-9	36	0	
32ª	Escócia	8	19	23	28	4	7	12	25	1,09	41	1,78	-16	17	1	
33ª	Camarões	7	19	23	28	4	7	12	18	0,78	43	1,87	-25	47	8	
34ª	Peru	5	18	18	33	5	3	10	21	1,17	33	1,83	-12	14	1	
35ª	Bulgária	7	17	26	22	3	8	15	22	0,85	53	2,04	-31	36	3	1
36ª	Turquia	2	16	10	53	5	1	4	20	2,00	17	1,70	3	18	2	
37ª	Irlanda	3	14	13	36	2	8	3	10	0,77	10	0,77	0	16	0	1
38ª	Gana	3	15	12	42	4	3	5	13	1,08	16	1,33	-3	34	1	
39ª	Irlanda do Norte	3	14	13	36	3	5	5	13	1,00	23	1,77	-10	9	1	
40ª	Equador	3	13	10	43	4	1	5	10	1,00	11	1,10	-1	23	1	

#	País	PG	J	%	V	E	D	GP	MGP	GC	MGC	SG	CA	CV
41ª	Senegal	2	12	8	50	3	3	2	11	1,38	10	1,25	1	20	1
42ª	Argélia	4	12	13	31	3	3	7	12	0,92	17	1,31	-5	16	2
43ª	Marrocos	5	11	16	23	2	5	9	14	0,88	22	1,38	-8	27	0
44ª	Arábia Saudita	5	11	16	23	3	2	11	11	0,69	39	2,44	-28	24	1
45ª	Costa do Marfim	3	10	9	37	3	1	5	13	1,44	14	1,56	-1	20	1
46ª	África do Sul	3	10	9	37	2	4	3	11	1,22	16	1,78	-5	20	2
47ª	Tunísia	5	10	15	22	2	4	9	13	0,87	25	1,67	-12	33	1
48ª	Irã	5	10	15	22	2	4	9	9	0,60	24	1,60	-15	25	0
49ª	Austrália	5	10	16	21	2	4	10	13	0,81	31	1,94	-18	32	4
50ª	Noruega	3	9	8	38	2	3	3	7	0,88	8	1,00	-1	13	0
51ª	Alemanha Oriental	1	8	6	44	2	2	2	5	0,83	5	0,83	0	10	0
52ª	Ucrânia	1	7	5	47	2	1	2	5	1,00	7	1,40	-2	12	1	1
53ª	Grécia	3	8	10	27	2	2	6	5	0,50	20	2,00	-15	20	1
54ª	País de Gales	1	6	5	40	1	3	1	4	0,80	4	0,80	0	0	0
55ª	Eslováquia	1	4	4	33	1	1	2	5	1,25	7	1,75	-2	11	0
56ª	Eslovênia	2	4	6	22	1	1	4	5	0,83	10	1,67	-5	19	1
57ª	Cuba	1	4	3	44	1	1	1	5	1,67	12	4,00	-7	0	0
58ª	Coreia do Norte	2	4	7	19	1	1	5	6	0,86	21	3,00	-15	2	0
59ª	Bósnia-Herzegovina	1	3	3	33	1	0	2	4	1,33	4	1,33	0	3	0
60ª	Jamaica	1	3	3	33	1	0	2	3	1,00	9	3,00	-6	5	1
61ª	Nova Zelândia	2	3	6	17	0	3	3	4	0,67	14	2,33	-10	6	0
62ª	Honduras	3	3	9	11	0	3	6	3	0,33	14	1,56	-11	14	2
63ª	Angola	1	2	3	22	0	2	1	1	0,33	2	0,67	-1	9	1
64ª	Israel	1	2	3	22	0	2	1	2	0,33	3	1,00	-2	4	0
65ª	Egito	3	2	7	10	0	2	5	5	0,71	12	1,71	-7	8	0
66ª	Islândia	1	1	3	11	0	1	2	2	0,67	5	1,67	-3	3	0
67ª	Kuwait	1	1	3	11	0	1	2	2	0,67	6	2,00	-4	3	0
68ª	Trinidad e Tobago	1	1	3	11	0	1	2	0	0	4	1,33	-4	9	1
69ª	Bolívia	3	1	6	6	0	1	5	1	0,17	20	3,33	-19	7	2
70ª	Iraque	1	0	3	0	0	0	3	1	0,33	4	1,33	-3	9	1
71ª	Togo	1	0	3	0	0	0	3	1	0,33	6	2,00	-5	9	1
72ª	Canadá	1	0	3	0	0	0	3	0	0	5	1,67	-5	2	1
73ª	Indonésia (4)	1	0	1	0	0	0	1	0	0	6	6,00	-6	0	0
74ª	Emirados Árabes	1	0	3	0	0	0	3	2	0,67	11	3,67	-9	6	0
75ª	Panamá	1	0	3	0	0	0	3	2	0,67	11	3,67	-9	11	0
76ª	China	1	0	3	0	0	0	3	0	0	9	3,00	-9	5	1
77ª	Haiti	1	0	3	0	0	0	3	2	0,67	14	4,67	-12	3	0
78ª	Rep. Dem. Congo	1	0	3	0	0	0	3	0	0	14	4,67	-14	2	1
79ª	El Salvador	2	0	6	0	0	0	6	1	0,17	22	3,67	-21	9	0

(1) Inclui União Soviética; (2) Inclui Iugoslávia; (3) Inclui Tchecoslováquia; (4) antigamente, Índias Holandesas; (5) antigamente, Zaire

PG: Pontos ganhos; J: Jogos; %: Aproveitamento de pontos; V: Vitórias; E: Empates; D: Derrotas; GP: Gols pró; MGP: Média de gols pró; GC: Gols contra; MGC: Média de gols contra; SG: Saldo de gols; CA: Cartões amarelos; CV: Cartões vermelhos; VP: Vitórias nos pênaltis.

Este ranking computa o desempenho global de todas as seleções em Copas do Mundo, seguindo o critério de que todas as vitórias valem três pontos, independentemente do ano.

Agradecimentos

Rachel, minha mulher, companheira no primeiro tempo, no segundo tempo, na prorrogação e na disputa de pênaltis.
Kael e Iago, meus filhos, a quem pretendo passar o amor pelo futebol e pelas Copas do Mundo.
Elisa da Mota Vellozo, minha mãe, que fomentou o gosto pelas palavras.
Jaceguay Feuerschuette de Laurindo Ribas, meu pai, que fomentou o gosto pelo futebol.
Silvio Rauth Filho, meu amigo, pela discussão de ideias.
Rafael Maia, Henrique Leinig, Ayrton Tartuce Correia, Ayrton Baptista Júnior, Pedro Luis Woiski Franco, Rafael Favoreto, Felipe Dutra, Guilherme de Paula Batista, Moacir Máximo da Silva, Agueda Magalhães da Silva, Eduardo Monsanto, Eduardo Elias, Luciano Borges, Márcia Gatti, Thiago Tufano, Bianca Menelli Cardoso Tepassé, Fernando Pitanga, Napoleão de Almeida, Heriberto Machado e a todos que, de um jeito ou de outro, ajudaram na elaboração desta obra.

O autor

Graduado em Publicidade e em Jornalismo, Lycio Vellozo Ribas é jornalista esportivo desde 1998, ano em que começou a trabalhar no Jornal do Estado (atual Bem Paraná), em Curitiba. Era subeditor de esportes durante a Copa do Mundo de 1998. Depois, chegou aos cargos de editor de esportes e secretário de redação, que ocupou durante as Copas de 2002, 2006 , 2010, 2014 e 2018. Mas o gosto por pesquisar informações sobre futebol começou em 1982. Como tantos outros milhões de brasileiros, chorou em 1982, assim como festejou em 1994 e em 2002 e ficou indignado em 2014.

Créditos das fotos

Reprodução de cartazes das Copas (6, 18, 30, 42, 54, 68, 80, 92, 106, 120, 132, 144, 160, 174, 188, 204, 220, 236, 250, 266, 282, 300), Reprodução de bolas das Copas (7, 19, 31, 43, 55, 69, 81, 93, 107, 121, 133, 145, 161, 175, 189, 205, 221, 237, 251, 267, 283, 301), Reprodução de painel no estádio Centenário (12, 48), Lycio Vellozo Ribas (15, 119, 232-233), Popperphoto / Getty Images (24, 36, 87, 113, 117), STAFF/AFP/Getty Images (39, 159), Dpa/Corbis (61, 127, 139), Haynes Archive/Popperfoto/Getty Images (65), Domínio publico (75, 232a), Keystone/Getty Images (79), Hulton Archive/Getty Images (99), Reprodução/EA Sports (102a), Reprodução de vídeo (102, 104b, 203, 245), Bob Thomas/Getty Images (152), Reprodução (155), Andrew Cowie/Colorsport (156), Sven Simon /dpa/Corbis (168), Bongarts/Getty Images (182), Mark Leech/Getty Images (196, 199), Christian Liewig/TempSport/Sygma/Corbis (213), Nilton Santos/Agência Guaraná (229), Daniel Basil/Portal da Copa (232b), Reprodução/Google Earth (232c, 232d, 233a, 233b, 233c, 233d, 233e, 233f), Ryan Pierse - FIFA/FIFA via Getty Images (259), Roberto Schmidt /AFP/Getty Images (265), Jamie McDonald/Getty Images for Sony (275), Jefferson Bernardes/Vipcomm (279), A. Ricardo/Shutterstock (291), Asatur Yesayants/Shutterstock (295), Rachel Ribas (304)

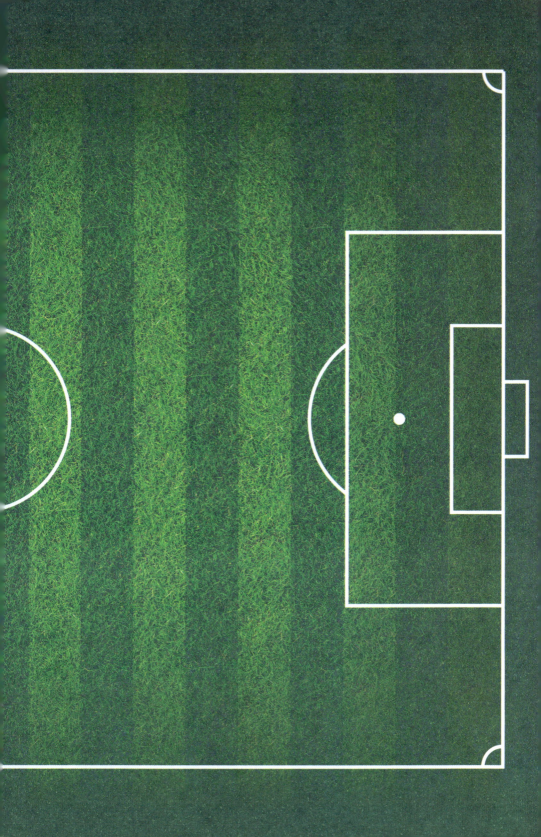

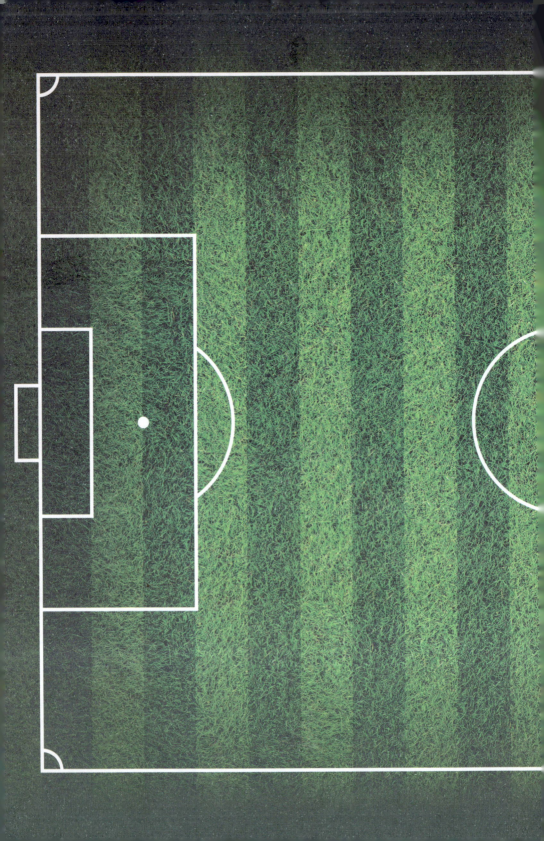